21世纪经济管理精品教材·创新创业教育系列

Entrepreneurship Management

创业管理

张秀娥 ◎ 编著

清华大学出版社
北京

内 容 简 介

本书以新企业创建及管理为主线,从创业管理入门、创业环境、创业企业战略选择、创业机会分析、商业模式开发、创业团队组建、创业计划书撰写、创业融资、成立新企业、初创期企业管理、成长期企业管理和公司内创业十二个方面系统阐述了创业管理理论、知识、方法与技能,既具有理论高度,又具有较强的实践操作性。本书既可以作为高等院校工商管理专业及全体本专科生的创业基础教材,亦可作为创业者、企业家及管理者的自学用书。

本书封面贴有清华大学出版社防伪标签,无标签者不得销售。
版权所有,侵权必究。举报:010-62782989,beiqinquan@tup.tsinghua.edu.cn。

图书在版编目(CIP)数据

创业管理 / 张秀娥编著. — 北京:清华大学出版社,2017(2023.11重印)
(21世纪经济管理精品教材. 创新创业教育系列)
ISBN 978-7-302-47272-8

Ⅰ.①创… Ⅱ.①张… Ⅲ.①企业管理-高等学校-教材 Ⅳ.①F270

中国版本图书馆 CIP 数据核字(2017)第 102502 号

责任编辑:吴 雷
封面设计:汉风唐韵
版式设计:方加青
责任校对:宋玉莲
责任印制:宋 林

出版发行:清华大学出版社
网　　址:http://www.tup.com.cn,http://www.wqbook.com
地　　址:北京清华大学学研大厦 A 座　　邮　编:100084
社 总 机:010-83470000　　邮　购:010-62786544
投稿与读者服务:010-62776969,c-service@tup.tsinghua.edu.cn
质 量 反 馈:010-62772015,zhiliang@tup.tsinghua.edu.cn
印 装 者:涿州市般润文化传播有限公司
经　　销:全国新华书店
开　　本:185mm×260mm　　印　张:20.75　　字　数:461 千字
版　　次:2017 年 6 月第 1 版　　印　次:2023 年 11 月第 7 次印刷
定　　价:55.00 元

产品编号:072464-02

前　言

创新创业已成为 21 世纪经济社会发展的不竭动力。全球创业观察（GEM）项目研究显示，国与国之间经济增长差异的三分之一来自创业行为的差异。"大众创业、万众创新"已经成为国家战略，党的十八大明确提出要实施创新驱动发展战略。党的十八届五中全会确立了"十三五"时期我国经济社会发展的指导思想、目标任务和重大举措，提出了创新、协调、绿色、开放、共享的发展理念，明确提出必须把创新摆在国家发展全局的核心位置，激发创新创业活力，推动大众创业、万众创新。2015 年 9 月 23 日，国务院颁布了《关于加快构建大众创业万众创新支撑平台的指导意见》（国办发〔2015〕53 号），明确提出，要"把握发展机遇，汇众智搞创新，汇众力增就业，汇众能助创业，汇众资促发展"。创新创业依托于高素质的创新创业型人才。国务院办公厅《关于深化高等学校创新创业教育改革的实施意见》（国办发〔2015〕36 号）明确指出，面向全体学生开设研究方法、学科前沿、创业基础、就业创业指导等方面的必修课和选修课，纳入学分管理，建设依次递进、有机衔接、科学合理的创新创业教育专门课程群。《教育部关于中央部门所属高校深化教育教学改革的指导意见》（教高〔2016〕2 号）指出，坚持把深入推进创新创业教育改革作为中央高校教育教学改革的突破口和重中之重。牢固树立科学的创新创业教育理念，把创新创业教育作为全面提高高等教育质量的内在要求和应有之义，修订专业人才培养方案，将创新精神、创业意识和创新创业能力作为评价人才培养质量的重要指标。健全创新创业教育课程体系，促进包括通识课、专业课在内的各类课程与创新创业教育的有机融合，挖掘和充实各类课程的创新创业教育资源。

创业管理是管理学科领域迅速成长起来的交叉学科专业。当前，创业管理研究尚不成熟，在国内还没有较为完善的、得到普遍认可的教材。本书按照公司的创建、成长、成熟到壮大、直至再次创业的脉络，从创业精神入手，以新企业创建及管理为主线，围绕企业创建和新创企业管理所必需的相关理论、知识、方法与技能，从创业管理入门、创业环境、创业企业战略选择、创业机会分析、商业模式开发、创业团队组建、创业计划书撰写、创业融资、成立新企业、初创期企业管理、成长期企业管理和公司内创业等十二个方面系统阐述了创业管理的内容。本书主要内容如下。

第一章　创业管理入门。本章目的是使读者对创业有一个概括性的了解。为此，本章首先阐述了创新创业与创业精神的内涵，以及创业类型；其次分析了创业的价值，阐释了创业过程；最后分析了国内外创业活动发展状况及创业教育现状。

第二章　创业环境。本章在介绍经营环境分析过程的基础上，从宏观环境、机遇来源、产业与竞争者分析角度阐释了创业环境的分析内容及方法，最后介绍了GEM创业环境分析方法。

第三章　创业战略选择。本章首先阐述了创业与战略的关系，创业起步阶段战略，资源基础战略；其次分析了产业类型与战略选择；最后介绍了创业战略和创业机遇评估方法。

第四章　创业机会分析。本章首先阐述了创业机会的内涵及其演进，分析了创业机会的来源与搜索方法；其次介绍了创业机会评价框架，创业机会评价指标的选取，以及创业机会评价的方法。

第五章　商业模式开发。本章首先阐述了商业模式的内涵；其次详细介绍了商业模式设计方法；最后是商业模式应用实例分析。

第六章　创业团队组建。本章首先阐释了创业者的特质；其次介绍了创业团队的构成要素；最后阐释了创业团队管理。

第七章　撰写创业计划书。本章阐释了创业计划书的内涵与价值，描述了创业计划书的框架结构与核心内容，阐释了创业计划书的评价要素和标准。

第八章　创业融资。本章描述了创业融资渠道及创业融资过程，尽可能地拓展了创业企业的融资渠道。

第九章　成立新企业。本章在介绍新企业创建的相关法律的基础上，描述了新企业的组织形式，并阐述了新企业名称设计与经营地点选择的方法。

第十章　初创期企业管理。本章主要对初创期企业的人力资源管理、市场营销管理及财务管理问题进行了阐释。

第十一章　成长期企业管理。本章在对企业成长本质解析的基础上，描述了企业成长模式、企业持续成长的管理重点，以及企业成长战略选择。

第十二章　公司内创业。本章首先阐述了公司内创业的内涵；其次分析了公司内创业的过程，以及公司内创业的模式选择；最后解析了公司内创业的障碍及其克服的方法。

本书由吉林大学商学院教授、博士生导师张秀娥编著，由从事创业管理研究、教学工作和具有丰富创业实践经验的教师和研究人员共同撰写。张秀娥教授设计和拟定了《创业管理》编写大纲，并审定了文稿，由编写组成员分工编写书稿。具体分工如下：第一章，张秀娥；第二章，张秀娥；第三章，张秀娥、郭宇红；第四章，张坤；第五章，方卓；第六章，方卓、张秀娥；第七章，徐雪娇、张秀娥；第八章，徐雪娇；第九章，赵敏慧；第十章，孟乔、张秀娥；第十一章，陈牧迪、张秀娥；第十二章，张坤、张秀娥。在编写过程中，王菲菲、马天女、李梦莹、孙中博、任园园、孙雪婧、祁伟宏、金兰参加了资料搜集整理、案例分析与校对工作。

本书是作者长期创业管理课程建设和教学实践的总结成果。与国内同类教材相比，本教材具有如下优势和特色：

（1）理论与实践结合，本书以理论为指导，以实践为依托，在阐释创业与创业管理的最新思想、理论与方法的基础上，围绕新企业的创建及管理问题进行了清晰阐述，内容丰富，分析透彻，既具有理论高度，又具有较强的实践可操作性。

（2）分析与案例结合，为了使读者更好地理解创业管理相关内容，本书立足于方法性与实践性的分析，每章中都配以大量案例。

（3）编排体例新颖，本书立足于企业起步与全程性的思考，紧紧围绕新企业创建过程及创业企业管理编排章节，使读者能够循序渐进地进入创业和创业企业管理环节，有助于读者对创业过程所需要的理论知识、规律和技能的理解，对创业过程中的企业管理形成较为全面的认知。

创业管理课程的最终目标是培养人们的创新精神、创业意识和创业能力。通过系统地学习，掌握创业管理的相关理论、知识、方法与技能，实现创业梦想并促使新创企业健康成长。对于有志于创业的人士而言，系统掌握创业管理知识是通向创业成功之路的基础；对于正在经营着企业的人士而言，创业管理知识的学习可以解释企业管理中的困惑及问题，促进企业可持续发展。

本书是一部适应多层次创业管理课程教学的书籍，通俗易懂，可读性强，既可以作为高等院校的教材，也可以作为社会机构进行创业管理、企业管理的培训教材，同时还适合那些有志于创业及已经建立起企业的创业者及企业家阅读，作为其更好地创建及运营新企业，提高企业竞争力的参考性书籍。

在编写过程中，作者查阅了大量的国内外相关文献，引用了一些研究成果，其中大部分文献和成果已在书后"参考文献"中列出，在此表示衷心地感谢。如还有遗漏未列出的，请予以谅解。本书得到了吉林大学本科"十三五"规划教材立项项目资助。在编写过程中清华大学出版社给予了大力支持和帮助，在此深表谢意。

本书虽然几易其稿，力求达到完美，但是，鉴于作者水平有限，书中或有不妥之处，数据资料不足亦在所难免，敬请各位读者和同人批评指正，以便进一步修订、补充和完善。

张秀娥
2017年3月

目 录

第一章 创业管理入门 ... 1

本章学习目的 ... 1

第一节 创新创业与创业精神的内涵 ... 1
一、创新与创业的内涵 ... 1
二、创业精神的内涵 ... 6

第二节 创业的类型 ... 8
一、机会型创业与生存型创业 ... 8
二、传统技能型创业、高新技术型创业和服务型创业 ... 10
三、个体创业与公司创业 ... 10
四、薪水替代型企业、生活方式型企业、创业企业 ... 11

第三节 创业的价值 ... 11
一、创业与经济增长 ... 12
二、创业与创新能力培育 ... 12
三、创业与带动就业 ... 13
四、创业与产业结构优化 ... 14

第四节 创业过程 ... 14
一、决定成为创业者 ... 14
二、识别与评价创业机会 ... 15
三、开发创业机会 ... 15
四、管理并使创业企业持续成长 ... 15

第五节 国内外创业活动发展状况 ... 16
一、主要发达国家创业活动发展状况 ... 16
二、我国创业历程与现状 ... 22

第六节 创业教育 26
一、国外的创业教育 26
二、我国的创业教育 29
本章小结 31
思考题 31

第二章 创业环境 32

本章学习目的 32

第一节 经营环境分析过程 33
一、扫描环境 33
二、监控环境 34
三、预测环境 34
四、评估环境 34

第二节 宏观环境 35
一、政治法律环境 35
二、经济环境 36
三、技术环境 36
四、社会人口统计分析 37
五、生态分析 38

第三节 机遇来源 38
一、意外情况 38
二、不协调 39
三、程序需要 39
四、产业和市场结构变化 40
五、人口统计 40
六、认识的变化 40
七、新知识 41

第四节 产业与竞争者分析 41
一、产业分析 41
二、竞争对手分析 50

第五节 GEM创业环境分析方法 51
一、GEM简介 51
二、GEM概念模型及创业环境条件 52

本章小结 58
思考题 58

第三章 创业战略选择 ... 60

本章学习目的 ... 60
第一节 创业与战略 ... 60
一、战略的内涵 ... 60
二、创业企业战略管理 ... 62
第二节 创业起步阶段战略 ... 62
一、主要推动要素 ... 62
二、次要推动要素 ... 64
第三节 资源基础战略 ... 68
一、寻租战略 ... 68
二、成长战略 ... 69
三、质量战略 ... 70
第四节 产业类型与战略选择 ... 71
一、产业生命周期的内涵 ... 71
二、产业生命周期对战略选择的影响 ... 72
第五节 创业战略和创业机遇评估 ... 79
一、识别资源 ... 79
二、分析企业能力 ... 80
三、分析竞争优势 ... 80
四、选择战略 ... 80
五、回顾反馈 ... 80
本章小结 ... 81
思考题 ... 82

第四章 创业机会分析 ... 84

本章学习目的 ... 84
第一节 创业机会的内涵及其演进 ... 85
一、创业机会的内涵 ... 85
二、创业机会的演进 ... 87
第二节 创业机会的来源与搜索 ... 89
一、创业机会的来源 ... 89
二、创业机会的搜索 ... 93
第三节 创业机会的筛选 ... 96
一、创业机会评价框架 ... 96
二、创业评价指标选取 ... 98

三、创业机会评价的方法 … 103
本章小结 … 104
思考题 … 105

第五章 商业模式开发 … 106

本章学习目的 … 106
第一节 商业模式的内涵 … 106
　一、商业模式的概念 … 106
　二、商业模式的重要性 … 108
　三、商业模式的浮现 … 111
第二节 商业模式设计 … 114
　一、核心战略 … 115
　二、战略资源 … 116
　三、伙伴网络 … 118
　四、顾客界面 … 120
第三节 商业模式应用实例分析 … 122
　一、百度公司 … 122
　二、联想公司 … 125
　三、苹果公司 … 129
本章小结 … 131
思考题 … 131

第六章 创业团队组建 … 133

本章学习目的 … 133
第一节 创业者特质 … 134
　一、创业者的品质 … 134
　二、创业者素质培养 … 140
第二节 新创企业团队构成 … 145
　一、企业创建者 … 146
　二、核心员工 … 148
　三、董事会 … 149
　四、专业顾问 … 150
　五、其他专业人员 … 151
第三节 创业团队管理 … 152
　一、创业团队组建的原则 … 152

二、优秀创业团队的理念 ·············· 154
　　三、创业团队绩效的衡量与提升 ·········· 157
　本章小结 ······················ 159
　思考题 ······················· 159

第七章 撰写创业计划书 ················ 161

　本章学习目的 ···················· 161
　第一节　创业计划书的内涵与价值 ··········· 161
　　一、创业计划书的内涵 ··············· 162
　　二、创业计划书的价值 ··············· 164
　第二节　创业计划书的框架结构与核心内容 ······· 166
　　一、创业计划书撰写的基本步骤 ·········· 166
　　二、创业计划书撰写的框架结构 ·········· 167
　　三、创业计划书撰写的核心内容 ·········· 168
　　四、撰写创业计划应注意的问题 ·········· 176
　　五、陈述创业计划书时应注意的问题 ········ 180
　第三节　创业计划书的评价 ·············· 181
　　一、评价主体 ··················· 181
　　二、评价要素 ··················· 181
　　三、评价标准 ··················· 182
　本章小结 ······················ 183
　思考题 ······················· 184

第八章 创业融资 ···················· 185

　本章学习目的 ···················· 185
　第一节　创业融资渠道 ················ 185
　　一、获得融资的重要性 ··············· 185
　　二、创业融资方式与来源 ·············· 187
　第二节　创业融资过程 ················ 195
　　一、融资准备 ··················· 195
　　二、测算资金需求量 ················ 197
　　三、确定融资来源 ················· 199
　　四、融资谈判 ··················· 200
　本章小结 ······················ 201
　思考题 ······················· 201

第九章 成立新企业 202

本章学习目的 202
第一节 新企业创建的相关法律 202
 一、知识产权 203
 二、反不正当竞争法 208
 三、合同法 210
 四、劳动保障法 212
第二节 新企业的组织形式 214
 一、有限责任公司 214
 二、股份有限公司 216
 三、合伙企业 219
 四、个人独资企业 221
 五、个体工商户 223
 六、企业法律形式的比较与选择 224
第三节 新企业名称设计与经营地点选择 226
 一、新企业名称设计 226
 二、新企业注册登记 227
 三、新企业经营地点选择 229
本章小结 235
思考题 235

第十章 初创期企业管理 236

本章学习目的 236
第一节 初创期企业的人力资源管理 236
 一、人力资源规划 237
 二、招聘和选拔高绩效的员工 238
 三、激励员工 241
 四、留住高绩效的员工 242
 五、企业文化的建立 245
第二节 初创期企业的市场营销管理 246
 一、市场细分 247
 二、目标市场选择与市场定位 248
 三、营销组合策略 250
 四、品牌创建与管理 255
第三节 初创期企业的财务管理 257

一、企业的财务战略·····257
　　二、现金流管理·····258
　　三、资产管理·····261
　本章小结·····262
　思考题·····263

第十一章　成长期企业管理·····264
　本章学习目的·····264
　第一节　企业成长的本质·····264
　　一、企业成长的内涵·····264
　　二、企业成长的过程·····269
　　三、企业成长的挑战·····271
　第二节　企业成长模式·····273
　　一、爱迪斯企业生命周期模型·····273
　　二、葛雷纳企业成长模型·····275
　第三节　企业持续成长的管理重点·····277
　　一、企业文化建设·····277
　　二、战略规划·····278
　　三、企业组织的调整·····279
　　四、人力资源管理·····280
　　五、市场营销策略·····281
　　六、财务和资金控制·····282
　第四节　企业成长战略选择·····283
　　一、内部成长战略·····283
　　二、外部成长战略·····288
　本章小结·····290
　思考题·····291

第十二章　公司内创业·····292
　本章学习目的·····292
　第一节　公司内创业的内涵·····292
　　一、公司内创业定义·····292
　　二、公司内创业的特点·····293
　　三、公司内创业者的特征·····294
　　四、公司内创业的必要性·····295

五、公司内创业与独立创业的异同 ··· 297
第二节 公司内创业的过程 ··· 299
一、三阶段模型 ··· 299
二、五阶段模型 ··· 300
三、六阶段模型 ··· 301
第三节 公司内创业的模式选择 ··· 303
一、项目小组 ·· 304
二、内部创业 ·· 304
三、创业孵化器 ··· 305
四、公司风险投资 ··· 305
第四节 公司内创业的障碍及其克服 ····································· 306
一、组织结构 ·· 307
二、企业文化 ·· 307
三、员工 ·· 308
四、原有业务 ·· 308
五、创业资金 ·· 308
六、公司内创业者 ··· 309
本章小结 ··· 309
思考题 ··· 310

参考文献 ·· 311

第一章
创业管理入门

本章学习目的

掌握创业的内涵及特征;
了解创业的类型;
理解创业的价值;
掌握创业过程;
了解国内外创业活动发展状况;
了解创业教育发展现状。

如何去创办一个企业以及如何成功地运营一个企业呢?为了能更好地理解这些问题,需要理解创业的特征,了解创业过程,以及创业对一国经济发展的作用。在本章,我们对创业进行定义,分析新创企业的各种类型,了解创业的重要性,包括新企业对经济和社会的影响,以及创业对大企业的重要性。之后,介绍创业的过程。最后,介绍创业现状与发展趋势,以及创业教育发展现状。

引导案例　　　阿里巴巴：经典创业故事

扫描此码　　案例学习

第一节　创新创业与创业精神的内涵

一、创新与创业的内涵

创业者（entrepreneur）一词来源于17世纪的法语词汇entreprendre,最初用来描述买卖双方之间承担风险的人，或创建新企业的风险承担者。创业和企业家密切相关，创业（entrepreneurship）一词也即为"创业精神"。

（一）创新的定义

创新一词最早由美籍奥地利经济学家约瑟夫·熊彼特（Joseph Schumpeter）在其1912年出版的《经济发展理论》一书中提出。按照熊彼特的观点，所谓"创新"，就是"建立一种新的生产函数"，也就是说，把一种从来没有过的关于生产要素和生产条件的"新组合"引入生产体系。熊彼特进一步明确指出"创新"包括以下五种情况：

（1）采用一种新的产品，也就是消费者还不熟悉的产品，或产品的一种新特性。

（2）采用一种新的生产方法，也就是在制造部门中尚未通过经验检定的方法，这种新的方法不需要建立在科学上新发现的基础之上，也可以存在于商业上处理一种产品的新方式之中。

（3）开辟一个新的市场，也就是国家的某一制造部门以前不曾进入的市场，不管这个市场以前是否存在过。

（4）掠取或控制原材料或半制成品的一种新的供应来源，不管这种来源是已经存在的，还是第一次创造出来的。

（5）实现任何一种工业的新的组织，比如造成一种垄断地位，或打破一种垄断地位。

约瑟夫·熊彼特（Joseph Schumpeter，1934）指出，创新是创业的本质和手段，创业是实现创新的过程。

熊彼特的创新理论主要有以下几个基本观点：

（1）创新是生产过程中内生的。

（2）创新是一种"革命性"变化。

（3）创新同时意味着毁灭。

（4）创新必须能够创造出新的价值。

（5）创新是经济发展的本质所决定的。

（6）创新的主体是"企业家"。

熊彼特把"新组合"的实现称为"企业"，那么以实现这种"新组合"为职业的人们便是"企业家"。企业家就是"经济发展的带头人"，也是能够"实现生产要素的重新组合"的创新者。

管理学大师 P. F. Drucker（1985）认为，创新活动赋予资源一种新的能力，使它能创造财富。事实上，创新活动本身就创造了资源。创新不一定与技术有关，甚至根本就不需要是一个"实物"。"创新"是一个经济或社会术语，而非科技术语。我们可以用萨伊定义企业家精神的方式定义创新，即创新是改变资源的产出。或者创新就是通过改变产品或服务，为客户提供价值和满意度。管理者必须把社会的需要转变为企业的盈利机会，那也是创新的一种定义。企业家就是创新家，所谓的企业家精神也就是创新精神。

Rita McGratn & Ian MacMillan（2000）认为，成功创新是在某种商业模式下，使用新的技术知识和（或）新的市场知识，以能够获利的价格为购买者提供一个新的产品和（或）

服务。创新有两大类：渐进创新和激进创新。渐进创新是持续不断地改进现有的产品或服务以及产品的制造与传递方式。激进创新是竞争的规则发生重大变化时产生的结果，这种竞争的结果最终不是使顾客的需求以完全崭新的方式得到满足，就是通过创新创造一个完全崭新的需求。

John Bessant 和 Joe Tidd（2013）认为，创新过程的核心是识别机会、寻找资源、发展新企业和创造价值。

创新是一个民族进步的灵魂，是一个国家兴旺发达的不竭动力，也是中华民族最深沉的民族禀赋。在激烈的国际竞争中，唯创新者进，唯创新者强，唯创新者胜。

中国共产党第十八届中央委员会第五次全体会议强调，实现"十三五"时期发展目标，破解发展难题，厚植发展优势，必须牢固树立并切实贯彻创新、协调、绿色、开放、共享的发展理念。其中提出，坚持创新发展，必须把创新摆在国家发展全局的核心位置，不断推进理论创新、制度创新、科技创新、文化创新等各方面创新，让创新贯穿党和国家一切工作，让创新在全社会蔚然成风。培育发展新动力，优化劳动力、资本、土地、技术、管理等要素配置，激发创新创业活力，推动大众创业、万众创新，释放新需求，创造新供给，推动新技术、新产业、新业态蓬勃发展。

2016年5月30日，习近平在全国科技创新大会、两院院士大会、中国科协第九次全国代表大会上指出："实现'两个一百年'奋斗目标，实现中华民族伟大复兴的中国梦，必须坚持走中国特色自主创新道路，面向世界科技前沿、面向经济主战场、面向国家重大需求，加快各领域科技创新，掌握全球科技竞争先机。"

综上可以看出，尽管学者从不同角度对创新进行了诠释，但是到目前为止，还尚未发展出一套创新理论。本书认为，创新是使用某种新技术、新知识，通过为客户提供某种新产品或新服务，以满足客户需求。创新是一个民族进步的灵魂，一个民族的创新能力决定着这个民族的发展进程。

（二）创业的定义

创业是一个跨学科的多层面的复杂现象，涵盖经济学、管理学、社会学、心理学、教育学、法学、金融学、公共政策学等多门学科。创业问题已经受到越来越多人的重视，越来越成为经济学家、政府部门和企业界的热门论题。尽管如此，迄今为止，我们仍没有一个被普遍接受的关于创业的严格定义。学者从不同领域对创业进行了研究，从不同角度对创业进行了定义。

Joseph Schumpeter（1912）认为，创业是生产要素新的组合。即上文提到的，通过产品创新、技术创新、市场创新、资源配置创新、组织创新来促进新企业以及进行公司创业。企业家的创业动机：首先，存有一种梦想和意志，要去找到一个私人王国；其次，存有征服的意志；最后，存有创造的欢乐，把事情办成的欢乐，或者只是施展个人的能力和智谋的欢乐。

Knight（1921）从创新的不确定性和创业者精神出发，认为创业的本质在于创业者由于受不确定性和风险影响而获得利润。

Cole（1959）把创业定义为发起和创建以营利为目的的企业的有目的的活动。

Kirzner（1973）则从创业者的心理特性，特别是认知特性来研究创业，他认为，创业者必须具有特殊的"敏感性"，只有能够敏锐地感知市场获利机会的人才可能成为创业者。可见，Kirzner 的创业理论更强调创业者的主观能动性。

Casson（1982）认为，创新是对稀缺资源的协调整合。

Gartne（1985）将创业定义为新组织的创建。

Stevenson，Roberts 和 Grousbeck（1989）认为，创业是不顾现有可控制的资源而寻求和利用机遇。

Stevenson 和 Jarillo-Mossi（1985）研究认为，创业是依靠整合资源的特殊组合以发掘新机会的一种价值创造过程。

P. F. Drucker（1985）认为，创业是一种行为，其主要任务就是变革。

Hart Stevenson 和 Dial（1995）认为，创业是不顾现有可控制的资源而寻求和利用机遇，但是受到创建者以前的选择和行业相关经验的限制。

H. H.Stevenson 和 J.C.Jarillo（1990）将创业定义为，个人不考虑当前所控制的资源而追求机会的过程。风险投资家 Fred Wilson 把创业看作"将创意转化为企业的艺术"。

Morris M，Lewis P. 等（1994）对 1982—1992 年美国核心创业杂志上出现的 77 个创业概念进行了内容分析，把这些概念中出现 5 次以上的词语记录下来，在 77 个定义中，出现频率最高前 7 位的关键词是：①开始、创建、创造；②新事业、新企业；③创新、新产品、新市场；④追逐机会；⑤风险承担、风险管理、不确定性；⑥追逐利润、个人获利；⑦资源或生产方式的新组合。

Marc J. Dollinger（2006）认为，创业就是在风险和不确定性条件下，为了获利或成长而创建创新型经济组织（组织网络）的过程。

J. A. Timmons 和 Stephen Spinelli, Jr.（2005）认为，创业是一种思考、推理和行动的方法，它不仅要受机会的制约，还要求创业者有完整缜密的实施方法和讲求高度平衡技巧的领导艺术。创业不仅能为企业主，也能为所有的参与者和利益相关者创造、提高和实现价值，或使价值再生。尽管企业、创业者、地理环境和技术千差万别，但都是核心问题或驱动力主导了高度动态的创业过程。这些核心问题或驱动力是商机的驱动，创业带头人和创业团队的驱动，节约和创造资源的驱动，它依赖于上述因素的匹配和平衡。它是综合性的、整体性的。其中，商机的创造和识别是这个过程的核心，随后就是抓住商机的意愿与行动。这要求创业者有甘愿冒险的精神，既有个人风险，也有财务风险。但所有风险都必须是经过计算的，要不断平衡风险和潜在的回报，这样才能让你掌握更多的胜算。通常，创业者通过精心设计战略计划来合理安排其有限的资源。

Jack M. Kaplan 和 Anthony C. Warren（2009）认为，今天的创业不但包括企业的创立，而且包括一种创意的产生和实施。

Morris，Kuratko 和 Covin（2011）认为，创业是人类的一种创造活动，是人的精力集中运用于首创一种新概念或建立新企业或事业。

Bruce R. Barringer 和 R. Duane Ireland（2010）认为，创业行为的本质，在于识别机会并将有用创意付诸实践。创业行为所要求的任务既可由个人也可由团队来完成，并需要创造性、驱动力和承担风险的意愿。因而，他们关注由创业者或创业者团队创建新企业背景下的创业活动。同时认为，已建企业也可以实施创业行动，以超前行动、创新性和风险承担为特色。例如，苹果公司、3M 公司、亚马逊网站都被普遍认为是创业型企业。

Robert A. Baron 和 Scott A. Shane（2005）研究认为，作为一个商业领域，创业致力于理解创造新事物（新产品或服务、新市场、新生产过程或原材料、组织现有技术的新方法）的机会是如何出现并被特定个体所发现和创造的，这些人如何运用各种方法利用或开发它们，然后产生各种结果。

我国学者王重鸣（2003）将创业定义为做新的事情，或者用新的方法去做事。张健等（2003）认为，创业是开创新业务、创建新组织、组合新资源、发掘和创造新价值的活动。林嵩等（2005）认为，创业本质上是一种新价值的创造活动，既包括创建新企业，也包括在成熟的大企业内部开展新业务。张玉利、陈寒松（2013）研究认为，创业至少有两层含义，一是创业活动，即创业者及其团队为孕育和创建新企业或新事业而采取的行动，包括新企业的生存和初期发展；二是企业家精神，即创业者及其团队在开展创业活动中所表现出的抱负、执着、坚韧不拔、创新等品质以及一些相对独特的技能。概括来说，创业的狭义定义是创建新企业，广义的定义是开创新事业。

综观学者对创业理论研究，主要有 8 大学派，即风险学派、领导学派、创新学派、认知学派、管理学派、社会学派、战略学派、机会学派。不同的理论和学派对创业的定义阐述各有侧重（见表 1-1）。

表 1-1　创业定义的八大理论学派

派别	代表性人物	主要观点	对创业的定义
风险学派	Cantillon（1775） Knight（1921）	创业者承担风险，其所得的报酬是承担风险的机会成本	创业是创业者准确洞察、把握机会、赚取利润和规避风险的过程
领导学派	J.B. Say（1803） Marshall（1890）	创业必须有非凡的领导能力和管理艺术来组织资源和团队	创业是要把生产要素由领导者重新组合和协调起来
创新学派	Schumpeter（1934）	创新是创业的本质和手段，是创业的主要推动力	创业是生产要素新的组合
认知学派	Kirzner（1973） Casson（1982）	强调创业的认知、想象力、敏感等主观和心理因素	创业是创业者对稀缺资源的协调而做出明智决断的行为和过程
管理学派	Drucker（1985） Stevenson（1994）	管理手段和管理能力是创业成功的关键	创业是一种"可以组织、并且是需要组织的系统性的工作"
社会学派	Woodward（1988） Saxenian（1999）	外部社会环境和文化对创业影响很大；社会网络有助于创业	创业是社会环境和社会网络等背景共同作用的产物
战略学派	Bhide（1994） Hitt, Camp（2001）	战略管理对于创业活动的成功十分重要	创业过程是初创企业成长过程中的战略管理过程
机会学派	Shane, Venkataraman（2000） Singh（2001）	机会识别的质量对于创业是至关重要的	创业是创业者发现和利用"有利可图的机会"的过程

资料来源：作者根据相关文献资料整理。

综上可以看出，创业行为的本质在于识别机会并将有用创意付诸实践。创业行为所要求的任务既可由个人也可由团队来完成，并需要具有创造力、驱动力和承担风险的意愿。创业者具有创业激情、聚焦产品或顾客、不怕失败、坚韧不拔，具有在风险和不确定性下获取收益（或成长）的机会，商业创业变为可行企业的能力。阿里巴巴的创建者马云，体现了所有这些品质。马云看到电子商务的机会，专注于电子商务，专注于中小企业，他全身心投入工作而承担着职业生涯的风险。

本书认为，创业是创业者发掘创意，捕捉商机，组建团队，获取资源，为消费者提供产品和服务，创造价值和财富的过程。具体可以从以下五个方面理解创业概念。

（1）创业是一个过程。创业是一个随着时间展开并经历若干紧密联系的不同阶段的过程，要经过机会识别、整合资源、开办新企业、运营并管理企业等阶段。在这个过程中要做好商机、创业团队和资源的匹配和平衡。

（2）创业的本质是一种新价值的创造活动。创业创造出某种有价值的新事物。这种新事物不仅对创业者本身有价值，而且对社会也要有价值。

（3）创业是一种高风险的活动。创业的风险可能有各种不同的形式，有人力资源风险、市场风险、财务风险、技术风险、外部环境风险、合同风险、精神方面的风险等。创业者应具备超人的胆识，甘冒风险，勇于承担多数人望而却步的风险事业。

（4）创业活动是在企业管理过程中实现的。要完成整个创业过程，要创造新的有价值的事物，不仅需要大量的时间和精力，而且更为重要的是，要用科学的企业管理理念、理论和技术去创建和管理企业。

（5）创业利润来源于对创新的回报，对风险的补偿，对企业高效管理和运作的回报。创业带来的回报，既包括物质的回报也包括精神的回报，它是创业者进行创业的动机和动力。

创业过程的核心是创新精神。自"二战"以来，美国一半的创新、95%的根本性创新是由小型创业公司完成的。其他研究表明，小型创业公司的研发工作比大型公司更有成果、更显得生机勃勃。如果把创业比作美国经济的发动机，那么创新就是此发动机的汽缸，它带动了重要新发明和新技术的诞生（J. A. Timmons & Stephen Spinelli, Jr., 2005）。

关于创新与创业的关系，可以界定为：创新和创业是两个既有紧密联系又有区别的概念。创新是提出新方法，建立新理论，对现有的事物进行更新改造，再认识和再发现的过程。创业则是在创新的基础上，将创新成果应用于技术、制度、管理等方面，产生出一定的经济效益。创新是创业的源泉，是创业的本质。创新应该成为评判创业的标准。创业是实现创新的过程，或者是通过新创企业来创新，或者是在原有企业中实现新的业态创新，即公司内创业。创新的程度决定了创业的成败，创业推动并深化创新。

二、创业精神的内涵

如前文所述，"entrepreneurship"既可以翻译为"创业"，又可以翻译为"创业精神"。

"entrepreneur"意为企业家。创新是一个国家和民族进步的灵魂,而创新精神是这个灵魂的核心。创业精神是新创企业创建与发展的关键要素。创业、创业精神和企业家密切相关,创业精神即为企业家精神。因而,本书将创业精神等同于企业家精神进行论述。

对于创业精神的内涵,目前还没有得到统一。学者从不同的角度来理解和定义创业精神。

Miller(1880)认为,创业精神不仅可以指创业者的个性特征,也可以指企业的行为特征。这个研究奠定了公司创业精神概念的基础,他认为创业精神应该包括产品市场创新、冒险和主动行为,这个概念得到了学者们的广泛认可。

Joseph Schumpeter(1912)将"产品创新、技术创新、市场创新、资源配置创新、组织创新"这些"生产要素新组合"的实现称为"企业",以实现这些"生产要素新组合"为职业的人们便是"企业家"。因此,企业家的核心职能是看其是否能够执行这种"生产要素新组合"。只有当企业家实际上实现了某种"生产要素新组合"时,才称得上是一位名副其实的企业家。创新的动力来自于企业家精神,即以冒险为乐、战斗的冲动、追求成功、逆潮流而动、创造性破坏、缔造私人王国的梦想。从中可以看出,Joseph Schumpeter强调的企业家的创新性,即为企业家的创新精神与创业精神。

P. F. Drucker(1985)认为,企业家从事创新,而创新是展现企业家精神的特殊手段。企业家精神是一种行动,无论对于个人或是机构,企业家精神均是一种独特的特性,而不是人格特征。企业家精神是以经济和社会理论为依据的,该理论视变化为常规。在社会中,特别是在经济中,最主要的任务就是做与众不同的事,而非将已经做过的事情做得更好。由创新的企业家所引起的动态失衡是健康经济的"常态"。企业家视变化为健康的标准,通常,他们自己并不引起变化。但是,企业家总是在寻找变化(这一点也定义了企业家和企业家精神),对其做出反应,并将其视为机遇加以利用。同时,P. F. Drucker(1985)明确指出,人们普遍认为,企业家精神充满了巨大的风险。但是,从理论上说,企业家精神应该是风险最低,而不是风险最高的。这主要是因为,在所谓的企业家中,只有少数几个人知道他们在做些什么。最重要的是,创新应该以有目的的创新为基础。企业家必须学会如何进行系统化的创新。

Rita McGratn和Ian MacMillan(2000)认为,建立创业精神的一个重要方面就是,创造一个人人参与的环境,能使企业更容易找到改变商业模式的机会。

Feng和Lin(2009)认为,创业精神是创业者在创立新企业过程中表现出来的行为、能力、高风险倾向和对不确定性的容忍。

综上,本书认为,创业精神是一种创新实践精神,是有组织的、有目的的、系统化的工作。创业精神包括创新意识、风险承担能力和冒险精神及识别市场机会的能力。创业精神是自强自主精神、开拓创新精神和务实精神的综合体现。创业精神是创业成功的根本原因。创业精神不是天生就有的,可以通过教育和实践进行培养和塑造。

(1)创业精神是一种创新实践精神。创业精神的核心思想就是创新。创业精神更执着于创新活动的实践过程。创业精神是一种行动,视变化为常规,视变化为健康的标准。变化为新颖且与众不同的事物的产生提供了机遇。因此要有目的、有组织地关注机构内部、产业内部及产业外部的变化，在变化中寻找机遇。

（2）创业精神是一种开拓创新的精神。开拓创新精神是创业精神的核心。创新精神之所以成为创业精神的核心，归根到底是由创业活动的开拓性所决定的。由于创业是一种创造性的活动，创业就是要探索新的道路，开创新的事业。因此，创业离不开创新，创新是创业的题中应有之义。具体到精神领域，则意味着要形成将变革视为正常的、有益的现象的精神，形成一种寻求变革、适应变革，并将变革当作开创事业的机会的精神，形成一种赋予资源以新的价值创造性的行为能力。

（3）创业精神是一种务实的精神。务实精神是创业精神的归宿，是创业精神的落脚点。有了创业意识，创业目标，拥有了知识、才能和品德，还只是一种潜在的精神，要使这种潜在的精神转化为外在的价值，还必须靠脚踏实地的、创造性的劳动。创业精神是促成新企业形成、发展和成长的原动力。

第二节　创业的类型

从不同角度可以将创业分为不同的类型。

一、机会型创业与生存型创业

由国际著名的英国伦敦商学院和在创业教育上全美排名第一的美国百森学院于1999年共同发起并组织的，旨在研究全球创业活动态势和变化、发掘国家或地区创业活动的驱动力、研究创业与经济增长之间的作用机制和评估国家创业政策的国际创业研究项目——全球创业观察（global entrepreneurship monitor，GEM），最先依据个人参与创业的原因，提出了机会型创业（opportunity-push entrepreneurship）和生存型创业（necessity-push entrepreneurship）的概念。GEM认为，机会型创业是创业者把创业作为其职业生涯中的一种选择；生存型创业是创业者把创业作为其不得不做出的选择，因为所有的其他选择不是没有就是不满意。

机会型创业的出发点是创业者为了追求一个商业机会而从事创业的活动，是主动抓住和利用市场机遇创造价值和实现自身理想。机会型创业看中的是市场机会，考虑的是创业进入了新市场，而且是大市场和中等市场。由于其有强烈的创业意愿，这种创业往往能敢于开拓新市场、创造新需求，从而可能带动新的产业发展，提升和创造产业链高端价值，对于提高国家核心竞争力有很大溢出效应。另外，机会型创业着眼于新的市场机会，拥有更高的技术含量，有可能创造更大的经济效益，从而改善经济结构。机会型创业不仅能解决自己的就业问题，而且能解决更多人的就业问题。

生存型创业是面对现有的市场，创业者主要在现有市场中找机会。生存型创业很少考虑创业是否进入了新市场,即使开创了新市场,也是以小市场为主。最常见的是在现有市场中捕捉机会。生存型创业从事的是技术壁垒低的行业,多从事低成本、低门槛、低风险、低利润的创业,对就业的带动效应小。

创业总是在捕捉市场机会。没有市场机会的创业是很难成功的。全球的创业活动是以机会型创业为主的,如在美国90%以上的创业属于机会型创业。GEM报告显示,2002年,中国的创业类型结构是生存型创业占60%,机会型创业占40%;2007年则为生存型创业占39.6%,机会型创业占60.4%,标志着中国创业活动已经由生存型转变为机会型创业为主。根据《全球创业观察(GEM)中国报告(2015/2016)》,中国创业活动的主体是青年,占创业者总体比例的41.67%,创业动机以机会型创业为主,64.29%的创业者为机会型创业者,与2005年(53.2%)和2010年(57.47%)相比,机会型创业者的比重不断提高,表明我国创业者的创业贡献预期会增加。因为机会型创业相对于生存型创业能带来更多的就业机会、新市场机会、创新机会和企业增长机会。

另外,世界经济论坛(WEF)的《全球竞争力报告》根据人均GDP以及初级产品占出口份额的情况,把经济体分为三个层次:要素驱动型经济体、效率驱动型经济体和创新驱动型经济体。GEM在研究中采用了这种划分标准:

(1)要素驱动型经济体(factor-driven economies),自给型农业和资源型企业占主导,它非常依赖于劳动力和自然资源的投入。发展的着力点在于充分构建满足基本需求的基础条件。

(2)效率驱动型经济体(efficiency-driven economies),效率驱动阶段,经济获得了进一步发展,伴随着工业化和对规模经济的日益依赖,资本密集型的大型企业更占优势,该阶段一般伴随的是基本需求的不断改善,关注的重点在于开发效率驱动点。

(3)创新驱动型经济体(innovation-driven economies),进入创新驱动阶段后,知识密集型企业占据主导,且服务部门进一步扩张。尽管该阶段创业与创新要素占主导,但需要指出的是,这些要素条件需要依赖于一系列稳健的基础需求和效率驱动点。

从全球来看,绝大多数创业者都是机会驱动型的。在要素驱动和效率驱动经济体中,69%的创业者认为他们会将机会作为创业动机的出发点,而不是需求。在创新驱动的经济体中,机会驱动的创业者比例更高,达到78%。在机会驱动的创业者中,一部分期望改善他们当前的境况,或是寻求独立,或是增加收入(相比于保持收入),即改善驱动下的机会(improvement-driven opportunity,IDO)创业者。

GEM还建立了一个新的指标,即动机指数(motivational index)。动机指数表明,在要素驱动经济体中,改善驱动的机会创业者是需求驱动创业者的1.5倍;在效率驱动的经济体中,前者是后者的2倍;在创新驱动的经济体中,则达到了3.4倍。

机会型创业和生存型创业取决于多种因素,不是创业者主观选择的结果,而是由创业者面临的环境和创业者所具备的能力所决定的。创业环境是创业者所处的外部政治、经济、文化环境宏观因素,创业者创业能力特别是开创新市场的能力可以通过创业教育和培训来提高。因此,创造良好的创业外部环境,加强创业教育和培训,提高创业者的内在创业能力和素质，就会逐步增加创业者选择机会型创业的机会和比例。

二、传统技能型创业、高新技术型创业和服务型创业

按照创业项目分类，可将创业分为传统技能型创业、高新技术型创业和服务型创业。

传统技能型创业是利用传统技术、工艺进行的创业，比如，创业者利用在工艺美术品、酿酒、餐饮、饮料加工、食品加工、服装等行业中拥有的独特技能开展创业活动。由于创业者具有独特技能，使其创办的企业拥有核心竞争力，具有获取利润的基础。

高新技术型创业是采用知识、科技从事知识技术密集型项目创业。除了具有创业精神外，对于高新技术企业的创业者来说，技术的转移和学习，利用孵化器孵育的技术创新，也非常重要，这是新创企业的技术基础。对于新创企业来说，选择一个有利的创业环境是创业成功的一个重要因素。

服务型创业是以各类知识咨询服务的方式进行的创业活动，比如，会计师事务所、律师事务所、管理咨询公司、交易中介等。服务型项目具有投资少、见效快、周期短的特点，属于知识密集型创业。

三、个体创业与公司创业

按照新企业创建的渠道，创业可以分为个体创业和公司创业。

个体创业是指创业者个人或团队白手起家进行的创业。公司创业（corporate entrepreneurship）又叫公司内创业，是指在原有企业的基础上通过局部变革使企业向更高的层次发展。公司内创业就是要建立一个新的企业，新企业与原有的企业有一定的关系，但是不完全按照原企业的模式发展。公司创业是重新利用公司资源的一个有效手段。

在创业过程和性质上，个体创业和公司创业没有差别。但是，由于起初的资源禀赋不同、组织形态不同、战略目标不同等，在创业风险承担、成果收获、创业环境、创业成长等方面也有很大的差异（见表 1-2）。

表 1-2 个体创业和公司创业的差异

个体创业	公司创业
创业者实现自我价值的过程	公司实现价值的过程
创业者承担风险	公司承担风险，而不是与个体相关的风险
创业者拥有商业概念	公司拥有概念，特别是与商业概念有关的知识产权
创业者拥有全部或大部分事业	创业者或许拥有公司的权益，但可能只是很小部分
创业者的回报期待更大	创业者所能获得的潜在回报是有限的
创业者失败的概率更大	公司具有更多的容错空间，能够吸纳一定程度的失败
受外部环境波动的影响较大	受外部环境波动的影响较小
创业者具有相对的独立性	公司内部的创业者更多受团队的牵制

续表

个体创业	公司创业
在过程、实验和方向的改变上更有灵活性	公司内部的规则、程序和官僚体系会阻碍创业者的策略调整
决策迅速	决策周期长
低保障	高保障
在创业意图上，可沟通的人少	在创业意图上，可以沟通的人多
至少在初期阶段，存在有限的规模经济和范围经济	能够很快达到规模经济和范围经济
严重的资源局限性	具有占有各种资源的优势

资料来源：Morris M，Kuratko D. Corporate Entrepreneurship，Harcourt College Publishers，2002：63.

四、薪水替代型企业、生活方式型企业、创业企业

Bruce R.Barringer 和 R.Duane Ireland（2010）将新创企业划分为薪水替代型企业、生活方式型企业、创业企业三种类型。

薪水替代型企业（salary-substitute firm）是那些能为企业所有者产生类似于他们受雇于用时收入水平的小企业。薪水替代型企业的例子有干洗店、便利店、餐馆、会计事务所、零售店和发型设计沙龙等。绝大部分小企业属于这种类型。薪水替代型企业向顾客提供易于获得的普通产品或服务，不具有特别创新性。

生活方式型企业（lifestyle firm）提供企业所有者追求特殊生活方式的机会，同时能够谋生。生活方式型企业包括滑雪教练、职业高尔夫球手和导游。这些企业没有创新性，也不能快速成长。一般说来，生活方式型企业瞄准特定体育活动、业余爱好或娱乐活动等，它们可能只是所有者自己或雇用很少的人。

创业企业（entrepreneurial firm）将新的产品和服务引入市场。创业的本质是创造价值以及向顾客传递价值。"价值"是指物有所值、重要性或效用。创业企业通过创造并抓住机会，将新的产品和服务引入市场。苹果公司是创业企业著名的成功范例。这些企业识别机会，创造对顾客具有价值和重要性的产品或服务。它们的产品或服务，向顾客提供了在其他地方无法获得的有用性。

第三节　创业的价值

以创业精神和创业活动作为经济增长关键驱动因素的创业型经济具有增强自主创新能力、转变经济增长方式和扩大社会就业的显著作用，对企业可持续成长具有重要的影响，已成为一个国家或地区经济发展繁荣的基础。

一、创业与经济增长

创业活动水平与该国的年经济增长水平高度相关。1934 年，Joseph Schumpeter 在其修订版《经济发展理论》中清楚地表达了创业对经济和社会发展的重要性。熊彼特论述道，创业者们开发新产品和新技术，逐渐使当前产品和技术陈旧过时。Joseph Schumpeter 将这个过程称为创造性破坏。创造性破坏过程由新创企业最有效地发动，它们改进了当前可得到的产品或技术。改进后的产品和技术提高了消费者需求，所以创造性破坏刺激了经济活力。新产品和技术也可能提高所有社会要素的生产效率。创造性破坏的过程并不限于新产品和新技术，它也包括新的定价策略，如西南航空的折扣航班；新的分销渠道，诸如联邦快递或亚马逊等；新的零售模式，如家具业的宜家公司（IKEA）。

创业活动及效率是国家经济活力的源泉。为什么一些国家的经济比另一些国家的经济增长得更快？根据 GEM（2002）提出的国家经济增长模型，促进经济增长的条件分成一般环境条件和创业环境条件，前者是现有大中小微企业发展的基础和环境，包括开放程度（对外贸易），政府（国际地位），金融市场（有效性），技术和研究开发（程度、密度），管理（技能），劳动力市场（灵活性），以及制度（无歧视、法规）；后者是创业活动的基础和环境，包括金融支持，政府政策，政府项目，教育和培训，研究开发转移，商业环境和专业基础设施，国内市场开放程度，实体和基础设施的可得性，以及文化及社会规范。大中小微企业对经济增长的贡献不言而喻，创业活动同样会促进经济增长。创业活动对经济增长的贡献是长期的和潜在的，它不像已有的大企业或中小微企业对经济增长的贡献那么直接和可度量。

创业活动与经济增长之间存在一定的相关关系。通过创业活动，可以为社会积极创造新产品新价值，从而推动社会经济发展；另外，在经济发展的条件下，投资活动、消费活动也更为活跃，这也在一定程度上推动了创业活动的发展。因此，创业活动与社会经济发展是相辅相成、相互促进的。我国创业活跃地区也是经济快速增长的地区，创业不活跃的地区，同时也是经济发展相对滞后的地区。

美国硅谷成为美国经济发展的重要发动机。1999 年，硅谷地区的 GDP 总值就超过 3 000 亿美元，占美国全国的 3% 左右，超过中国 GDP 总值的 1/4。硅谷的创业形态带来持续不断地创业浪潮，带动了行业集群的迅速发展，从而为美国经济发展注入了巨大的动能。

要想从根本上破解世界金融危机的负面影响，化威胁为机会，实现经济社会长期持续平稳较快发展，关键是如何调整我国经济结构和经济增长模式，找到启动新经济增长的发展引擎。经济结构转型包括需求结构转型、产业结构转型和投入要素结构转型三个层次，创业连接了投入、需求与产业三大环节，创业是企业价值创造和产业发展的起点，更是产业内生式增长的永恒动力，是经济长期增长的内在源泉。

二、创业与创新能力培育

创新是创造新事物的过程，是创业过程的核心。根据美国独立企业联盟数据，小企业

（雇员不足 500 人）的人均创新率是大企业的两倍。而且，小型创新企业的人均专利数是大企业的 13 倍多。

创业活动是技术创新并实现产业化的主要形式之一。对于高科技创业活动来说，创业过程往往围绕一个核心的新产品或新服务，这一产品或服务能否得到市场的认可，取决于该产品或服务是否能够真正为消费者创造价值。因此，为了实现成功创业，创业者需要不断开发、调整产品或服务，直到产品或服务能够真正具备市场价值。这一过程中，那些有价值的产品或服务能够被创业者坚持下来，而一些尽管看起来很有价值却不被消费者认可的产品或服务就会被淘汰。因此，创业活动有利于技术和产品或服务不断更新，满足消费者的需求。从整个社会的角度来说，这无疑是产品和服务不断更新和演进的重要推动力。

创业需要创新能力。创新能力是人们在创新活动中通过智力和非智力的整合，破解问题，进而产生具有社会意义的创新成果的能力。智力和概念化能力是企业家的极大优势。对智力的定义没有统一标准。但大多数人都认为智力应包含以下要素：抽象思维能力与推理能力，解决问题的能力，获取知识的才能，记忆力，以及对环境的适应能力。所有这些概念似乎都与创立、运转一家企业有必然联系。但是，非智力因素同样重要。商业嗅觉、企业家的感觉和直觉也是特殊的才智。因为创新能力不仅与智力息息相关，而且与人的思想（世界观、人生观、方法论和价值观）、道德（个人美德、社会美德、科学美德、理想美德）和个性（好奇心、兴趣、爱好、情感、需要、动机和意志）、勤奋精神和创新精神等这些非智力因素紧密相连。创业所需要的创新能力更需要智力和非智力两个方面的整合。非智力因素，特别是超常的意志力对于持续发挥超越自我的创新能力，进行创新和创业具有重要作用。

创业成功的人通常是具有较强的创造性和创新能力的人。没有创新思维的人很难在看似平常的环境中搜寻到不平常，也就很难发现和捕捉到商业机会。创新能力能使个体捕捉到一般人捕捉不到的"意外信息"和"有利机会"，在看似平常的事物中发现不寻常的现象，进而奠定创业基础。

持续的创新能力是创业成功的不竭动力。一旦开始创业，创业能力低的人则容易在创业的后续阶段中止步不前，因循守旧，墨守成规，模仿和跟着别人的步伐前进。这样就很难在激烈竞争的市场中站稳脚跟。而持续创新能力较强的人在创业的过程中不会因循守旧，墨守成规，而总是在产生奇思妙想，不断开发新产品和挖掘新市场或运用熊彼特所提到的其他几种创新方式进行创新，在市场中独领风骚，从而在竞争中永远立于不败之地。可以说，没有创新思维和持续创新能力的人，即使能够开始某种程度上的创业，却很难持久和长久地取得创业成功。要特殊强调的是，在现有企业中，一个企业的创新能力和核心竞争力将决定企业能否继续生存和发展的问题。

三、创业与带动就业

从世界范围来看，世界各国半数以上的劳动力都是在中小企业就业。据统计，美国小企业占到企业总数的 99% 之多，创造了 75% 的新增工作岗位，为大部分进入劳动市场的新人提供了第一份工作；在日本制造业中，中小企业数占全部企业的 99.4%，从业人员占 69.5%；占德国企业总数 99.7% 的中小型企业雇佣的员工数占全部就业人员的 50% 以上；我国中小企业提供了近 80% 的城镇就业岗位。

据测算，每增加一个机会型创业者，当年带动的就业数量平均为 2.77 人，未来 5 年带动的就业数量为 5.99 人。因此，更多的机会型创业将产生更有助于提高创业带动就业的效应。大学生是机会型创业的主体，近几年我国每年高校毕业生均达 700 多万，就业形势严峻，更应该大力加强创业教育，培养大学生创新精神，提高大学生创业意识和创新创业能力，激发大学生创业活力，以创业促就业，以创业推进国家经济结构转型。

四、创业与产业结构优化

创业有助于产业结构调整。成功的创业活动具有强烈的示范效应。当创业者发现一个新的产业机会，并且在这一行业中创造巨大价值之后，很快就会有追随者进入这一个行业。众多的创业者在同一个行业内部共同开垦的结果是，该行业内部的细分市场越来越多，消费者的需求被深度地开发，而且围绕核心的行业延伸出来很多附带的价值和需求，更多的资金也被吸引到该行业中。经济变革大潮中的创业一代不仅创建了一批杰出的公司，还创建并领导了全新的行业。在众多新建企业还未成熟、摇摆不定的时候，出现了一些领头的改革型和创造型公司，它们常常成为新行业中的主导公司。这些新行业改变了整个经济社会。Joseph Schumpeter 最先描述了真实的创造型行业的诞生和消亡过程，在此过程中，新行业代替了老行业，并将老行业淘汰出局。因此，创业活动对于行业的发展具有重要的推动作用。这一作用最终导致了整个国家或者区域范围内的产业调整——众多有能力的个体和大量的资金不断流入新的产业，使得产业结构被重新调整。硅谷的发展即是很好的例证。

第四节 创业过程

一、决定成为创业者

人们成为创业者是为了做自己的老板、追求自己的创意或实现财务回报。通常，环境的变化或者个人生活及工作状况的改变，均会促使个人成为创业者。对创业者来说，准备很重要，职业化的创业时代已经来临。成功的创业者的思路要清晰，他们明白他们不只是为自己与雇员创造一份工作，而是要建立一种能够给个人、企业及社会创造价值的企业。他们搜寻能够改变人们生活和工作的创业思路。为了创业成功，创业者需要分析创业企业的经营环境，选择创业战略。第二章从宏观环境、机遇来源、产业与竞争者角度阐释了创业环境的分析内容及方法，描述了 GEM 创业环境分析方法。创业任务就是要找到避开竞争劣势、发挥竞争优势的途径，或者是找到创造性的方法来建立必需的竞争力。创业战略选择是我们在第三章中关注的主题，阐述了创业起步阶段战略，资源基础战略，产业类型与战略选择，介绍了创业战略评估的步骤及创业机遇评估方法。

二、识别与评价创业机会

许多新企业失败了，不是因为创业者不够努力，也不是因为缺乏资金，而是因为没有把握住真正的机会。创业是商机所驱动，创业过程的核心是商机问题，商机的形式、大小、深度决定了资源与团队所需的形式、大小、深度。成功的创业者和投资家都知道，一个好的思路未必是一个好的商机。对创业者来说，学会快速评估该商业机会是否存在真正的商业潜力，以及决定该在上面花费多少时间和精力是一项重要的技能。识别与评价商业机会，是创业成功的关键。第四章阐述了创业机会的内涵及创业机会的演进过程，分析了创业机会的来源与识别方法，描述了创业机会评价指标的选取和创业机会评价的方法。

三、开发创业机会

过去创业者只是开创一项事业，而现在他们是在创造新的商业模式。创业是商机驱动，是创业带头人和创业团队驱动，是节约和创造资源驱动，它依赖于商机、资源和团队的匹配和平衡。如何开发有效商业模式，组建优秀的创业团队，撰写创业计划，获取创业融资，开发创业机会，以实现商机价值，是本阶段要解决的问题。第五章关注商业模式开发。创业团队是高潜力企业的关键要素，第六章关注组建新创企业团队。第七章描述如何撰写商业计划书。第八章在对创业企业融资困境进行分析的基础上，描述创业融资渠道及创业融资过程。将创意变为现实的第一步是，企业要依据法律，选择适当的企业所有权形式，第九章是成立新企业。

四、管理并使创业企业持续成长

所有企业都必须适当管理与成长，以确保它们持续成功。这是创业过程的最后阶段。第十章主要关注初创业期企业的人力资源管理、市场营销管理及财务管理问题。新企业的持续发展是第十一章的主题，我们将观察成功成长企业的特征和行为，阐释企业成长模式及企业持续成长的管理重点。创业的定义不仅包含初创期，而且包括扩张期，以建立长期价值和保持持久竞争力。第十二章描述了公司内创业，分析了企业内创业的机遇和障碍，以及企业内创业的战略选择。

第五节 国内外创业活动发展状况

一、主要发达国家创业活动发展状况

当今世界创业活跃国家的代表是美国和以色列。研究创业活动,首先要研究美国硅谷,其次要研究"创业国度"以色列。

(一)以硅谷为代表的美国创业活动的发展

人类的创业活动是伴随着企业这种经济形态的出现而诞生的。随着企业的发展,创业活动在不断演化。20世纪中叶发源于美国硅谷地区的新经济引发了创业浪潮,带动了世界范围内的创新创业活动的兴起。从20世纪80年代以来,创业者和变革家们已经彻底改变了整个世界的经济。一批现代高新技术创业型企业不断诞生和成长,充分引领了世界范围内的创新和创业潮流。新企业是美国经济繁荣发展的主要原动力。每个国家的人民都具有大量优秀的创业品质:竞争精神、团队精神、高瞻远瞩、重视长远价值和关系。改革和创新精神正在全世界几乎所有的市场上蔓延,美国发生的一切也会在全世界其他地方出现(J. A.Timmons,2005)。

硅谷位于美国加利福尼亚州的旧金山南部地区,北起圣马特奥南(San Mateo)至圣克拉拉(Santa Clara)的近50公里的一条狭长地带,是美国重要的电子工业基地,也是世界范围内最为知名的电子工业集中地之一。

硅谷的发展事实上应当追溯到19世纪中叶的淘金浪潮。在1846年以前,加州周边大部分土地还是一片荒漠,到处都是流动沙丘。由于偶然的机会,当地的工人在河道中发现了金沙,于是成千上万的淘金者从美国的各个地区,甚至世界各个角落涌入加州。这里的人口由1847年的500人左右激增至1851年的3万人,这种人口增长速度一直持续到19世纪末。人口剧增使曾经的一个小村落迅速成为一个都市——旧金山,从而开始了众多创业者对各种商业机会的挖掘。淘金浪潮一直持续到20世纪50年代。淘金浪潮不仅揭开了美国西部开发的序幕,而且采矿业带动了铸造、机械和木材等相关产业的发展,促进了为满足矿工生活需要的交通运输业、农牧业的发展,各类型的创业活动飞速发展,加快了美国西部城市化的进程。

在推动硅谷地区高科技产业发展中,德瑞克·特曼发挥了重要作用。德瑞克·特曼历任美国斯坦福大学的工学院院长、教务长和校长,被称为硅谷之父。他积极鼓励学生开展创业并培养学生创业能力,在推动硅谷地区高科技产业发展中发挥了重要作用。德瑞克·特曼还用自己的钱来投资学生的公司。成立于20世纪30年代的惠普即是他所投资的企业之一。

硅谷的发展是第二次世界大战后,随着微电子技术高速发展而逐步形成的。第二次世界大战之后,特别是20世纪50年代之后,新兴技术公司的成长和发展使得硅谷地区发生了很大的变化。在其发展过程中,周边的一些具有雄厚科研力量的大学,如斯坦福、加州大学伯克利分校和加州理工等,以及企业服务机构、投资者与创业者形成了良好的互动。斯坦福大学占地 8 180 亩,学校拿出其中 650 亩用于发展高科技无烟工业,并积极鼓励校内的研究走向社会化和商业化。

硅谷地区经济发展的核心和动力是持续不断的创新,硅谷也被称为"创新谷",这一地区创业活动的演变过程可以概括如下:持续不断地创新浪潮推动了经济发展,在此过程中企业家充分利用各种机会探索新的商业模式,在创业活动的推动下,汇集创新人才和创新技术的新公司大批涌现。同时,根据 Doug Henton 的观点,自第二次世界大战以来,至少有四次主要的技术浪潮影响着美国硅谷的发展。

(1) 第一次技术浪潮始于 20 世纪 50 年代。第二次世界大战,尤其是朝鲜战争所引发的美国国防工业对电子产品的大量需求,为惠普等电子类企业发展带来了巨大的推动力。进入"冷战"阶段后,为了在军备竞赛以及太空技术上保持领先,美国国防部门投入了大量的资金用于开发先进技术。为了能够获得稳定的技术来源,国防部门同时资助不同的公司开发技术,这无疑直接推动了硅谷的技术基础设施和配套行业的建设,促进了技术的扩散。

(2) 第二次技术浪潮发生在 20 世纪六七十年代,集成电路的发明推动了半导体工业的急剧发展。在这一阶段,包括英特尔、AMD 和国家半导体公司在内的 45 家公司创建于硅谷。这些企业的发展充分带动了一种创新的文化,成为代表性企业。1971 年,Don Hoefler 为《电子新闻》(*Electronic News*)撰写了一系列文章,题为"美国的硅谷",从此硅谷这一名称一直沿用至今。

(3) 第三次技术浪潮发生在 20 世纪 80 年代,在国防和集成电路技术创新浪潮建立的技术基础上,微处理器和个人计算机的兴起带来了硅谷的第三次技术浪潮。包括苹果公司在内的 20 多家计算机公司在这一时期先后创立。随后又带动程序设计及应用软件的开发,在很大程度上又带动了计算机产业的发展。IBM 等行业巨头在整个 20 世纪 80 年代都处于硅谷的前列。

(4) 第四次技术浪潮始于 20 世纪 90 年代,计算机网络技术的发展,推动了计算机向互联网发展,并产生了商业化发展。局域网和 Internet 的发展使得越来越多的用户可以在互联网上共享各种信息资源。网景、思科、亚马逊、微软等企业的竞争,客观上又促进了网络的流行和互联网企业的兴起。伴随着互联网技术的发展,众多拥有技术背景的创业者借助互联网以及 IT 技术挖掘全新商机,带动了硅谷地区又一波新的创业浪潮,并一直持续到今天。通过数次技术创新浪潮,硅谷已经充分形成了以行业集群方式发展的创新经济体,并带动了创业活动的蓬勃发展。

硅谷创业经济的发展依托于良好的创业环境,包括制度环境、商业环境、融资环境、研究开发转移、商业服务机构、文化及社会规范等。

(1) 良好的制度环境。硅谷拥有良好的包括法律、法规以及证券、税收、会计、公司治理结构、破产、移民、研发等在内的制度环境。他们对于规范企业市场经营环境、促进企业发展提供了必要的支持保障,是硅谷创业经济发展的必要条件。

(2) 开放的商业环境。硅谷内的企业尽管竞争激烈,但都愿意分享知识(不包括公司秘密)。市场竞争者可以在其他公司的平台或产品的基础上开发新应用、新产品,因而也为原有的平台提供了更广泛的用户。个人之间也乐于进行双赢的知识交流,无论是在正式还是非正式场合下,重叠的网络关系中人们的交流都是频繁而持久的。

(3) 良好的融资环境。资金是创业活动必要的推动因素。创业具有高成长性与高风险性的特点,因而创业者难以从传统的融资渠道获得资金支持,它们往往更依赖于风险投资来获得资金。在硅谷地区,风险投资非常活跃,这不仅使急需资金的创业企业源源不断地得到创业资金,与此同时,风险投资者也获得了超额回报。

(4) 研究开发及转移。作为高科技创业的集聚地,技术在硅谷发展过程中起到了重要的推动作用。一部分技术是硅谷的高素质创业者及其雇员所研发出来的,这些创新性技术不仅成为他们企业的独特竞争优势,而且充分推动了硅谷的产业发展。同时,硅谷地区是研究机构和高等院校密集的地区,斯坦福大学、加州大学伯克利分校、加州理工等著名大学或研究机构驻于此地,为高科技创业活动提供了大量的科研成果,推动了创业活动的开展。

(5) 专业性的商业服务机构。硅谷拥有较为齐全的为高技术企业所提供的专业商业服务机构。在获取人才方面,猎头公司能够帮助企业寻找合适的人力资源,尤其是首席执行官与其他高层领导,这就确保了创业活动能够随时获得所需要的高级人力资源。在法律方面,硅谷的律师已经成为当地创业企业的重要资产,他们不仅是处理创立和运营新企业的法律程序的专家,同时也为缺乏经验的创业者提供咨询。在财务咨询方面,硅谷地区的会计师事务所超越了传统的审计师或报税顾问的职能,能够创造性地阐释会计业务,为新的风险企业的交易结构设计提供包括公共关系、营销、战略管理和其他领域的专业服务。

(6) 企业、政府与非营利机构间的合作。在硅谷社区里,企业、行业协会、劳工组织与服务机构之间也建立了一致的目标。很多专门服务于创业活动的非盈利机构,都是由私营企业出资,并大部分由私营企业领导,同时由公共部门和社区组织共同参与。这些机构致力于改善社区教育、建设基础设施,改变社区的面貌,提升社区政府行政效率。这在很大程度上优化了创业外部环境,使得创业者愿意在区域内部实施创业活动。

(7) 独特的创业文化及社会规范。在硅谷,才华和能力是个人成功的主要推动力,没有人会去追究创业者的种族、年龄、性别、经历、背景等因素。英特尔的创始人之一Andrew Grove 来自匈牙利,雅虎的创始人之一杨致远来自中国台湾。这些创业者不仅为硅谷创造了巨大价值,同时借助个人与硅谷之外的区域、机构的联系为硅谷带来了新的资源和信息。硅谷的商业氛围尤其与众不同,甚至是独一无二的。在硅谷,企业家失败后又东山再起的例子很多。失败被视为一次学习的经历,很少有人在尚没有获得成功的创业中背负心理负担。

(二) 以色列的创业活动

被誉为"创业国度"的以色列,国土面积 2.5 万平方公里,其中 67% 属于沙漠地区,835 万人创造了"以色列奇迹"。以色列是中东地区工业化、经济发展水平最高的国家,也是世界最能集中体现创新和创业精神的国家。自从建国以来,以色列一直致力于科学和工程学的技术研发,以色列的科学家在遗传学、计算机科学、光学、工程学及其他技术产业上的贡献都相当杰出。目前,有三百多家跨国公司把科技研发中心设在了以色列。

据统计,2014 年以色列 GDP 达 2 913.57 亿美元,居世界第 36 位,而人均 GDP 高达 37 035 美元,世界排名 25 位。主要经济指标表明,以色列是当今世界最能集中体现创新和创业精神的国家:以色列人均拥有创新企业数目居世界第一;以色列人均拥有高科技公司位居世界第一,因而被称为"世界硅谷";以色列人均拥有图书馆和图书量均居世界第一;以色列人均读书比例居世界第一;以色列每万人中在国际科学杂志上发表论文数在世界上居首位,人均科技论文数排名第三,人均论文引用数据位列世界第四;世界上每四个诺贝尔奖获得者中,就有一位以色列人;以色列劳动力中 25% 是科技专业人员,远远高于美国和日本;以色列每万人中就有近 150 名科学家和工程师,是世界上比例最高的;以色列从事研发的全职人员占总人口的比例为 9.1%,在世界上名列前茅;以色列高科技产业的产值已占工业总产值的 50% 以上;以色列的科技研发支出比重位居全球第一;除硅谷以外,以色列创业公司数量第一。

以色列是世界上初创企业最多、最集中的地方,企业的存活率高达 60%。以色列的创新创业,由中小微企业领衔,全国企业中 98% 为中小微企业,大多是高新技术企业,雇员人数占全国劳动力的 50%～60%,其小企业增长率为全球第二。以特拉维夫——雅法为主的沿海城市,因其高科技化类似于美国硅谷,被世人称为"硅溪",正因如此,其整个国家又被称为"创新国度"。这个弹丸小国成为不折不扣的创新创业大国。以色列人热衷创新创业的动力有很多方面。

1. 良好的政策环境

其一,为促进创新创业,以色列政府制定了一系列法律法规,实施了一系列政策和措施。1985 年以色列颁布了《鼓励工业研究与开发法》,确立了对产业研发进行资助的法律基础,规定由政府提供被批准的研究与开发项目所需资金的 30%～66%。获得资助的主要标准是项目应具有创新性、技术上的可行性和良好的出口前景。该法律有力地促进了高新技术产业的发展。2002 年,以色列实施税收体制变革,通过了《以色列税收改革法案》,对风险投资、证券交易、直接投资等收益税作了重大调整,以推动高新技术产业发展。2011年,以色列颁布了"天使法"(Angel law),对早期高技术公司投资予以扶持,如果投资者符合标准,在投资以色列高技术企业时,便可从所有渠道的应纳税所得中减去他们的投资数额。为保护知识产权,通过了《产权法》《商标条令》《版权法》等法律。

其二,政府将制定重点产业创新战略作为重中之重。早在建国之初,以色列政府就制定了发展科技的长远战略规划。由科技部、经济部等 13 个部门组成的国家科技决策体系,负责制定科技政策、设计发展规划和确定重点项目,推进科技创新。以色列政府相继出台了生物技术产业规划和纳米技术规划。政府还及时组织一些重大攻关项目,1987 年成立了"高温超导战略委员会",开展对高温超导现象的研究,使该技术很快在该领域处于国际领先水平。以色列构建了一整套的政府创新扶持系统,完善了"创业国度"的创业生态环境。

其三，政府提供项目支持。为帮助科技人才实现创业梦想，1991年开始，以色列政府实施了孵化器计划，设立首席科学家办公室（CSO），为新技术的实施提供资金支持。为初创企业提供资金支持（当时为每年15万美元）外，还提供项目评估、行政管理、市场营销、法律会计等各种必要的帮助，并协助吸引其他私人资本和风险资本介入。该计划不仅最大限度地保护了发明人的权益，而且调动了"创业群体"的积极性，使人才优势有效转化为创业优势。

政府规划项目以Heznek Program为代表，它是政府种子基金项目。在该项目中，投资方必须具备风险投资资质，投资的创业企业应为科技主导型，创业企业须成立半年以内且从未获得投资。

2. 有力地金融支持

以色列大力推动高科技企业进行跨国研发，扶持合资企业的成立，扶持创业投资，对初创企业提供税收优惠、贷款和政府资助。以色列政府大力促进风险投资产业发展。世界著名的YOZMA计划（政府创业投资引导基金计划）是以色列政府促进风险投资产业发展的方式之一。20世纪90年代初，以色列许多创新企业由于缺乏资金支持，市场开拓能力和企业管理弱，大量企业倒闭。为了给创业企业筹资，以色列政府本着"共担风险、让利于人、甘当配角、合同管理、及时退出"的原则，出资1亿美元于1993年建立YOZMA基金。后来选择了10个国外机构作为合作伙伴，以"共同投资，共担风险"模式，共同建立了10个风险资本公司。这不仅带动了以色列风险投资产业的形成和发展，而且在扶持新创企业和创业投资企业方面做出巨大成绩。2008年，以色列人均风险资本投资是美国的2.5倍、欧洲的30多倍。根据2014年的最新统计，以色列的风险资本参与了392起投资，交易总额为23.6亿美元，平均每笔交易规模达到600万美元，主要分布在互联网、通信、软件、生命科学、半导体五大高科技领域，成为科技创新的重要驱动力。除YOZMA基金之外，以色列注重构建风险投资网络，包括国内风险投资基金、国外天使投资资本、个人投资者以及机构投资者等。风险投资产业和高科技行业的紧密合作使得以色列成为在高科技行业的领先创业国家。以色列创业融资政策还包括为创业企业提供国际合作支持，如BIRD基金（与美国合作）、KORIL基金（与韩国合作）、SIIRD基金（与新加坡合作）和CIRDF基金（与加拿大合作）。

3. 产学研的密切合作

为了促进高科技产业发展，以色列政府实施R&D政策，在科技研发方面投入大量资金，提供R&D补贴，以降低项目成本，使科技成果迅速转化为商业化产品。1993年以色列推出了"Magnet Program"（磁铁计划），鼓励企业与学术机构组成合作体，共同开发关键的通用技术。"磁铁计划"的每个项目由企业、科研机构等若干成员组成的研发联合体承担，周期为3～6年。"磁铁计划"包括两个层次：一是技术研发渠道，由来自企业和科研机构的开发商和研究人员合作研发下一代产品的共性技术；二是分配和执行渠道，由同行业部门或拥有相似技术的成员组成，研究该项技术的未来应用、开发和推广。在"磁铁计划"下还有"磁子计划",主要面向急需技术支持的小企业,鼓励学术机构与企业之间一对一的合作,推动新技术从学术机构向产业化转移。政府对申请"磁铁计划"资助的项目进行评估,主要评价指标包括经济优势,出口和就业潜力,革新技术和共性技术,企业参与程度等。此外,以色列高校科研在加强基础科学研究的同时,非常注重应用技术的研发。以以色列理工学院、魏茨曼科学研究院和特拉维夫大学等为代表的高校成立研发领导机构,并设立研究管理办公室,积极促进研发成果转化,适时出售实验室研发的科技成果和知识专利,或者对其进行商业化运作。通过实施"磁铁计划"等一系列政策措施,以色列产学研密切合作、优势互补,不断促进着以色列科学技术的创新创业发展。

4. 成功的创新创业教育体系

倡导创新创业,离不开孕育创新创业人才的开放包容的教育氛围,以色列构筑了一个十分成功的创新创业教育体系。以色列的创业教育包括基础教育、高等教育、职业教育和业余教育。

首先,注重创新思维的培养。鼓励学生的新想法,重视培养其独立思考的能力;其次,以色列高等教育注重创业能力的培养。以色列高校十分注重学术成果商业化,许多高校成立产学研合作部门,着力打造创业网络,如以色列理工大学创业知识中心;最后,职业教育与业余教育。以色列职业教育和业余教育并不局限于特定技能的教育,已经扩展到各种高技术培训。

以色列基础教育主要培养学生打破思维定式的能力。以色列家长注重孩子的独立思考能力,培养有想法、能思辨的孩子。摆脱思维条条框框的束缚已然成为以色列年轻人的一种习惯。"年轻企业家"已成为中学的一门课程,要求学生独立设计一套自主创业的方案。

以色列高等教育注重学生创业创新能力培养。以色列高校重视将科技创新与商贸管理、经济、法学、文史哲等学科结合,创造全面、系统、综合优势。如果是好的项目,学校会组织跨学科专家进行全面考察和评估。政府支持大学成立高校科研成果商业化中心,成立孵化器,并给予资金资助。高校将实验室研发出的技术成果、知识专利出售,或进行商业化运作。鼓励师生大胆尝试,允许犯错误,有着宽容失败的文化氛围。

利用职业教育和业余教育推动全民创新创业。以色列职业教育课程涵盖由特殊技能到各种类型的通用高技术培训,政府全力发展成人业余教育,鼓励成人学生选修经济社会发展所急需的高科技课程,为年龄较大的员工免费教授最新科技课程,以填补高科技职位空缺。以色列中老年、退休人士取得创新成果的事例层出不穷,形成全民创新创业的社会风气。

5. 鼓励创新创业的文化和社会规范

创业精神已融入以色列国家文化体系和社会规范中。创业精神主要体现在坚韧不拔的意志,这与以色列人坚定的信仰和崇尚平等的观念完全相符。犹太民族热衷于探讨新问题,敢于挑战新事物,注重学习过程中的创新。同时,以色列的全民义务兵役制培养了以色列的独立思考、主动作为的能力,以及团结合作、不惧失败的精神。犹太民族的危机感和责任感构成了其创新制胜的心智模式和百折不挠的强者精神,塑造了其企业家精神。同时,犹太人注重道德自省和完善,造就了犹太人诚实、仁爱、宽恕、正义的美好品德,这一切都为以色列"创业国度"品牌提供了文化和社会规范支持。

（三）全球创业形势

随着人类进入21世纪，一个崭新的"创业时代"已经呈现。创新和创业在全球广泛开展。在德国、英国、意大利、日本、非洲、亚洲等地区创业都非常活跃。创业的主要原因是变化的环境。

对于大公司而言，在面临激烈竞争时，除了裁减雇员，降低成本应付竞争外，将一部分非核心业务外包出去，让外部公司来完成这些业务，是一种经常采用的对策。这为小公司提供了很多的机会。除了接受这样的外包任务外，小公司还可以通过与外部公司签约来提供服务，同样有效地参与市场竞争。它们还可以通过与不同的供应商结成联盟、设计产品、生产产品，甚至营销产品。通过建立这种关系来将新产品打入市场，进入以往根本无法接近的市场，然后再将业务做大。

另一个变化是市场的继续细分化。在一个大的市场环境下，尤其是人口众多的市场内部，虽然产品市场的总规模通常都会被大公司所控制，但总有小部分客户寻找产品的某些特殊属性，这些人就构成了一个细分市场。这样的小的细分市场，由于需求量较小，大公司不屑一顾，这样就给小公司提供了机会。要想从这种机会中受益，小公司需要分析这些小的细分市场部分的客户需求，清晰准确定位，在满足顾客需求中开拓市场，在夹缝中生存。

在竞争激烈的市场环境中，相对于大公司，新创企业具有独特的竞争优势。一是获取信息能力，新创企业通常能够与客户保持更加紧密的联系，对客户的需求有更深入的了解，很多创业者与客户的关系完全属于个人关系，这使得新创企业能更快地了解客户的喜好变化和购买预期，而这些信息对公司业务至关重要，因而新创企业可以快捷地向客户转达有效信息；二是创新能力，在市场或环境发生变化或新的机会出现时，往往新创企业更具有独立和快速的行动性，虽然大公司也认识到迅速改变方向的必要性，但多数公司由于受程序和行政控制所累，尽管其已经意识到事情十分紧急，但也不能快速行动，新创企业这种创新能力可以以多种形式呈现，包括过程创新（改进生产进行的方式）和服务创新（提供服务于市场的新东西），不管采取何种形式，创新都能使小公司在市场上成功地进行竞争；三是灵活性，对很多成功的新创企业而言，其会了解并关注客户的需求变化，通过开发新产品或服务，来满足顾客的需求。新创企业知道，积极响应客户的需求，至少能足以应对变化所带来的破坏性。

二、我国创业历程与现状

（一）我国创业历程

回顾改革开放以来创业发展历程，我国大致经历过四次创业浪潮。

第一次创业浪潮是1978年党的十一届三中全会以后，改革开放的政策驱动，以城市边缘人群和农民创办乡镇企业为特征的"草根创业"。20 世纪 80 年代初,借助改革开放的春风,出现了自由市场,同时出现了一些新的商机,有一部分人开始做小买卖,开一些小商店,成了万元户。抓住这一创业机会的主要是那些所谓的体制外部的边缘人,他们大多有想法、有眼光,能够及时把握机会,创业成功。20 世纪 80 年代中后期创业活动的代表是乡镇企业的兴起。1985 年前后一部分农民企业家、乡镇企业家抓住这个机会办乡镇企业。这一时期对于乡镇企业的发展有两个有利因素:一是当时外部竞争环境不激烈,外资刚刚进入,城市经济体系还在计划经济体制下;二是乡镇企业发展的劳动力成本和土地成本都比较低。

第二次创业浪潮是 1992 年邓小平视察南方以后,市场经济主体地位的确立,以体制内的精英人群下海经商为特征的精英创业,包括政府部门的政治精英以及科研部门的科研人员。随着改革开放的继续深入,市场经济的蓬勃发展,股票、期货、基金等证券市场和房地产领域开放,许多知识分子和一些政府官员纷纷弃职经商,成为这一时期的主要创业者。相对之前的创业浪潮,这一波创业浪潮的创业主体相对知识素养较高,他们的成功也在很大程度上宣传、鼓励了市场经济观念,创业开始成为正面的词汇出现在报刊等媒体上。

第三次创业浪潮是进入 21 世纪,中国加入 WTO 以后,伴随着互联网技术和风险投资及资本市场的发展,以互联网新经济为特征的创业。这次创业浪潮使创业活动在真正意义上得到全社会的关注。在这次创业浪潮中出现了很多全新的名词,商业模式、风险投资、大学生创业、"80 后"创业、农民工及返乡农民工创业等成为国内报纸杂志上耳熟能详的词汇。创业改变人生的观念也真正深入到大部分国人的心中。

第四次创业浪潮是当前我国进入的"大众创业、万众创新"时代。当前的大众创业、万众创新,正如 1978 年的改革开放和 1992 年邓小平视察南方一样,正通过制度供给和改革引领充分调动起亿万人民群众的创富热情。

"大众创业、万众创新"是 2014 年 9 月李克强总理在夏季达沃斯论坛上提出的。李克强总理提出,要在 960 万平方公里土地上掀起"大众创业""草根创业"的新浪潮,形成"万众创新""人人创新"的新势态。此后,李克强总理在首届世界互联网大会、国务院常务会议和各种场合中频频阐释这一关键词。

2015 年李克强总理在政府工作报告中提出:"推动大众创业、万众创新,这既可以扩大就业、增加居民收入,又有利于促进社会纵向流动和公平正义。政府要勇于自我革命,给市场和社会留足空间,为公平竞争搭好舞台。个人和企业要勇于创业创新,全社会要厚植创业创新文化,让人们在创造财富的过程中,更好地实现精神追求和自身价值。""我们要把握好总体要求,着眼于保持中高速增长和迈向中高端水平'双目标',坚持稳政策稳预期和促进改革调结构'双结合',打造大众创业、万众创新和增加公共产品、公共服务'双引擎',推动发展调速不减势、量增质更优,实现中国经济提质增效升级。"

2015 年 9 月 23 日国务院颁布了《关于加快构建大众创业万众创新支撑平台的指导意见》(国办发〔2015〕53 号),明确提出,要"把握发展机遇,汇众智搞创新,汇众力增就业,汇众能助创业,汇众资促发展;坚持市场主导,包容创业创新,公平有序发展,优化治理方式，深化开放合作，着力打造创业创新新格局；大力发展专业空间众创，鼓励推进网络平台众创，培育壮大企业内部众创，释放创业创新能量；广泛应用研发创意众包，大力实施制造运维众包，加快推广知识内容众包，鼓励发展生活服务众包，激发创业创新活力；积极推动社会公共众扶，鼓励倡导企业分享众扶，大力支持公众互助众扶，集聚创业创新合力；积极开展实物众筹，稳步推进股权众筹，规范发展网络借贷，拓展创业创新融资；完善市场准入制度，建立健全监管制度，创新行业监管方式，优化提升公共服务，促进开放合作发展，营造宽松发展空间；加快信用体系建设，深化信用信息应用，完善知识产权环境，夯实健康发展基础；提升平台治理能力，加强行业自律，规范保障网络信息安全，塑造自律发展机制；落实财政支持政策，实行适用税收政策，创新金融服务模式，深化科技体制改革，繁荣创业创新文化，鼓励地方探索先行，构建持续发展环境"。

2016年是"十三五"规划的开局之年。党的十八届五中全会确立了"十三五"时期我国经济社会发展的指导思想、目标任务和重大举措，提出了创新、协调、绿色、开放、共享的发展理念，明确要求把发展基点放在创新上，激发创新创业活力，推动大众创业、万众创新，加快实现发展动力转换。这是指导我国"十三五"乃至更长时期我国经济发展的行动纲领，是对我国经济发展实践经验的科学总结，反映出我们党对发展规律的新认识。

新一轮创业创新浪潮具有四个重要特征。

一是"双创"主体多元化，"精英"创业联动创新，"草根"创业带动就业。与前三次创业浪潮相比，本轮创业浪潮中创业创新形成联动，创业主体更加多元，具有复合性：金融危机促进海归潮推动创业；体制内及企业内的精英离职引发创业浪潮；返乡农民工掀起新的草根创业浪潮；政府大力推进大学生创业。多元的创业主体是实现大众创业、万众创新的基础，也是形成创业创新浪潮持久动力的重要保障。当前，回归创业正在成为潮流并迸发活力。回归创业的群体主要有三类，包括：出国留学或工作后回国创业的"洋海归"；在沿海打工的农民工返回家乡在中小城市创业的"农海归"，全球金融危机后，一大批农民工返乡不返农，回归进行草根创业；在北、上、广、深等特大城市创业的成功人士回乡创业，如近年来，浙江大力推动浙商回归创业。

二是"双创"体系生态化，顶天立地的科技大企业引领，铺天盖地的小微企业孵化发展，一些地方成为创业创新人才的"栖息地"。创业生态系统主要由"创业者"、各类"资源"以及"政府支持与鼓励"三大部分组成，概括来说，就是创业主体、创业要素以及创业环境，三者构成了彼此依存、相互影响、共同发展的动态平衡系统。在创业生态中，作为创业主体的大企业由于具备人才、技术、品牌、市场等优势，在推进大众创业、万众创新中具有举足轻重的地位。大企业离职创业人群不断扩大，形成了联想系、百度系、腾讯系、华为系等一系列"创业系"和"人才圈"。

三是"双创"高度网络化，互联网线上与线下共创众创，基于互联网创业创新蔚然成风。新一代互联网技术发展带动产品服务、商业模式与管理机制的创新，引领新一轮互联网创业创新浪潮。研究显示，中国互联网经济正以每年30%的速度递增。互联网创业已经进入新时代，拥有更广阔的创业平台、更活跃的风险投资、更公平的创业环境以及更年轻的创业者，互联网领域成为新一轮创业创新的主阵地。统计显示，2015年，"互联网+"领域吸引了全国超过50%的创业投资资金、70%的天使投资资金。

四是"双创"关键在"创"，核心在"众"，"众创""众包""众筹"等新的商业模式、管理机制、投资模式多方面创新相互交织。"一花独放不是春，百花齐放春满园"。无论是大众创业，还是万众创新，都少不了一个"众"字，创新创业主体从"小众"走向"大众"，在更广范围内激发和调动亿万群众的创新创业积极性，让创新创业的理念深入民心。大数据、云计算和移动互联网的快速发展，使众创、众包、众筹等一批集众人之智、汇众人之财、齐众人之力的创意、创业、创造与投资的空间应运而生，让每个有创新创业愿望的人都拥有"用其智、得其利、创其富"的空间，让每个有梦想的人都拥有人生出彩的机会。

（二）我国创业现状

在新的创业浪潮中，大众创业、万众创新广泛开展，全社会的创业热情不断高涨，据统计，2016年新登记企业增长24.5%，平均每天新增1.5万户，加上个体工商户等，各类市场主体每天新增4.5万户。

全球创业观察（GEM）将各国家和地区的创业和商业活动明确区分为早期创业活动和现有企业所有者两类，并且明确定义了早期创业活动中的两类人，即初生的创业者和新企业的所有者。在此基础上，GEM还界定了初生创业者比例（nascent entrepreneurship rate）、新企业所有者比例（new business ownership rate）、早期创业活动指数（total early-stage entrepreneurial activity，TEA）、成熟企业所有者比例（established business ownership rate）、创业员工活动（entrepreneurial employee activity，EEA）的内涵。

初生创业者比例指的是，18~64岁的年龄群体中，处于初生创业阶段的人群比例，新手创业者具有若干特征，例如，积极参与到未来新公司的成立中；该公司超过三个月未向员工付工资，或未向所有者支付过任何其他资金。

新企业所有者比例指的是，18~64岁年龄群体中，当前已经是某新公司的管理者的人群比例，该公司支付过工资，或有其他任何类型的支出，并且该种情况已出现3个月以上，但未超过42个月。

早期创业活动指数指的是，18~64岁的年龄群体中，参与企业创建或运营企业少于3.5年的个体数量在成年人口中所占的比例，包含新手创业者和新企业所有者。

成熟企业所有者比例指的是，在18~64岁年龄群体中，拥有并自主管理一家成熟公司的人群比例。主要特征如拥有和管理一家付薪或其他各项支出超过42个月的公司。

创业员工活动（entrepreneurial employee activity，EEA）指的是，创业型员工，也就是那些为他们的组织创造、开发新的商业点子的员工开展创业的情况，在成熟经济体中更为常见，他们开发新的产品或服务并将其推向市场。

《全球创业观察（GEM）中国报告（2015/2016）》显示，中国创业活动处于比较活跃的状态。中国早期创业活动指数为12.84%，比大多数创新驱动国家，如美国（11.88%）、英国（6.93%）、德国（4.70%）和日本（3.83%）更活跃。虽然中国的创业活动指数高于美国、英国、德国和日本等发国家，但创业中"产品采用新技术"（25.63，第50名）和开发"新市场"（24.6，第69名）的指数远低于这些国家，表明我国的创业者在基于创新的创业方面亟待加强。中国的创新型企业比例为25.80%，在效率驱动型经济体中排在前列，与创新驱动型经济体相比还有一定差距，落后于加拿大（36.10%）、美国（36%）、英国（36%）和德国（34.20%）。中国创业活动主要集中在客户服务业，高附加值产业创业比例较低。中国客户服务产业（如批发、零售等）创业比例占所有行业的69.79%，而高附加值的商业服务业（如信息通讯、金融、专业服务等）创业比例为8.2%。发达国家的商业服务业创业比例更高，如英国（35.49%）、美国（32.79%）、法国（31.42%）、德国（26.89%）。

　　我国创业企业的产品在全球化的背景下仍需提高竞争力。中国创业企业拥有25%以上海外客户的比例也相对较低，为5.46%，落后于加拿大（27.93%）、德国（25.13%）和美国（11.67%）等发达国家。

　　中国创业生态环境总体表现良好。创业生态环境在市场开放程度和政府政策方面表现较为突出，但商务环境和教育培训等方面亟需改善。中国在银行贷款、政府扶持创业项目数量、中小学创业教育、中小企业新技术获取、专业的商业金融服务和市场进入壁垒等方面表现较差，需要大力改善。中国创业者资金多来源于自有资金（比例为91.3%），主要渠道是家庭、银行和朋友，银行贷款、风险投资、政府项目和众筹也是创业资金的来源，但比例仍然低于大多数创新驱动型经济体。

第六节　创业教育

　　创业是一个艰难复杂的过程。创业企业的建立是创业机会和创业能力相互作用的结果，而创业能力的高低取决于创业技能和创业意愿。创业教育有助于激发创业者创新精神与创业意愿，提高创业者发现有价值的创业机会的能力，以及创业管理能力。高水平的创业可以通过教育来达到，尤其是创业教育。创业教育（enterprise education）是进行从事事业、企业、商业等规划、活动、过程的教育，是催生事业心、进取心、探索精神、创新精神、冒险精神等心理品质的教育。创业过程中所涉及的不仅仅是管理学中的一个领域，创业需要综合性的知识和技能，因而创业教育涉及管理学等综合性知识。

一、国外的创业教育

　　国外创业教育始于20世纪中叶，经历了起步、发展和成熟阶段。欧洲、美国、日本和澳大利亚等国的创业研究发展比较迅速，创业教育体系也比较完备。

（一）美国的创业教育

美国创业教育发展已近 70 年，从学前、小学、初中、高中、大学直至研究生均注重培养学生的创新创业能力。美国大学设有创业学专业，可授予创业学学士学位、硕士学位和博士学位。据统计，美国大学总计开设了 2 200 多门创新创业课程，涉及创新创业意识类、创业知识类、创新创业能力类及实务操作等类型，搭建了由大学教授、资深专家、风险投资家、企业家、创业者、政府官员等人员组成的专职兼职教师队伍。教学方式多样化，有理论阐述、案例分析和仿真模拟三种形式，理论与实践有机融为一体。美国高校将创业教育教学、科研、技术、应用有机结合，充分利用全社会资源，营造了大学、政府、金融机构、行业协会、企业等部门共同参与的创新创业生态体系。

美国高校创业教育各有特色。

（1）麻省理工学院建立了涵盖全部创业活动流程的组织体系，设有麻省理工学院创业中心、企业论坛、创业辅导服务中心、技术创新办公室、资本网络、大学产业中介、产品开发创新中心、生物医药创新中心、专利委员会和专利管理委员会等官方机构，以及全球创业工作坊、创新俱乐部、创业者俱乐部、创业社区等学生社团组织。其中，麻省理工学院创业中心 1996 年成立，负责学院创业教育的教学与发展。自该创业中心成立以来，开设了从创业相关知识的普及、创意资产纸质化，到创业实践体验的完整教育过程周期的 35 门创业相关课程，课程涉及创业普及性知识、创业管理专业性知识、专业技术领域创业教育、体验性创业课程、特殊创业课程，形成了人文社会科学与自然科学、技术科学等学科领域跨学科交叉的创业教育模式。以该创业中心为轴心，麻省理工学院建立了各种创业培训机构、小企业开发中心、风险投资机构、孵化器和科技园、创业者校友联合会等机构，以及创业大赛、风险资本和私人直接投资俱乐部、能源俱乐部、科学工程商业俱乐部、创业社区、技术与文化论坛等与创业相关的学生团体。从创新到创业一般经历创意产生、技术研发、商业化计划、企业计划、企业创建、早期企业成长、企业高速增长七个阶段。围绕上述七个阶段，经过多年的发展，麻省理工学院构建了较为完善的孵化器体系，开创了大学、政府、产业三者联合的"三螺旋模型"创新创业模式，形成了教学、科研、应用为一体的，高校、企业、社区良性互动的创业教育生态系统。

（2）百森商学院是引领美国乃至全球创业教育发展潮流的学校。自 1919 年成立以来，该学院就非常注重培养学生的创新创业意识和创业实践能力。该学院的创业教育课程分为必修课和选修课，例如，在四年制的本科课程体系中，必修课集中前两年开设，选修课则集中在后两年开设。围绕新企业创建与管理开设了创业者、创业战略、创业机会、资源获取、商业计划、新企业融资、企业成长等系统化的课程。早在 1967 年，该学院就开设了 MBA 创业教育课程，将创业教育课程分为创业基础课程、专业课程和支持课程，总计 22 门。

（2）哈佛大学的创业教育特色体现在哈佛商学院 MBA 学生教学中，注重培养学生的创新创业精神和实际操作能力。哈佛商学院第一年开设必修课 11 门，第二年开设包含 100 多门类的 10 大类选修课。而且，哈佛商学院建有完整的创新创业资料和案例库。此外，各高校还通过创业大赛、企业孵化器等方式，培养学生的创新创业意识，提高学生的实务操作能力。与此同时，美国建有比较完善的创业教育评价体系，促进了其创业教育事业的发展。

（二）英国的创业教育

在英国，政府在创业教育活动中发挥着重要的作用。英国科学创业中心（UK-SEC）和全国大学生创业委员会（NCGE）为英国政府所建，负责管理和实施创业教育，组织创业教育会议、创业计划大赛等活动，提供创业指导咨询，开展创业理论研究，提供种子基金、天使资金、创业孵化等服务，推进高校与地区及企业的联系。英国首相办公室、教育与技能部、财政部、贸工部则分别负责制定相关创业政策，支持高校创业教育。各高校建构了具有本校特色的、系统性的大学生创业教育课程体系，涉及创新管理课程、创业管理课程及技术管理课程，并针对文科生、理科生，本科生、研究生分别开设不同类型的创业教育课程，满足不同层次的需求。总体上看，英国的创业教育分为创新创业启蒙教育、通识教育和专业教育，并实现了创新创业课程网络化，达到了各高校优势互补、资源共享。英国不仅将大学的创业教育理论课分为与创业活动直接相关的核心课程，以及系统性的创业专业理论和技能课程，而且还根据不同学历、不同年级、不同专业，进行了更为细致的划分，满足了各种学历、各种专业学生的要求。英国各地高校还创办了创业暑假学校，旨在帮助有志于创业的学生探索创业机会，提升创业能力。与此同时，英国高校通过建立大学生创业示范基地、科技园、孵化基地、创业俱乐部，以及通过举办商业设计大赛等方式，将理论和实践有机结合，提升了大学生的创业能力和就业竞争力。在高校师资上，教师经验丰富，据统计，教授创业教育核心课程的教师中，有过商业管理经验的老师占61%，有过创业经历的占36%。

（三）德国的创业教育

在德国，从小学、初中、高中到大学均设有旨在激发人们创新创业精神、传授创新创业知识的相关课程，以及促进高校在校生和毕业生创业的项目。德国法律规定，只有接受创业教育的人员才能开展创业活动，政府、学校、企业和各类商会、协会有责任和义务开展创业教育。德国在20世纪50年代便开始了面向职业学校经济类专业学生的创业教育。20世纪70年代中期德国科隆大学、斯图加特大学开始开设创业教育课程及研究工作。1999年德国政府提出，每年要有20%～30%的大学毕业生独立创业，使高校成为创业者的熔炉。早在20世纪70年代德国就在大学建立了创业教育教授席位，现在几乎所有大学均建立了创业教育教授席位。德国许多大学设有创业教育研究机构，将创业教育列为研究方向，并形成完备的创业教育课程体系。而且，德国高校的创业教育注重各学科的融合，各高校均形成了各具特色的创新创业研究和教育体系。与此同时，早在1978年德国便建立了创业文献数据库，目前该数据库资料有22 000千多种创业文献，还出版创业系列读物。德国政府非常重视创业教育的实践效果，有过创业经历的教师达90%，创业教育教授要求有 5 年的实践经验。遍布全国的职业学校设置的专业达 380 多个，教育内容涵盖了大学生在不同领域从事创新创业所需的理论、知识和技能。而且在课程设置上，十分重视学生实践能力的培养，世界著名的"双轨制"职业教育由德国联邦、州政府及企业分别承担职业教育经费。学生在职业学校接受专业理论教育，同时在企业接受培训，将理论和实践有机结合，提高了学生的实践操作能力，有效推进了德国的企业创建和中小企业的发展，对德国经济稳健而可持续的发展起到了关键性的作用。

二、我国的创业教育

我国创业教育始于 20 世纪末，1997 年"清华大学创业计划大赛"正式拉开了我国创业教育的帷幕。1998 年，清华大学经济管理学院率先开始了创新与创业管理方向课程。此后，国内一些高校也陆续开设了创业方面的课程。

1999 年，教育部《面向二十一世纪教育振兴行动计划》中提出"加强对教师和学生的创业教育"。2002 年，教育部确定了清华大学等 9 所高校为创业教育试点单位，随后又连续举办了 9 期全国高校创业教育骨干教师高级研修班。由此，大学生创业教育在中国高校全面铺开。

党的十八大报告明确提出要"实施扩大就业的发展战略，促进以创业带动就业"。《国家中长期教育改革和发展规划纲要（2010—2020 年）》指出，要"加强就业创业教育和就业指导服务，创立高校与科研院所、行业、企业联合培养人的新机制"。

为贯彻落实《国家中长期教育改革和发展规划纲要（2010—2020 年）》及《教育部关于全面提高高等教育质量的若干意见》精神，2012 年 8 月 1 日，国家教育部办公厅制定了《普通本科学校创业教育教学基本要求（试行）》（教高厅〔2012〕4 号），强调各高校要把创业教育教学纳入学校改革发展规划，纳入学校人才培养体系，纳入学校教育教学评估指标，建立健全领导体制和工作机制，制订专门计划，提供有力教学保障，确保取得实效。各高校应创造条件，面向全体学生单独开设"创业基础"必修课。2015 年 5 月 4 日，国务院办公厅《关于深化高等学校创新创业教育改革的实施意见》（国办发〔2015〕36 号）明确指出，"深化高等学校创新创业教育改革，是国家实施创新驱动发展战略、促进经济提质增效升级的迫切需要，是推进高等教育综合改革、促进高校毕业生更高质量创业就业的重要举措"。党的十八大对创新创业人才培养做出重要部署，国务院对加强创新创业教育提出明确要求。近年来，高校创新创业教育不断加强，取得了积极进展，对提高高等教育质量、促进学生全面发展、推动毕业生创业就业、服务国家现代化建设发挥了重要作用。但也存在一些不容忽视的突出问题，一些地方和高校重视不够，创新创业教育理念滞后，与专业教育结合不紧，与实践脱节；教师开展创新创业教育的意识和能力欠缺，教学方式方法单一，针对性实效性不强；实践平台短缺，指导帮扶不到位，创新创业教育体系亟待健全。为了进一步推动大众创业、万众创新，经国务院同意，现就深化高校创新创业教育改革提出如下实施意见："各高校要根据人才培养定位和创新创业教育目标要求，促进专业教育与创新创业教育有机融合，调整专业课程设置，挖掘和充实各类专业课程的创新创业教育资源，在传授专业知识过程中加强创新创业教育。面向全体学生开发开设研究方法、学科前沿、创业基础、就业创业指导等方面的必修课和选修课，纳入学分管理，建设依次递进、有机衔接、科学合理的创新创业教育专门课程群。"2016年6月13日，《教育部关于中央部门所属高校深化教育教学改革的指导意见》（教高〔2016〕2号）指出，要贯彻落实《国务院办公厅关于深化高等学校创新创业教育改革的实施意见》，坚持把深入推进创新创业教育改革作为中央高校教育教学改革的突破口和重中之重。牢固树立科学的创新创业教育理念，把创新创业教育作为全面提高高等教育质量的内在要求和应有之义，修订专业人才培养方案，将创新精神、创业意识和创新创业能力作为评价人才培养质量的重要指标。健全创新创业教育课程体系，促进包括通识课、专业课在内的各类课程与创新创业教育有机融合，挖掘和充实各类课程的创新创业教育资源。建立创新创业学分积累和转换制度，允许参与创新创业的学生调整学业进程，保留学籍休学创新创业，开展大学生创新创业训练计划，支持学生参加国家级创新创业大赛。

目前，创业管理成为工商管理的核心课程，许多院校将创业作为重要的专业方向，并且在学校选修课中将创业管理确定为核心课。很多大学设立了创业研究专业或者设有创业研究中心。例如，清华大学中国创业研究中心，南开大学创业管理研究中心，浙江大学全球创业研究中心，吉林大学创业研究中心。

本书认为，每个大学生都具备一定的创业能力，不论他们毕业后是去创业，还是选择就业，创业精神和创业能力都是非常重要的。目前企业非常重视员工的创业精神。创业管理课程的最终目标是培养人们的创业精神，激发人们的创业意识，在此基础上，通过系统的学习，掌握创业管理的知识和技能，成功地实现创业梦想。

应该说，国内的创业教育总体上还处于积极探索阶段，创业教育与国外的差距很大。我国高学历创业者偏少，创建的企业层次低，多集中于低技术行业。全球创业观察（GEM）（2015）研究报告显示，尽管我国的创业活动指数高于美国、英国、德国、日本等发达国家，但拥有本科学历和专科学历创业者比重较低（仅分别为9.2%和21.6%）。调查显示，我国高校毕业生自主创业率仅为2.86%，远低于发达国家20%～30%的比例，而且我国大学生创业成功率仅为2%左右。这既与大学生自身相关，也与创业教育及创业生态环境建设相关。

创业教育与培训对个体创新精神、创业意识的培育，创业行为的产生，至关重要。自从20世纪末我国开始大学生创业教育以来，已有中央部委所属112所高校制定了创业教育改革方案，并将其纳入学校综合改革方案中，有效推动了更多毕业生创业、就业。但目前我国尚没有形成科学的大学生创业教育体系。高校创业教育体系尚需健全，创业教育理念滞后，创业教育课程体系亟待健全，创业教育师资匮乏。

加强创业教育，提升大学生创新精神、创业意识，提高大学生创新创业能力，是实施国家创新驱动发展战略，加快经济结构转型，促进经济提质增效的迫切需要。培养大学生的创新创业精神与创业意识，提高大学生创新创业能力，需要加强大学生创业教育体系建设,具体而言,要明晰大学生创业教育目标,创新教学方法,加强师资队伍建设,建设创业教育的保障体系,建立创业教育绩效评价机制。

本章小结

  创新和创业是两个既有紧密联系又有区别的概念。创新是创业的基础和灵魂,创业是实现创新的过程。创业精神是一种创新实践精神,是有组织的、有目的的系统化的工作。从不同的角度可以将创业分为:机会型创业与生存型创业,传统技能、高新技术和服务型创业,个体创业与公司创业,薪水替代型企业、生活方式型企业、创业企业。创业型经济具有增强自主创新能力、转变经济增长方式和扩大社会就业的显著作用。创业过程包括决定成为创业者,识别与评价创业机会,开发创业机会,以及管理并使创业企业持续成长四个步骤。

  研究创业活动,要研究美国硅谷和以色列。硅谷创业经济的发展依托于良好的制度环境、商业环境、融资环境、研究开发转移、商业服务机构、文化及社会规范等。以色列有良好的政策环境、有力的金融支持、产学研的密切合作、系统的创新创业教育、鼓励创新创业的文化和社会规范。在德国、英国、意大利、日本、非洲、亚洲等地区创业都非常活跃。

  改革开放以来,我国大致经历过四次创业浪潮:第一次创业浪潮是以城市边缘人群和农民创办乡镇企业为特征的"草根创业";第二次创业浪潮是以体制内的精英人群下海经商为特征的精英创业,包括政府部门的政治精英以及科研部门的科研人员;第三次创业浪潮是以互联网新经济为特征的创业;第四次创业浪潮是当前我国进入的"大众创业、万众创新"时代。

  创业是一个艰难复杂的过程。创业教育有助于激发创业者的创新精神与创业意愿,提高创业者发现有价值的创业机会能力及创业者的企业管理能力。国外发达地区和国家,如欧洲、美国、日本和澳大利亚等国的创业研究发展比较迅速,创业教育体系也比较完备。我国创业教育始于20世纪末,创业教育总体上还处于积极探索阶段,创业教育与国外的差距很大。加强创业教育,提升大学生创新精神、创业意识,提高大学生创新创业能力,是实施国家创新驱动发展战略、加快经济结构转型、促进经济提质增效的迫切需要。

思考题

1. 创业具有怎样的内涵与特征?
2. 什么是创业精神?大学生应该具有怎样的创业精神?
3. 创业对国家的经济、社会发展有什么样的影响?
4. 创业活动的类型有哪些?你认为哪些创业类型适合你?
5. 我国目前的创业环境如何?大学生应该如何创业?
6. 为什么要进行创业教育?我国创业教育中存在的问题是什么?

第二章
创业环境

本章学习目的

了解经营环境分析过程；
理解机遇来源内容；
掌握产业与竞争者分析内容；
掌握 GEM 创业环境分析方法。

引导案例　　　　　　　　**新东方集团**

扫描此码　案例学习

　　创业是一个动态的活动过程，是在一定的环境下进行的。拥有创业梦想的组织所面临的中心任务是利用环境的变化所带来的机遇。从创业机会的识别、分析、利用，到企业的创建，再到企业内创业，无一不受创业环境的制约。环境在给企业创建带来机会的同时，也带来了威胁。创业要从环境中获取资源，结合已有的资源，对创业企业进行资源配置并建立起一个成功的组织。

　　对于创业环境，学者从不同角度进行了定义。Gartner（1995）认为，创业环境包括创业主体能够获取的各种资源、所处地区大学与科研院所的数量、地方政府的影响、民众对于创业所持有的态度以及技术因素、供应商因素、交通因素、人口因素等。Timmons（1999）认为，创业环境包括各种商业机会、资源、外生性因素和模糊性因素、环境中的不确定性以及资本市场环境等。Sahlman（1999）认为，创业环境包括宏观经济形势、相关政府创业政策、资本市场利率及企业所处行业的进入壁垒等。Stott Shane（2003）认为创业的环境方面包括经济环境、政治环境和社会文化环境。经济环境包括收入、资本税和财产税、经济增长和社会财富、通货膨胀率和经济条件的稳定程度。政治环境包括自由、法律和财产保护措施、地方分权。社会文化环境包括对创业的社会尊敬、创业的压力和特定的文化信仰。

GEM 研究认为，创业活动的基础和环境主要由金融支持、政府政策、政府项目、教育与培训、研究开发转移、商务环境、市场开放程度、有形基础设施、文化和社会规范、知识产权保护十个方面组成。

Marc J. Dollinger（2003）将创业企业经营环境描述为一系列的同心圆。最靠里面的圆代表创业企业及其资源，稍靠外的圆代表创业企业所在行业的组成要素，外围最大的圆代表创业企业所在行业以外，对创业企业有重要影响的所有外在因素，即创业企业运营中的宏观环境（macro environment）：政治和政府（politics and government）环境、宏观经济（macro economy）环境、技术（technology）环境（即创新和发明）、社会人口统计（social demography）环境和生态（ecology）环境（见图2-1）。由于环境处于变化和不确定性之中，创业者必须时刻监控环境变化和演进趋势，以便对组织和战略进行调整。

图 2-1　创业企业环境

资料来源：马克·J.多林格.创业学：战略与资源[M].王任飞，译.北京：中国人民大学出版社，2006：54.

本章以 Marc J. Dollinger 的创业企业环境分析方法为基础，分析创业环境，为创业企业制定发展战略提供依据。

第一节　经营环境分析过程

创业经营环境分析需要完成四个独立的（尽管先后关联）的任务：扫描环境（scanning）以发现变化，监控（monitoring）环境以跟踪进展，预测（forecasting）环境以筹措将来，以及评估（assessing）环境以解释资料（L.Fahey & V.K.Narayanan，1986）。

一、扫描环境

扫描环境是创业者识别影响创业企业的关键因素及其特征的过程，目的是发现已存在的变化。创业企业要建立早期识别的监控体系，提前发现重要的变化，使创业企业有足够的先导时间来适应变化。

创业者应该扫描大量的信息来源。《经济日报》《中国青年报》《商界》《成功》《生意通》《创业家》《创业邦》等报纸、期刊提供了大量可靠的有关国家经济政策及创业信息来源。有线新闻网的网络新闻、特别报道和专题节目等电视节目，也为创业者提供了一个普遍和连续的信息来源。通过互联网获取创业信息已成为一种重要的扫描途径。除此之外，通过"人与人"之间的相互交往进行扫描，创业者可以咨询相关领域从业者和专家，可以从会计师、律师、工程师、咨询师，甚至教授那里获取信息和建议。通过扫描环境增加创业者对环境条件的敏感度，提升直觉感知能力。

二、监控环境

监控环境是跟踪影响新企业生存和获利能力的关键因素的演变、进展过程。在此阶段，要将扫描环境中所获得的信息输入，对识别出的与创业企业相关的特定事件和趋势进行实时监控。监控要更加集中，创业者应有选择地向专家咨询，甚至采用焦点小组访谈法了解情况。监控过程得出的结果是，描述各种宏观环境因素将会如何影响企业。

三、预测环境

预测环境是指使用一系列技术手段，搜寻创业企业机遇，以及揭示潜在的宏观环境对这些机遇的约束，以便创业者为将来创业开发计划方案。预测的输入信息来源于监控获得的资料。在这一阶段，需要创业者遵循以下五个分析程序：①选择对企业至关重要的宏观环境参数；②挑选用于预测的信息来源；③评估各种预测技术；④将预测结果结合到创业企业创建的计划之中；⑤跟踪所做预测中的主要方面。这意味着将实际结果与预测结果进行比较。如果两者之间出现了差距，那么就应该寻求新的预测方法。这时应该重新从第一步开始。

预测方法通常有：销售力量估计（对需求量进行自下而上的加总），高层执行者意见的评审（由某一职能领域的专家进行联合预测），顾客调查（了解潜在消费者和最终用户的意图），场景展开（由预测者想象的预期情况带来的影响），德尔菲法（将专家的意见引导一致），头脑风暴法（在一个宽松的群体情境中产生创意）等。

四、评估环境

在环境分析的四项任务中，评估环境是最困难、最重要的一项。本阶段创业者必须回答："所有这些意味着什么？"面对同样的环境，创业者对于机遇和威胁评估的结果不同，自然采取的对策也不同。

上面所描述的四个分析过程看似条理清晰，但这些过程所遵循的模式更多的是出于直觉，而不是理性，这就是所谓的"创业的洞察力"或者"先见之明"。因而初始的创业者是创业企业最重要而且最有价值的资源，他们是一些拥有独特的个人特征、无法被复制的历史和复杂社会关系的独特人物。

第二节 宏观环境

本节主要根据 Marc J. Dollinger (2003) 的观点，从政治法律环境、经济环境、技术环境、社会人口统计分析及生态分析五个方面阐释创业企业环境。

一、政治法律环境

政治法律环境，是指对企业从事生产经营活动具有影响和制约作用的外部政治要素和法律系统。政治环境主要包括政党制度、政治性团体、党和国家的方针政策、社会政治气氛等。一国的政治法律环境分析主要涉及法律法规、税收政策、管制等。立法在经济上的作用主要在于维护公平竞争、维护消费者的利益、实现社会最大效用，如《中华人民共和国公司法》《中华人民共和国合伙企业法》《中华人民共和国个人独资企业法》《中华人民共和国质量法》《企业法》《经济合同法》《涉外经济合同法》《反垄断法》等。此外，还有国外的法律制度和有关的国际法规、惯例和准则。

反垄断立法显示了每个国家的政府决定它所实行的反垄断的严格程度。

专利是一项法定财产，它能使持有人在特定时期内防止别人为了私人利益使用这项财产。专利可以分为三种类型：

（1）功能专利（utility patent），用于新产品、新工艺、新机器和新技术。

（2）设计专利（design patent），包括对制造品的新颖和原创性的外观包装设计。

（3）植物专利（plant patent），涵盖了各类生命物质和基因工程有机物。专利保护实施较好的国家，新创企业的专利会得到很好的保护。

税收可以给某些企业一些超过其他企业的优越条件，这不仅影响企业个体，而且也会影响到企业之间的关系。例如，如果对某些特定产业提供特殊的税收保护，如折旧和损耗补贴，会对得到补贴的企业大有裨益。相对而言，服务型企业，由于大量投资花费在对雇员的培训和发展上，无法折旧，就会使其处于不利地位。而创业企业的税收豁免激励政策可能成为推动新企业发展的有力因素；政府通过管制，控制资源向企业流动，控制企业主的财产权利。

对企业而言，政治法律环境因素是不可控制的因素，企业必然受到该国或地区的政治法律环境的影响，这些影响是广泛而深远的，有时甚至是决定性的。分析政治法律环境将有助于创业者判断企业的哪些生产经营活动是受到鼓励的,哪些生产经营活动是受到限制的,甚至是禁止的,通过审时度势,最终选择创业领域。

二、经济环境

经济环境是指直接影响企业生存和发展的国家经济特征及发展趋势,是一个国家的经济制度、经济结构、产业布局、资源状况、经济发展水平以及未来的经济走势等。构成经济环境的主要因素有:经济生命周期、国内生产总值、居民可支配收入、财政货币政策、通货膨胀程度及趋势、利率水平、汇率水平等。企业在进行经营战略选择时,应密切关注经济形势的发展,针对国家经济政策的变化、自然资源的丰稀和经济增长速度等因素进行深入分析,抓住机遇,避开威胁,采取适当措施,以适应不断变化的经济环境。

第一,密切关注国家经济政策的变化。这种宏观经济政策的变化会使资源和顾客群从一个经济部门流入另一经济部门。随着这些转变的发生,衰退产业的财务资源、物质资源和人力资源逐渐减少,并向新兴产业转移。

第二,关注经济增长速度和经济趋势。经济增长速度对企业所选择投资的方向有重大影响。在经济快速增长时期,居民的收入会有相应的提高,相关产业会有较快的增长,这会给企业的投入和产品销售提供良好的条件,有利于新企业的进入和老企业的成长。反之,当经济增长延缓时,新企业的进入和老企业的发展就会受到严重的阻碍。因此,企业要密切关注宏观经济的周期变化。宏观经济经过一段增长期后也会经历收缩期。这些轮流交换的周期类型被称为商业周期(business cycle)。经营周期度指的是创业企业对商业周期趋势的追随程度。那些随着经济变化而增长和收缩的创业企业称为顺周期(procyclical),而那些与商业周期运转相反的企业称为反周期(countercyclical),不受商业周期影响的企业称为无周期(acyclical)。了解创业企业与商业周期的关系对创业者来讲至关重要。因此,如果企业处于顺周期产业内,并且现在的商业周期处于下降趋势,那么企业要想逆流而上进行扩张经营就会十分艰难。因而,创业者需要密切关注那些表明经济趋势走向的经济参数。

三、技术环境

技术是与产业技艺、应用科学以及工程学相关的知识。它可以是一种工艺、一项发明或者一种方法。技术环境包括目前的社会科技总水平、引起革命性变化的创造发明,以及与企业生产密切相关的新技术、新工艺、新材料的发展趋势和应用前景。每一种新技术的发现、推广都会给某些企业带来新的市场机会,导致新行业的出现。同时,也会给某些行业、企业造成威胁,使这些行业、企业受到冲击甚至被淘汰。

技术正越来越成为企业生存和发展的关键因素。科技发展使新产品不断涌现,产品的生命周期大幅度缩短,给那些能快速推出新产品和新服务的企业带来竞争优势,最先导入新技术的企业通常能够获得更高的市场份额和更高的回报。

技术变化通过两种途径进行：纯粹的发明（通过科学发现）和工艺的创新。纯粹发明指的是创造出完全不同于现有技术和产品的东西。发明在成功地商业化以后，技术变化的第二种形式——工艺创新就开始居于主导地位。工艺创新指的是设计、产品生产和制造、原材料以及交货服务等方面的细微变化。企业进行工艺创新的目的在于能使产品与时俱进，同时降低成本。工艺创新通常是由在大公司中工作的员工完成的。如果这些公司不是能够充分利用这些进步的最理想场所，那些完成这些创新的员工就可能决定做一个创业者。他们将带着自己的新产品离开原有公司，建立起创业企业。

企业要密切关注所在行业的技术发展动态和竞争者技术开发、新产品开发方面的动向，及时了解是否有当前技术的替代技术出现，并发现可能给企业带来竞争利益的新技术、新材料和新工艺，创新经营模式，适应市场的新变化。

四、社会人口统计分析

社会人口统计由人口统计和社会发展趋势（有时候指的是"生活方式趋势"）两个高度相关的方面组成。这两者相互作用产生大众文化。在社会的大众文化中孕育着无穷无尽的商业机遇。这些机遇存在于耐用品、零售和服务业、休闲和娱乐业中，也存在于住房和建筑业中。

人口统计（demographics）的变化是指社会上人口和局部人口的变化。它们可以是这些群体中人口规模、年龄、结构、就业、教育程度和收入状况的变化。需求是企业生产的前提，所有这些因素构成了消费者需求、产业生产能力和购买力的本质，进而影响着相应的市场变动。例如，目前人们的寿命在延长，而且生活也日益健康。随着老龄化社会的到来，庞大的老年群体已成为一支重要的"消费大军"。受教育程度的高低，影响到消费者对商品功能、款式、包装和服务的要求。人口统计数据可以用来评估机会，也可以通过观察街头巷尾正在发生的事情和报纸上的报道来寻找机会。

社会发展趋势指的是人们的生活方式和习惯。从经济学意义上看，生活方式反映了人们的偏好。影响创业企业创建的相关生活方式包括：住宅构成、工作方式和劳动力就业比率、教育程度和成就、消费方式以及休闲方式等。

监控生活方式的变化相对比较容易，因为很多数据来源可供使用。人口统计数据的来源既有公共渠道，也有私人渠道。国家政府通过各种机构收集大量数据。商业性出版物以及各种专业杂志和报纸也有很多人口统计分析数据，企业的年度报表也可供企业分析使用。

价值观是个人独特的或群体有代表性的观念。它可能外显，也可能内含，并对可用方案以及最终心动的选择产生影响（C. Kluckhorn，1962）。个体所做出的选择充分反映了其价值观，因此，在创业过程中需要充分了解消费者的价值观。

五、生态分析

生态分析（ecological analysis）是对生态现状的研究。生态学是与诸如环境污染、废水处理、可用材料的回收再利用、野生生物保护和荒地的守护、工作环境安危和大众的生活质量等问题相关的研究。

经济发展必须在生态保护的指导下进行。在保护环境、维持生态平衡的理念下，生产销售"绿色产品"的企业会备受消费者的青睐。生态系统及其保护涉及创业和企业经营发展的各个主要决策。创业者必须以大局为重，要对社会负责，对子孙后代负责，加强环保意识，担负起环境保护的社会责任。例如，产品研发和设计问题就应重视自然资源的使用和转化率以及废弃物的处理。在经营的计划阶段就必须做好这些方面的决断。同时，在财务计算中应该充分估计自然资源的现有价值及其对后代的潜在价值。

第三节 机遇来源

创业企业或因受外部激励而创建，或因受到内部激励而创建。受外部激励而创建企业的创业者，在决定创办企业后，会去搜索并识别机会，然后创建企业。受到内部激励而创建企业的创业者，会识别出目前企业运营中存在的问题或机会差距，创建企业来填补它。不管创业者以哪种方式创建新企业，都需要识别机会。所有的创新创业机会都来自外界环境的变化。

现代管理学之父彼得·德鲁克在其《创新与企业家精神》一书中，将"外界的变化"分成七个方面，并把每一个方面看成创新创业机会的一个来源，然后逐一分析每种来源的特点和利弊。创新、创业二者密不可分，创新是创业的基础和灵魂，创业是实现创新的过程，创新的程度决定了创业的成败。本节将一同分析创新、创业的机遇来源。

一、意外情况

当现有企业受到意外情况的冲击时，它们往往无法快速适应变化，抓住机会。意外情况可以是意外的成功（好消息）或者意外的失败（坏消息）。例如，在某个地方意外爆发了战争，因此会改变交战双方及其民众的经济和需求结构。如果在道德上讲得通，这就为创业提供了机遇。同样，和平谈判的突破性进展也可以创造机会，因为这也改变了以前交战双方的经济状况。有些时候，意外情况的发生直接与企业相关，它所带来的冲击可能是致命的，也可能成为新机遇的来源。

二、不协调

不协调是指现状与事实"理应如此"之间，或客观现实与个人主观想象之间的差异。这意味着不和谐，本来"应该"发生的事情没有发生。例如，一个成长中的行业销售额增加但是利润却不同步增加，这就是不一致。这是创新创业机遇的一个征兆。这些不协调包括：产业的经济现状之间的不协调；产业的现实与假设之间存在的不协调；所认定的客户的价值和客户实际的价值（追求的东西）之间的不协调；程序的节奏或逻辑的内部不协调。出现不一致的情况说明存在问题，探索解决问题的过程就为创新提供了机会和可能性。

三、程序需要

程序需要存在于一个企业、一个产业或者一个服务领域的程序之中。它始于需要完成的某项工作。托马斯·爱迪生懂得，要想开创电能产业，其必须解决一个过程需要——发明用电能工作的灯泡。这种需要既不含糊也不笼统，而是非常具体的，因为肯定有"更好的方法"会受到使用者的欢迎。基于程序需要的创新，有些需要利用不协调，有些需要利用人口统计。基于程序需要的创新始于有待完成的工作，它是从工作出发，是以任务为中心，而不是以状况为中心。它完善一个已存在的程序，替换薄弱的环节，用新知识重新改造一个旧程序。

在基于程序需要的创新创业中，组织中有见识、有思考和身处其中的人都知道这个需要的存在。但是，在通常情况下，没有人对此做出反应。但是，一旦出现创新，它则马上被视为"理所当然"而接受，并很快成为"标准"。

基于程序需要的成功创新必须具有五项基本要素：

（1）一个不受外界影响的程序。
（2）一个"薄弱"或"欠缺"的环节。
（3）一个清晰、明确的目标。
（4）解决方案详细规范，可以清晰地加以界定。
（5）大众对"应该有更好的方法"的共识。

此外，还应注意以下几点：

（1）必须对该需要有深入的理解，只是"感知到"需要是远远不够的，否则，就无法确定解决方案的详细规范。
（2）我们也许了解了某个程序，但是仍然缺乏解决问题所需要的知识。
（3）这个解决方案必须符合人们的工作方式，并愿意按照这个方案去做。

一旦找到了某个程序需要，除了它必须通过上述五个基本要素的检测外，还要看它是否符合三个限制条件：

（1）我们理解所需要的是什么吗？
（2）我们有解决问题可以利用的知识吗？或者，它可以依靠最新的技术解决吗？

(3) 这一解决方案是符合还是违背了预期用户的习惯和价值观？

四、产业和市场结构变化

当市场或产业结构改变时，传统的产业领导者总是一再忽视成长最快的细分市场。新机会很少出现在习以为常的目标市场。因此，创新者能够在相当长时间内保持领先地位，必须正视所在一个产业结构的变化。

行业和市场结构会发生变化通常源于客户的偏好、口味和价值的改变。另外，特定行业的快速增长也是行业结构变化的可靠指标：某特定产业的增长速度明显高于总体经济和人口的增长速度；原来的市场区分方式已经过时了，不断地出现与过去的市场或市场细分不一样的另类市场（快速增长的细分市场）；不同的知识、不同的科技本来是相互独立的，但是现在整合在一起了，形成了一个新的企业或者行业，这也大大拓展了市场；经营模式、运作模式的改变。

五、人口统计

在创新创业机遇的外部来源中，人口结构通常被定义为人口数量、人口规模、年龄结构、受教育的情况、就业的情况、收入的情况。相比于其他来源，人口结构的变化是最可靠的一个来源。

人口变化虽然是不可预测的，但这种变化一旦发生，将会对产业与市场需求造成重大影响。

在中国，据估计，到2020年，60岁以上的人口将达到2.48亿，到2040年，这个数字是4.37亿，约占总人口的三分之一。人口趋于老龄化，为创业者提供了向老年人提供产品的机会，如生活辅助设施。日本人之所以在机器人产业方面居于领先地位，是因为其关注人口统计资料。另外，随着"二孩"政策的实施，新生一代又会带来新的需求，这又是一个庞大的细分市场。

六、认识的变化

杯子盛了一半水，有人认为是半满的，有人认为是半空的。同样的事实，看法却发生了改变。将管理者对玻璃杯的认识从半满转变为半空意味着巨大的创新机会。

认识的变化不会改变事实本身，但它改变了事实的意义，而且是以非常快的速度改变的。计算机刚开始被认为仅仅是大企业才会使用的东西，但转变为大众电子产品只花了很短的时间。

德鲁克在讲到从观念变化中寻找机会时，告诫我们要注意区分什么是真正影响未来的趋势，什么只是一时流行的时尚，如果你错把时尚当成趋势，当你刚把某种创新成果推出市场，时尚已经过去了，那你付出的努力就会白费。因此，对正在发生的变化既要敏感和及时行动，以免错失时机，又要细心观察，避免误判。

七、新知识

在具有划时代意义的创新中，那些建立在科学的、技术的或社会的新知识基础上的创新、创业是占第一位的。知识型创新创业能力已经成为衡量一个企业发展潜力的标准，也是一个国家综合国力的重要衡量指标。以知识为基础的创新创业与众不同之处在于：其出现的时机，对未来的预测能力，以及其给予企业家的挑战。为了变得更有效率，这种创新通常需要多种知识，并且知识型创新创业更多依赖于市场。

由于需要漫长的酝酿期和跨越不同知识领域的能力，以知识为基础的创新创业具有独特的发展节奏和吸引力，同时也蕴藏着失败的危险。

第四节 产业与竞争者分析

创业环境分析还要考虑产业环境。产业（industry）由提供同类产品或服务的公司构成，如健康产业、娱乐产业、服装产业等。产业分析对于识别竞争环境极为重要。一旦新企业进入某个行业，那么就要更深入地分析该产业的内外部情况，这有助于企业明确所识别出的目标市场能否进入，以及最佳的市场切入点。决定产业的吸引力水平的综合分析工具是哈佛大学商学院的 Michael E.Porter（1980）提出的竞争分析模型（the model of competitive analysis）。通常创业者用产业趋势研究和五力模型来评价行业吸引力。

一、产业分析

研究显示，产业和企业的特有因素影响企业的盈利能力。企业间 19% 的利润率差异与稳定的产业因素密切相关。企业特有因素包括企业资产、产品、文化、商誉和其他资源。

（一）产业趋势分析

环境趋势分析和业务趋势分析是辨识产业趋势的两种最为重要的方法。

1. 环境趋势分析

通常，产业力量发生增减变化，是由于环境趋势发生了有利于或不利于企业产品或服务的变动，这与行业内企业的管理技能无关。

如前所述，创业者要研究的最重要环境趋势是政治与法规变革，经济趋势、社会趋势、技术进步等。例如，某些销售高糖食品的行业，如糖果业、含糖软饮料业，正经受着人们健康保健意识增强的挑战。某些向老年人销售产品的行业，如助听器行业、眼镜行业，将受益于人口老龄化趋势。有时，多种环境变化会同时出现，共同塑造行业的未来前景。例如，影响摩托车销量的因素有个人收入与消费水平、消费者信心、失业率、人口统计特征、人们可支配的休闲时间、品牌认知与喜好程度等。其中，人口老龄化及其对消费者需求的影响，会抑制摩托车行业销量的增长，这可能使那些考虑进入摩托车市场的创业者暂停行动。

2. 业务趋势

随着市场竞争的加剧，企业的业务模式不断发生变化。例如，外包业务的发展，使有些行业中的企业可以将制造（或服务）外包给劳动力成本低的国家或地区，从中受益。而有些行业中的企业却难以分享这种优势。与此类似，随着互联网的发展，有些行业的企业能够将采购与服务转移到互联网上，从而节约大量成本，而有些行业的企业就不能获得这种优势。

（二）行业竞争模型分析

Michael E.Porter 提出的五力模型由决定产业利润水平的五种力量构成，分别为：买方的讨价还价能力、供方的讨价还价能力、相关替代者的威胁、产业内的新进入者的威胁、现存企业之间的竞争程度（见图 2-2）。通过作用于产业营利性，五力模型中的每种力量都能够影响产业内企业的平均回报率，这五种力量共同决定着产业内企业的平均回报率。管理优良的企业会试图通过某种方式的定位来规避或削弱这些力量，最终获得超越产业内的平均回报率。该模型成为企业分析产业吸引力水平及获得超越产业内的平均回报率的综合分析工具。

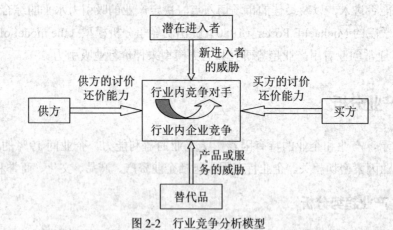

图 2-2　行业竞争分析模型

1. 供应商的讨价还价能力

供应商的讨价还价能力比较低的行业，通常具有吸引力。供方主要通过其提高投入要素价格与降低单位价值质量的能力，来影响行业中现有企业的盈利能力与产品竞争力。供方力量的强弱主要取决于其所提供给买主的是什么投入要素，当供方所提供的投入要素价值占买主产品总成本比例较大，对买主产品生产过程非常重要，或者严重影响买主产品的质量时，供方对于买主的潜在讨价还价力量就大大增强。如果供应商降低供应品质量，那么最终产品的质量也会因此受损，制造商就不得不降低最终产品价格；如果供应商较产业内的买方企业处于强势地位，产业盈利能力就会受损。例如，作为奔腾处理器的提供者，英特尔公司是个人电脑产业强有力的供应商。由于大多数个人电脑都装配奔腾处理器，英特尔公司就能向个人电脑制造商要求最优价格，从而直接影响了个人电脑产业的盈利能力。

一系列因素影响着供应商向买方施压的能力，进而影响到供应商压低买方产业营利性的程度。一般来说，满足如下条件的供方集团会具有比较强大的讨价还价力量。

（1）供应商集中度。当供应商一方是由少数企业主宰，面对大量买方而提供某种关键产品时，供应商就处于强势。例如，制药产业，相对少数的药厂面对成千上万的医生和患者出售药品，药厂就有优势。

（2）替代品吸引力。如果缺乏有吸引力的替代品，供应商产品的议价实力就更强。例如，当微软和英特尔提价时，电脑产业内的厂商往往无可奈何，原因在于微软和英特尔的产品没有实质性的替代威胁。而当在市场中可以获取供应方产品的良好替代品时，即使规模大、力量强的供应商也不可能保持高价格和低质量。

（3）转换成本。转换成本是买方从一个供应商转向另一个供应商时所带来的固定成本，如果供方各企业的产品各具有一定特色，以至于买主难以转换或转换成本太高，或者很难找到可与供方企业产品相竞争的替代品时，买方就不太可能更换供应商。例如，供应商往往向大规模客户提供专门软件来简化采购活动，买方在花费时间和精力学习使用供应商的订单和存货管理系统后，就不太愿意再花时间和精力去学习另一个供应商的系统。

（4）购买力。供方行业被一些具有比较稳固市场地位而不受市场激烈竞争困扰的企业所控制，其产品的买主很多，以至于每一单个买主都不可能成为供方的重要客户，那么供应商就处于强势。

（5）质量的重要性。当所购买的产品或服务对产业的产品或服务的成功至关重要时，这些投入要素的质量必须很高，所关注产业里的企业通常会为这些高质量支付高昂的成本。没有类似质量的替代品，所关注产业的产品或者服务的成本会升高，这一点可能会严重损害产业的获利能力。

（6）前向一体化威胁。如果供方能够方便地实行前向一体化，而买主难以进行后向一体化，供应商进入买方产业的可能性非常大，供应商的讨价还价能力就会增强。例如，作为电脑操作系统供应商，微软公司能轻易进入个人电脑产业，这提升了微软公司的议价实力。而且，供应商内部使用部分的投入要素，可以用来获取有关成本的信息，这也相应地提高了供应商的讨价能力。

2. 购买者的讨价还价能力

买方议价实力比较低的行业，通常更有吸引力。在完全竞争市场里面，购买者或者消费者除了具有接受或者拒绝市场所提供的商品的权利以外，并没有什么讨价还价能力。一旦放松了完全竞争的假设条件之后，购买者群体就具有了讨价还价的能力。购买者主要通过要求产品价格让步或质量提升，来影响行业中现有企业的盈利能力。例如，少数大型企业主导着汽车产业,它们从多个产业的成千上万家供应商那里采购零配件,因此汽车制造商就能够向供应商索要价格折扣,从而压低供应商产业的盈利水平;同样,如果汽车制造商坚持要求供应商在价格不变的情况下提高零配件的质量,供应商的盈利水平也会因此受损。一般来说,下述因素影响着买方向供应商施压,进而压低供应商所在产业盈利性的能力。

(1)购买者集中度。购买者集中,意味着少数企业向大量供应商采购产品。如果购买者的总数较少,而每个购买者的购买量较大,占了卖方销售量的很大比例,此时,买方就能向供应商施加压力,寻求更大程度的折扣,那么销售者自然倾向于降价促销。即使销售者不降价,也会提供额外的服务以提高其产品质量。这两种方式都会导致卖方利润缩水,从而影响供应商所在产业的盈利水平。

(2)购买者的成本。某项产品占买方总成本比例越高,买方对价格就越敏感。当购买量很大时,价格上的微小让步就可能给购买者带来巨大的利益。这时,购买者的讨价还价能力就强。例如,如果供应商提供的原材料占买方最终产品成本的50%,买方就会尽力议价以获得最优惠的采购价格。

(3)供方产品的标准化程度。供应商产品较竞争对手的差异程度影响着买方的议价实力。如果买方从供应商那里采购的是标准化或无差异的产品,同时买方可以向多个卖主购买产品在经济上也完全可行,这时候购买者就有了讨价能力。例如,软饮料产业的原料玉米糖浆,买方就能在各供应商之间进行挑选,直到获得最优价格和服务组合。

(4)后向一体化威胁。如果买方进入供应商产业的可能越大,即购买者有能力实现后向一体化,而卖主不可能前向一体化,买方的议价实力就越强。例如,个人电脑产业之所以能将电脑显示器的价格维持在较低水平,就是源于如果产品价格过高,个人电脑厂商就会自行生产显示器所带来的威胁。

(5)转换成本。转换成本是一种将购买者绑定在与销售者业已存在的关系之上而耗费的成本。如果购买者面临的转换成本很少,购物时既可以价格为基础,也可以以质量为基础,而不会导致很高的转换成本,那么购买者的讨价能力就很强。例如,对于飞行里数的选择,旅行者宁可选择价格昂贵、便利性差的航线以便积累飞行里数。变换航线的成本就是丧失了里数积累的优惠。有时候高转换成本也来自于销售者转换和信息的搜集。面临这些成本,消费者只能被动地接受现有的关系,这使得销售者能保持有利可图的利润空间。

(6)购买者的收入。那些获利不丰或者收入低的消费者对价格很敏感。不论是个人收入(对于消费者来讲)还是运营利润(对于产业采购商),当购买者缺钱时,其对价格的敏感性就会增加。

(7)充分信息。购买者群体所掌握的有关产品价格、制造成本、产品特色和销售者谈判策略的信息越多,他们的议价能力就越强。在新兴产业里,购买者和销售者之间做生意时还是陌生关系,某些成本和价格信息还可以保密,这使得新兴产业内的企业很少受到利润的压力。而在成熟产业里,由于企业相互之间建立了长期的信息记录和档案,它们更可能拥有充分信息,这样也容易导致降价的压力。

3. 新进入者的威胁

新进入者在给行业带来新生产能力、新资源的同时,也希望在已被现有企业瓜分完毕的市场中赢得一席之地,这就有可能会与现有企业发生原材料与市场份额的竞争,最终导致行业中现有企业盈利水平降低,严重的话还有可能危及这些企业的生存。新进入者威胁比较低的行业,通常更具吸引力。这表明,竞争者不能轻易进入某行业以模仿行业内企业的行为。有许多方法能够帮助产业内企业限制新进入者的数量,这些方法与进入障碍密切相关。

竞争性进入威胁的严重程度取决于两方面的因素,这就是进入壁垒的大小与预期现有企业对于进入者的反应情况。

进入壁垒(barrier to entry)是指对新企业进入某个产业造成障碍的条件,下面列出了进入障碍的主要来源,如表2-1所示。这些壁垒可以分为两种一般类型:结构性壁垒和报复性壁垒,这是现有竞争者的预期反应活动。

表 2-1 进 入 壁 垒

结构性壁垒	报复性壁垒
规模经济	竞争对手的声誉
过剩的生产能力	产业历史
产品差别化核心	攻击竞争对手的业务
专用资产	低产业增长率
所需资产	具备持久资源的竞争者
转换成本	价格削减
分销渠道的选取	法律挑战
与规模无关的成本劣势	

资料来源:马克·J.多林格.创业学:战略与资源[M].王任飞,译.北京:中国人民大学出版社,2006:77.

(1)进入的结构性壁垒。进入的结构性壁垒是产业的历史、技术和宏观环境造成的,包括规模经济、过剩的生产能力、产品差别化核心、专用资产和所需资产、转换成本、分销渠道的选取和与规模无关的成本劣势。结构性壁垒阻碍创业者的启动,这意味着机会的丧失。

规模经济:新企业进入规模经济性强的产业时往往举步维艰,除非其愿意接受成本劣势。当规模化生产某种产品能导致更低平均成本时,该产品就具备了规模经济(economies of scale)。

产品差异化:像软饮料这类产业,其主要特征是产业内企业都具有非常强大的品牌影响力,如果没有巨额的广告投入,新进入者就难以在其中立足。

资本需求:进入产业所需要的巨额投资是另一个进入障碍。航空业就以大规模资本需求为典型特征。捷蓝公司凭借强有力的商业模式和管理团队赢得投资者信心后,才筹集到巨额资金跨过这个障碍。

与规模无关的成本优势:防御性的竞争对手可能拥有新进入者难以获得的与规模无关

的成本优势,一般而言,这种优势根植于公司的历史。例如,产业内现存竞争对手可能以低价购买了土地和设备,而新进入者购买同样资产可能要支付更高价格。

分销渠道的可接近性:获得分销渠道往往非常棘手,在一些饱和市场中更是如此。例如便利店市场,如果一种新型运动饮料企图在便利店上架,那么它就必须首先挤掉货架上的现有产品。

政策和法规障碍:在知识密集型产业,如生物科技和软件产业,专利、商标、版权等是进入的主要障碍;而在另一些产业,如银行业,则需要官方机构颁发的许可证。

如果新企业试图进入一个具有强大进入障碍的产业,它就必须制定跨越这些障碍的行动计划。如果新企业开辟了一个新产业或在已有产业中开发了新的利基市场,还必须建立进入壁垒以阻止他人跟从或者减弱其所发现的机遇,这就是所谓的创业悖论(paradox of entrepreneurship)。如果创业者发现了一个容易进入的产业,那么对别人来讲同样也会比较容易进入。这使得机会转瞬即逝,因为低门槛是无利可图产业的典型特征。如果创业者找到了一个难以进入的产业(暗指利润丰厚),所有潜在的利润都是建立在起初的高启动成本上的,只有这样才能跨越门槛。因此得出结论:低进入壁垒的产业无利可图,高进入门槛的产业也无利可图(结论对于中间情况依然适用)。

新创企业往往资本紧张,它难以塑造一些代价昂贵的进入障碍,如规模经济。新创企业生存的最大威胁,是资金雄厚的大企业涉足并模仿新企业的活动,特别是新企业开发了新市场时更是如此。理想的进入障碍是专利、商标和版权,这能阻止其他企业模仿新企业的活动。除这些选择外,新企业还可以依赖一些特殊进入障碍来减弱新进入威胁,如组建世界级的管理团队,这是其他公司难以企及的。

(2)进入的报复性壁垒。进入的报复性壁垒是现有竞争者的预期反应活动,包括竞争对手的声誉、产业历史、攻击竞争对手的业务、低产业增长率、具备持久资源的竞争者、价格削减和法律挑战。尽管结构性壁垒阻碍创业者的启动,但是对于创业者更危险的是报复性壁垒,因为在创业者进行了大量的时间、金钱和资源投资以后,是报复性壁垒摧毁了创业者成功的机会。

在通常情况下,当一个新企业,尤其是相对较小的企业进入某个产业时,那些规模大、事业有成的竞争对手罕有反应。不过有时创业企业的进入可能会激起来自规模大、实力强的大企业的强烈反应。由于产业报复是创业企业存活的直接威胁,因此,新企业的所有者必须了解在什么情况下会招致报复行动。

在以下几种情形下,那些规模大、事业有成的企业可能会采取报复性的壁垒措施。

维护声誉需要:如果企业一贯被视为凶猛好斗的竞争者,一旦有新的竞争者进入,即使竞争来自一个小规模的创业企业,其也不会坐视不理,它会极力维护自己的声誉。因为该声誉对企业来讲是一项资产(稀缺、有价值、难以复制、不可替代),有助于帮助该企业摆脱其他攻击型策略和战术的进攻。如果企业失去这项声誉,其他企业就可能攻击它。

外来者攻击企业的核心业务:当新企业攻击到现存企业的核心业务时,现有企业就会感受到巨大的威胁，最有可能采取报复行为。

进入者选择的是缓慢增长的产业：当根据销售额和销售量衡量，产业增长缓慢时，每个新进入者都可能夺去现有企业所倚靠的一小部分销售额。缓慢增长的产业内有零和博弈的因素：一个企业获取的销售额对其他所有企业只能是销售额的丧失。

价格削减：当产品同质和产业固定成本很高时，都可能导致价格削减的报复行为。现存企业通过将产业价格水平降至进入遏制价格，从而将新进入企业排挤出局，在该价格水平下的预计收入只能用于平衡进入成本。换句话说，正是这种产品或者服务价格使创业者预计到其提议成立的创业企业根本无利可图。当产业的价格水平低于进入遏制价格水平时，理性的创业者绝不会在该产业里开创新企业。当外来的进入威胁逐渐平息，现有的企业将会再次提升产品价格。如果外来的威胁经久不息，这些企业就不得不采取其他措施，或者干脆承认它们所在的产业进入壁垒很低。这样的话，其他的情况就又完全相同了。该产业将不再是一个值得进入的产业。

在有些情况下，规模较小的新兴创业企业会受到进入遏制价格的保护。表 2-2 列出了价格削减作为竞争策略使用时的助长和制约因素。表 2-2 说明了价格削减可能并不奏效的情况——这时候削价策略可能会给削减价格的企业带来重大损失，并有可能激起更大规模的现存竞争对手的仿效和加入——创业企业可以在这种现存竞争所造成的价格保护伞下运营，而不用担心价格报复行为。

表 2-2 影响报复性削价的因素

助长因素	阻碍因素
需求有弹性	需求无弹性
成本优势	无成本优势
生产能力过剩	生产能力不足
竞争对手小	竞争对手大
新的竞争对手	长期竞争对手
单一产品市场	相互制约市场

资料来源：马克·J. 多林格. 创业学：战略与资源 [M]. 王任飞, 译. 北京：中国人民大学出版社，2006：79.

（3）法律挑战。创业企业可能会遭遇到的报复形式不仅仅局限在价格削减上，尤其当价格削减对于大企业来讲是不明智之举时，法律攻击就变成一种常见的形式。法庭争端可能来自对专利、版权或者商标的侵犯，前雇员对竞业禁止条款的违背，缺陷产品的索赔，或违反了环境保护法规等。对于国外的创业企业进入者，也有可能是由于倾销和不公平竞争的指责。

4. 替代品的威胁

每个产业都在与其他产业竞争客户。两个处于同行业或不同行业中的企业，可能会由于所生产的产品是互为替代品，从而在它们之间产生相互竞争行为，这种源自替代品的竞争会以各种形式影响行业中现有企业的竞争战略。

（1）现有企业产品售价以及获利潜力的提高，将由于存在能被用户方便接受的替代品而受到限制。

（2）由于替代品生产者的侵入，使得现有企业必须提高产品质量，或者通过降低成本来降低售价，或者使其产品具有特色，否则其销量与利润增长的目标就有可能受挫。

（3）源自替代品生产者的竞争强度，受产品买主转换成本高低的影响。

总之，替代品价格越低、质量越好、用户转换成本越低，其所能产生的竞争压力就强；而这种来自替代品生产者的竞争压力的强度，可以具体通过考察替代品销售增长率、替代品厂家生产能力与盈利扩张情况来加以描述。

一般来说，替代威胁比较低的行业更具吸引力。这意味着，来自其他行业的产品或服务，不能轻易充当本企业产品或服务的替代品。例如，在医药行业，处方药的替代品非常少，这成为该行业具有高额利润的一个原因。然而，如果某产品存在相近的替代品，产业营利性就会受到强烈挤压，因为消费者不会为产品支付过高的价格。

替代品对产业营利性的侵蚀程度，取决于买方在替代品与原产品之间选择的偏好。因此产业中的企业往往向顾客提供尽可能的满意，目的在于降低顾客转向替代产品的可能性，即使这样会引起价格升高。以咖啡店行业的情况为例，星巴克的咖啡价格相对昂贵，消费者在便利店也能买到更便宜的咖啡。但为了降低顾客选择其他途径的可能，星巴克坚持提供高品质新鲜咖啡、舒适的环境与优良服务。星巴克的优质服务，决定了顾客不会青睐其他替代品。

创业者理解替代品的本质很重要。

（1）当创业者是市场中第一个经营某种商品或者商品类型的人时，其认为自己面前没有竞争的原因是"我们是第一家做这种生意的"。但是，竞争往往存在于功能中，由替代产业带来的挑战可能会浮现出来。

（2）替代产业可能会给所关注产业产品的要价限定了上限，从而限制产业的可能收益。通常是，如果某种产品要价过高，这将迫使顾客转向其他产品。来自替代产品的价值的吸引力越大，该产品的价格上限越低。

（3）由于心理因素的影响，现有企业往往低估替代者的威胁，这就阻碍了这些企业的快速反应。对于创业者来讲，这可能成为优势。在现有企业意识到威胁之前，创业者经常会有一段机动的时间。

5. 现有企业的竞争强度

在大多数产业中，产业盈利能力主要取决于产业内现有企业之间的竞争强度。如果在某一产业内，购买者的讨价能力很强，供应商的讨价能力也很强，有良好的替代品，进入壁垒很低，这样的产业便更具竞争性。每一种力量都可单独引起成本上升或价格下降，或者对两者都有影响。这种成本上涨或价格缩水降低了行业内企业的运营利润。利润的降低迫使低效率企业退出该产业（如果退出壁垒较低的话），而中等效率的企业不赚不赔，最有效率的企业持续获取低利润，直到产业的情形有所改观。

当模型中其他四个因素都起消极作用时，企业之间的竞争程度加强。现有企业之间的竞争常常表现在价格、广告、产品介绍、售后服务等方面，其竞争强度与许多因素有关。有些产业内的竞争如此激烈，以致使产品价格被压低到成本以下，此时整个产业都将蒙受损失；在另一些产业中，由于克服了价格竞争，产业内竞争相对缓和。例如，个人电脑产业竞争日益激烈，边际利润已经非常微薄；相反，特殊医药设备市场的竞争较弱，边际利润也较高。

下列四个主要因素决定了产业内现有企业之间竞争的特征和强度。

（1）竞争对手数量和力量对比。产业中竞争者越多，就越有可能存在一个或多个企业试图通过降价来争夺顾客。当产业内所有竞争者都处于均衡状态时，规模均等而没有明确市场领导者时，降价竞争就极可能发生，它将给整个产业带来麻烦。

（2）产业的缓慢增长。当产业增长时，有足够多的消费者来满足企业的生产能力。在增长缓慢产业内，现有企业竞争强度要大于快速增长产业中的竞争。在增长缓慢的产业中，企业为争夺消费者而展开竞争，这在客观上要求他们降低价格或提升顾客服务质量。而在快速增长产业中，如制药产业，因为市场容量非常大，能够容纳大多数企业的生产能力，就不太可能发生降价行为。同时，随着产业增长放缓，投入广告上的费用增加，这将增加企业的额外成本，造成企业利润的损失。

（3）固定成本高。企业如果固定成本很高，其经营杠杆必然很高。与固定成本较低的企业相比，高额固定成本企业需要销售更多产品来达到盈亏平衡。而跨越盈亏平衡点以后，单位产品销售价格可以降低。因此，固定成本很高的企业会竭尽所能地提高产量，这可能会导致价格竞争，航空业和汽车行业的经历就是这方面的例子。

（4）产品间差异化程度。产业内产品之间差异程度影响着产业内竞争。当产业无法使自己的产品具备特色，由价格和服务的激烈竞争带来的压力将会增加。

根据上面对于五种竞争力量的讨论，创业企业可以采取尽可能地将自身的经营与竞争力量隔绝开来，努力从自身利益需要出发影响行业竞争规则，先占领有利的市场地位，再发起进攻性竞争行动等手段来对付这五种竞争力量，以增强自己的市场地位与竞争实力。

五力模型除帮助企业了解准备进入的产业动态特征外，还具有下述作用：帮助企业决定是否该进入特定产业，帮助企业确定能否取得产业内有吸引力的定位。第一，通过识别每种力量对产业盈利水平的侵蚀程度，五力模型能够评价产业吸引力或分析产业内的具体定位。通过分析，可以发现，有些影响产业盈利水平的威胁比较大，企业可能会重新考虑是否进入该产业或仔细分析在该产业可能的定位。第二，企业可借助五力模型回答一些关键性问题，有助于确定是否该进入某个产业。例如，该产业是否是新创企业值得进入的福地？如果决定进入某个产业，那么在避开或克服产业盈利水平的威胁时，我们能否比产业整体水平做得更好？产业内是否存在独特的定位空间，使企业能够避开或消除产业盈利水平的侵蚀力量？是否存在适用的优秀商业模式，而且难以被产业内现有企业模仿？这样一来，新企业就可以评价在特定产业获得成功所需要面对的门槛高低。

二、竞争对手分析

竞争对手是指与本公司争夺销售市场和资源的对手。企业在对即将进入的产业和市场有了基本认识后,必须对产业竞争做进一步的详细分析,即进行竞争对手分析。识别主要的竞争对手,分析竞争者的竞争情况,有助于新创企业了解竞争对手的定位,确定本企业的竞争优势。

(一)识别竞争对手

分析竞争对手的目的在于预测竞争对手的行为,了解每个竞争对手可能采取的战略行动和成功的希望,以及各竞争对手对其他公司的战略行动可能做出的反应。

识别谁是竞争对手,即询问"我在做什么生意"和"我的产品和服务能满足消费者的哪些需要"。竞争对手由那些满足消费者同样需要和潜在的为这些消费者服务的企业组成。从市场角度来看,竞争对手是那些生产相同或相似功能产品的公司(包括生产替代品的公司);从资源角度来看,竞争对手是使用相同资源的公司。企业不可能找出所有的直接竞争者、间接竞争者和潜在竞争者。但是,企业可以找出前5~10位直接竞争者、间接竞争者和潜在竞争者。

我们如何确定这些竞争对手呢?企业可能面对的竞争者有以下三种类型。

(1)直接竞争者:它们是那些提供相同或相似产品的企业。这些竞争对手最为重要,因为它们与新企业竞争相同的市场。新企业面临着战胜主要竞争对手的重任,即使新企业拥有更好的产品,想要取胜也非常困难。

(2)间接竞争者:它们是那些提供与本企业产品相近的替代品的企业。这些企业的产品也很重要,因为它们要满足与新企业产品相同的基本需求。

(3)潜在竞争者:这些企业虽然不是本企业的直接或间接竞争对手,但它们在某些时候可能变为本企业的直接或间接竞争者。

以一家网络鲜花零售商为例。该公司主要销售鲜花,但公司绝非只局限于鲜花业务。因为鲜花常被当作礼品,因此该鲜花零售店也可以算是一家礼品公司。如果公司将自身不仅仅看作只是从事鲜花业务,还有礼品业务,那么该公司在分析竞争对手时,就会考虑范围更广的竞争对手。

(二)竞争情报来源

为了完成有价值的竞争对手分析,企业必须首先识别竞争对手的战略和行为,因而企业需要搜集有关竞争者的信息,以获取竞争情报。如果竞争对手是一家公开上市公司,通过证券交易委员会存档的公司年报就可以了解其业务领域和财务信息,因为这些报告是公开的。如果竞争对手是非公开上市公司,就要通过更加广泛的渠道获取竞争对手信息。企业合理获取竞争者信息的方法很多,常用的获取竞争情报的来源如下:

（1）扫描贸易和企业名录、电话黄页和互联网信息。

（2）参加行业研讨会与贸易展览，在行业研讨会与贸易展览上，参加者讨论产业的最新趋势，展示其最新的产品，由此可以获得竞争对手的产品及服务的信息。

（3）购买竞争者产品，通过购买、使用竞争者的产品，了解竞争者产品的优缺点。

（4）研究竞争者的网站，许多企业会将很多信息放在企业网站上，包括产品信息、公司最新的新闻等。

（5）阅读产业相关的书籍、杂志、网站，许多来源提供包括竞争对手信息的文章或专栏。

（6）与顾客讨论为何放弃竞争者产品，购买本企业产品，顾客能提供有关竞争者产品优势和劣势的有价值信息。

（7）询问消费者或者潜在的消费者，看他们还考虑从哪里购买这种商品或服务。

通过上述渠道及方式，使企业了解如何与竞争对手较量，帮助企业找到竞争优势的主要来源。

第五节　GEM 创业环境分析方法

一、GEM简介

（一）项目宗旨

全球创业观察（global entrepreneurship monitor，GEM）项目是于 1997 年 9 月由英国伦敦商学院（London Business School）和美国百森学院（Babson College）共同发起创办的，旨在研究全球创业活动态势和变化、发掘国家或地区创业活动的驱动力、研究创业与经济增长之间的作用机制和评估国家创业政策。

全球创业观察研究项目是基于对国际水平上的所有参与国创业活动的评价，包括创业在国家经济增长中的角色研究。全球创业观察研究的基本问题是：不同国家的创业活动水平存在的差异及其程度；创业活动与经济增长的系统关系；什么是影响创业活动水平的因素；政府的创业政策评价及改进。全球创业观察对创业活动下的定义是：

（1）参与了企业的创立（并不要求是发起人，可以只是参与者）。

（2）新企业的所有者和管理者（新企业指创立至今不超过 42 个月，即三年半的企业）。

（二）发展历程

1997 年，全球创业观察（GEM）项目开始设计。从 1999 年开始，全球创业观察研究项目每年都以实际数据跟踪调查、分析全球的创业活动。1999 年发布了第一份全球创业观察报告，最开始只有当时的 G7 国家（加拿大、法国、德国、意大利、日本、英国、美国）和丹麦、芬兰、以色列 10 个国家参加这个项目。之后，该学术研究逐渐扩展，参与调研的国家和地区不断增多。

2000 年，GEM 的参与国家和地区发展到 20 个，许多发展中国家参与进来，例如巴西、阿根廷、墨西哥等。

2001 年 GEM 参与的国家和地区进一步增加到 28 个。

2002 年，37 个国家和地区参与全球创业观察（GEM），中国和中国香港首次加入。作为全球创业观察项目在中国大陆地区的唯一合作伙伴，清华大学中国创业研究中心从 2002 年起参与此项研究。中国于 2002 年首次出现在这份报告中，印度也于同一年加入这个项目，中国和印度的加入使参加 GEM 的国家和地区的人口总数达到了全球总人口的 62%，GDP 占当时全球总量的 92%，真正成为了一个全球性的创业研究项目。

2003 年，31 个国家和地区参加了全球创业观察研究项目。

2005 年，35 个国家和地区参与全球创业观察。其中亚洲有中国、日本、新加坡和泰国，大洋洲有澳大利亚、新西兰，欧洲有奥地利、比利时、克罗地亚、丹麦、芬兰、法国、德国、希腊、匈牙利、冰岛、爱尔兰、意大利、拉脱维亚、荷兰、挪威、斯洛文尼亚、西班牙、瑞典、瑞士和英国，北美洲有加拿大、墨西哥和美国，南美洲有阿根廷、巴西、牙买加、智利和委内瑞拉，非洲有南非。

2006 年，42 个国家和地区参加了全球创业观察研究项目；2008 年，43 个国家和地区参加了全球创业观察研究项目；2009 年，56 个国家和地区参加了全球创业观察研究项目；2010 年，59 个国家和地区参加了全球创业观察研究项目；2011 年，54 个经济体参加了全球创业观察研究项目；2012 年，69 个经济体参加了全球创业观察研究项目；2013 年，70 个经济体参加了全球创业观察研究项目；2014 年，59 个经济体参加了全球创业观察研究项目。2015 年，60 个经济体参加了全球创业观察研究项目。

截至目前，GEM 组织的研究已经累计涵盖全球 100 多个国家和地区，报告样本代表了全球约 3/4 的人口数量和全球近 90% 的 GDP。

二、GEM 概念模型及创业环境条件

（一）GEM 概念模型

全球创业观察研究项目的理论基础是影响国家经济增长的主要因素传导机制。该理论模型有三个主要方面：首先，集中力量解释这样一个问题——为什么一些国家的经济比另一些国家的经济增长得更快；其次，假设所有的经济在一个相对稳定的政治、社会和历史环境下发展；最后，该模型研究的是两套推动国家或地区经济增长的机制，这两套机制既相互独立又相互补充，如见图 2-3 所示。

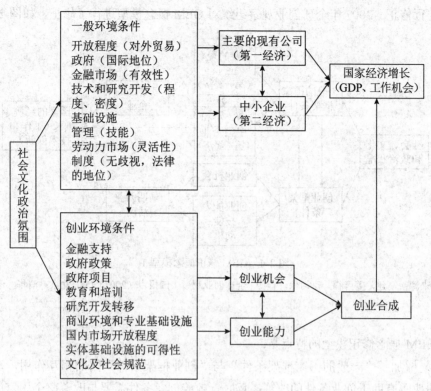

图 2-3 GEM 概念模型

资料来源：高建，姜彦福，李习保，程源. 全球创业观察中国报告（2005）[M]. 北京：清华大学出版社，2006：3.

GEM 模型认为国家的经济增长动力来源于两个方面：一方面是经济体系中现有企业对经济增长的推动，包括现有的主要大型企业和中小企业；另一方面，创业也在推动着经济的增长。因而，在 GEM 模型中，促进经济增长的条件分成一般环境条件和创业环境条件，前者是现有大中小企业发展环境，后者是创业环境，大中小企业发展环境的创业环境受该国或地区的社会、文化、政治氛围影响。一般环境条件包括该国或地区的开放程度（对外贸易）、政府（国际地位）、金融市场（有效性）、技术和研究开发（程度、密度）、基础设施、管理（技能）、劳动力市场（灵活性）、制度（无歧视，法律的地位）的影响。创业环境条件是由 GEM 开发出来的用于反映对创业产生显著影响的主要经济和社会特性。创业环境条件由金融支持、政府政策、政府项目、教育和培训、研究开发转移、商业环境和专业基础设施、国内市场开放程度、实体基础设施的可得性、文化及社会规范 9 个方面组成。创业活动的发生是由创业机会和创业者的创业能力共同决定的，因而一国或地区的创业环境因素影响创业机会和创业能力，进而影响该国或地区的整体创业水平。

（二）GEM 修正模型

随着调查的深入与形式的发展，在之后的研究中，全球创业观察组织不断对 GEM 概念模型进行修正。2007年全球创业观察组织对GEM概念模型进行了修正，如图2-4所示。

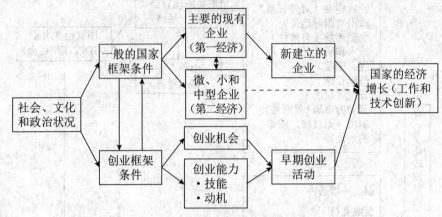

图2-4　GEM修正概念模型1

资料来源：高建，姜彦福，李习保，程源. 全球创业观察中国报告（2007）[M]. 北京：清华大学出版社，2008：2.

该GEM概念修正模型的特点是：

（1）增加了"一般的国家框架条件"与"创业框架条件"间的相互作用，这表明一般条件的改善有助于创业条件的改善；反之，改善创业条件需要与改善整个国家的条件一起考虑。

（2）增加主要的现有企业与微、小、中型企业的关联线，说明创业企业与现有企业之间具有互补与互相促进作用，现有企业与微、小、中型企业分工合作，共同推进产业演进。

（3）创业能力取决于创业者的技能和创业动机，早期创业活动由创业机会和创业者的创业能力共同决定。

（4）创业对国家经济增长的贡献不仅表现在经济总量、经济效益增长上，也表现在改善就业和推动技术创新上。创新型创业或者技术型创业对经济增长有更为深远的影响。

2008年全球创业观察组织GEM发布了第10份全球创业观察报告，对GEM概念模型又做了进一步的修改，提出了GEM修正模型，如图2-5所示。

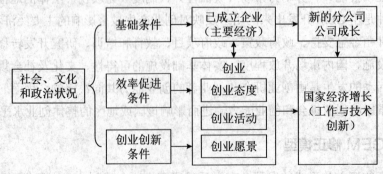

图2-5　GEM修正概念模型2

资料来源：http://www.gemconsortium.org/2016-07-01.

（1）将创业活动由创业机会和创业者的创业能力共同决定，改为创业活动是由创业态度、创业活动和创业愿景三方面内容共同决定的动态过程；另外，现有的企业对经济增长的推动作用是通过发展新的分公司和企业的成长来实现的，同时现有企业与创业企业相互影响。

（2）修正后的模型将环境因素由原来的一般环境条件和创业环境条件两方面变更为三方面：基础条件（基础设施是否完善、经济是否稳定等）、效率促进条件（包括教育普及程度、市场效率、市场规模、技术水平等）以及创新创业条件，前两种因素对创业起间接的影响作用，第三种因素则是直接影响创业活动。

2016年年初，全球创业观察组织发布了第17个年度报告。2015年全球创业观察（GEM）报告呈现了GEM第十七年跨多阶段了解创业率并评估创业者的特征、动机和抱负，以及社会对此活动的态度。此报告涉及的结果是基于来自60个经济体完成的成年人口调查（APS）和62个经济体完成的国家专家调查（NES）。报告的第二部分特别用每一页对应每个经济体的结果，包括来自APS的主要GEM指数的数值和排名，以及对源于NES生态系统因素的评估。该报告分析了全球视角下的不同创业特征，包括全球创业活动特征、创业者个体特征和创业环境三大板块，如图2-6所示。

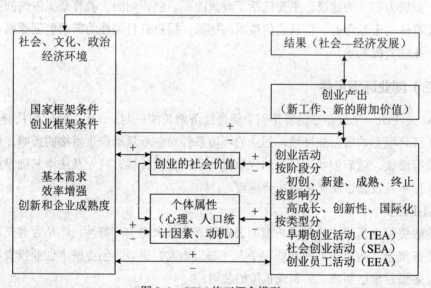

图2-6　GEM修正概念模型3

资料来源：http://www.gemconsortium.org/2016-07-01.

社会、文化、政治和经济环境是通过国家框架条件（national framework conditions）呈现的，它通过三个经济发展阶段（要素驱动、效率驱动及创新驱动）影响社会进步。创业框架条件包括创业融资、政府政策、政府创业项目、创业教育、研究开发转移、商业及法律基础设施、内部市场动态性及准入制度、有形基础设施以及文化和社会规范，是直接影响创业活动的要素。

创业的社会价值观包括，诸如社会如何将创业视为优秀的职业选择，创业者是否拥有较高的社会地位，以及在单独经济体中媒体积极报道创业的程度。

个体属性包括人口特征（性别、年龄等），自我感知（能力感知、机会感知、失败恐惧感）以及创业动机（即生存或机会）。创业活动包括商业过程的多个阶段（初创企业、新企业、成熟企业、公司终止），潜在影响（创造就业、创新、国际化），以及活动种类（早期创业活动指数 TEA，社会创业活动 SEA，创业员工活动 EEA）。

GEM 概念框架描绘了创业的多方面特征，区分了个体的主动性、创新、风险承担行为，以及它们与环境的交互作用。因而，GEM 调查被概念化为考察创业与经济发展之间的关联关系，从而揭示了促进或阻碍创业活动的因素，尤其是与社会价值、个人态度以及创业生态系统有关的因子；GEM 为评估单个经济体中创业活动水平对经济发展的影响提供了平台，对某一经济体制定提高创业能力政策具有极高的借鉴意义。

十多年来，GEM 一直致力于研究全球范围内的创业行为，并得出以下结论：在全球范围内，都普遍存在创业者对机会的捕捉，并以此促进经济发展这一现象；但是机会与创业之间的转化，还依赖于个体属性、社会价值观以及创业生态系统。《GEM2015/2016 年度全球报告》通过诠释全球范围内的创业多样性，揭示了政策与实践之间存在的差距，并提出了一些较为广义的建议，主要包括了政策改革、创新刺激、教育系统内的创业融入、草根创业群体的干预帮助、信息通信技术的更新、提供有目的性的需求型创业模式、改善中小微企业融资机制等。

（三）创业环境条件

GEM 关注的一个重要方面就是创业促进经济增长的机制。一国或地区的社会、文化、政治和经济环境影响着创业环境。创业的环境条件对创业活动产生直接的影响，包括创业融资、政府政策、政府创业项目、创业教育、研究开发转移、商业及法律基础设施、准入制度、有形基础设施以及文化和社会规范。

1. 创业融资

创业融资是指新成立的和成长型的公司所需资金来源的可得性，即是否有充足的权益资本、债务资金、政府津贴和补助、个人（非创始人）资金、创业资本创业投资者、首次公开发行融资提供给新成立的和成长型的公司。

2. 政府政策

政府政策是指政府对新成立的和成长型的公司制订的扶持政策和规制，以及这些扶持政策和规制所达到的支持创业的程度。政府政策包括两方面：将创业作为一个与之相关的经济问题；税费和规则是否适中，或者是否能鼓励新创企业或者中小企业。

3. 政府创业项目

政府项目是指各级政府（国家、地方、县市区）直接支持中小企业创业的项目数量及其质量。政府项目不仅包括政府提供的资金和政策支持的项目，而且包括政府为创业提供服务、支持和帮助的组织。

4. 创业教育

创业教育是创业活动得以开展的必要条件，也是创业者将潜在商业机会变为现实的基础，受到良好教育和高技能培训的创业者是创业取得成功的必要保证。创业教育是指各级教育和培训对创业者创建中小企业和管理中小企业的培训程度，包括中小学阶段的创业教育、高等教育阶段的创业教育（职业学校创业教育、大学创业教育、商业学校创业教育等）。

5. 研究开发转移

研究开发转移是指一国的研究和开发对发现新的商业机会的影响程度，以及这些研究和开发对中小企业的可用程度。研究开发的转移过程是否顺利，从结果上看是研究开发成果能否实现商业化；从过程上看，是创业是否具有效率，创业者能否抓住技术和商业机会，实现从知识的创造向市场的成功转化。研究开发的转移与创业之间的关系涉及6个方面的内容：①研究开发成果是否能够从其发源地和来源，例如高校、科研机构，通过新企业走向市场；②创业企业是否与大公司具有同样的机会接触到新研究和新技术；③研究开发成果实现转移是否具备转移的条件（企业的资金承受能力和政府资助）；④科技基础是否具备支持至少某一领域内具有世界水准的高技术公司的设立；⑤国家对于科技工作者基于个人研究成果进行创业是否具有良好的支持；⑥知识产权保护。

6. 商业及法律设施

商务环境是指知识产权，商业、会计，其他法律和评估服务，以及支持和促进中小企业创业的机构的可获得性。创业的商务环境包括三个方面：一是创业企业能获得哪些资源，例如分包商、供应商、咨询机构资源；二是创业企业能获得哪些服务，包括金融服务和非金融服务。金融服务包括银行服务等，非金融服务包括法律服务、会计服务等；三是创业企业能否使用得起这些服务和资源。

7. 准入制度

准入制度包括市场内部动态性和市场开放程度。市场动态性是指市场每年变化的情况；市场开放程度是指新企业自由进入现存市场的程度，体现在创业企业进入市场时是否存在行业进入壁垒，是否存在成熟公司设置的不公平壁垒妨碍了新企业的进入等。市场机会既与市场的规模有关，也与市场变化有关。正是在市场的变化中孕育着创业的机会，大的市场变化往往孕育着大的创业机会。

8. 有形基础设施

有形基础设施是指中小企业能够得到的包括通信、公用设施、交通、土地或空间等在内的基础设施，以及其非歧视价格的可接受性。

9. 文化和社会规范

社会和文化规范是指现有的社会和文化鼓励或允许能够增加个人财富和收入的程度。关于创业文化的认知问题，涉及民族文化鼓励个人通过努力获得成功的程度，民族文化提倡自理、自治和个人原则的程度，民族文化鼓励创业冒险的程度，民族文化鼓励创造和创新的程度，民族文化强调个人（而非集体）管理自我人生的责任情况。

本章小结

创业是一个动态的活动过程，创业企业战略选择受到宏观环境、产业环境与创业企业自身环境的影响。创业者要完成创业经营环境分析，即扫描环境、监控环境、预测环境、评估环境。

创业者必须了解宏观环境，因为它为创业企业的建立提供了政治法律、宏观经济、技术、社会人口统计分析及生态分析上必须遵循的规则，同时创业企业也必须在这些规则下运营。创业者必须能扫描和监控宏观环境并识别出宏观环境带来的可能事件以及各种约束。

创业企业或因受外部激励而创建，或因受内部激励而创建。不管创业者以哪种方式创建新企业，都需要识别机会。创新创业的机遇来源有：意外情况不协调程序需要，产业和市场结构变化，人口统计，认识的变化，以及新知识。

创业环境分析还要考虑产业环境。理解竞争市场的因素和过程有助于我们发现哪些因素促使产业对创业者更具有吸引力。这些因素包括购买者的讨价还价能力、供应商的讨价还价能力、相关替代者的威胁、产业内新进入者的威胁、现存企业之间的竞争程度。有吸引力的产业提供了获利机会。当购买者和供应商讨价还价能力很强、企业产品的替代者存在、进入壁垒较低、现有竞争程度很强时，行业不具备吸引力，因为可能的利润空间很小。如果创业者能够使资源配置和战略设计足以抵消产业内利润减少的因素，创业企业就可以取得持久竞争优势。

创业与经济增长之间存在因果关系。根据全球创业观察项目研究，创业环境条件由金融支持、政府政策、政府项目、教育和培训、研究开发转移、商业环境和专业基础设施、国内市场开放程度、实体基础设施的可得性、文化及社会规范9个方面组成。创业活动的发生是由创业机会和创业者的创业能力共同决定的，因而一国或地区的创业环境因素影响创业机会和创业能力，进而影响该国或地区的整体创业水平。

思考题

1. 经营环境分析过程包括哪些？
2. 请利用宏观环境的五个维度分析以下企业的经营环境：快餐店、咖啡店、房地产开发企业。
3. 请分析政治法律环境分析中的主要因素。比较以下国家这些因素的异同：中国、美国、俄罗斯和韩国。
4. 请分析技术变革对创业带来的机遇。现在正在进行的技术变革有哪些？它们创造了哪些机会？
5. 请分析人口统计变化如何造成创业机遇。现在的人口变化趋势是什么？它们创造了哪些机会？
6. 请分析生态的变化如何造成创业机遇。现在生态的变化趋势是什么？它们创造了哪些机会？

7. 企业家如何影响购买者和供应商的讨价还价能力，并使其向对自身更有利的方向发展？

8. 替代者是怎样影响产业的吸引力和获利水平的？

9. 进入壁垒是怎样影响产业的吸引力和获利水平的？

10. 企业家怎样利用资源才能建立起持久竞争优势？根据波特模型的要素来给出你的答案。

11. 请阐述创新创业的机遇来源。

12. 请阐述 GEM 概念模型及创业环境条件。

第三章
创业战略选择

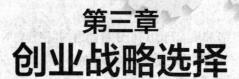
本章学习目的

了解创业与战略的关系；
了解在创业起步阶段创业者可以利用的竞争优势资源；
掌握获取持久竞争优势的战略类型；
能够基于不同的产业生命周期特点建立符合创业企业的战略；
能够进行创业机遇评估及创业战略评估。

引导案例　　　　　聚美优品

扫描此码　案例学习

美国著名的未来学家阿尔温·托夫勒在著作《第三次浪潮》中写道：唯一可以确定的是，明天会使我们所有人大吃一惊。在经济全球化迅速发展及竞争日益激烈的今天，创业企业必须了解创业起步阶段可以利用的竞争优势资源，掌握获取持久竞争优势的战略类型，才能基于不同的产业生命周期特点，建立符合创业企业自身发展的战略。只有这样，方可建立起可持续发展的企业，未雨绸缪，在竞争中立于不败之地。本章首先阐释创业与战略关系，解析创业起步阶段战略，以及资源基础战略，然后分析产业类型与战略选择，评估创业机遇。

第一节　创业与战略

一、战略的内涵

战略（strategy）一词来源于希腊语"strategos"或演变出的"straeia"。前者意为"将军"，后者意为"战役""谋略",均指指挥军队的艺术和科学。1947 年,纽曼和摩根斯顿将"战略"一词引入商业领域,将战略定义为"一个企业根据其所处的特定情形而选择的一系列行动"。之后,学者从不同角度对战略的内涵进行了诠释。

安德鲁斯(1969)认为:"公司总体战略是一种决策模式,它决定和解释公司的使命和目标,提出实现目标的重大方针与计划;通过这样的方式,战略界定了公司目前从事的业务和未来应从事的经营业务,明确公司目前是一种什么类型和将要成为什么类型,决定公司应对员工、顾客和社会做出的经济与非经济的贡献。"由此可以看出,安德鲁斯认为,战略是一种把公司的目标、政策和经营活动结合在一起的模式;战略的形成应当是一个精心设计的过程,而不是一个直觉思维的过程;公司战略管理者必须设计一系列能够清晰、简明地展现公司经营领域的目标和计划以及达到这些目标的方法。

Michael E. Porter(1996)认为,战略的本质就是选择,即选择一套与竞争对手不同的活动,以提供独特的价值,公司的这种独特定位能够有效避免由于公司间的相互模仿所导致的过度竞争;而选择之所以成为战略制定的核心,不仅仅是由于资源的稀缺性决定了公司不能在所有行业和市场中参与竞争,而且是因为公司提供不一致的价值活动会使顾客感到迷惑,甚至损害企业的声誉,因此,公司必须在各种活动上有所取舍。

战略的特征体现为全局性、长远性、可行性、稳定性和系统性。全局性意为,企业战略是对企业未来的经营方向和目标具有纲领性的规划与设计,是具有普遍性、全面性、权威性的管理决策,要妥善处理局部利益与整体利益的关系;从长远性来看,企业战略是对企业长远发展的一种谋划,企业战略必须有助于实现组织的长期目标和保证长期利益的最大化;可行性意为,企业战略必须易于操作,要结合自身条件和环境状况来制定切实可行的战略。因此,一个完整的战略方案不仅要对战略目标做出明确的规定,还要明确战略重点方针、策略和实施步骤,体现战略整体的可操作性和现实性;稳定性即指,企业战略一旦确定后,就要保持相对稳定性,便于它的贯彻和执行。同时,由于企业经营环境在不断变化,企业战略必须具有柔性,可以根据环境的变化作适当的调整,但这种调整不应过于频繁。企业战略的稳定性是一种动态的相对稳定;系统性则为,企业战略是一个复杂的系统,可以分解为不同层次的子系统。

企业战略是公司发展的蓝图,决定着企业的一切经营活动。Marc J. Dollinger(2003)认为,战略存在于企业的不同层面上,按照从上到下的顺序依次是:企业层战略(enterprise),位于层级结构的最顶层,它关注的是企业和社会之间的普遍关系;公司层战略(corporate),集中关注分散化经营和组合业务的管理问题;事业层战略(business),关注如何在单一产业内进行竞争;职能层战略(functional)和附属职能层战略(subfunctional)涉及营销、财务和会计以及人力资源政策。战略制定从层级结构的最高层向各层流动。公司层战略(corporate strategy)集中关注分散化经营和组合业务的管理问题。创业企业多数情况下是单一业务,主要属于事业层战略,涉及获取、组织和使用资源的问题。本章所涉及的创业战略即属于事业层战略,与竞争对手相关。

二、创业企业战略管理

企业战略管理是企业为实现战略目标，制定战略决策，实施战略方案，控制战略绩效的一个动态管理过程。P.F.Drucker 认为，战略管理的主要任务在于思考企业的总体任务是什么，这也就是说，要回答"我们的业务是什么？"这样的问题。这是建立企业目标、制定企业战略和为明天的前景作出今日决策的基础。

战略管理过程包括三个阶段：战略制定、战略实施、战略评价。

（1）战略制定。战略制定包括：确定企业任务、认定企业的外部机会与威胁、认定企业内部优势与弱点、建立长期目标、制定供选择战略以及选择特定的实施战略。战略制定过程所要决定的问题包括：企业进入何种新产业？放弃何种产业？如何配置资源？是否扩大经营或进行多元经营？是否进入国际市场？是否进行合并或建立合资公司？如何防止被敌意接管？对于创业企业而言，由于匮乏资源，创业者必须明确，在可选择的战略中，哪一种能够使公司获得最大收益。战略决策一旦作出，将使公司在相当长的时期内与特定的产品、市场、资源和技术相联系。

（2）战略实施。为使既定的战略得以贯彻执行，要求创业企业制定年度目标、制定政策、配置资源、培育支持战略实施的企业文化、建立有效的组织结构与激励机制。

（3）战略评价。战略评价是战略管理过程的最后阶段。由于企业经营环境及内部因素处于不断变化之中，所有战略都将面临不断的调整与修改。因而，创业者要不断审视经营环境及内部因素调整战略，要度量业绩，采取纠正措施。

战略管理过程基于这样一种认识，即企业应连续不断地注视内部及外部的事件与趋势，敏捷地识别和适应变化。创业企业战略管理的目标在于使创业企业持续而有效地适应变化，以便必要时及时作出调整。当今商业环境中的一个更为突出的特征是：唯一不变的就是变化。成功的创业企业能够有效地适应变化，不断地调整其战略、机构、系统、产品与文化，在竞争中发展壮大。

第二节　创业起步阶段战略

在创业起步阶段，创业者需要找到其在某一经营领域内立足的方法，即推动企业创建的要素，这些推动要素将会影响到企业未来的战略决策。因此，推动企业创建的要素可能会成为创业企业获取持续竞争优势的关键。

一、主要推动要素

企业在初创阶段一般会利用以下三种主要推动企业创建的要素中的一种或多种：新产

品或新服务、类似竞争、特许经营。

（一）新产品或新服务

新产品或新服务是一种很有效地推动企业创建的要素，因为新产品或者新服务具有稀缺性特点。而且，使用新技术开发的新产品或者新服务会具有难以复制、难以模仿的特点。利用新产品或新服务在产业内立足的企业可以获得先动优势，使初创企业在现有产业或者新建产业里取得较为持久的领先地位。

一般情况下，利用新产品创业的企业往往具备较强的资金或者技术优势，一旦进入该行业就能构筑起较强的行业壁垒，从而能够迅速开拓市场并能够有效地避免模仿和复制。而新产品的失败率要比新服务的失败率低，这主要是因为，大多数服务性行业进入壁垒较低，而且那些依据新服务创业的企业往往也只是提供一种或几种相关产品。

（二）类似竞争

类似竞争是一种"我同样做"的战略类型，代表着填补某个利基市场和市场空缺的一种尝试。德鲁克将这种类型的类似战略称作"创造性模仿"。创业企业不需要不同的资源，只要知道应该如何利用现有的资源就可以建立优势。创业企业生产那些类似于竞争者所生产的现有产品或服务，但又不完全等同。这意味着，创业企业要改进和细微地创新那些已被消费者所广泛接受的产品或服务，投放于市场，满足消费者的多样化需求。采取这种类似竞争的原因是，创业者察觉到消费者需求和感觉到消费者需求发生的微小变化，消费者对市场现有的产品或服务不满意，渴求新的产品或服务，而自己能构思出一种能令这些消费者满意的战略。创业企业通过对原有产品或服务进行完善，向市场提供消费者满意的产品或服务，以迅速打开市场。

以零售行业为例，大多数零售企业都会凭借类似竞争战略进入市场。零售企业创造差别的唯一途径是，选择不同的地理位置和不同的营销方式。零售商店基本都是从同样的供应商购进同样或类似的产品，占据的市场份额也相差无几。这类产业进入壁垒很低，基本是以低销售、低利润的方式运营，因而竞争也很激烈。但是，如果这类企业拥有一些与众不同的竞争力，它们就会在很长的时间里产生稳定的收入和利润。如果缺少与众不同的竞争力，这些规模小的零售商店很快就会被边缘化，甚至面临被其他采用类似竞争战略的企业所替代的危险。7-ELEVEN公司通过分析市场需求，以便利店形式迅速占据市场，通过整合供应链、便捷的顾客服务在激烈的零售业行业中占有一席之地。再如，沃尔玛作为一家全球知名的零售商，通过全球的供应链协作来控制成本，通过与P&G这样的生产商合作来获取竞争优势。与其他零售商相比，沃尔玛能提供更为低廉的价格和多样化的商品，更好地满足顾客的需求。

（三）特许经营

特许经营指的是特许经营权的所有者以合同约定的形式，允许被特许经营者有偿使用其名称、商标、专有技术、产品及运作管理经验等从事经营活动的商业经营模式。特许经营是一种基于特许协议的地域上的扩张，采用已被证实的成功模式并将其向外拓展。创业者可以是特许人，也可以是受许人。作为特许经营者的创业者，通过有效利用他人资金、时间、销售渠道来达到迅速开拓市场的目的，并且借助于特许协议，使其产品和服务、成长激励因素以及进入壁垒都实现标准化，通过地域上扩张的方式将特许经营体系渗透到整个市场。

作为受许人的创业者通过支付相应的特许加盟费用来获取特许人的专长、知识、扶持（培训、营销、运营）和经验，从而减少创业失败的风险。因而，特许经营是创业企业起步最广泛采用的形式，也是已有企业进行企业内创业的最佳选择。

例如，全球大型跨国连锁餐厅麦当劳，特许经营业务是麦当劳在全球市场取得成功的关键因素。麦当劳公司通过土地和建筑投资，购地自建或租赁房地产以租给特许经营加盟店，加盟者在装修、设备、商标上投资，麦当劳通过授权加盟，与加盟者签订特许经营协议。此模式结合了麦当劳专业的培训、完善的供应商体系以及被特许人对本地市场的深入了解，推动麦当劳在世界发展，实现多方共赢。通过这样的方式，麦当劳遍布全球六大洲119个国家，拥有约32 000间分店。目前全球超过80%的麦当劳餐厅是由被特许人经营管理的。

二、次要推动要素

创业企业除利用上述三种主要的推动要素之外，还可以利用局部推动力、客户支持、母公司扶持以及政府扶持进入市场，这些要素统称为次要推动要素。在局部推动力、客户支持、母公司扶持以及政府扶持中，每一种次要推动要素都有一些细分项，其可以归类于三种主要的推动要素名下。表3-1对主要推动要素和次要推动要素进行了对比。

表3-1　主要推动要素和次要推动要素的对比分析

次要推动要素	主要推动要素		
	新产品或新服务	类似竞争	特许经营
利用局部的推动力			
1. 地域转移			√
2. 填补供应短缺		√	
3. 开发未被充分利用的资源	√	√	
4. 创建或改变现有分销渠道	√	√	
客户支持			
5. 客户契约		√	
6. 第二供货源		√	
母公司支持			
7. 建立合资企业	√		
8. 特许经营		√	
9. 市场让渡		√	

续表

次要推动要素	主要推动要素		
	新产品或新服务	类似竞争	特许经营
10. 剥离	√		
政府扶持			
11. 直接帮助		√	
12. 规则改变	√		
13. 政府采购	√	√	

资料来源：K.Vesper，New Venture Strategies[M]. Upper Saddle River.NJ：Prentice Hall，1980.

（一）利用局部的推动力

一般情况下，创业者在创业初期已经掌握了相应的市场信息及产品或服务信息，这类信息在某种程度上已经成为创业者创业成功的重要基础，担当了创业启动的推动因素。创业者可以通过地域转移、填补供应短缺、开发未被充分利用的资源、创建或改变现有分销渠道这四种推动要素来开创自己的企业。

1. 地域转移

当在某个地区运营的企业在另外的地方新建时就出现了地域转移。例如，在我国北方地区成功经营的一个特色饭店创意有可能被不同的创业者在南方地区进行尝试。这样在南方地区的创业者通过学习北方地区的特色饭店创意来开展创业活动，就获得了一种局部的推动力。地域转移是采用特许经营来获取推动要素的。

2. 填补供应短缺

创业者通过填补某一地区的供应短缺来创建企业。当因供应产生短缺的产品和服务通过地域转移实现时，这种通过填补供应短缺进行创业的方式类似于地域转移。例如，在北方地区，南方主产区的水果（如榴梿、香蕉等）存在供应短缺的现象，这种供应短缺的产品或服务必须以实体的方式从一个地方转移到另外一个地方，即榴梿、香蕉等水果从南方地区转移到北方地区。再如，对于季节性完成特定任务的企业来讲，相对于雇佣全职雇员，企业更愿意雇用临时工来完成特定任务。但是，在特定季节可能会存在所需的临时员工短缺的情况。于是，有些企业则从事这样的业务，专门为需要临时工的单位提供人员服务。这些企业将供应短缺的资源（临时工）组织起来，以满足需要临时工单位的需求。在临时工完成某一单位的特定任务后，这些企业再为他们安排新的工作。这既满足了临时工们的需要，使他们得到了全职工作（不同的临时任务安排），而且解决了企业的临时工短缺问题。填补供应短缺是采用类似竞争方式来获取推动要素的。

3. 开发未被充分利用的资源

未被充分利用的资源是指那些经济价值尚未被识别，或者没有被用在能发挥其最大用途领域的资源，包括物质资源、声誉资源、技术资源或组织资源。物质资源是企业在生产和管理过程中使用的有形资产，包括企业的工厂和装备、企业的位置以及在此位置上可以利用的设备。有些企业还拥有，诸如矿石、能源和土地等天然资源。例如，创业者可以通过以废弃物、副产品或者废旧品为原料再造产品来创建企业，或者采用类似竞争方式作为进入市场、获取竞争优势的资源。声誉资源是企业环境中的人群对于企业的感觉。声誉可以存在于产品层次上，以品牌忠诚度的形式出现，也可以以全球形象的形式存在于公司层面。技术资源由工艺、系统或实物转化方法组成。组织资源包括企业的结构、流程和体系。创业者在创业的过程中能否迅速地识别那些未被充分利用的资源，在很大程度上决定着创业初始阶段的成败。开发未被充分利用的资源是采用类似竞争，以及新产品或新服务方式来获取推动要素的。

4. 创建或改变现有分销渠道

创业者可以利用现有行业价值链的推动力，通过建立和改进现有的分销渠道，来开创自己的创业企业。传统的电脑生产商采用的固有的销售网络—生产商—代理商—零售商进行相关产品的销售，这类销售网络资金回转慢、产品最终价格高昂、构建网络本身的时间长、消耗的资源大，而戴尔电脑却通过改进现有的分销渠道建立起了直销模式，在消耗资源最少的情况下迅速占领电脑行业份额。创业者通过创建或改变现有分销渠道进行创业，通常会促使企业通过提供新服务，或者采用类似竞争方式作为进入市场、获取竞争优势的推动要素。创建或改变现有分销渠道是采用类似竞争，以及新产品或新服务方式来获取推动要素的。

（二）客户支持

对于创业企业而言，最重要的是生存。客户是企业的衣食父母。创业企业一旦启动，就必须寻求客户，以此来迅速占领市场。客户与企业之间的关系也是一种双向的利益关系，客户契约可以保证创业企业的销售，并且有助于企业获取初始资金，客户将创业企业作为第二供货源，一旦客户原有的供货体系出现问题，客户可通过创业企业提供的产品或服务来填补短缺。客户会对那些能满足其需求的创业者给予鼓励，甚至提供管理上、技术上和资金上的帮助。

因此，无论是客户契约还是第二供货源，通常都会促使创业企业采用类似竞争方式作为进入市场进而获取竞争优势的主要推动要素。

（三）母公司支持

母公司对创业企业的扶持主要包括以下四种方式：建立合资企业、特许经营、市场让渡、剥离。其中合资和特许经营需要同母公司继续保持紧密联系，市场让渡和剥离这两种方式也可能会继续保持母公司和创业企业之间的联系，但这种联系是有选择余地的。

1. 建立合资企业

建立合资企业是母公司拿出部分资源与创业者合作成立新的企业，优化配置资源以获取更大的收益。通过建立合资企业，创办企业有很大的益处：母公司可以为创业企业提供推动力，因为企业创建者可以借助母公司的管理、生产、技术、销售渠道等经验，通过生产新产品或者提供新服务迅速进入市场。建立合资企业通常会促使企业通过生产新产品或者提供新服务方式获取推动要素，进行市场竞争。

2. 特许经营

在特别许可协议下，创业企业与母公司签订相关合同来生产产品或提供服务。在这种情况下，创业者可以直接获取母公司原有成熟的产品和技术经验来开拓市场。特许经营是采用类似竞争方式来获取推动要素的。

3. 市场让渡

市场让渡是指母公司不再为某个市场提供服务或者生产产品，原有市场面临空缺，由其创业企业为该市场提供服务或者生产产品。市场让渡出现的通常原因是，母公司（一般是大型企业）未能做到高效运营，高昂的管理费用使该利基市场无利可图，从而退出该市场。然而这样的市场对于一个中小型企业来说或许利润是非常丰厚的。当母公司让渡该市场时，原母公司的员工就拥有购买原有企业的闲置性专用资产进行生产的优势，继续为原市场提供客户所需的产品或服务。这为创业企业提供了强大的推动力，同时创业企业由于摆脱了原大企业的官僚体系，采用新的运营方式，可能会获得更多的利润。市场让渡也是采用类似竞争方式来获取推动要素的。

4. 剥离

通过剥离方式创建企业是指，由离开原有企业的个人或人群，基于以前所获取的知识创建新企业，该创业企业仍属于原有产业。通过剥离方式创建企业常常发生在新兴产业或成长产业，如生物技术、计算机、咨询、法律、制药产业、医药设备等。在这些产业里，这些独特的、最有价值、最为稀缺、最难以复制的资源体现到个人、工艺或者技术上，员工所拥有的随身携带的知识可以散布到地球上的任何地方。创业者在剥离过程中若将这类资源带到初创企业中，必将为初创企业的发展带来强大的推动力。通过剥离创建企业，通常会促使企业采用生产新产品或者提供新服务的方式获取推动要素。

（四）政府扶持

政府可以充当创业者的扶持者，为创业者提供创业推动力。政府扶持主要通过直接帮助、规则改变、政府采购三种机制实现。

直接帮助。政府可以通过政府项目，对创业企业启动和经营提供帮助。如政府通过对创业企业提供管理支持、技术支持、资金支持，为创业者提供帮助。直接帮助是采用类似竞争，以及新产品或新服务方式来获取推动要素的。

规则改变。政府不断通过制定或修改相关法律政策来改变规则，放开对某些产业及产品的经营限制，允许创业企业进入，通过制定优惠措施促进创业活动的开展。规则改变是采用新产品或新服务的方式来获取推动要素的。

政府采购。政府采购是指各级国家机关、事业单位和团体组织，使用财政性资金采购依法制定的集中采购目录以内的或者采购限额标准以上的货物、工程和服务的行为。政府可以通过制定有利的采购政策，采购小企业产品，使创业企业进入市场。有利采购规则使某些企业能借助某种推动要素进入市场。政府采购是采用类似竞争方式来获取推动要素的。

第三节 资源基础战略

根据资源基础理论，企业要想具备持久竞争优势，就必须拥有稀缺的、有价值的、难以复制的和不可替代的资源和能力。创业战略的构建在很大程度上归结于资源的整合、开发、利用。Marc J. Dollinger（2003）认为，与创业企业的资源和能力直接相关的战略是寻租战略、成长战略和质量战略。

一、寻租战略

创业企业战略目标就是寻租。租金是一个重要的经济学概念，租，即租金，也就是利润、利益、好处。在现代西方经济学中，"租"的概念被进一步扩展到"经济租"的范畴，用来表示某种产品或劳务的需求提高，而供给量由于种种原因（如政府干预、行政管制等人为限制）难以增加，导致该商品供求差额扩大，从而形成差价收入或要素收入。寻租即对经济利益的追求。人类对经济利益的追求可以分两类：一类是通过生产性活动增进自己的福利，如企业等经济组织正常的生产经营活动中合法的对利润的追求；另一类是通过一些非生产性的行为对利益的寻求，如有的政府部门通过设置一些收费项目，来为本部门谋求好处。

Marc J. Dollinger（2003）认为，在资源基础理论的研究框架里面，战略目标就是寻租。经济租共有四种类型：李嘉图租（Ricardian rent）、垄断租（monopoly rent）、创业租（entrepreneurial rent）和准经济租（quasi-rent）。

（一）李嘉图租

这种经济租来源于对稀缺性和有价值的资源（如土地等自然资源）的获取、占有、控制。只要控制权存在，就一直会存在李嘉图租。李嘉图租金可以说是由于短期内资源供给所带来的经济租金（Peteraf，1993）。李嘉图租金的创造可以看成是企业拥有独特资源要素的结果，这种独特资源要素往往是同时具备有价值、稀缺和不可替代三项特质（Conner，1991）。企业经济租就是竞争与企业的不同资源的禀赋的产物。在多数情况下，李嘉图租来自对土地和自然资源或者黄金地段的占有。只要所有权和控制权存在，就可以一直获取李嘉图租。

（二）垄断租

垄断租来自政府的保护、垄断企业间的共谋协定或者进入的结构壁垒。政府保护体现为：专利权、版权、限制性经营许可、政府准许的特许经营等；进入的结构壁垒的例子有，微软的 windows 操作系统开发，由于该行业投资存在很大的风险，故拥有丰厚的垄断租。

（三）创业租

创业租又称"熊彼特租"，是一种与创业企业创建最为直接相关的经济租形式。创业租是基于创新的经济租金，来自冒险行为或者对复杂和不确定环境的洞察力。熊彼特租往往不能像李嘉图租和垄断租持续那么长久，这与知识的扩散，行业壁垒日渐消散，以及市场上竞争性企业的进入有关。例如，在技术发明上，发明过程是一个高度竞争的过程，原有发明不断地受到其他新的甚至更好的发明的挑战。再如，产品的开创性研发往往能带来高额的创新租，因为该产品和服务在整个市场上是没有类似产品的，故厂商能攫取高额利润，但是随着该产业的进一步发展，行业跟随者越来越多，创新租金就会逐渐降低。

（四）准经济租

准经济租是指由于企业采用了其他企业无法复制的异质资本和专用性资产而带来的经济租。这些异质资本和专用性资产来源于资源应用的独特竞争力，而不只是对资源进行简单地控制。

结合以上经济租金的观点，本书认为创业企业在初始发展阶段应致力于获取持续竞争优势所必须的稀缺的、有价值的、难以模仿的、不可替代的资源，并通过对资源的重新配置和战略实施，获取四种经济租中一种或多种，赚取超过平均水平的利润。企业能够获取的经济租的种类越多，其长期的总体业绩就越好。四种经济租中的每一种都要求企业具备保护优势的方法。因此，企业家必须时刻准备着快速行动并建立起强势地位，或者成为技术的最先使用者，或者领先别人获取有价值和稀缺的资源，或者获得自然资源的所有权、保证最佳地段，或者是占据分销渠道。

二、成长战略

前面阐述了创业企业如何寻找适合自己的优势资源、如何利用优势资源开始创业以及如何基于自身的优势资源寻找经济租。而在企业的初始创业阶段，制约企业发展的关键要素是企业所能调配的资源。潘罗斯（Penrose，1959）在《企业成长理论》一书中指出，企业是一个管理组织，同时也是人力、物力资源的集合，企业内部的资源是企业成长的动力，而企业的增长主要受制于管理力量。管理力量的实践势必会产生大量新的知识，而企业内部知识储量的增加必然促进管理力量的增强，从而推动企业的发展。

据此，本书认为，创业企业的成长是沿着资源未被充分利用的方向和他们所擅长的领域成长，企业成长的极限是资源的极限，资源决定了企业将要进入的产业类型以及它能获取的利润水平。

从长远来看，创业企业基于资源的成长空间可能会越来越小，所有限制企业成长的问题中最重要的是管理力量的缺乏。从创业企业角度来看，企业对管理能力有两种需求：一是经营现有规模企业的需求；二是满足企业扩张和成长的需求。经营现有规模的企业，只需充分发掘现有管理人员潜力；满足企业扩张和成长，就需要从企业内外招聘新的管理人员以增强创业企业内部的管理能力。创业企业需要协调好现有管理人员与新招聘的管理人员的关系，以此来增加创业企业的增长潜力。现有管理人员和新招聘的管理人员之间关系的融合以及新管理人员的相关岗位培训需要一定的时间，新旧管理人员的磨合阶段势必会导致企业发展放缓，当新的管理人员完全融入创业企业的结构和体系里时，企业成长会重新加速进行。

三、质量战略

无数优秀企业将质量培养作为企业持续竞争优势的来源，推行全面质量管理的企业本身也是行业内成长最快的企业之一。鉴于此，作为创业企业在创业伊始，就应切实推行质量战略，实施全面质量管理（TQM）并以 ISO 9000 质量体系作为检验标准来实现企业的质量目标。

全面质量管理的思想主要包括以下几个方面：关注顾客，顾客不仅包括购买产品或服务的外部顾客，而且包括组织内相互联系的内部顾客（如上下游活动间的员工）；注重持续改善，质量能够永远被改善和提升，正如澳柯玛集团的"没有最好，只有更好"；关注流程，全面质量管理把工作流程视为产品或服务质量持续改善的着眼点，而不仅仅是产品和服务本身；精确测量，全面质量管理运用统计方法对组织工作流程的每一关键工序和工作进行测量，把测量结果与标准或标杆进行比较，识别问题，深究问题根源，消除问题产生的原因；授权，质量管理工作是全员参与的，而非仅仅是管理者或质检员的责任和义务。

从某种意义上讲，全面质量管理还存在以下缺陷：盲目复制别的企业因全面质量管理取得成功的经验，可能会进入标杆陷阱从而导致失败；由于全面质量管理的极大破坏性可能会使盲目采用全面质量管理规划的创业企业的情况变得更糟；在没有质量规划的前提下，全面质量管理的基准制并不能有效地提高公司产品和服务质量。

因此，作为创业企业首先应做好企业的质量规划。只有做好企业的质量规划，才能保证企业质量战略的确定和精准实施。成功的质量规划取决于企业已有的开发和良好的资源基础，质量规划能够有效地增强企业在这方面的根基。成功的全面质量管理规划包括：卓越的市场研究是前提，原创性的和专有的市场研究（对潜在的难以复制的资源的考察）是持续竞争优势的来源；能够适应这种新制度、结合其前提、执行其政策的组织体系是基础，由于社会关系和错综复杂的文化的影响会导致组织体系的复杂化，这种复杂化的组织体系会成为持续竞争优势的来源；高水平的具有稀缺性的、有价值的、难以模仿的、不可复制的四种特征的人力资源是保证；如果企业提供的产品和服务质量出众，即可为企业创造具有持续竞争优势的经济租。

第四节 产业类型与战略选择

产业本身对创业企业战略选择有着重要的影响。如果创业者能对自己要进入的产业环境有充分地了解，会大大提高其创业成功率。如第二章所述，产业环境只能在短期内保持稳定，在较长的时间里，产业环境是逐渐演变的。这种演变称为产业生命周期（industry life cycle）。一般形态的产业生命周期要依次经历起步、过渡、成熟和衰退这四个阶段。在这四个阶段中会呈现不同的产业类型。每种产业类型都蕴含着特定的商业机会，了解不同产业类型所提供的商业机会，对新创企业大有裨益。我们首先要了解产业生命周期理论，其次将解析产业类型与机会。

一、产业生命周期的内涵

产业生命周期理论是在市场营销学中的产品生命周期理论的基础上展开的。尽管经济学家很早就对产业生命周期理论展开了研究，但是，对产业生命周期理论的系统研究是在20世纪80年代以后。Raymond Vernon（1966）将产品生命周期分为三个阶段：创新阶段、产品成熟阶段、产品的标准化生产阶段（衰退转移阶段）。产品生命周期既可以用来解释产品的国际贸易问题，也可以用来解释对外直接投资。Michael E. Porter 进一步从国家产业竞争角度指出，弗农的三阶段分别代表国际产业竞争中创新驱动型、投资驱动型和要素驱动型这三种基本形式。1982年 Gort 和 Klepper 按产业中的厂商数目将产品生命周期划分为进入、大量进入、稳定、大量退出和成熟五个阶段，从而建立了产业经济学意义上第一个产业生命周期模型，即 G-K 模型。该模型强调了产业生命周期阶段对创新的特征、重要性和来源的重大影响。克莱珀和格莱狄（1990）进一步发展了 G-K 模型，将整个产业生命周期划分为成长、淘汰和稳定三个阶段，并指出淘汰阶段产业的产出仍会有较大程度的增长。阿加瓦（1996）沿着另外的研究主线对 G-K 模型进行发展，在产业周期阶段划分方面，与 G-K 模型相似，不同的是阶段长度划分，并引入"危险率"的概念来阐释产业生命周期阶段和厂商年龄对厂商存活的影响。

产业生命周期是指某个产业在市场上从产生到衰退的时间周期。Marc J. Dollinger（2003）认为，产业生命周期的发展呈现出阶段性特点，可以划分为起步阶段、过渡阶段、成熟阶段和衰退阶段。在产业生命周期的不同阶段，要素投入、产出规模和市场需求的发展变化不同，利润率有升有降。起步阶段是指某个产业产生以后要素投入、产出规模和市场需求缓慢增长的时期；过渡阶段是指某个产业的要素投入、产出规模和市场需求迅速增长的时期；成熟阶段是指某个产业的市场饱和，要素投入、产出规模进入缓慢增长的时期；衰退阶段是指某个产业的要素开始趋于退出，产出规模和市场需求下降趋势日益增强的时期。在衰退阶段如果出现了重大技术变革，该产业就可能结束衰退，开始新的产业生命运动周期。

二、产业生命周期对战略选择的影响

产业环境决定着创业企业的战略选择。各个产业的产业生命周期发展历程不尽相同,每个阶段的时间跨度和阶段更替点也不一样。产业生命周期的每一个阶段对于企业竞争力都有特定的含义。企业应该根据产业发展的不同阶段作出正确的战略选择。

(一)新兴产业

新兴产业(emerging industry)是为了利用新技术、新市场格局、满足各种消费者需求而新出现的产业。在新兴产业中,产业的标准经营程序还有待开发,新兴产业会伴随着产业的高度不确定性而快速增长,那些先驱企业或领导企业往往能获得先发优势(first-mover advantage)。由于新兴产业的高度不确定性,导致企业抓住的任何商机都可能转瞬即逝。尽管如此,因为新兴产业进入障碍通常较低,也没有成型的竞争规则,许多新创企业仍然进入了新兴产业。对于这样的产业,新创企业能否在适当的时机采用合适的战略,成功进入该产业,是极为重要的。目前新兴产业的代表是生物技术产业、电动汽车产业、4G 和 5G 通信技术等。

1. 新兴产业的特征

了解新兴产业的特征对于新创企业进入新兴产业而言是至关重要的,新兴产业具有以下特征。

(1)结构的不确定性。新兴产业具备高度的不确定性,一切都处于探索阶段:产品具有很大的不确定性,这主要表现在需求或技术的新变化、标准经营程序有待开发、产品的品质不确定等方面。在新兴产业阶段,企业所做的事情并没有"现成的途径""最佳策略""标准的运营程序",有的只是不确定的未来。技术上的不确定性意味着资源的最终配置形式的不确定性。这时的企业就像是一个实验室,在技术、人力资源和组织体系的新组合上进行着不断地探索和尝试。通常情况下,在产业的发展过程中,所有企业必然会形成一个单一的技术标准,偶然情况下也会有两种竞争性标准同时公布于众。

(2)战略的不确定性。在新兴产业中,创业企业经常意识不到自己的竞争对手是谁或谁将是其竞争对手?竞争对手正在开发的产品是什么?采用什么技术?政府对新兴产业将采取什么态度?由于在产业新兴阶段,企业创建率很高,新企业层出不穷,也很难跟踪观察到这些企业在做什么,它们在采取什么战略。因而,创业企业面临着许多战略上的不确定性。

(3)资源的不确定性。资金、人才、原材料、零部件、供应商等资源是创业成功的必备条件。然而,在产业的起步阶段,由于存在着上述的不确定性,使创业企业很难得到这些创业资源。首先,是筹资难,由于处于新兴产业,新创企业无法在金融界建立可信赖的形象和信誉;其次,是人力资本获取难,尤其是具备管理才能的经理和高层管理人员。这是因为,当经理和高层主管人员加入新兴产业的企业时,他们也面临很大的职业风险和经济上的不确定性。在一个不稳定和潮流涌动的产业内,员工的流动率是很高的。因而,应对新兴产业里创业企业带来的挑战,经理和高层主管人员也该具有创业精神;最后,是原材料、零部件和供应商的获取困难。在产业的起步阶段,如果其他产业也需要这些投入要素,除非卖主调整其生产能力,否则可能会出现供应紧张。如果投入要素是新开发或是新设计的,它们可能会出现质量不均和供应短缺的局面。无论哪一种情况,新创企业在产业起步阶段投入要素的成本都可能处于最高水平。

(4) 消费者的不确定性。任何新产品的推出都存在消费者的不确定性,新兴产业的产品尤为如此。企业在新兴产业中开发新产品时,尽管会预测和分析市场需求,但是在很大程度上,人们对于消费者市场只是大概了解,对购买者的需求和期望、收入水平、人口统计特征、心理特征、消费者行为及消费者接受的价格水平等了解还不够深入,面临着许多不确定性。特别是对于那些生产种类多样和非标准化产品的新企业,以及以多种非标准化的价格出现在市场的创业企业而言,确实可能存在很大的不稳定性。同时,由于企业提供的产品类型的多样化、缺乏标准化、变幻莫测的产品质量等,消费者也常常感到困惑不解。

2. 进入新兴产业的创业战略

面对新的产业结构和约束,新兴产业的创业企业要想成功,必须要做的是:瞄准开发、创造、获取和控制建立持久竞争优势所必须具备的稀缺的、有价值的、难以复制的和不可替代的资源。

(1) 获取资源。资源获取越早的创业企业,越有可能构建产业竞争、技术配置和产品质量的规则与标准。加速决策制定、产品研发、市场引入和组织体系与程序的建立都对企业的生存和业绩产生积极影响。

(2) 及早获取核心的忠实客户群。核心的忠实客户群的及早获取是新创企业在产业内建立落脚点的基石。核心的忠实客户群有助于企业获取产品和市场营销经验,有助于评估新产品和可供选择的定价方案,也能提供稳定的现金流。在这样的基础之上,企业才有可能扩张。

(3) 尽可能快地创建信息资源网。由于知识和信息具备持久竞争优势所需资源的稀缺的、有价值的、难以复制的和不可替代的四种特征,创业企业必须尽可能快地创建信息资源网以便预测未来的环境变化趋势、竞争动向和技术发展方向,以制定进攻策略和防御策略,构筑可持续发展的能力。

(二)过渡产业

过渡产业指的是那些从起步走向成熟的产业,即进入振荡期的产业。产业发展到一定程度,便会出现资源短缺,消费者偏好变化,最终导致产业震动。于是很多企业会被淘汰出局。

1. 过渡产业的特征

(1) 资源匮乏。在产业过渡阶段,由于下述原因助推了企业启动所必需的资源价格:其一,随着新企业的进入,物质资源更加稀缺,导致其价格上涨;其二,企业内员工由于受到新建企业的更高薪水的诱惑而离职,致使企业科技和管理专才的成本上涨;其三,风险资本家和投资者受到可以从后进入该产业的企业那里获得更高回报的诱惑而转向,使得财务资源更加昂贵;其四,由于产业投入要素的需求增加,产业的整体成本也会增加。

(2)消费者变化。产业进入过渡期,产品市场日益变幻不定。随着消费者见识的增加,他们愈加知道自己需要的产品的价值、质量和性能,客户对价格更加敏感,消费者的影响力也在增强。与处于产业生命周期早期阶段的消费者相比,处于产业过渡期的消费者具有更多的选择权;他们也更有可能依据价格来购买产品。作为新创企业,随着产业经验的积累,已经能够识别出哪些人会购买该产业产品,而哪些人不会购买,这使客户是谁以及市场到底有多大的不确定性开始减弱。对现有客户基础的竞争加剧,产业增长放缓,利润越来越少,成本过高的企业将被迫出局。

2. 振荡期的生存战略

在振荡期,由于生产成本增加和售出价格下降,利润越来越少,此时只有最有效率的企业才可能生存下来。能生存下来的企业是具有稀缺的、有价值的、难以复制的和不可替代的特征资源的企业。

(1)资源基础合理化。要想渡过振荡期,企业首先要使其资源基础合理化。考察物质资源、声誉资源、组织资源、财务资源、智力和人力资源及技术资源,并留意这些资源在此阶段是否还会产生独特优势,如果上述资源不能赚取经济租和利润,就应该对这些资源及其服务的产品和市场进行调整。

在产业的起步阶段,企业经常会获取过多的冗余资源。其原因在于:在产业的起步阶段企业还不能确定哪种资源最为重要,因此,它们力求尽可能多地获取并控制资源;伴随着企业的发展以及资源的构建,想充分利用这些资源或者快速地进行再投资,也非易事。因而,在振荡期里,随着增长放缓和利润的缩水,创业企业必须挤掉水分,使其资源基础合理化。

(2)最大限度地利用声誉和组织带来的资源。声誉资源是企业环境中的人群对于企业的感觉。声誉可以存在于产品层次上,以品牌忠诚度的形式出现,也可存在于公司层面,具体体现在管理水平,公司资产的使用状况,企业的财务健康程度,企业的投资价值观,产品或者服务的质量,创新性,吸引、培养和留住最优秀人才的能力,以及对于社会和环境的责任感程度等方面。由于创新和发明的持续不断,技术资源的优势只能维持较短时间,但是声誉资源却可以维持相对较长时间。组织资源包括企业的结构、流程和体系。从组织资源来看,组织结构是一种能够使组织区别于竞争对手的无形资源。现代化组织能够快速制定决策,参与创新,获取和传播信息。一个能催发快速行动的组织结构是创业者最有价值的资源。相对于新创企业,那些经历孕育阶段而发展起来的创业企业,或者那些从已运营的企业中分离出来的企业,以及那些努力对现有业务进行扩展的企业,都拥有更多的可以利用的无形资源,因而处于过渡期的新创企业要充分利用这些组织资源。

3. 进入过渡产业的创业战略

针对上述关于创业企业产业震荡期理论行为的分析，在实际操作中，作为创业企业在产业震荡期可采取下列策略。

（1）进入新的细分市场。由于该产业获得一定的发展，企业应着重进入新的细分市场，特别要关注由于需求高速膨胀所形成的市场空白点，以及先期进入者无暇顾及的市场薄弱点。因此，创业企业可以以现有产品和生产工艺为基础，上下延伸，左右扩展，形成产品系列。因为既然主导产品在成长期中已为市场所接受，新创企业就可以充分利用这个条件，通过产品的扩展进入新的细分市场。

（2）选择恰当的市场营销组合。在产品上，新创企业所提供的产品应与产业先期进入者有所不同。要采取产品差异化战略，改进产品的性能和质量，增加新产品的特色和样式，扩大产品用途，并提供完善的售后服务，增加产品附加值，使产品别具一格；在价格制定上，企业可采取低于先导者的价格进入市场，以吸引要求低价供应的另一层次的价格敏感购买者，同时可以及时限制其他竞争者的进入；在分销渠道选择上，企业在进入市场时，最好同时要进入新的分销渠道。在促销上，企业的促销目标不仅要注意建立产品的知名度和美誉度，更要注重说服消费者接受产品。

（三）成熟产业

成熟产业（mature industry）也称中期产业，是需求增长缓慢或不增长的产业，拥有大量重复购买顾客（与新顾客相比），产品创新较少。根据产业生命周期理论，任何产业发展到一定阶段都会进入成熟阶段。

1. 成熟产业的特征

该阶段的产业特征是：需求增长缓慢，大量重复购买顾客，有限的产品创新。更多的产品和工艺改进，更为老练的消费者以及生产者持续不断的集中化。通过前一轮的恶性竞争，市场集中度大大提高，基本上形成市场寡头垄断局面，几家企业可能生产出产业内40%～80%的产品和服务。持续不断的集中也意味着产业内已经出现了一两个产业的领导者。这些产业领导者积极加强内部相互之间协作以防止外来攻击。市场上产品价格已接近于扼制价格，对于新进入者而言已无利可图，进入该市场的诱惑力大大降低，进入数量大为减少；新企业进入市场空间可以被快速扩张的市场规模所消化，新进入企业特别容易受到在位企业的激烈地攻击与报复。

尽管成熟产业的进入壁垒很高，但还是有可能进去的。进入成熟期的产业，并不意味着就是"死亡"的领地。实际上，产业成熟期的市场还有很大的发展潜力。有时候，创业者向成熟产业引入新产品创新，往往会让产业内现有企业大吃一惊，因为该产业内的现有企业认为其所在产业内已经不可能再有任何新东西了。典型的例子是，1996年美国市场出现浓缩豆奶后，迅速成为美国最受欢迎的豆奶产品。其实，浓缩豆奶只是一种看似牛奶的豆类饮料，根本不是牛奶，但与牛奶有着相同的质地。尽管如此，浓缩豆奶仍以自己的方式进入美国大多数超市的乳制品区，并将自身定位于替代牛奶的健康食品。谁能想到在牛奶产业还有这样杰出的创新呢？

2. 进入成熟产业的创业战略

对于要进入成熟产业的新创企业而言，要清楚成熟产业的特点，选择正确的创业战略。

（1）攻击产业领导者。攻击产业领导者，是指新创企业提供与成熟产业领导者相同或类似的产品与服务争夺市场。其可行之处在于，当经营周期向上摆动，一切看起来都很好时，这些领先者可能骄傲自满，它们已经变得目空一切，不再为客户提供价值，产业的领导者可能变得容易攻击。采取这种策略的新创企业应具备三个条件：其一，企业必须具有构筑持久竞争优势的基础，有些资源必须具备稀缺的、有价值的、难以复制的和不可替代的四种特征，这能够为新进入者提供成本优势或者创造持久的与众不同的优势；其二，新进入者要提供至少与产业领导者相同质量的产品或服务，能够压制住在位产业领导者的优势；其三，新创企业必须具备至少一种能够阻止产业领导者报复的妨碍物。这些妨碍物包括：反垄断问题、由于过度扩张带来的财务危机、过于分散化的产品组合导致对某些关键领域的忽视、战略上的约束（报复行为会损害其他经营战略）。如果具备了上述三个条件，新进入者就有了进入该产业的机会。

与此同时，新创企业要采取下述策略进入市场：其一，要对成熟产业的经营方式进行重新设定，例如，传统的 PC 分销渠道是依靠层层分销，而戴尔电脑却是突破原有的经营方式，采取直销模式，大大减少分销成本，获得巨大成功；其二，要重新设定其服务领域，新进入者可以集中关注一个特定的利基市场，专门服务于特定的客户，从而在成熟产业里获得立足之地；其三，花钱买成功，可以尝试用特别低的价格和大力度地促销取得市场份额。这是一种有风险的经营方式，只适用于那些得到最好财务支持的创业者。

（2）生产专门化。采用生产专门化战略，要求创业企业比该成熟产业中的企业在某些方面做得更为出色。新企业和小企业如果能专注于某些能引起广泛关注的事情，它们就可能在成熟市场里生存下来，因为高度专门化的小企业比大企业的运营成本更低。采用生产专门化战略，一般是通过寻求新的细分市场、产品服务的改进及创新实现的。由于现有产业状态属于成熟期，大部分市场份额被行业垄断者所占据，只有寻求更加细分化的市场，创业企业才能够存活。市场细分包括两种，一种是外延型细分，即在现有市场外，通过地域的外延寻找新的细分市场，这样新企业就可以通过外延细分扩张进入处于导入期或成长期的地区，以避开竞争激烈的处于成熟期的地区市场；另一种是内涵型细分，即在现有地域市场内寻找和培育新的顾客。新企业进入成熟产业市场不能仅仅停留在与在位企业争夺顾客上，还应在现有市场内通过内涵细分扩展其顾客范围，有利于缓解在成熟市场上进入的竞争程度。

（3）保持低姿态进入。保持低姿态进入，利用竞争对手的觉察滞后进入市场，在竞争对手进行有效报复之前建立新的竞争能力。但是，此时的新创企业在进入现有市场时，要尽量避免触及在位公司的"痛点"：每个公司都有自己的"痛点"，即公司在受到攻击时将做出超常反应的领域。

（四）衰退产业

衰退产业（declining industry）是需求正在缩减的产业，其标志是产业需求持续下降，销售量增长的终结和销售额（即经过通货膨胀率调整过的销售额）持续增加的停止。产业衰退的主要原因是技术替代、消费者偏好的变化以及人口统计因素。

1. 产业衰退的原因

（1）技术替代。当先进的技术取代落后的技术时，落后技术就开始走下坡路。但是，落后的技术并不会立即消失殆尽。在20世纪50年代末和60年代，收音机、电视机和其他设备中的电子管被晶体管取代，即使在发明和采用晶体管以后，电子管的生产商依然存在，它们提供现有设备的替换用品以供业余爱好者和收藏者使用。

（2）消费者偏好的变化。消费者偏好的变化使需求转移到其他可供选择的方案中，但并不会招致衰退产业的直接消失。例如，尽管当今的人们在追求更加健康的生活方式，但是仍有许多人吃快餐。

（3）人口统计的变化。人口统计上的变化反映在整体产品的需求上。以生育高峰期出生的那代人为例，他们走过人口周期的各个阶段时，会推进相关产业的兴起和衰退。首先，随着这些人的出生，会掀起婴儿穿戴用品的需求高潮，然后这些产业开始衰减；随着这代人进入成年阶段，他们的需求转向汽车和住宅用房地产，又助推了这些产业的增长；当这代人进入老龄化阶段，医疗卫生保健成为增长最快的行业；当这些人开始死去的时候，医疗卫生保健产业将会衰减，将会促进殡葬业兴旺。

2. 进入衰退产业的创业战略

一般来讲，创业者对衰退产业避而远之，因为这种行业内的机会难以达到应该具备的吸引力、持久性、时效性，以及依附于为用户创造或增加价值的产品、服务或业务的条件。然而，衰退产业并非不能进入，在产业依然具有吸引力，而且创业者已经或者可以获取具备持久竞争优势特征的资源时，如果新创企业能够打破常规惯例的思维，科学制定战略，就能够在衰退产业中建立竞争定位，取得成功。

在衰退产业，创业企业可以采纳三种不同战略：

（1）利基战略，即专注于产业内狭窄的细分市场，并通过产品或流程创新而获得成长。

（2）成本缩减战略，即通过流程改进实现比产业内现有企业更低的成本。

（3）领导战略，即努力成为产业主导者，但在衰退产业中，新创企业很少采纳这种战略。从创业者的角度来看，如果产业依然具有吸引力，而且创业者已经或者可以获取具备持久竞争优势特征的资源时，产业内就一定存在机会。

（五）分散产业

分散产业（fragmented industry）是由大量规模相近的企业所组成的产业。经济中的业务较小的部门大多数是零散型产业组合及其创业企业。前面描述的是日渐巩固产业的生命周期曲线。所谓巩固指的是企业的数量减少，新企业创建率也显著降低，规模较大的企业具有规模经济和范围经济。然而,并不是所有产业都经历标准的起步阶段、过渡阶段、成熟阶段、衰退阶段这样完整的生命周期。那些不具备这些特征的产业称为零散型产业,例如职业服务、零售、分销服务、木材和金属加工,以及诸如美容师和理发师这样的个人护理产业。

1. 分散产业存在的原因

(1) 低进入壁垒可以造成其零散,因为企业始终都面临着新挑战者,因而导致创业企业无法成长,无法产生规模经济。再者,即使企业规模变大,也并不意味着一定具有成本优势,可能还存在规模不经济的情况,即随着企业的成长,成本反而升高。高运输成本和库存成本也可能使企业规模较小,并受到地域限制。在这些情况下,企业不会寻求扩大,因此也不会有巩固产业的生命周期发生。

(2) 企业购买者和供应商规模的影响也可以使产业持续呈现零散型。当购买者和供应商在与规模较大的企业做生意时,如果购买者和供应商没有得到任何好处,它们就会转向规模小、讨价能力弱的企业。

(3) 有时,或由于市场空间小,或由于市场需求过于多样化,这些不足以支持大企业的生存,也会造成分散产业。

对初创企业而言,分散产业内蕴涵的主要机会是通过产业整合建立行业领导者地位。产业整合最常用的办法是地域覆盖战略,企业开始逐渐收购不同地域的同类企业。

2. 分散产业创业战略

在分散型产业创业的企业,如果利用战略创新、技术创新和管理创新,高质量运营,以克服分散,依然会获取丰厚的利润。分散型产业内的企业也可以成长为规模企业。在分散型产业创业的企业,若想稳固生存并且有利可图的话,可以建立在以下基础之上。

(1) 技术突破。如果创业企业具有规模经济的技术,那么创业企业就会成长为比较大的规模。例如,以前啤酒酿造业是分散型产业,各地有成千上万个啤酒酿造企业。冷冻货运卡车的出现,使啤酒酿造商可以远距离运输啤酒,免受变质的威胁,于是打破了啤酒酿造业的零散状况,使啤酒酿造企业也可以成为规模企业。

(2) 重组产业运营模式。创业企业可以通过重组行业运营模式克服分散。例如,在运动产品产业里运动鞋曾经一直是一种分散型产品。当运动鞋被重组为"运动之鞋",加之技术的进步,以及"运动之鞋"被营销者定位为个人时尚的代言时,运动鞋便成为由耐克、锐步、阿迪达斯等这样少数大企业所主宰的、利润丰厚的产业。

(3) 标准化设备或特许经营。高度的标准化和高效率、低成本的运营可以防止利润被侵蚀。利用标准化设备或特许经营克服分散的,最具代表性的是快餐产业。快餐产业原本特征是数以千计的小业主。通过特许经营的方式,使采购和营销获得规模经济效应。最具代表性的是麦当劳和肯德基,由于它们克服了分散,成为规模大、利润高的产业领导者。

(4) 专攻所关注的利基市场。高度关注产品种类、消费者类型、订购类型和某一地区的经营,也可以取得较小的规模经济,为消费者创造更高的价值。

但是,需要注意的是,如果企业过分专业化,可能会使适合的消费者数量不足。因此,不要计划开办一个钢笔修理店、专卖鞋带的小商店。

第五节 创业战略和创业机遇评估

识别机遇、评估机会和利用机遇是创业成功的关键。创业战略和创业机遇评估可以分解为识别资源、分析企业能力、分析竞争优势、选择战略和回顾反馈五个步骤，如图 3-1 所示。

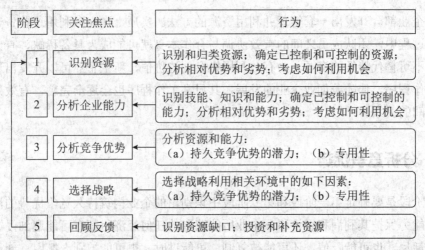

图 3-1 创业战略和创业机遇评估流程

资料来源：马克·J. 多林格. 创业学：战略与资源[M]. 王任飞，译. 北京：中国人民大学出版社，2006：118.

一、识别资源

（1）创业者需要识别和归类资源。财务资源、物质资源、人力资源、技术资源、声誉资源和组织资源具备稀缺的、有价值的、难以复制的和不可替代的特点。创业者及其高层管理团队要确定是否已控制和可控制这些资源。如果创业者及其高层管理团队能立即不受阻碍地获取并拥有这些资源，那么该资源就成为其已控制的资源。

（2）需要创业者分析其利用这些资源的相对优势和劣势。

（3）创业者应该考察其怎样利用这些资源以及寻求能最充分利用这些资源的机会。

（4）创业者应该询问资源具备稀缺的、有价值的、难以复制的和不可替代这些特征的程度。如果创业者拥有稀缺的、有价值的、难以复制的和不可替代的财务资源、物质资源、人力资源、技术资源、声誉资源和组织资源，而且已控制和可控制的这类资源"确实不少",那么创业者就有了获取竞争优势的基础,就可以利用创业机会,实现机会价值。

二、分析企业能力

企业能力指的是管理和配置资源所必需的技能、知识和才能。这一阶段的评估类似于上一阶段,但是更侧重于分析创业者及其团队利用这些资源的能力。因为企业所拥有的资源是纯粹的投入要素,很少能直接形成成功经营的基础,因而创业企业必须采用某些方式利用其所具有的财务资源、物质资源、人力资源、技术资源、声誉资源和组织资源。这取决于创业者及其团队的能力,要客观地评价创业者及其团队利用这些资源的能力和技能。

每个企业都会开发出一套管理并利用资源的方法。实质上在充分利用这些资源进而创造效益的过程中,团队成员之间的有效协调与合作本身就可能成为具备稀缺、有价值、难以复制、不可替代特征的资源。为有效利用机会创造价值,新生企业可以开发出适合现状的日常工作程序,伴随着创业企业的发展,其日常工作程序也会逐渐完善,有效处理效率和灵活之间的关系。

三、分析竞争优势

第三阶段是要确定第一阶段和第二阶段中识别出的企业构筑持久竞争优势的潜力,以及是否有能力保护其利润和经济租。企业所能获取的任何经济租都有可能遭到侵蚀。物质资源可能耗尽,也可能贬值,还可能被复制,可能过时,更可能被别人挪用。创业企业的创建者和领导者必须时刻警惕这些压力。

持久竞争优势的建立依赖于企业具备先动优势和建立隔离机制的能力。企业构筑先动优势和隔离机制,可以防止其他企业争抢利润。因而,创业者应该思考以下两个问题:企业是否存在隔离机制?应该采取哪些措施来保护自己的资源优势?

四、选择战略

企业需要两类相关战略:一类是保护和管理资源(核心能力战略);另一类是产品和市场战略(定位战略与竞争战略)。在上文中我们已就基于资源的战略类型选择展开了论述,并指出通过建立隔离机制和先动优势实施战略。第二类战略是如何处理企业与宏观环境、行业环境、经营环境之间的关系,在上文中已做过相关阐述,这里不再赘述。

五、回顾反馈

这一阶段是对创业企业创建的持续过程进行评价和再评估。经过前四个阶段,已控制和可控制财务资源、物质资源、人力资源、技术资源、声誉资源和组织资源缺口可能已经显现。创业者首先应识别出资源缺口，之后再重新进行该分析过程。缩小缺口和消除缺口策略成为下一循环中的重点内容。而且，资源不可避免地陷入衰竭和损耗之中，下一循环中必须制定投资计划以保持和更新资源。

综上，从贯穿全章的内容中可以看出，没有任何一种战略是适合所有创业企业的金科玉律。但一个不恰当的创业策略，可能使企业在创业初期就陷入困境，而永远无法达到经营目标。鉴于此，我们需要一种能在战略选择之后且执行以前即对其进行评估的方法，以权衡各种可供选择的方案，作出较优选择，保障创业企业的健康运营。下面的四种标准可以用来评估所提议的战略。每一种都可以被看成一种对提议战略的测试，如果战略通过了这种测试，它将优于那些未能通过测试的战略。

（1）目标一致性测试。测试的内容为：该战略能否帮助企业实现目标？战略的预测结果是否与以前的战略和决策一致？该战略能否使企业保持其一贯姿态？

（2）结构测试。测试的内容为：企业做得对不对？该战略是否强调资源问题以及资源与环境的协调？战略是否满足产业阶段的要求并有助于获取和控制持久竞争优势所必需的稀缺、有价值、难以复制、不可替代四种特征的资源？

（3）能力测试。测试的内容为：企业是否有能力执行该战略？战略能否分解为有解决方案的问题？企业能否找出这些解决方案？

（4）可行性测试。测试的内容为：该战略行得通吗？是否合法和合乎道德伦理规范？能否得出想要的结果？企业是否愿意调动其资源来执行该战略？

在创业企业战略选择和制定中，还要坚持以下原则：战略的明确性、战略的效益性、战略的持续性，以及战略与企业的使命和目标匹配，与企业可用的资源和能力匹配，与行业及竞争环境匹配，与企业的生命周期匹配的原则。如果战略与组织的目标一致，强调了恰当的问题，企业有能力执行，并在法律上和道德规范上可行，那么该战略就是恰当战略。

本章小结

本章在阐释创业与战略关系的基础上，从主要推动要素和次要推动要素两个方面分析了创业起步阶段战略。企业在初创阶段一般会利用以下三种主要推动企业创建的要素中的一种或多种：新产品或新服务、类似竞争、特许经营。创业企业除利用上述三种主要的推动要素之外，还可以利用局部推动力、客户支持、母公司扶持以及政府扶持进入市场，将其统称为次要推动要素。在局部推动力、客户支持、母公司扶持以及政府扶持中，每一种次要推动要素都有一些细分项，它们可以归类于三种主要的推动要素名下。

根据资源基础理论，企业要想具备持久竞争优势，就必须拥有稀缺的、有价值的、难以复制的和不可替代的资源和能力。创业战略的构建在很大程度上归结于资源的整合、开发、利用。与创业企业的资源和能力直接相关的战略是寻租战略、成长战略和质量战略。

在资源基础理论的研究框架里面,战略目标就是寻租。经济租共有四种类型:李嘉图租、垄断租、创业租和准经济租。创业企业的成长是沿着资源未被充分利用的方向和它们所擅长的领域成长,企业成长的极限是资源的极限,资源决定了企业将要进入的产业类型以及其能获取的利润水平。质量战略在资源基础战略中居于重要地位。无数优秀企业将质量培养作为企业持续竞争优势的来源,推行全面质量管理的企业本身也是行业内成长最快的企业之一。全面质量管理战略的采用并不意味着企业一定能获取持久竞争优势。然而,实施这样一种规划却能给企业带来优势,因为成功地实施全面质量管理需要超凡的市场知识、员工复杂的服务行为以及高度发达的组织体系。最有可能成功开展全面质量管理战略的是那些已经具备这些资源的企业。

产业本身对创业企业战略选择有着重要的影响。如果创业者能对自己要进入的产业环境有充分地了解,则会大大提高其创业成功率。产业环境只能在短期内保持稳定,在较长的时间里,产业环境是逐渐演变的。这种演变称为产业生命周期。一般形态的产业生命周期要依次经历起步、过渡、成熟和衰退这四个阶段。在这四个阶段中会呈现不同的产业类型。每种产业类型都蕴含着特定的商业机会,了解不同产业类型所提供的商业机会,对新创企业大有裨益。首先我们要了解产业生命周期理论;其次要解析产业类型与机会。我们考察了产业状况会如何影响创业企业的进入和战略选择。我们讨论了五种产业类型:新兴产业、过渡产业、成熟产业、衰退产业和分散型产业。尽管企业在上述任何环境中都能成功创建,但新兴产业和分散型环境中进入最为容易。

识别机遇、评估机遇和利用机遇是创业成功的关键。创业战略和创业机遇评估可以分解为识别资源、分析企业能力、分析竞争优势、选择战略和回顾反馈五个步骤。目标一致性测试、结构测试、能力测试和可行性测试可以用来评估所提议的战略。如果战略通过了这种测试,它将优于那些未能通过测试的战略。这些准则使战略在市场进行测试之前就能指导战略的可行性。如果战略与组织的目标一致,强调了恰当的问题,企业有能力执行,并在法律上和道德规范上可行,那么该战略就是恰当战略。

思 考 题

1. 创业企业为何需要战略?
2. 主要推动要素如何为创业企业建立动力?
3. 次要推动要素如何补充主要推动要素?
4. 从正反两方面来评价主要推动要素和次要推动要素。从长期看,哪一种可能最为有效?哪一种最无效?
5. 请描述四种不同类型的经济租,举出创业者如何获取经济租的例子。
6. 企业如何采用资源加速企业成长?
7. 讨论质量战略。如何利用该战略取得持久竞争优势?

8. 在以下产业环境中,影响新创企业战略选择的最关键因素是什么?
   A. 新兴产业   B. 过渡产业   C. 成熟产业   D. 衰退产业   E. 分散型产业
9. 请阐述评估创业机会的五个阶段的内容。
10. 假设你要创建一个企业,请分析:你所创立的企业的主要推动要素和次要推动要素分别是什么?你是如何基于企业所拥有的资源,并结合要进入的产业生命周期阶段特点,来选择合适的创业战略的?

第四章
创业机会分析

本章学习目的

理解创业机会的内涵和特征；
透视创业机会的演进过程；
熟悉创业机会的来源；
掌握创业机会搜索的方法；
掌握 Timmons 的创业机会评价框架；
正确选取机会评价指标，学会创业机会评价的方法，提升机会识别能力。

引导案例　　　　　**李洪福的创业机会**

扫描此码 案例学习

尽管企业、创业者、地理环境和技术千差万别，但都是核心问题或驱动力主导了高度动态的创业过程。这些核心问题或驱动力是什么？Jeffry A. Timmons（2005）认为，新企业得以成功创建的内在驱动力是商机、资源和团队。新企业的驱动，依赖于商机、资源和团队要素之间的匹配和平衡。以上都是创业过程中的可控因素，可以被评估、影响和改变。这个过程的起始点是商机，而不是资金、战略、关系网。在大多数情况下，真正的商机要比团队的智慧、才能或可获取的资源重要得多。商机的形式、大小、深度决定了资源与团队所需的形式、大小、深度，因而，创业过程的核心问题是商机问题。创始人和投资者在认真勤奋的工作过程中主要关注这些驱动因素，分析风险和回报，决定所需采取的变化以提高成功概率（Timmons，2005）。

本章在了解创业机会的内涵及其演进的基础上，解析创业机会的来源与搜索，学习创业机会评价指标的选取和创业机会评价的方法，科学评价创业机会。

第一节　创业机会的内涵及其演进

创业机会已日益成为创业研究的重要主题，经济学、社会学、管理学等学科从各自不同的角度对其进行了探索。特别是近年来，随着我国创业活动的不断增加以及大众创业热情的持续高涨，学术界和实业界对创业机会的关注日益增多，开始重新审视创业机会。有些创业者因受到外部激励而决定创业，接着搜索并识别机会，然后创建新企业；有些创业者则是因受到内部激励，先识别出现实问题或未满足的需求，从而通过创业来解决问题并满足需求。不管创业者以哪种方式创建新企业，机会都很难识别。机会识别既是科学也是艺术，我们需要学习的就是机会识别的科学规律。

一、创业机会的内涵

（一）创业机会的概念

机会是未明确的市场需求或未充分使用的资源或能力。"机会"通常是指做某件事的有利条件和情境，"没有机会就没有创业"（Short et al., 2010），创业机会是创业活动的核心要素。创业机会又称为商机，可以直观的理解为开展创业活动的一系列有利条件和时机。创业者可以通过开发、利用创业机会创建新企业，为市场提供有价值的产品而获利。

Timmons（1994）认为，商机具有吸引力强、持久、适时的特性，它根植于可以为客户或最终用户创造或增加价值的产品或服务中。商机是用思路和创业方面的创造力开发或建立起来的。

Vesper（1993）将机会分为商业机会和新企业机会，认为，商业机会是创业者在已存在的企业运行过程中，发现的能够带来新的盈利的机会；新企业机会则是指创业者能够通过利用这个机会，创建一个全新的企业。

Shane & Venkataraman（2000）认为创业机会就是整个创业活动的中心，将创业定义为由谁、如何以及什么因素影响了未来商机的发现、评估和利用。他们认为创业机会是一种情景，创业者在这种情景中为了更好地整合资源，获得利润，便构建了一种新的目标——手段关系。也就是说，关于创业机会我们要思考为什么是某些人，而不是其他人发现了创造未来商品和服务的机会，他们是如何发现、评估和利用这些机会的，又是什么因素影响了这些机会的发现、评估和利用等一系列问题。

通过以上学者的研究，我们可以看到，虽然创业活动主要体现在新企业的创建上，但是对于创业者来说，真正的创业其实从识别创业机会的时候就已经开始了。我们可以将创业机会定义为创业者通过整合资源，满足市场对新产品、新服务的需求并创造价值，从而获得利润的机会。创业活动需要围绕创业机会的存在、识别、创造、评估、开发、利用等一系列活动展开。如何识别有价值的创业机会，并对其进行有效的开发利用，创建具有成长潜力的新企业,是进行创业研究的重要内容。正是因为创业机会在创业活动中的地位如此重要,我们认为,创业者在纷杂的现实世界中拥有敏锐地捕捉信息的能力,发现机会的能力,是成为成功企业家的前提。

(二)创业机会的特征

1. 盈利性

创业者进行创业活动的根本目的是获取财富,因此,一个好的创业机会必须要具有盈利性,这是创业机会存在的基础。创业者通过对这种盈利性机会的开发,吸引潜在顾客,创造价值,进而获得财富。如果一个创业机会不具备盈利能力,那么对创业者来说便没有吸引力,他们也不会对其进行开发利用。

2. 实时性

对于创业者来说,创业机会必须持续一定的时间,从而使创业者有时间去发现、评价和开发利用。但不容忽视的是,在现实的商业竞争中经常会出现这种情况,一个创业者发现了良好的商机,经过充分的、长时间的准备后发现,此商机已经被其他人先行一步开发,市场中已有类似商品、服务或商业模式,且再进入已经相当困难。对于这个创业者来说,该创业机会已经不再是一个最好的机会。因此,创业机会的持续性不是长期的,也不是无限开放的,很多时候创业机会转瞬即逝,错过了进入的最佳时机,创业机会便不再是机会了。

市场机会通常也是动态的,是一个不断移动的目标。Timmons(2005)提出了"机会窗口"(window of opportunity)的概念,很好地解释了创业机会的实时性。所谓"机会窗口"是一种隐喻,用以描述企业实际进入新市场的时间期限,创业者利用机会时,机会窗口必须是敞开的。一旦新产品市场建立起来,机会窗口就打开了。随着市场成长,企业进入市场并设法建立有利可图的定位。当达到某个时点,市场成熟,机会窗口也即被关闭。机会的时间跨度越大,市场规模也就越大;机会窗口越大,创业者越有可能抓住这个机会,从而有望获得相应的投资回报,如图4-1所示。

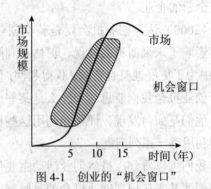

图 4-1 创业的"机会窗口"

资料来源:杰弗里·蒂蒙斯,小斯蒂芬·斯皮内利.创业学[M].6版.周伟民,吕长春,译.北京:人民邮电出版社,2005:56.

图 4-1 描述了一个一般化市场上的商机之窗,市场在不同时间成长的速度。在图 4-1 中,

横坐标是一个行业的发展时间，纵坐标是该行业的市场规模大小。图中的曲线描绘的是一些新兴行业的快速生长模式，阴影部分则是市场上的商机之窗。一般来说，市场的增长速度在该行业的不同发展阶段是不同的，并且随着市场的迅速扩大，机会往往也越来越多。但是，当市场变得很大，并且稳定下来时，市场环境条件就会变得不利。因此，在成熟的行业，曲线的坡度往往相对平缓，商机出现的概率则相对较小。所以我们可以看到在一个行业中，创业机会的动态变化过程，即随着市场扩展，并形成一定结构时（如图4-1中显示的第5年），机会窗口就开始打开；而当市场成熟了以后（如图4-1中显示的第15年），机会窗口就慢慢关闭。一个创业者要抓住创业机会，机会窗口必须是敞开的而不能是关闭的。同时，还要注意机会窗口打开的时间长短，它要有足够长的时间让创业者去收获利润。图4-1中所示的曲线描绘了软件、手机、生物技术等新兴行业的典型快速成长模式。在其他成长不是很快的行业，曲线的坡度就不那么陡峭，商机出现的概率也要小一些。

3. 隐蔽性

创业机会一般也具有隐蔽性。对于隐蔽性的理解需要创业者具有一定的知识、技能及信息，同时也需要相关领域的实际经验。创业机会的最初形态很可能是隐藏在市场环境表面下的一些散乱的信息组合，创业机会的识别往往需要对环境中的商业信息进行系统地扫描、收集和利用。只有创业者以及创业过程中的各利益相关者积极地参与信息处理工作，识别出机会的潜在盈利性，创业机会的基本盈利模型才能够显现出来，而且创业机会的价值能够通过不断开发得到提升。因此，创业机会是潜在的，不是一目了然的，创业机会的隐蔽性也要求创业者具备信息加工处理能力。

二、创业机会的演进

创业机会是一个动态的演变过程，创业者在创业的每个阶段对创业机会采取不同的处理方式，获取利润。图4-2描述了创业机会的演变过程，从机会搜索、调查评价、阐述到实施。

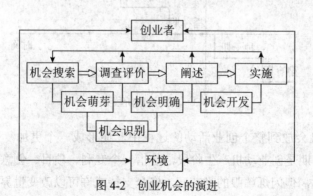

图 4-2　创业机会的演进

创业过程开始于创业者对市场环境的全面扫描和不断分析，对可能存在的创业机会不断地进行搜索。在初步搜寻到有可能成为好的商机的信息后，进一步对其进行调查，包括调查市场现状、分析行业竞争情况、调查消费者的需求程度和认可程度，并做出准确的评价。这一过程中，虽然创业机会并不清晰，但机会的萌芽已经显现；机会的阐述期是指进一步地对机会进行阐明陈述，包括对机会的盈利过程进行明确，对市场的反应情况进行估计等。在这一阶段，创业机会从之前模糊的萌芽状态逐渐转化为一个明确的盈利机会，创业机会便被识别出来；下一步便是机会开发阶段，即实施具体的创业机会开发步骤，使之成为新事业的重心，直至获得成功。图 4-2 中的垂直箭头表示，如果在某个阶段，创业者停顿下来或者没有足够信息使机会继续发展下去，他的最佳选择就是返回到机会搜索阶段，以便在继续前进之前获得更多的知识和经验。因此，创业者对创业机会的识别和开发是一个动态反复的过程，在这一过程中，机会的潜在价值及创业者自身能力得到反复的权衡，创业者对机会的战略定位也越来越明确。

创业管理和一般的战略管理、营销管理等企业职能管理区别较大，创业管理涵盖的时间更加漫长，涉及的因素也更为复杂。创业是一种过程化的活动，从产生创业动机到启动创业活动仅仅是创业过程的开始，创办新事业以后会有很多不断发生的不确定状态，需要创业者去面对和处理。具体说来，创业过程包括发现机会、产生创业动机、评估机会和利用机会，进而建立新事业以及创业者管理新事业。

我们借鉴美国学者 Ichak Adizes 的企业生命周期模型，从创业活动的属性及特点出发，对创业过程的阶段进行划分，包括孕育期、种子期、播种期、成长期、扩张期和成熟期。创业各个阶段如图 4-3 所示，其中横轴代表时间，纵轴代表新事业成长的指标（新事业规模、销售额、利润等）。

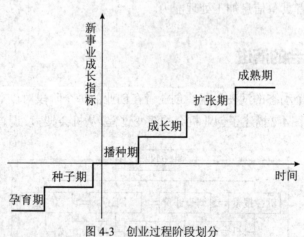

图 4-3 创业过程阶段划分

我们将创业机会放到整个创业活动的过程中，便形成一个更加复杂的循环模型，如图 4-4 所示。孕育期是创业动机产生阶段，是指一个专利、项目、创意的出现或萌芽期，有时仅是灵光显现，但闪烁耀眼的光芒配上资金支持或许可以改变世界。不论是创业机会还是商业模式，或者团队构成，在创业者大脑中都只是模糊的概念；在创业的种子期，创业机会基本明确，创业者已经初步选定适合的创业机会，为了使创业机会能够成为现实，创业者需要开始寻找合作伙伴、吸收必要的资源、构建可能的商业模式，为播种做准备。此时，新事业实体尚未创建，不涉及组织结构问题；播种期则属于新事业正式成立阶段。

由于前期的积累，创业者开始着手开发机会，新事业处于初级阶段，产品或服务可以初步投入市场，企业拥有一个分工明确的管理团队，组织结构初步形成；播种期之后，便是企业的成长期，在这一阶段企业摆脱了生存难题，开始考虑盈利问题。创业机会的潜在价值得到进一步开发，新事业资源也充裕起来；在企业的扩张阶段，新事业发展需要新的商业模式、完善销售队伍、扩大生产线、进一步开拓市场、逐步形成规模经济、产品开始达到一定市场占有率；在扩张期，创业者持续开发原有创业机会，不断地进行市场开发或相关产品开发；在成熟期，原有的创业机会也步入成熟阶段，创业者需要积极拓展新的发展渠道，继续通过识别、开发新的盈利机会，如此循环往复，构筑企业核心竞争力。

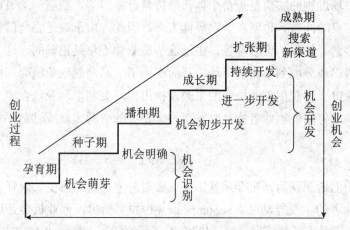

图 4-4 创业过程与创业机会演进模型

通过从创业活动全过程来审视创业机会，我们可以发现，创业可以看作是对创业机会进行搜索、明确，不断开发并循环往复的过程。创业机会识别由机会出现萌芽开始，经过机会搜索及机会评价，从而确定机会开发方向，建立团队及组织结构、启动创业资金及构建商业计划等活动。本章主要对机会识别的过程做出分析，后续机会开发的每一过程将在后面的章节中具体介绍。

第二节 创业机会的来源与搜索

一、创业机会的来源

（一）发现观与创造观

1. 机会发现观

机会发现理论来源于现实主义假设，认为机会是独立于创业者而存在于环境之中的客观现象（Alvarez & Barney，2007）。发现观点强调机会的客观存在性，先前的经验和知识能使个人用新的方式综合信息来发现那些没有先前知识则不能被发现的新机会（Alvarez & Barney，2007）。Kirzner（1973，1979）认为，创业机会是一系列的市场不完全，新的机会不用细致的搜索来发现，而且这些机会当偶然被遇到的时候同样具有价值，因为发现者具有一种独特的准备好的状态来发现机会并且利用它们。由于技术、政治、社会以及其他因素的各种变化，市场时刻处在不稳定、不平衡的状态，为人们发现新的盈利机会提供了可能。机会实际上是一种亟待满足的市场需求，这种潜在的市场需求如此旺盛，对于创业者来说，实现该需求的商业活动相当有利可图（Hulbert et al.，1997）。正如 Casson（1996）所指出的，"市场过程的实质是每个个体都坚持自己的信念，这些信念通过询价来传递，而询价在传递信息的同时，也意在于误导他人"。因此，由于缺乏完全信息，人们必须彼此猜测对方的信念、偏好、价值观等。由于这些猜测并不总是正确的，这一市场过程就导致一些资源被错误地分配到不同的市场，从而产生了一系列的创业机会。机会发现观基于机会开发视角探讨了套利型创业机会的来源，指出市场套利型创业机会源于信息不对称下的决策失误，高度警觉的创业者能及时发现与之相关的资源短缺或过剩，并通过低买高卖从中获利。

2. 机会创造观

创业机会的创造观认为，机会是基于创业者对外界环境的感受、解释和理解而创造出来的，强调创业者的主观能动性。Schumpeter（1934）指出，创业机会是通过把资源创造性地结合起来，满足市场的需要，创造价值的一种可能性。Shane & Venkataraman（2005）认为，机会是创造目前市场所缺乏的物品或服务的创意、信念和行动；创业者通过他们的主观活动、综合性的能力、即兴创作和效能内生地创造机会而没有包括一个"寻找"的过程。也就是说，机会被作为种子创造出来而不一定要有先前的行业或市场知识（Alvarez & Barney，2007）。因此，在创业机会创造观下，机会的产生过程是一个无中生有的创造过程，创业者通过以前的实践形成了对环境的理解，并据此对现有的事件和客观的事物进行思维加工而创造出能够盈利的机会。不难发现，与发现观相比，创造观更多的关注于创新型的机会，认为机会是创业者创新打破市场均衡的结果（Schumpeter，1934）。

对于上述两种观点，也有学者认为应该从综合的角度看问题。他们认为，创业机会不是纯粹地通过发现或纯粹地通过构建而来，而是兼有发现与创造二者的特征（斯晓夫等，2016）。虽然发现观关注创业者如何识别外界已经存在的机会的过程，而创造观关注创业者如何利用思维过程对先前活动获得的外界经验进行加工来创造机会，但是两种视角有一个共同点：机会识别过程中创业者都需要对外界信息进行加工（陈燕妮等，2013）。例如，中国的打车市场软件——滴滴打车，发现了出租车市场存在着尚未满足需求的创业机会，同时又借助移动互联网技术创造出了市场机会。

（二）现实中的创业机会来源

在市场上，相反的力量就是供给与需求。市场均衡出现在需求量等于供给量之时，也就是买者和卖者的计划相互一致时。如果市场长期保持均衡就不会有新产品的出现，事实上市场均衡是短暂的。非均衡经济学认为，市场是不可能真正实现"出清"——供求平衡的，总有一些供给不能实现其价值。当市场上出现了与经济发展阶段有关的新需求，相应地，就需要有企业去满足这些新的需求，也就出现了创业者可利用的商业机会。从供给的角度看，创业者也可以创造需求，引导人们的消费，进而产生新的创业机会。另外，国家或地区之间发展的差距能够带来市场机会。世界各国各地的发展进程各不相同，即便在同一国家，不同区域也可能处于不同发展阶段。这样在先进国家或地区与落后国家或地区之间，形成发展"势差"，在产品的供给方面就存在断档现象，这样在发展相对缓慢的国家或地区就会出现商机。总而言之，创业活动最重要的目的就是要实现销售行为，因此，综合影响供给与需求的各因素，基于改变消费者购买行为的目标，创业机会来源于宏观环境的改变、消费者未满足的需求、新成长性产业出现、商业模式创新及新技术的应用。

1. 宏观环境的改变

变化是创业机会的重要来源，没有变化，就没有创业机会。企业所面对的政治、经济、社会、技术等宏观环境的变化，都可以带来创业机会。市场环境因素的变化包括全球化趋势、城镇化进程、政府政策的变化、人口变化、消费结构升级、居民收入水平提高等诸多方面。在环境变化的情况下，市场结构和市场需求必然发生变化，在这一过程中必然会出现大量新的创业机会。例如，随着我国改革力度的加大，政府逐渐放开市场限制，允许民间资本进入一些垄断性行业。这种政策上的改变，往往带来了大量的创业机会。又如，通过对人口变化进行研究，我们可以发现在人口规模、年龄结构、就业状况、教育程度等方面的改变，如我国的老龄化趋势，"两孩政策"的实施等都可以为企业带来新的市场机会。通过监测宏观环境的改变寻求新的商机，是成功企业家的一项重要能力。

2. 消费者未满足的需求

创业机会能带来盈利的根本原因在于能够很好地满足人们的需求。当存在消费者尚未满足的需求，而现有市场又不能很好地解决时，新的创业机会就产生了。例如，近年来我国的专车市场快速发展，就是因为它很好地满足了人们更方便出行的需求。

案例4-1　　e税客："互联网+税务"

"您好，麻烦帮我开张发票。"

"不好意思，我们今天暂且开不了发票，您可以改天过来开。"

相信大家在因公务出差或办事时都碰到过这样的体验。除此之外，我们通常还得整理发票填写上报，接下来还得等领导签字、审批等，折腾下来估计也得一个多月了。

当然，其实财务也有自己的苦衷，比如整理申请表和报销单、在办税大厅跑好几趟排队。

一、企业报销环节与互联网断层

e税客创始人刘平君说："在移动互联网手机支付、移动办公的时代，企业报销环节还处在与互联网断层的状态,这种低效率而又耗费精力的事情忍无可忍。"e税客成立于2013年,是国家税务总局移动端的技术服务商,同时已经与全国200多个税务系统、航天信息、东港股份、腾讯、大象慧云等达成合作。e税客是一个互联网税务平台,通过在移动App端操作,即可完成税务登记、申报缴税、发票查验、咨询、预约、查询、政策、风险提示等各种常见的办税事项。2016年7月16日,互联网税务平台"e税客"发布了新版本,同时还发布了一款新产品"票++",从电子税务领域拓展到电子发票领域。

二、发票是计税的主要依据

数据显示,自2015年年底电子发票开具以及报销的政策正式发布两个月期间,全国已经有超过30个省市地区,200家线上线下的企业已经每个月开出了超过1千万张的电子发票。

刘平君说:"未来每一笔交易都将伴随一张电子发票!电子发票将最真实的记录,每个企业的收入和支出情况,以及反应我们个人的消费。电子发票可以直接和我们的交易、报销、入账等各个环节对接,从而实现全流程电子化高效管理。"

三、打通电子票务与税务办理平台之间的通道

要得到各家企业的青睐和实际适应,e税客需要打通电子发票和电子办税的通道,一方面从上游打通和电子商务平台的交易和支付环节,另一方面则要打通和国家税务机关之间的通道。

在上游,"票++"与购物、点餐、酒店住宿等移动支付场景结合,可以实现在线开电子发票。目前,e税客与腾讯、大象慧云等达成战略合作,在微信支付环节可实现电子发票开具。此外,"票++"也提供SDK技术接入的方式与各企业的ERP、SaaS平台对接,同时提供电子票据的收纳、归类、整理等功能。

在下游,e税客可以与报销、记账平台合作实现电子报销。目前,e税客在山西、宁波、海口、长春多个城市上线,在全国推广了超过12万家企业用户,有200多个税务局在e税客上提供办税服务。同时,e税客也是国家税务总局官方App技术提供商。

其实,在电子发票方面,此前微信也曾发布电子发票报销解决方案,尤其是在企业微信推出的时候,但e税客与腾讯的合作将是很好的契机,因为微信有较好的流量入口优势,而e税客则在电子票务方面有多年的经验积累。

资料来源:http://www.cyzone.cn/ 创业邦.

3. 新成长性产业出现

新产业的出现往往是因新技术的发掘或创造了消费者的新需求,因此也引致了企业新的生产过程、新产品、新市场,以及新的资源组织方式。这些变化为企业带来了市场机会,使得个人或者企业可以开辟新的市场和新的经营范围。但值得创业者注意的是,一个新兴产业出现之际,必然能够提供许多创业机会,引发创业热潮。不过追随新潮流趋势的背后也会存在相当大的风险。因为这项新兴产业的规模有多大,如何发掘潜在的顾客需求都还不确定。

4. 商业模式创新

商业模式的创新也是创业机会的重要来源。以互联网为例，最初只是为了沟通的方便，现在已经变为新产品不断产生的平台，它提供了分销渠道、产生了新的资源供给，同时使新组织形式（虚拟组织）的出现成为可能；淘宝、天猫、京东等一批购物网站的蓬勃发展，催生了一大批网购习惯者，满足了消费者方便、快捷、省事、省力、不出门就能购买商品的需求，更加证明谁拥有更好的商业模式，谁就拥有更多的市场机会和资源。

5. 新技术的应用

新技术能够促进企业逐渐采取新的生产过程，生产新产品，开发新的市场，这些改变为企业带来了市场机会。例如，在中国市场，随着VR（virtual reality）技术的发展，相关产品逐渐走入消费者的视野。作为一项代表未来的新技术，虽然其商业化进程不快，但不容忽视的是，它将互联网科技产业和消费者的娱乐需求相结合，给人们的视听体验带来了革新。由于该技术能够在游戏、服装、零售、社交、教育等诸多行业带来变革，很多互联网公司和科技企业，如百度、阿里巴巴、腾讯等，纷纷进入这一领域。

二、创业机会的搜索

（一）影响创业机会搜索的因素

1. 先前经验

创业者的先前经验是创业者特有的素质，为个体提供了有效的知识和信息。很多学者的研究已经表明，先前的经验能够帮助创业者更好地识别机会，并提升创业成功的概率。个体一旦拥有过创业经验，他就会很容易发现机会，这被称为走廊原理。走廊原理告诉人们，人们一旦进入某一行业中开始创业，他将会比其他人更容易发现这个行业中的机会。实际上，不仅仅是先前的创业经验，先前的工作经验、管理经验、职能经验等也能帮助创业者更好地开始创业活动。

2. 心理特征

创业者的心理特征也会影响其对机会的搜索。通常，创业者都有一些核心的特征，例如对待风险的态度、对模糊度和不确定性的容纳度，有高度的内在控制力，有很强的领导力，有很强的成就动机等。成功的创业者往往还具有冒险精神，敢于尝试看起来不那么好的创业机会，并且拥有乐观的心态，不惧怕失败。

3. 创造力

对于机会的搜索需要创业者具有很好的创造力。所谓创造力是指个体能够产生新颖且有用的创意。创造力体现了个体的洞察力，他们善于发现事物之间的联系。往往一个好的创业机会都始于创业者具有创造力的思路或者想法。正如Timmons（2005）所述，创业者面临的复杂决策和众多的备选方案与象棋比赛也有着相似之处。在象棋比赛中，胜利是属于最有创造力的棋手，他能够预先想象出几种不同的走法，并预见到对方可能采取的防御手段。

（二）机会搜索的方法

机会搜索过程实际上是一个分析环境，发现或创造需求以及审视自身的过程，也是一个大胆假设、反复思考的过程。创业者可以采取多种方法进行机会的搜索。

1. 头脑风暴法

头脑风暴法（brainstorming），又称脑力激荡法，也称智囊团式讨论，是指在良好的讨论氛围中，专家小组的成员们通过相互启发、相互影响、相互刺激，产生创造性设想的连锁反应，诱发出更多的创造性设想，达到集体预测的目的。头脑风暴法是产生好创意的重要方法。该方法被用于改善群体决策质量，提升决策水平，因此，同样适用于创业团队对创业机会地搜索中来。头脑风暴法要求会议主持人提出讨论议题，然后鼓励各位人员畅所欲言，分享观点。

头脑风暴能够激发罕见创意的两个原因：由于活动中禁止批评，因此人们比平时更有可能提出创意；活动专注于创造力而非做出评估。在许多会议中，当一个人发表观点，团体中的其他人就会立即予以评价。这是因为大多数人更善于否定创意，而不善于提出新创意。采用头脑风暴法应该坚持如下基本原则：①庭外判决原则，对各种意见、方案的评判必须放到最后阶段，此前不能对别人的意见提出批评和评价，认真对待任何一种设想，而不管其是否适当和可行；②欢迎各抒己见，创造一种自由的气氛，激发参加者提出各种荒诞的想法；③追求数量，意见越多，产生好意见的可能性越大；④探索取长补短和改进办法。除提出自己的意见外，鼓励参加者对他人已经提出的设想进行补充、改进和综合。

2. 焦点小组访谈法

焦点小组访谈法也被称为小组座谈法，是采用小型座谈会的形式，就某个问题进行讨论。座谈会一般有选择地挑选 6~10 人，在训练有素的主持人的组织下进行。主持人的首要目的是保持小组的聚焦，并促进讨论的活跃程度。通常，焦点小组访谈能够对创意产生进一步的细化，帮助创业者识别消费者的需求以及消费者的决策过程。同时，也能够预估新产品，探索新概念。焦点小组访谈法一般是头脑风暴活动之后最佳的后续活动。

3. 问题库分析法

问题库分析法是以一种类似小组焦点访谈的形式、利用个人的力量来开发出新产品的创意。不同的是，消费者会拿到一张列有某种常见产品类别中各种问题的清单，而不是仅仅要求他们发掘新创意。然后，主持人要求他们确定这一产品类别中有哪些产品是具有这些问题的产品，并对这些产品展开讨论。这种方法往往很有成效，因为将一种已知的产品与某一问题联系起来提出新产品的创意，要比光靠想象去开发出一个新产品创意更直观些。问题库分析法也可以用来测试某个新产品的创意。

表 4-1 所列的就是在食品行业运用这种方法的范例。在这个例子中，一件最困难的事情就是列出一份详尽的问题清单，比如包括重量、口味、外观和花费等问题。通常情况下，

一旦列出一份完整的问题清单，人们就更能将产品与问题联系起来。

表 4-1 问题库分析法

心 理	感 观	行 为	使 用	社会心理
A. 体重 • 变胖 • 无卡路里	A. 口味 • 有苦味 • 淡而无味 • 咸味	A. 饮食计划 • 忘了 • 烦透了	A. 携带要求 • 可外带食用 • 带着当午饭	A. 在公司中用 • 不适合招待客人 • 太多的准备工作
B. 食欲 • 满足 • 吃了后仍感饥饿	B. 外观 • 颜色 • 不诱人 • 形状	B. 储藏 • 吃完了 • 包装不利储藏	B. 单位分量 • 包装中的量不够一份 • 有剩余	B. 独自一人吃 • 只烧给自己一个人吃太费事了 • 只为一个人吃而准备时很没劲
C. 口渴感 • 不能止渴 • 让人感到口渴	C 浓度或质地 • 坚硬的 • 干燥的 • 油腻的	C. 准备工作 • 太麻烦 • 要用太多的锅 • 总也搞不好	C. 易得性 • 过了时令 • 超市里找不到	C 自我感觉 • 是一个懒厨子用的东西 • 没有一个好母亲照顾
D. 健康 • 不易消化 • 对牙齿不好 • 让人难以入睡 • 有酸味		D. 烹调 • 易烧焦 • 易粘锅	D. 易腐状况 • 变霉 • 变酸臭	
		E. 清洁度 • 把炉灶弄得一团糟 • 放在冰箱中有异味	E. 花费 • 太贵 • 所需配料太贵	

资料来源：Tauber E M. Discovering new Product Opportunities with Problem Inventory Analysis[J]. The Journal of Marketing.1975,39(1): 67-70.

对问题库分析法得出的结论要进行仔细评估，其中有些结论可能并不能真正反映出一个新的商业机会。例如，通用食品公司曾发现，现有的盒子不适合货架，根据这一问题，公司推出了一种简易麦片盒，结果没有成功。因为其所认定的有关包装大小的问题其实对采购行为并没有很大的影响。为了确保得到最好的结论，问题库分析法应该用来初步确定产品创意，然后还需要对该创意进行进一步的确认。

对机会进行搜索通常还有很多其他方法，例如，通过观察法，真实地记录消费者的购买行为，分析他们的消费习惯。同时，创业者还可以通过访谈法系统地收集资料，可以就某一市场情况准备访谈提纲，与访谈对象进行交流，并记录他们的发言，总结他们的观点，进而发现未被满足的需求。

第三节　创业机会的筛选

在搜索创业机会后，创业者不能贸然开始机会的开发。因为不是每一个想法都会盈利，也不是每一个思路或创意都能转化为好的市场机会。因而，在进行实际的创业机会开发之前，需要一套筛选系统，一种类似用于去皮（不发展的部分）、茎（进入门槛高的市场）和种子（和创业者个人目标不吻合的机会）的漏斗，进行创业机会选择。因此，在产生创意或者思路之后需要对机会进行综合评价，对整体外部环境进行综合对比。本章所提及的机会评价发生在创业机会开发之前。不同于机会开发行为，机会评价是机会识别过程的组成部分。实际上，创业机会评价就是一个机会筛选的过程，可以帮助创业者识别出更有前景，更适合自己的创业机会。

一、创业机会评价框架

创业活动是创业者与创业机会的结合。并非所有的创业机会都有足够大的价值潜力来填补为把握机会所付出的成本，并非所有机会都适合每个人。尽管在整个创业过程中，评价创业机会非常短暂，但它非常重要，是创业者发现创业机会之后做出是否创业决策的重要依据。对创业者来说，关键在于如何能够从众多机会中找寻出有价值的创业机会，并采取快速行动来把握机会。

（一）Timmons 的创业机会评价框架

创业机会的好坏可以从多方面进行判定，最好的方法是选取能够全面体现机会情况的指标。有很多学者从不同角度构建评价创业机会的指标，如 Timmons（1999）提出的创业机会评价框架，使用较为广泛。该框架中包含了行业和市场、经济因素、收获条件、竞争优势、管理团队、致命缺陷问题、个人标准和战略差异 8 大类的 53 个详细评价指标（详见表 4-2）。

表 4-2　Timmons 创业机会评价指标框架

行业和市场	市场容易识别，可以带来持续收入 顾客可以接受产品或服务，愿意为此付费 产品的附加价值高 产品对市场的影响力大 将要开发的产品生命长久 项目所在的产业是新兴产业，竞争不完善 市场规模大、销售潜力大 市场成长率在 30%~50%，甚至更高 现有厂商的生产能力几乎完全饱和 5 年内能占据市场领导地位，达到 20% 以上 拥有低成本的供货商，具有成本优势

续表

经济因素	达到盈亏平衡点所需要的时间在 1.5～2 年 盈亏平衡点不会逐渐提高 投资回报率在 25% 以上 项目对资金的要求不是很大，能够获得融资 销售额的年增长率高于 15% 有良好的现金流量，能占销售额的 20%～30% 能获得持久的毛利，毛利率要达到 40% 以上 能获得持久的税后利润，税后利润率要超过 10% 资产集中程度低 运营资金不多，需求量是逐渐增加的 研究开发工作对资金的要求不高
收获条件	项目带来的附加价值具有较高的战略意义 存在现有的或可预料的退出方式 资本市场环境有利，可以实现资本的流动
竞争优势	固定成本和可变成本低 对成本、价格和销售的控制较高 已经获得或可以获得对专利所有权的保护 竞争对手尚未觉醒，竞争较弱 拥有专利或具有某种独占性 拥有发展良好的网络关系，容易获得合同 拥有杰出的关键人员和管理团队
管理团队	创业者团队是一个优秀管理者的组合 行业和技术经验达到了本行业内的最高水平 管理团队的正直廉洁程度能达到最高水准 管理团队知道自己缺乏哪方面的知识
致命缺陷问题	不存在任何致命缺陷问题
个人标准	个人目标与创业活动相符合 创业家可以做到在有限的风险下实现成功 创业家能接受薪水减少等损失 创业家渴望进行创业这种生活方式，而不只是为了赚大钱 创业家可以承受适当的风险 创业家在压力下状态依然良好
战略差异	理想与现实情况相吻合 管理团队已经是最好的 在客户服务管理方面有很好的服务理念 所创办的事业顺应时代潮流 所采取的技术具有突破性，不存在许多替代品或竞争对手 具备灵活的适应能力，能快速地进行取舍 始终在寻找新的机会 定价与市场领先者几乎持平 能够获得销售渠道，或已经拥有现成的网络 能够允许失败

资料来源：林嵩，谢作渺.创业学：原理与实践 [M].北京：清华大学出版社，2008：71-72.

Timmons 的创业机会评价指标框架能够较为全面地评价一个机会的好坏，但是它也有明显的缺点：一方面，涵盖的指标很多，且有重叠，创业者很难清晰的厘清各个指标，也很难做到获得所有指标的情况；另一方面，该创业机会评价框架是基于美国商业环境所设计，其中很多指标并不一定适合中国的实际情况。

（二）刘常勇的创业机会评价框架

我国台湾学者刘常勇（2002）教授则将创业机会评价指标进行了概括和凝练，具体包括市场评价和回报评价两个方面，主要内容如表 4-3 所示。

表 4-3　刘常勇创业机会评价指标

市场评价	是否具有市场定位，专注于具体顾客需求，为顾客带来新价值 依据波特的五力模型进行创业机会的市场结构评价 分析创业机会所面临市场的规模大小 评价创业机会的市场渗透力 预测可能取得的市场占有率 分析产品成本结构
回报评价	税后利润至少高于 5% 达到盈亏平衡的时间应该低于 2 年 投资回报率应高于 25% 资本需求量较低 毛利率应该高于 40% 能否创造新企业在市场上的战略价值 资本市场的活跃程度 退出和收获回报的难易程度

资料来源：刘常勇. 创业管理的 12 堂课 [M]. 北京：中信出版社，2002.

除了上述两种方法，也有许多其他评价创业机会的模型。例如，我国学者雷家骕和冯婉玲（2001）在《高新技术创业管理》一书中提出从特定商业机会的原始规模、特定机会将存在的时间跨度、特定机会的市场规模随时间变化的速度、机会的特点及特定机会对特定创业者的现实性五个方面对创业机会进行理性辨识。

二、创业评价指标选取

上述各创业机会评价框架各有优劣，创业者应根据实际需要选择不同的方法去评估创业机会。创业机会的评价是一个复杂的过程，涉及创业初期活动的方方面面。机会评价是创业者对初步搜索到的商业概念进行市场价值和市场风险的预测与评估，同时创业机会不是独立存在的。因此，本书认为，创业者在进行机会评价时，应将创业者、创业机会与创业环境三方面有机地结合，去对创业机会进行评价，应该系统地考虑包括经济、政治、社会、技术、市场、行业、创业者自身等在内的各方面因素，确定机会评价指标。同时，需要注意创业机会评价的动态性。这一方面是指，创业机会是一个商业概念的产生、筛选、完善到商业模式形成的过程，因此在选取评价指标的时候本书充分考虑创业行为的可持续性及成长性；另一方面是指，创业机会评价是一个持续的过程，在这一过程中，任何环境的变化都要考虑是否对评价指标进行修正。因此，为了增加评价的科学性和全面性，应该从外生力量和内生力量两个层次对创业机会进行分析和评价。

（一）外生力量评价

所谓外生力量，是指不以创业者的意志力为转移，它体现了创业机会所蕴含的客观性特征。这一方面的属性对创业机会的影响是根本的，也是巨大的。每一个创业机会都不是独立存在的，它们是在不断变化的外部环境中产生，创业者也是在与其他企业、消费者和社会公众的相互关联中开展活动。各种外部力量构成了影响创业活动的市场环境，既可以带来市场机会，也可以构成某种环境威胁。环境的这种动态性和复杂性使得创业机会产生和演化，同时也会对创业机会的进一步开发造成威胁。因此，监测、把握外部环境力量的变化，积极发现并抓住机会，避开创业机会开发的不利因素，是创业者机会评价过程中的核心问题。通过对创业环境的具体分析，可以把创业机会评价的外生力量进一步分为宏观环境和产业环境两个层面。

1. 宏观环境评价

宏观环境也可以称为一般环境，是指影响一切行业和企业的宏观力量。对于创业者而言，这些外部力量一般是不可控制的，只能适应并加以利用。创业者应根据创业机会所处的不同行业，以及根据机会的特点和开发、成长需要，对宏观环境因素给自身带来的有利或不利情况进行分析。进行宏观环境分析时，一般会采用 PEST 分析法，即包括政治（political）、经济（economic）、社会（social）和技术（technological）这四大类因素。有时，也会使用 PEST 分析法的拓展形式：DESTEP 分析、SLEPT 分析或 STEEPLE 分析，即在原来的基础上增加对人口地理（demographics）、法律（legal）、环境（environmental）和道德（ethical）的分析。

对创业环境条件进行评价的另一个常用方法是全球创业观察（GEM）的分析框架（详见第二章）。全球创业观察（GEM）认为，国家的政治、经济、社会、技术总体条件影响着创业环境的各个因素，即金融支持、政府政策、政府项目支持、教育与培训、研究开发转移效率、商业和专业基础设施、进入壁垒、有形基础设施、文化社会规范九个方面。而创业环境各因素对创业活动起着积极的作用，能够促进较多创业机会的产生和人们创业能力的提升。

2. 产业环境评价

与分析宏观环境相比，分析产业环境，会帮助创业者得到对机会更准确的评价。在此阶段，最常用的就是波特提出的五力竞争模型。根据波特的观点，决定企业盈利能力的首要和根本因素是产业的吸引力，每一个企业都处在行业的五种竞争力量之中，即供应商的讨价还价能力、潜在进入者的威胁、替代品的威胁、产业中现有企业间的竞争以及买方的讨价还价能力。事实上，波特的五力模型通常考察的是现有的某个行业在市场上的竞争状态。对于尚未建立企业的创业者而言，能够有效地识别行业内部竞争状态、制定创业规划至关重要。如果创业者初步确定的机会是一个全新的行业，那么该行业上的五种力量是不完全的，创业者面临来自竞争对手的压力较小，但是同时供方和买方的议价能力可能较高。例如，新兴产业在结构上彼此差异极大，五力竞争模型帮助创业者认知技术的不确定性、供应商的高初始成本、首次购买者等可能影响机会继续得以开发的因素，使创业者透过看似竞争相对简单的市场环境看到本质，准确揭示产业的竞争至关重要的因素，为累积竞争优势取得先机。而如果创业者进入的是已有行业，那么创业者可以模仿现有产业中的某一相似企业进行分析，感受到来自各个不同的市场参与主体的压力，可以从参考该行业或者该企业的运营情况来分析市场微观环境，把五种作用力所影响的价格、成本和企业所需的投资作为创业机会评价的依据。对产业结构进行分析可帮助创业者明晰目前产业的发展情况，对何时进入市场以及自身在产业中的优势劣势进行准确预测和评估，并最终确定竞争战略。

（二）内生力量评价

除了从外部宏观环境衡量创业机会外，还要从微观角度对机会进行评价。在创业过程中，创业者及其团队始终处于核心位置，而创业资源也决定着机会开发的进程，发挥着最重要作用。因此，创业者、创业团队及其拥有的资源是创业机会得以开发的必要条件，在同样的创业机会面前，即使是有同样的宏观环境和产业结构，不同的创业者也有可能持有不同的态度，并采取不同的开发战略。也就是说，究竟采取怎样的创业行为，不仅取决于外部环境和所在的行业结构，还与创业者及其团队、所拥有的资源等因素相关。同时，创业机会的本身属性也是影响创业者进行机会开发的内生力量。所以，创业机会的内生力量可以从以下几个方面来分析。

1. 创业者及其创业团队

根据Timmons（1999）的创业框架模型，创业机会、创业资源和创业团队是创业过程中最重要的驱动因素，三者在创业过程中不断发展，处于一个动态的平衡。因此，创业者及其创业团队和创业资源是决定创业机会发展情况的基本支撑要素，是有效开发创业机会的支持条件，只有当机会与创业者及其团队，以及与创业资源很好匹配时，机会才能得到有效地开发。

无论是最初始的创业者，还是组建的创业团队，实际上都为创业活动提供了重要的人力资本。我们把人的要素称为人力资源或者人力资本，实际上是组织成员向组织提供的一系列知识、技能以及推理和决策能力。从创业者自身角度来评价创业机会，主要是看创业机会是否符合自己的兴趣和职业生涯规划，以及是否符合自己的价值观。如果一个创业机会与创业者自身的人生规划有冲突，或者与自己的价值观相悖，那么即使该机会具有很大盈利潜力，创业者也可能将其视为不好的创业机会。另外，创业者还要评估开发创业机会给自己带来的风险，自身是否能够承担创业失败，失败成本的大小是否在可以接受的范围内。创业者要综合考虑上述问题，对创业机会做出全面的评价。

一支好的创业团队是高成长潜力的关键要素。一个企业如果没有一支由两个以上关键贡献者组成的团队是难以成长的（Timmons，2005）。但是，通常如果创业者及创业团队想要适应环境的迅速变化，并利用机会求得发展，更重要的不是考察创业团队成员过去或者现在具有怎样的能力和业绩，而是评估他们是否具有挑战未来的信心、知识和能力。因此从创业团队的角度来评价创业机会，需要考虑的是，若开发利用该创业机会，目前的团队构成是否合理，是否有潜力解决机会开发过程中的难题，团队中还缺少哪些方面的人才，创业团队成员之间如何分工合作等一系列问题。只有明确这些问题，并将其有效解决以后，才能保障后续机会开发过程顺利地进行。

2. 创业资源

从资源的角度来考量一个创业机会，需要评估开发机会所需的资金和物力资源等。资源要节约，更要创造。创业者所拥有的资源是保障创业活动开展、进行机会开发的基本要素，包括有多少启动资金，有多少可使用的设备和设施，创业者的社会网络是否有利于机会开发，是否拥有一些供应商和客户的信息等。

3. 产品特征与市场预估

创业者对一项创业机会感兴趣，必然已经对其所在宏观环境和产业结构有了深刻地了解，但是重要的是还要对创业机会本身的属性进行分析，即分析产品的特征。产品（服务）特征是机会的核心特征，主要涉及产品的独特性和创新程度（林嵩，谢作渺，2008）。产品独特性是多方面的，包括功能、包装、标识、售后等；产品的创新程度则主要体现了其技术性，创新性是保持产品优势的重要来源。若产品的创新性与独特性都很高，则能够对消费者产生很强的吸引力，也说明该创业机会有很好的市场前景。

好的产品要带来大的盈利可能，因此机会的市场表现是创业者关心的另一个核心特征。创业机会的市场评估是指评价一个机会在进行开发之后，可能得到的市场反应。具体来讲，一个机会的市场评估可以从以下方面来选取：市场规模的大小、市场成长率、对消费者的吸引力、市场份额的大小、在市场竞争中地位等。对创业机会的市场表现预估是影响创业者评价创业机会的最重要因素，因为这一方面的指标直接预示着创业机会的盈利潜力。

4. 成长能力

创业机会的成长能力是创业者对于创业机会的潜在价值的最终判断，考察的是新事业在未来一定时期内经营能力的发展变化，体现了机会的增长潜力。创业者在对创业机会进行评价的时候，积极设想新事业创建之后所能实现的发展目标，包括销售收入增长率、税前利润增长率、固定资产增长率、产品成本降低率、人员增长率、退出和收获方式等。该指标对创业机会的影响也较大，通常创业者更倾向于开发增长潜力大的机会，即使它目前的盈利能力可能不是很大。相反，对于成长空间很小的机会，创业者一般不会进入。这也就解释了为什么很多创业者更喜欢进入一些新兴行业。

案例 4-2　创业 5 年把环保产品卖给埃及国防部

情怀就是一片广袤的星空，而产品和服务就是脚下坚实的大地。创业者如果只看星空，那么就有可能摔得很惨；如果只低头走路，那么很容易迷失方向。既能仰望天空，又能脚踏实地，虽然完美却少有人二者兼备。童军从传统建筑工程行业起步，逐步过渡到环保建材，再到现如今成为国内绿色生态材料行业领军人物，每一步都彰显着其个人"改变环境"的大情怀。他更是走出国门，把产品卖给埃及国防部。

一、甲醛污染痛点指明创业路

童军是湖南长沙人，1967 年出生的他，看起来谦和而精干。位于江夏联投大厦的整层办公楼，无论走进哪一间办公室或公共区域，都给人干净整洁的愉悦感。对环境及对建筑的要求体现在每一个细节：公司每一间房都堪称样板间，全部采用公司自主研发的藻钙材料，褐、白、灰三色搭配，大气而简约。每一间房关上门后立马一片静谧，"材料吸音降噪的效果比一般建材好"。这种对环境及建筑的高标准，其实从十几年前就隐藏在童军的内心。20 世纪八九十年代，童军从湖南大学建筑专业毕业后，任教于湖南轻工业专科大学（现长沙理工大学）。在大学工作的那几年，其专业功底崭露头角，被学校选派湖南省建委从事重点工程建设管理工作。既有专业背景，又有管理和实际施工经验，20 世纪 90 年代中期，童军下海了。

初到深圳，一切都得从头开始。好在有几年的实际工作经验，他很快找到了工作，从装饰公司的设计人员开始，到设计总监、副总经理。

很多做建筑的人，每次看到自己设计或建造的建筑成为城市一道风景时，都会有强烈的满足感，童军却相反。"我自己做的房子我不敢住！包括一些酒店，越高级越不敢去住。为什么？室内装修材料、设施很多都是有问题的，材料不环保，一些设施也多少有问题。"这些问题时刻萦绕在他的心头，也给他指明了创业的方向。

二、带 5 000 万从长沙来武汉创业

2005 年，在积累了一定资金和行业经验后，童军回到家乡开始自立门户。

"当时、甚至是现在，我们一般说的环保材料，通俗点说就是释放的有害物质达到或低于国家制定的相关标准。"那时候的童军，一心想改变装饰行业现状，先后创办了湖南鸿城装饰材料有限公司和湖南安雅达建材科技集团有限公司，主营业务便是环保建材的研发。

他的创业之路走得似乎很顺利。当时正赶上消费者对环保建材的意识苏醒、房地产市场相对繁荣，加上他的专业和认真，公司很快成为湖南知名企业，所研发的环保建材在行业内有口皆碑。也是从那个时候起，他越来越意识到研发能力对企业的重要作用。事业兴旺、家庭美满，童军没有在"第一次成功"面前忘乎所以，反而越来越清醒。

由于工作原因，他经常在世界各地考察了解行业情况。一次到欧洲的考察，彻底改变了他人生的风向。"那是我第一次听说功能性环境材料，这种材料不仅能达到环保要求降低环境污染，还能净化空间环境。"童军刹那间有种醍醐灌顶的感觉：一直想找到

可以改善人居环境提升生活空间质量增加舒适度的方式，这不就是方向吗？这一次，他在众人的不解中再次转身，代价是5 000万元人民币。他拿着5 000万元来到武汉再次启航。

三、5年时间把格林森从零做到新三板上市

45岁来到陌生的地方再次创业，童军坦言，其实他的内心是忐忑的。"很纠结。要不要冒险？后来权衡一番：原有实体面临的经济环境越来越严峻，如果不转型，路只会越走越窄。而走绿色功能性材料的路子，只要基础技术成熟适销对路就不会有问题。"为何将新的出发点放在武汉，童军其实也是颇费了一番调查的。"对比了京津冀等地，发现湖北有五个优势：上下游产业链优势、交通区位优势、人才聚集优势、产业后发优势以及东湖高新政策优势。"

2011年7月，公司正式成立。第一支技术开发团队组建完成，开始全面产品孵化。2012年，产品技术通过检验测试定型，完成首批产品应用开发。组建工厂，第一条产品生产线建成试产。获得发明专利2项，实用新型专利7项，外观专利6项。2013年，获得湖北省国资委优势创投A轮投资。公司总部及体验中心迁到联投大厦新址。占地215亩"格林森生态材料产业园"在应城开建。获得国家发明专利3项。2014年，获得国家发明专利5项，外观专利6项。一系列大型绿色示范工程完成。2015年，正式启动"互联网+"战略，正式启动整体绿装直配M2C业务。启动绿色工装"藻钙云"合伙人项目。2016年，获得B轮融资，获得第五届中国公益节组委会颁发的"2015年度绿色贡献奖"，成功登陆新三板。完成健康家系列产品开发，健康家项目全球发布。申报发明专利6项，实用新型专利3项，外观专利12项。可以说，童军打了一场漂亮的阻击战。

资料来源：http://www.yjbys.com/ 应届毕业生网．

三、创业机会评价的方法

在明确了评价创业机会的指标后，创业者还要学会按照科学的方法对创业机会进行评价。评价过程要按照外生力量和内生力量分析相结合的评价方法，如图4-5所示。

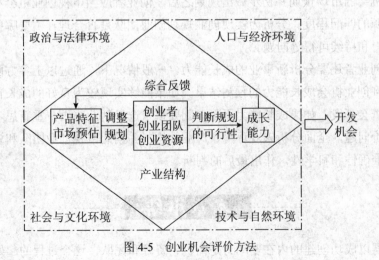

图4-5 创业机会评价方法

首先，要对创业机会的外生力量作出评估。通过搜集资料，市场调查，以及与专业人士进行咨询讨论，分析得出结论，通过详细的比较分析，对市场宏观环境以及产业结构的特征进行梳理，排查其对开发创业机会的影响。其次，创业者要根据新事业的市场预期以及产品特征评估创业机会，并初步设计合适的规划。据此，我们可以建立一个市场优势以及产品优势的交互模型，如图4-6所示。

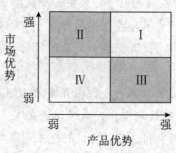

图4-6 创业机会优势分析

资料来源：林嵩，谢作渺．创业学：原理与实践[M]．北京：清华大学出版社，2008．

图4-6中，将市场和产品层面的优势都简单地分为强弱两种情况，这样就将创业机会分成了四种类型。具体来说，Ⅰ型创业机会的产品优势和市场优势都比较强，创业者可能面对的是一个全新的快速成长的市场，产品也拥有非常先进的独特性和创新性。对于这种机会，创业者很容易获得成功。但是，不容忽视的是，这样的创业机会窗口开放时间相对较短：一方面，大量的市场追随者进入，使得市场优势不再；另一方面，技术的快速普及也使技术优势逐渐消失，机会便从Ⅰ型蜕变为Ⅱ、Ⅲ甚至Ⅳ型。所以创业者在机会处于Ⅰ阶段时，最重要的规划是要在机会窗口关闭之前保持产品的创新性与独特性，尽可能多的抢占市场份额。通常，市场中的创业机会属于Ⅱ、Ⅲ类型，这些创业机会往往在市场和产品中的一个方面具有优势，而在另一方面不具有优势，这就需要创业者制定不同的市场开发以及产品战略规划，最大限度的开发机会的潜在价值。

在分析机会的市场预期并初步做出规划之后，创业者应当审视创业机会与自身、团队以及创业资源的匹配程度。分析为实现创业规划创业团队是否合理，需要哪些强化，所需资源是否可得和持续可得等问题。

最后，创业者还要分析新事业的成长能力。一般情况下，通过以上各方面的分析，创业者可以得到创业机会成长能力的预测结果。如果能够实现较为良好的成长预期，那么可以选择实施机会开发；如果成长能力不足，则要慎重选择创业与否，重新思考上述各个创业机会的评价问题，全面分析宏观环境、产业结构，并据此审视创业团队和资源情况，以提升评价的准确性和科学性，作出最后的判断。

------------------------- **本章小结** -------------------------

新企业得以成功创建的内在驱动力是商机、资源和团队，这个过程的起始点是商机，

商机的形式、大小、深度决定了资源与团队所需的形式、大小、深度。首先，创业者应当明白什么是创业机会，它有哪些特点，创业机会自身以及与企业发展阶段相结合来看，是怎么样演变的。具体来说，创业者要了解创业机会的内涵及其演进。我们将创业机会定义为创业者通过整合资源，满足市场对新产品、新服务的需求并创造价值，从而获得利润的机会。创业机会是一个动态的演变过程，创业机会识别由机会出现萌芽开始，经过机会搜索及机会评价，从而确定机会开发方向，建立团队及组织结构、启动创业资金及构建商业计划等活动。其次，创业者要掌握创业机会的来源与搜索方法。创业机会来源于宏观环境的改变、消费者未满足的需求、新成长性产业出现、商业模式创新及新技术的应用。创业者的先前经验、心理特征、创造力是影响机会搜索的因素。最后，创业者要掌握创业机会的评价方法。创业活动是创业者与创业机会的结合，并非所有机会都适合每个人。对创业者来说，关键在于如何能够从众多机会中找寻出有价值的创业机会，并采取快速行动来把握机会。Timmons（1999）从行业和市场、经济因素、收获条件、竞争优势、管理团队、致命缺陷问题、个人标准和战略差异 8 个方面提出了创业机会评价框架。我国台湾学者刘常勇（2002）教授则将创业机会评价指标进行了概括和凝练，具体包括市场评价和回报评价两个方面。为了能够准确地分析和评价创业机会，创业者要从外生力量和内生力量两个方面评价创业机会。

案例分析　　母婴市场的创业机会在哪儿？

扫描此码　案例学习

思　考　题

1. 为什么创业者和创业学研究者都非常关注创业机会？
2. 创业机会的发现观和创造观有何异同？
3. 如何评价一个创业机会的好坏？
4. 分析你现在所处的环境，你认为有哪些值得开发的创业机会？

第五章
商业模式开发

―――――― 本章学习目的 ――――――

了解商业模式的内涵；
了解商业模式的重要性；
理解价值链为什么有助于商业模式的浮现；
掌握商业模式的构成要素。

引导案例

扫描此码　案例学习

P. F. Drucker 认为："当今企业之间的竞争，不是产品之间的竞争，而是商业模式之间的竞争。"研究表明，超过 60% 的成功的创新都是商业模式的创新，而不仅仅是技术的创新。一项高新技术如果离开了商业模式，是没有意义的。前时代华纳首席执行官迈克尔·邓恩认为，"相对于商业模式而言，高技术反倒是次要的。在经营企业的过程当中，商业模式比高技术更重要，因为前者是企业能够立足的先决条件"。我们在讨论戴尔销售模式时，最多关注的是它的商业模式。商业模式是企业如何赚钱的模式，它涉及新企业角色、顾客、合作商户以及产品与服务等方方面面。本章在解析商业模式的内涵的基础上，了解商业模式的重要性，掌握商业模式构成的关键要素。

第一节　商业模式的内涵

一、商业模式的概念

20 世纪 80 年代以来的信息技术革命，不仅改变了人们的工作方式，也改变了商业活动的方式，从而对企业的运作模式产生了深远的影响。到了 20 世纪 90 年代，随着以 IT（信息技术）为中心的商业时代的到来，特别是 20 世纪 90 年代中后期互联网创业浪潮的兴起，"商业模式"（business model）逐渐成为一个常用的术语，日益得到人们的关注。

对于商业模式这个概念，学者从不同角度对商业模式进行过定义，但到目前为止，还没有出现被学术界和企业界普遍认可的概念。本书从三个视角对商业模式的定义进行归类，分别为：盈利性视角、价值性视角、系统性视角。

（一）盈利性视角

商业模式盈利视角关注企业的盈利性，将商业模式描述为企业的经济模式，本质为企业获取利润的逻辑。Stewart et al.（2000）认为，商业模式是企业能够获得并且保持其收益流的逻辑陈述。Afuah & Tucci（2001）认为，充分利用互联网的公司应该有一个互联网商业模式，互联网商业模式描述公司怎样利用互联网以一种可行的方式赚钱，也许短期会亏损，但长远来看将获取利润。互联网商业模式包含了一系列与互联网相关和不相关的活动。Hawkins（2001）描述商业模式是商业企业及其在市场中提供的产品和服务之间的商务关系。Rappa（2004）认为，商业模式就其最基本的意义而言，是指做生意的方法，是一个公司赖以生存的模式，即一种能够为企业带来收益的模式。商业模式规定了公司在价值链中的位置，并指导其如何赚钱。Mahadevan 认为，商业模式是企业与商业伙伴及买方之间价值流（value stream）、收入流（revenue stream）和物流（logistic stream）的特定组合。

综上，基于盈利性视角的商业模式关注企业目前的利润获取方式，未来的长期获利规划，以及能够持续优于竞争对手和获得竞争优势的途径。

（二）价值性视角

企业商业模式的最终目的是实现商业价值，一些学者从价值的角度分析商业模式。KMLab 公司（2000）认为，商业模式是关于公司在市场中想要如何创造价值的一个描述，它包括公司的产品、服务、形象和营销等的综合，以及人员组织和基础运营设施。Linder & Cantrell（2000）将商业模式定义为组织创造价值的核心逻辑。Petrovic et al.（2000）认为商业模式是一个通过一系列业务过程创造价值的商务系统。Petrovic, Kittl & Teksten（2001）认识到商业模式是商业系统创造价值的逻辑。Scott，Jeff & Jane（2005）认为商业模式是从价值网络中创造和获取价值而进行的战略选择以及核心逻辑的体现。Dubosson et al.（2002）认为，商业模式是企业为了进行价值创造、价值营销和价值提供所形成的企业结构及其合作伙伴网络，以产生有利可图且得以维持收益流的客户关系资本。Afuah & Schindehutte（2000）提出，应当把商业模式看成是公司运作的秩序以及公司为自己、供应商、合作伙伴及客户创造价值的决定性来源，公司依它使用其资源、超越竞争者和向客户提供更大的价值。曾楚宏和朱仁宏（2008）认为，商业模式的本质是反映企业价值创造、价值传递、价值提供的逻辑，可以由企业在产业价值链或价值网络中的定位，企业在价值链或价值网络中的竞争优势，以及企业在价值链或价值网络中能够获得的潜在利润三个维度来衡量。

综上，基于价值视角的商业模式关注企业在产业价值链或价值网络中的定位，反映了商业活动参与者之间的创造价值、价值传递、价值交换的逻辑。

（三）系统性视角

Timmers（1998）是最早研究商业模式的学者之一，认为商业模式是产品、服务和信息流的架构，该定义包含三个方面：一是关于产品、服务和信息流的体系结构，包括对各种商业活动参与者和其所扮演角色的描述；二是各种商业活动参与者潜在利益的描述；三是收入来源的描述。Apscott, Lowi & Ticoll（2000）认为商业模式代表了一个由供应商、销售商、服务提供商、基础设施提供商和客户所组成的独特系统，这个系统中的参与者使用互联网来进行商务交流和商品交易。相似地，Amit & Zott（2001）将商业模式描述为一种事务组成要素的体系结构配置，它被设计用于充分利用商业机会。其框架描述了由公司、供应商、候补者和客户所组成的网络运作事务的方式。Barringer & Ireland（2010）认为，商业模式是企业如何竞争，如何使用资源，如何构建关系，如何与顾客互动的计划或示意图。罗珉、曾涛和周思伟（2005）认为，商业模式是一个组织在明确外部假设条件、内部资源和能力的前提下，用于整合组织本身、顾客、供应链伙伴、员工、股东或利益相关者，来获取超额利润的一种战略创新意图和可实现的结构体系以及制度安排的集合。袁新龙和吴清烈（2005）认为，商业模式是企业能为客户提供价值，同时企业和其他参与者又能分享利益的有机体系，包括产品及服务流、信息流和资金流的结构，包括对不同商业参与者及其角色的描述，还包括不同商业参与者收益及其分配的划分。

综上，商业模式是一个具有一定结构的整体，它由若干相互关联的部分组成，各个部分相互作用、相互支撑，形成一种机制，共同使企业保持良好的运作状态。商业模式描述公司提供给一个或者若干客户群的价值，以及公司和其伙伴网络所组成的体系结构，该体系结构致力于创造、营销和送达价值和关系资本，并以产生利润和可维持生存的收入流为目的。

基于以上理论，本书认为商业模式是一个企业从研发、制造、销售，直至售后服务的具体的，并区别于其他企业的可盈利的流程结构，其目的是通过为客户提供价值增加的产品及服务而获取利润。

二、商业模式的重要性

（一）商业模式的价值

商业体系结构反映了商业的静态特征，商业运作方式反映了商业的动态特征，价值创造方式反映了商业的核心特征，收入和利润是商业的最终目的，而商业战略反映了商业的外延特征。因此，商业模式是企业创造价值，产生利润的内在机制，它包括通过市场活动来给客户提供价值，以及利用企业资源支撑价值增加活动和市场活动。

21世纪的企业竞争的最高境界不再是产品的竞争、人才的竞争、营销的竞争、服务的竞争，其最高境界是一种商业模式，即赢利模式的竞争。日本日产汽车公司CEO戈恩·卡洛斯这样看待企业的赢利模式："这是一个赢利至上的时代，在这个时代里，谁能持续获得比同行更高的利润，谁就是真正的赢者，所以我们需要一个有效的赢利模式，让我们的希望变成现实。"

商业模式是连接技术开发和经济价值创造的媒介。当下的商业模式和传统的商业模式最大的区别在于：当下的商业模式不再是关于成本和规模的讨论，而是关于重新定义客户价值的讨论，关注客户价值及其持有成本。商业模式必须明确向顾客提供什么样的价值，向哪些客户提供价值，如何为提供的价值定价，以及如何在提供的价值中保持竞争优势，即商业模式应该解决以下问题：谁是客户？客户的价值是什么？如何在这种客户中赚钱，将这种价值以合适的成本交付给客户的根本经济逻辑是什么？

以华为为例，华为的崛起与其商业模式有着密切的联系。华为的商业模式主要体现为：第一，发现渴望得到需求满足的客户群；第二，建立与上游企业的合作，以合适的成本生产出定价符合市场供求的产品和服务；第三，将产品和服务在恰当的时间和地点传递到客户手中；第四，持续地为客户提供价值提升，提高企业的持续经营能力和竞争优势。

商业模式创新就是创造与众不同的客户价值。在华为崛起之前，电信业是技术驱动产业，但经历IT泡沫之后，电信业开始由技术驱动转变为客户需求驱动。据此，华为将自己定位为量产型公司而非技术创新型公司，当然它也并不是完全放弃技术研发，在其商业模式中，就努力利用自身研发人员的特点，深入开发二、三层领域的技术设备，并对国际先进技术紧盯不放。因为华为明白，核心技术要想达到质变不可能一蹴而就，但也不能因此就只关注中下游产品线的开发。

华为商业模式另一个创新点就在于其独特的价值主张——始终以客户需求为导向的生产方式。在2007年的时候，华为的全球20个重点国家的客户满意度调查中，就有一项指标超过爱立信，那就是客户化的定制能力，这也意味着华为不是简单的量产化企业，更是一家定制化量产的企业。

企业要实现基业长青，首先要制定清晰而正确的企业战略，然后将战略付诸实践，形成企业自己一套强大的、可操作的、可持续赢利的商业模式。在此基础上，企业通过品牌向社会展现自己，因此，一个成功的品牌一定是建立在企业成功商业模式基础之上的杰作。商业模式与品牌作为企业的左膀右臂，前者形成企业内部的坚固壁垒，后者成为企业对外的有利武器，在企业的发展中相互促进，为企业的长远可持续发展提供保障。

（二）商业模式的创新

企业本身是一个系统，但是作为个体的企业并不是独立存在的，它还处一个更大的系统中，即企业生态系统。企业生态系统是企业与企业生态环境形成的相互作用、相互影响的系统。在这个系统中，企业与外部环境进行着信息、物质和能量的交换，与周围的环境共同构成了一个相互作用、相互依赖的整体。对于中小企业来说,同样也是处于一个大的生态系统之中,无时无刻地在与周围的环境进行着各种方式的交流。

1. 企业内部系统的商业模式创新

企业作为一个独立的个体,本身就是一个复杂的系统,有众多的要素构成,当然,要研究一个企业,我们不可能穷尽其所有的要素,根据西蒙的有限理性理论,我们可以选取企业中最重要而且最具代表性的要素进行研究。依据对企业的重要性程度和对企业经营效果的贡献程度,研发创新、财务结构、生产运营、营销管理、人资管理等是企业的主要组成模块,也是企业运转的常规部门,对其中某个要素或是某几个要素的创新都能引发企业商业模式的变革。

除此之外,构成企业整个系统的各要素之间也是相互联系和相互作用的,研发、财务、生产、营销、人力各模块之间也会发生各种各样的联系,也会产生价值流动和创造。加强对企业不同要素之间关系的研究或是对其关系进行重组,都会对整个企业的运转产生重大的意义。第一,研发创新一般是针对技术和产品的创新,技术创新和产品创新既相互联系又相互区别,包括核心产品、有形产品、附加产品等方面,产品创新侧重于商业和设计行为,具有成果的特征,因而具有更外在的表现,而技术创新则具有过程的特征,往往表现得更加内在;第二,财务在企业商业模式中起着重要的枢纽作用,财务将各利益主体连在了一起,可以从财务治理与财务管理两方面进行财务的管理和创新;第三,生产运营是组成企业价值链的主要环节,是构成企业市场链的主要活动,也是企业核心竞争力的主要内容,生产运营环节可以从优化生产流程和生产运营管理模式两个方面进行价值创造;第四,营销是企业运作过程中最后一环也是最重要的一环,营销水平的高低也直接影响着企业的效益,由此可见营销创新的重要性,营销创新具体表现为营销观念和营销方法的创新;第五,人力资源管理包含招聘遴选、人员测评培训、绩效考核、职业发展、员工关系等,可以简单的将其归结为对人才的选、育、用、留四个阶段,对于一般企业来说可以尝试对这四个方面进行创新。

2. 企业外部系统的商业模式创新

企业外部系统主要是企业的利益相关者和社会宏观环境。

第一,与利益相关者之间的价值创造。首先,通过变更交易主体实现商业模式创新,传统企业的利益相关者往往很简单,常常局限于上游的供应商和下游的客户,通常采用"外部供应—自身生产—销售给顾客"运作流程,在知识经济时代背景下,为了提高企业的效益,企业完全有必要考虑变更企业的交易主体,战略联盟是实现这一过程的有效手段;其次,通过改变交易内容实现商业模式创新,企业与利益相关者之间的交易内容除了产品和服务,还有待于进一步创新,这种创新可以在既有的行业或企业展开,也可以通过某种交易来创造新的产业。例如,交易的内容可以是一种信用,即企业之间或企业与客户之间以信用为基础进行的一种交易,如银行推出的信用卡业务、证券投资公司、信托投资公司的信托业务等。此外,通过改变交易方式实现商业模式创新。支付平台模式是当今最具效益的一种交易模式,这种模式为买卖双方提供交易撮合的中间平台,不但能够通过会员费、佣金、广告费等方式盈利，而且帮助供求双方跨越地域和时间的局限，大大地降低了各自的交易成本，实现了多方的共赢。

第二，与环境之间的价值创造。由于环境因素是不可控的，因此往往会给企业带来不利影响，甚至造成危机。对企业来说，最好的应对策略就是建立环境危机管理系统，避免危机的产生或扩展，这等于对企业进行了价值创造。首先，建立危机管理应对机制。当企业自身经营不善出现危机时，如果企业不能处理好与外界的关系将会给企业带来灾难性的后果，同样如果企业的外部环境发生变化，也会给企业带来冲击。这就需要企业的管理者具备危机意识，未雨绸缪，建立危机管理应对机制，建立与外界环境的对话机制，加强与外界环境的沟通。其次，对于在外部复杂环境下经营的企业，应该更加重视与周围环境的关系，在对社会环境提供服务的同时也要学会趋利避害，规避风险，营造或抓住促进企业发展的各种机会，逐步发展壮大。

三、商业模式的浮现

（一）价值链分析

商业模式是企业立足市场的核心竞争力，同时也是企业创造价值的源泉。具有价值的商业模式往往与价值链的各个环节紧密相连。商业模式的开发就是对商业模式的价值链进行分析。

价值链（value chain）理论是哈佛大学商学院教授迈克尔·波特于1985年提出的。波特认为，"每一个企业都是在设计、生产、销售、发送和辅助其产品的过程中进行种种活动的集合体。所有这些活动可以用一个价值链来表明"。波特的价值链理论被许多企业和创业者用作识别机会、分析企业竞争力、制定企业战略的工具。

价值链是产品如何从原材料阶段，经制造和分销，最后到达最终用户手中的一系列变化活动的链条，如图5-1所示。价值链解释了商业模式的出现，以及进一步发展。

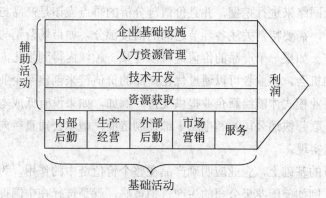

图 5-1 商业模式的价值链分析

资料来源：Michael E.Porter. Competitive Advantage: Creating and Sustaining Performance [M]. A Division of Simon & Schuster Adult Publishing Group press, 1985, 1988.

价值链由基础活动和辅助活动构成。基础活动包括内部后勤（包括企业与供应商关系，以及所有接受、储存、运输产品零部件到达最终产品组装点的活动）、生产经营（包括所有制造产品必须的活动）、外部后勤（包括所有库存和运送最终产品的活动）、市场营销、服务，辅助活动则体现的是对基础活动的支持。产品通过企业价值链的不同阶段时，各个环节可能增加（也可能不增加）产品价值，最终产品或服务是价值链各阶段贡献的价值总和。

创业者可以通过审视一个产品或服务的价值链，来发现价值链的哪个阶段能够以其他更有意义的方式增加价值。这种分析可以集中于：价值链的某项基础活动（比如营销）；价值链某个部分与其他部分的结合处（如生产经营和外部后勤之间）；某项辅助活动（如人力资源管理）。不管集中于价值链的哪一种活动，创业者都要确定自己在整个价值链中的地位和角色，并进一步明确合作伙伴以给新企业提供有效支持。

例如，戴尔公司认识到，有些顾客希望得到一天24小时，每周7天的技术支持，并且他们愿意为此多支付一些金钱。戴尔意识到，企业可以通过在"服务"环节增加24/7技术支持来实现价值增值。如果戴尔公司可以提供这种24/7技术支持，而它的竞争对手做不到，那么这种24/7技术服务就成为戴尔与其他企业差别化的利润点。为了给顾客创造更多价值，戴尔公司在2007年、2008年分别追加资源用于支持服务。

一个产品必须拥有顾客才能获得成功。为理解创新产品如何才能实现盈利，创业者迫切需要搞清的基本问题包括：建立什么样的产品价值链才可以成功实现产品的商业化？在这一价值链中，新企业将扮演什么角色？还有哪些合作伙伴需要加入？他们分别将扮演什么角色？其获利点在哪？谁将向谁付费？为什么？或者说，在即将建立的价值链中，顾客是谁？是否有足够多的顾客愿意加入？

企业价值链分析是商业模式开发的关键分析部分，通过充分、有效的价值链分析有助于创业者识别、利用机会，从而有助于商业模式的运用及价值创造。创业者可以通过优化产品的价值链来创建新企业，但是，只有创造出一个可行的商业模式才能给新企业提供支持。

正如前文所述，如今市场上消费者所接受到的产品与服务大多数包含了许多企业的生产和服务，并不是传统的单一型企业的供应。这样，如今的价值链分析就必须着眼于整个与产品相连的企业网络来进行挖掘，并且价值链分析的重点应该是产品与服务。通过对价值链各环节的分析，需要特别关注各环节之间的衔接部分，如市场营销与服务，不断完善整个价值链的运作。如果一个产品的价值链可以在某一领域内得到强化，它就可能代表着创建一家新企业的机会。创业者可以通过优化产品的价值链来创建新企业，但是，只有创造出一个可行的商业模式才能给新企业提供支持。例如，如果没有低成本的运货商（如联合包裹服务公司、联邦快递公司）和电脑零部件制造商，戴尔公司直接向最终用户销售电脑的创意就不可能实现。

在价值链分析的基础上，企业应明确产品在整个价值链中的作用，为企业的后续发展与提升提供保障。例如美国苹果公司的生产营销策略，就是选择在中国拥有的大规模廉价劳动力的企业进行最基础的手机组装工作，这些企业在苹果产品价值链中处于最底层，利润分成最为低下；而苹果公司本身则侧重于产品的研发与外形的设计，并且营造科技感十足的实体零售店,因此苹果公司处于手机价值链的最顶层,享受到的是最大程度的利润分红。在苹果公司的价值链中,中国企业的加入大大降低了产品成本,利于其市场竞争。

(二)商业模式与价值链的关系

通过上面对于商业模式和价值链的研究总结,可以看出商业模式与价值链有密切关系。

第一,商业模式需要指明了企业的价值源泉,企业价值源泉常常体现为对目标市场的需求分析,表现为企业产品或者服务设计,也就是企业的价值定位,而价值链理论的根本目标就是分析企业价值创造过程,以明确或设计企业价值活动的优化安排。所以,商业模式要与价值链的基本目标相吻合;第二,商业模式需要设计或者体现企业所处整个价值网络的某种组合方式,这种组合方式体现了商业模式的价值创造原则,而价值链的重要发展就是认识到价值系统或者垂直价值链的整体组合对企业竞争的重大影响,价值链分析的目标是优化价值系统或者垂直价值网络以实现更多价值创造;第三,商业模式旳重要组成部分是企业内部价值链的模式,内部价值链模式决定了企业的成本结构与利润结构。内部价值链正是价值链最关注的部分,也是价值链的核心组成,通过对内部价值链的分析与设计,使企业获得竞争优势。

案例5-1 联想集团价值链分析

联想公司交易型模式和关系型模式结合的"双模式"商业模式,充分体现了价值链在企业发展中的作用。两种模式首先在内部价值链上进行区分,虽然能满足不同市场的要求,但是同时对于效率的管理也带来了极大的挑战。为了充分发挥两种模式的协同效应,提升效率,两种模式进行了很多的融合,充分实现协同,才达到了规模效应。

第一,在生产制造环节方面,对于关系型模式业务来说,大客户通常会大批量的下单,而且配置个性化,标准配置非常少。针对特殊部件和赢单率,如果赢单率高,那么联想将对这部分订单进行优先处理,对采购和生产进行优先安排。而对于交易型客户而言,客户零散采购,产品标准化的要求很高,需求预测的准确性十分重要。联想会非常审慎的处理这类订单的预测,会结合库存情况、竞争分析、市场的历史数据等多达七个因素建立数学模型,然后其再根据预测的情况进行生产的组织和销售。第二,在供应链管理方面,对于关系型交易模式来说,除了特殊要求的部件以外,通用的部件与交易型业务的部件整合在一起进行大批量的采购。在交易型业务中,除了电池、内存、显示器等部件以外,供应商也是自行管理库存。第三,在人力资源方面,交易型模式的业务人员要求精通店面管理、渠道激励和考核、竞争力建设、培训等。而关系型模式的业务人员要求直接面对行业客户,具有与客户建立信任、挖掘客户需求,有效推荐产品和方案,巩固客户信心的经验和能力,因此对于这部分业务人员的要求会更高。第四,在销售方面,交易型业务的客户大多数是普通消费者或中小企业的IT主管,他们更加关注的是更高的性价比,更直观的消费体验,所以交易型业务的营销更多的基于各种面向大众的营销活动，如赞助奥运会、NBA 篮球赛、联想青年公益创投大赛等。而关系型业务的客户采购的不仅仅是消费品，更多的是能为内部创造价值的工具，这类客户的关注焦点不仅仅在产品本身上，更关注个性化的解决方案、售后服务能力、综合技术水平等。

综上所述，联想集团利用企业内部价值链创新，成功打造了交易型模式和关系型模式结合的"双模式"商业模式，构筑了联想集团的核心竞争力。

资料来源：

[1] http://www.docin.com/p-812712564.html.

[2] http://doc.mbalib.com/view/332daa85dd0224724b099c58472616c6.html.

第二节　商业模式设计

在第一节我们讨论了商业模式的内涵及商业模式的价值链分析，那么商业模式究竟由哪些要素构成？如何设计商业模式？本节将对这些问题展开探讨。

商业模式是一种系统性的整体，由一些基本的要素构成。尽管人们对商业模式的构成要素难以达成一致意见，但是，研究普遍认同商业模式的构成要素由多个维度组成。Rainer Alt & Hans Dieter Zimmermann（2001）认为，使命、结构、过程、收入、法律事务、技术是商业模式的六个要素，这六大要素共同构成了商业模式的核心。Osterwalder & Pigneur（2005）认为商业模式由服务理念（价值主张、目标客户）、技术结构（服务提供、系统）、组织安排（网络策略、角色分配）以及财务安排（收入来源）四个要素组成。Chesbrough（2006）认为，商业模式包括市场、价值主张、成本与利润、价值网络、竞争战略。Gary Hamel（2000）认为，商业模式由四个要素构成：核心战略、战略资源、顾客界面和价值网络。美国著名学者 Barringer & Ireland（2010）认为，商业模式包括核心战略、战略资源、伙伴网络和顾客界面，每个要素都包含几个次级要素，如果初创企业商业模式的某个组成要素不能发挥作用，整个商业模式就会失败，如图 5-2 所示。这种观点被实业界和学术界认可与接受较多。因而，本书采用 Barringer & Ireland 的观点，将在后面详细讨论有效商业模式的四大关键要素：核心战略（企业如何竞争）、战略资源（企业如何获得和使用拥有的资源）、伙伴网络（企业如何构建和培育合作伙伴关系）、顾客界面（企业如何与顾客互动）。

图 5-2　商业模式的组成要素

资料来源：布鲁斯·R. 巴林格, R. 杜安·爱尔兰. 创业管理：成功创建新企业 [M]. 杨俊, 薛红志, 等译. 张玉利, 审校. 北京：机械工业出版社, 2010：106.

一、核心战略

核心战略阐述了企业与竞争对手之间表现出的竞争优势，是企业商业模式构成的首要要素，主要包括企业使命、产品或市场范围、差异化等基本要素。

（一）企业使命

企业使命（mission）是责任的体现，是企业的一种根本的、崇高的任务，是对企业目标的构想。一方面，它是企业"存在理由"的宣言；另一方面，它是企业的价值设计，反映和体现企业的宗旨、核心价值观和未来方向，企业使命是企业生存的基石。管理大师彼得·德鲁克（1973）指出，建立一个明确的企业使命，应成为企业家的首要责任。使命回答"企业为何追求"。企业使命为企业发展指明方向，企业使命是企业战略制定的前提，企业使命是企业战略的行动基础。

彼得·德鲁克（1973）明确指出，在规定企业的宗旨和企业的使命时，首要而关键的问题是"谁是顾客？"；其次是"顾客买些什么？"；最后一个问题是"顾客考虑的价值是什么？"，这可能是最重要的一个问题，但也是最少被提出的一个问题。

企业的使命，或使命陈述（mission statement）阐述了企业存在及其商业模式预期实现的目标。例如，微软公司的使命是，让每一张桌子上、每一个家庭中都有一台计算机，都使用微软的软件。宝洁公司的使命是，提供名优产品，真正改变客户的日常生活。阿里巴巴的使命是，让天下没有难做的生意。上述使命陈述均在不同程度上表达了企业的优先考虑事项，并设置了衡量企业绩效的标准。对一个企业来说，使命不能限定地太窄，要设置多元化的商业模式内容，以适应变革及企业长远发展的需要。

（二）产品和市场范围

产品和市场范围定义了企业集中关注的产品和市场。通过全面的产品和市场调查与分析可明确企业产品范围，为企业发展确定明确的目标市场。首先，产品的选择对企业商业模式的选择有重要影响。例如，亚马逊网站起初是作为网上书店而创建的，不过它逐渐开始销售 CD、DVD、珠宝和服装等其他产品，其商业模式已经拓宽，涉及对出版商之外的其他很多供应商和伙伴关系的管理。同样，雅虎网站起初提供免费的互联网搜索服务，并通过在网站上创造广告空间来获利。这种商业模式到 2000 年早期，电子商务泡沫破灭时已不再奏效了，广告收入锐减。雅虎网站修改了它的商业模式，将更多的订购服务包括进来，以创造更稳定的收入流。2008 年，在财务压力下微软公司企图收购雅虎的搜索业务，然而雅虎最终选择了与另一家网络搜索公司进行合作。

市场范围的确定是企业从事经营活动重要因素。例如，戴尔公司把企业客户与政府机构作为它的目标市场，惠普公司则把个人、小企业和首次购买电脑的客户看成目标顾客。对这两个企业来说，它们的市场范围选择对形成自己的商业模式有重要影响。但是，新创企业尤其要注意，在拓宽产品和市场范围时，尽量不要超出自己的能力。

(三)差异化基础

新创企业必须向顾客提供区别于竞争对手的产品和服务。差异化的结果是提供了为市场所接受的具有独特利益的产品,为供应商和消费者带来收益,使顾客有理由购买该产品和服务。因而,差异化是新创企业和竞争对手竞争的关键。

从一般意义上讲,企业会在成本领先战略(cost leadership strategy)和差异化战略(differentiation strategy)中选择一种,从而在市场上给自己定位。

成本领先战略也称低成本战略。当成本领先的企业的价格相当于或低于其竞争厂商时,它的低成本地位就会转化为高收益。在这种战略的指导下,企业决定成为所在产业中实行低成本生产的厂家,以此吸引顾客。

差异化战略又称别具一格战略、差别化战略,是将公司提供的产品或服务差异化,形成一些在全产业范围中具有独特性的东西。实现差异化战略可以有许多方式,如设计或品牌形象、技术特点、外观特点、客户服务、经销网络及其他方面的独特性。

企业选择的战略会对它的商业模式产生很大影响。成本领先战略要求商业模式专注于效率、成本最小化和大批量。结果,由于专注于低成本而非舒适性、成本领先的企业不会追求产品的新颖。相反,差异化战略要求商业模式集中于开发独特产品和服务,索要更高价格。在大多情况下,新创企业采用成本领先战略往往很困难,因为成本领先要求规模经济,而规模经济需要时间积累。而差异化战略对新企业却十分重要,因为这是取得顾客认可的很好的方式。企业可以通过功能创新去获得竞争上的差异化优势,可以通过专利权或商业秘密这种保护得以维持,否则很快会被复制,市场产品由差异化走向非差异化。

二、战略资源

一般认为企业战略资源是用于战略行动及其计划推行的人力、财力、物力等资源的总和,这些资源是战略转化行为的前提条件和物资保证。企业的战略资源极大地影响着企业商业模式的运作,对于新创企业而言更是如此,战略资源从创业初期就开始受到创业者特质、机会识别的能力等因素的制约。企业核心能力(core competency)和战略资产(strategic Assets)是企业发展过程中的两种最为重要的战略资源。

(一)核心能力

企业核心能力的要点是"技能和知识的有机整合",而使协调和有机整合成为可能的正是组织资本和社会资本。核心能力是一种资源或者能力,是企业市场竞争优势的源泉。它是企业产品领先于市场的独特技术和能力,对于吸引顾客有着巨大的贡献,并且难以被竞争对手所模仿,例如,美国苹果公司的手机设计,索尼公司的多样化、小型化能力等。企业的核心能力是企业获取最大价值的根源。为了指明自己的核心能力,企业应当识别具有如下特征的技术：独特性、对顾客有价值、难以模仿、灵活性高。对顾客所重视的价值有巨大贡献的独特技术或能力，即构成了企业的核心能力。

企业核心能力是企业长期竞争优势的源泉，在短期和长期内企业的核心能力都很重要。在短期内，正是核心能力使得企业能够将自己差异化，并创造独特价值。例如，戴尔公司的核心能力包括供应链管理、有效装配产品和服务企业客户，所以其商业模式使它能够向企业客户提供价格便宜、技术新颖、使售后服务更有意义的计算机。再如，我国国内的小米手机公司，利用智能手机来确立自己的核心能力，即拥有市场上最先进的处理器，最大的显示屏幕，最大的内存空间以及最低的市场价格。而从市场的反应来看，小米手机从开卖至今，仍处于供不应求的状态，并在此期间，该公司的市场表现又为其赢得了大量的融资，这为公司的进一步发展与规划拓宽了道路。从长期来看，通过核心能力获得成长以及在互补性市场上建立优势地位也很重要。例如，戴尔公司已经建立了装配和销售个人电脑方面的核心能力，并开始将其移向计算机服务和其他电子设备市场。再如，全球著名快餐公司肯德基，在已经建立了西方快餐的营销核心能力的基础上，将其业务按照中国市场的需求进行转变，并且推出一系列中国特有的快餐食品。这种运用企业核心能力开发新机会的过程，被称为资源杠杆。

在产品生命周期日渐缩短与企业经营日益国际化的今天，竞争成功不再是转瞬即逝的产品开发或市场战略的结果，而是企业具有不断开发新产品与开拓新市场的特殊能力的体现，企业核心能力在企业的成长与发展进程中发挥着关键作用，知名企业的成功无一不是基于源自其企业核心能力之上的长期竞争优势。例如，微软公司的成功在于不断开发出新的操作平台的能力，英特尔不断推陈出新的能力则非其他公司可以比拟。

（二）战略资产

企业间存在效率差异并且有的企业存在持续竞争优势，差异产生的原因在于企业所拥有的资源和组织能力在本质上的不同。战略资产是企业拥有的稀缺、有价值的事物，包括工厂和设备、位置、品牌、专利、顾客数据信息、高素质员工和独特的合作关系。

一项特别有价值的战略资产是企业的品牌。例如，必胜客利用其温馨的就餐环境和独特的美食来建立品牌形象，而其他类似的快餐店想要获得同样的消费者品牌认可度则需要付出更多的努力。星巴克付出极大地努力来建立品牌形象，其他咖啡零售商要想获得同等的品牌认知需要付出极大的努力

另一项特别有价值的关键资产是顾客数据信息。例如，阿里巴巴拥有的关于中国供应商的需求与销售信息，这些是它推出企业信用认证概念和电子商务搜索概念的信息基础。

企业将自己的核心能力与战略资产综合起来以形成自己的可持续竞争优势（sustainable competitive advantage），这也是企业在发展过程中筹集投资资金的关键性要素。这种优势需要企业通过实施独特且难以模仿的价值创造战略来实现与维持。

战略资产是由核心能力开发出来的，竞争对手在有时间限制和无核心能力的压力下积累及创新所需要的战略资产，需要花费超额成本，因此在开发战略资产的过程中自然成为

壁垒，从而形成竞争优势。但是，战略资产并不是一直就能保持持续竞争优势。随着市场环境的变化，如消费者偏好的改变、市场竞争标准的变化、政府保护政策的变化等，曾经一度为企业带来竞争优势的战略资产，可能不久就变成一般资产，甚至成为被市场所淘汰的落后资源。真正要维护企业的优势地位，必须不断地寻找新的优势资源生长点，依靠核心能力开发出相应的新战略资产，以此来补充即将失去战略意义的原有战略资产，这样在原有竞争优势即将消散之前，形成新的竞争优势，构成一个竞争优势连续系统，以此来构建企业的持续竞争优势。

三、伙伴网络

从网络的视角来看，在现代经济情境中，企业处于一个由供应商、顾客、竞争对手等外部相关组织相互作用、相互影响的网络组织环境中（Allee & Taug, 2006）。对新创企业来说，一般不具有执行所有任务所需要的全部资源，因此需要依赖其他合作企业以发挥自己的重要作用。在大多数情形下，企业都不会单独包办一项产品的全部价值链程序，因为这样不仅耗费大量的时间与成本，而且还不能有效构建竞争优势。例如，戴尔公司因其装配电脑的技能而具有差异化优势，但在制造芯片上不具备优势，因而戴尔要从其他公司购入芯片。同样，戴尔公司依靠联合包裹服务公司和联邦快递公司递送产品。戴尔当然可以自己建立一个遍布全国的物流系统，但它在这方面不具有核心能力。再如，美国苹果公司因其装配手机的核心技术而具备差异化的竞争优势，但它要从世界其他公司购入手机的显示屏、处理芯片等。苹果公司当然具备自己开发显示屏与芯片的能力，但这些并不是它的强项，不具有核心能力。同样，苹果公司借助于成熟的快递网络向全球发送产品，而不是靠自己的资金与关系筹建公司自己的物流公司。企业也依赖伙伴提供知识资本，以创造复杂的产品和服务。因此，企业需依赖伙伴网络提供的资源，完成创造具有更高价值的产品与服务。

合作伙伴之间的交流和资源分享，能够为企业发展提供支持，但是与新创企业的合作一定是存在风险的，因此新创企业必须经常努力地去说服伙伴公司来与自己进行合作。这样的风险尤其是在产品面世之前、在未经市场进行检验的新商业模式前更高。这时新创企业就必须在取得其他企业信任的同时，努力提升合作伙伴的绩效，这样风险程度才会降低。

企业合作伙伴网络包括众多的利益相关者，其中最主要的是供应商和其他重要的关系，我们将从这几个方面进行分析。

（一）供应商

供应商（supplier）是向其他企业提供服务或者零部件的企业。供应链（supply chain）是参与某产品的生产过程，从原材料到最终销售的所有企业组成的网络。供应链包括了企业为满足顾客需求的直接或间接涉及的所有环节，如零售商、分销商、制造商、零部件及原材料供应商。供应链管理是贯穿产品供应链的所有信息流、资金流和物质流的协调。企业管理供应链的效率越高，其商业模式的运作效率也越高。例如，微软公司是提供操作系统服务的供应商。由于企业在一个商业模式中存在各种不同的供应商，每个供应商参与商业模式活动的内容有所不同，因此，各供应商会以不同的方式进行合作。企业的供应商在商业模式的运作中，发挥了重要的作用。

一般而言，企业与供应商维持着有限的关系，甚至它们之间还构成竞争关系。企业在需要某些产品的时候，往往同多个供应商进行沟通，以压低价格，降低成本。如今，企业在努力寻求转变这种与供应商的竞争关系，并且与他们结成伙伴网络以获得长期的互惠目的。这种转变来自于企业更多关注供应链管理，它是贯穿产品供应链的所有信息流、资金流与物流的协调。这种关注既可以审视价值链的始末端，又能发现节约成本、提高质量和改善产品的机会。

那些与供应商发展了更好合作关系的企业，往往能找到方法推动供应商以更高效率运作。例如，戴尔公司构建了一个协作严密的供应链，支持公司以合理价格提供最新电脑的核心战略。

为较好地协调与供应商的关系，企业应关注供应商管理，加强对供应商的了解、选择、开发、使用和控制等综合性管理工作，建立起一个稳定可靠的供应商队伍，并为企业生产提供可靠的物资供应。在供应链中建立的利益共享机制，直接的点对点企业之间合理的利益分配机制是供应链企业利益共享机制的基础。问题是点与点之间企业的利益分配很容易失衡，交易双方中一方利益的过度获取必然是另一方的过度付出，付出方的成本加重将损害其竞争力，由此将引起整体供应链竞争力的波动。解决的方法是供应商与需求商之间建立共同的利益获取与约束机制，在共性层面上，将以供应链协议的利益分享机制为基础，在点的层面上，需求商与供应商之间的利益分配可以采取灵活的协商方式，确保双方能够共赢。

（二）其他重要关系

除了供应商，企业还需要同其他企业合作来完成商业模式的有效运作，建立企业和经济组织间相互依赖的企业合作网络。对大部分新创企业来说，建立并有效管理合作关系的能力，是商业模式成功的主要因素。企业合作的常见类型有合资企业、合作网络、战略联盟、社会团体与行业协会，如表 5-1 所示。这些企业合作有助于使企业效率最大化，帮助企业提高产品与服务的质量。例如，麦当劳与可口可乐公司就是这样一种独特的合作关系。麦当劳负责全球快餐连锁店与食品的开发，而可口可乐则在店内提供独一无二的碳酸饮料，并且杯子上都印有可口可乐公司的标识。由此可见，企业可通过合作网络来获得资源，实现企业间经营的共赢。

表5-1　企业合作的常见类型

合作形式	描述
合资企业	两个或更多共用某些资源的企业创造的实体，它是一个独立的、被共同拥有的组织
合作网络	一种中心辐射式的组织结构，处于中心地位的企业，组织其他各种企业形成相互依赖的关系

续表

合作形式	描述
社会团体	有相同需求的一组企业，为实现其需求而联合起来组建的一个新实体
战略联盟	建立交换关系的两个或更多企业间的一种组织安排，它不具备合资性质
行业协会	同一产业内的企业形成的一种组织（一般是非营利性的），目的在于收集与传播交易信息，提供法律和技术咨询，提供相关业务培训，并提供一个联合游说政府的平台

资料来源：B. Barringer, J. Harrison. Walking a Tightrope: Creating Value through Interorganirational Relationships [J]. Journal of Management.2000, 26(3): 367-403.

对大部分新创企业而言，建立并有效管理合作关系的能力，是商业模式成功的重要因素。而有些企业管理合作关系的能力，则是它们竞争优势和最终成功的核心。企业与外部各种实体之间相互依赖，有助于企业长期绩效产生（Kalwani & Narayandas, 1995）。外部组织可以是竞争者、顾客、政府部门，甚至是与企业相关的外部实体。在企业参与合作伙伴的建立中，可以增强控制关键资源的能力，以获取先进技术和稀缺资源，实现关键资源的优势互补，这是一种战略资源需求和社会资源机会驱动的结果，是公司寻求比其他资源联合可以更好地实现资源价值的优化资源边界的尝试。

四、顾客界面

"顾客至上"的经营理念已被企业广泛认同，提升顾客满意度，对企业的生存和发展具有长远的意义。因此，企业纷纷建立起顾客服务机制，实施顾客管理。顾客界面（customer interface）是商业模式的重要构成要素，是指企业如何与顾客进行相互作用。顾客界面的类型选择，依赖于企业在市场竞争中如何选择。例如，京东商城只在互联网上出售各类商品，但是它没有自己的实体商场；而苏宁电器则通过传统的实体店面和网络两类途径来进行家电销售。随着目前科技水平的提高，在大数据时代下，顾客信息已经成为了一种资源，通过对顾客信息的分析实现一对一营销或者促使企业从容面对抉择与挑战，发现潜在商机等。

对新创企业而言，顾客界面的选择对于企业的产品定位、市场竞争的方法选择等环节都非常重要。顾客界面包含了三个次级要素：目标市场、销售实现与支持、定价结构。

（一）目标市场

市场是企业获得利润的来源，而目标市场是企业期望并有能力占领和开拓，能为企业带来最佳营销机会与最大经济效益的具有大体相近需求、企业决定以相应商品和服务去满足其需求的消费者群体。简言之，目标市场（customer market）是企业在某个时点追求或尽力吸引的有限的个人或企业群体。企业选择的目标市场可以影响到企业所做的各类事情，例如市场品牌定位、培育合作关系、开展推广活动等。例如，著名国际品牌路易威登公司，将那些愿意为国际流行前线的挎包和鞋子支付昂贵费用的中青年消费者视为目标顾客。因此，它在品牌定位、战略资产和广告推广等方面所作的决策，与其他一些皮包公司完全不同。

拥有清晰界定的目标市场将使企业受益。由于目标顾客具有特殊性，路易威登公司能够因为自己的目标顾客市场而保持国际的潮流，并且能够将自己的营销推广活动聚焦于目标顾客。美国可口可乐公司从1886年问世以来，一直采用无差别市场策略，生产一种口味、一种配方、一种包装的产品，满足世界200多个国家和地区消费者的需求。

（二）销售实现与支持

在激烈的市场竞争中，企业要及时对市场变化做出反应，因此必须建立以市场为导向的经营机制才能使企业立于不败之地，市场营销在企业中的关键作用也不言自明。销售实现与支持（fulfillment and support）描述了企业产品或服务如何送达顾客的方法。它也指企业利用的渠道和它提供的顾客支持水平，而这些都可以影响到企业商业模式的形式与特征。

企业在产品或服务如何送达顾客方面的表现差异较大。有些企业的产品简单、价格低廉并且市场需求大，那么就可以通过供销网络直接进入市场，以此来到达顾客。而有的企业，例如具有科技核心竞争力的苹果公司，它的所有设计与产品都申请了专利，为了形成自己的商业计划，它是如何将产品推广至全世界的呢？苹果公司通过两种途径：首先，借助于自己的官方网站，建立自己的推广和销售渠道；其次，在全球各大洲建立自己授权的直营店，来销售自己的产品并提供售后服务。此外，现有的消费市场表现出新的特点，个性化和体验式营销逐渐受到消费者的关注，用户可以定制自己感兴趣的信息内容、选择自己喜欢的网页设计形式、根据自己的需要设置信息的接收方式和接受时间等。

企业愿意提供的顾客支持水平，也影响企业的商业模式。有些企业将自己的产品和服务差异化，例如航空公司提供的VIP和头等舱服务专柜和专用通道等，通过高水平的服务和支持向该部分顾客提供附加价值。而有些酒店的顾客服务也包括协助停车、顾客引导、服务无盲区等优势来向顾客提供高水平的服务。欧莱雅通过建立完善的培训机制不断提升顾客人员价值和服务价值。欧莱雅为每一位新进员工提供入职培训，详细介绍整个公司，细到各部分业务、各职能部门，大到公司的历史、企业文化，使公司新成员们能很快地熟悉公司的运作模式，适应公司环境，进入本职角色。同时注重员工的职业发展，根据不同员工的潜质和公司对不同员工的期望，定期组织各类销售、市场、财务、谈判、演讲、沟通技巧等专业技能培训。通过这些培训项目，及时更新员工的知识，增强其综合竞争力。

（三）定价结构

价格通常是影响交易成败的重要因素，同时又是商业模式中最难以确定的因素。企业定价的目标是促进销售，获取利润。企业的定价结构会随着企业的目标市场和定价原则的不同而产生变化。例如，通信公司按照服务时间收费，如移动通信公司的通话费用；而有的企业则是按照服务的内容不同定价收费，例如，汽车的4S店，它是按照汽车的保养内容进行不同的收费。

在确定定价结构时企业既要考虑成本的补偿，又要考虑消费者对价格的接受能力，从而使定价策略具有买卖双方双向决策的特征。企业既可以通过普通方式也可以以特殊方式，通过定价结构对自身产生差异化。通常而言,新创的中小企业难以通过价格优势来实现差异化战略,但是这对于具备资金实力的大企业而言却是独到的战略。例如,我国的京东商城在销售日常用品方面,从开始就具备价格领先的优势。还有的企业是通过团购的形式来进行定价结构。再如,最早的团购网站、美国团宝网(Groupon)公司创新地利用团购价格的优势为特色,通过网站和广告推广,打出诱人价位的各类产品而率先占领团购网的市场。

价格是消费者购买产品所要支付的货币数量,最终决定了企业能赚取的收益。企业对产品制定的价格也向目标市场传递了明确的信息,如奥克斯利公司把太阳镜定位于创新性的高级产品,质量高且外观好,这个定位会向顾客传递产品价格溢价的信息。多数创业者会采用两种定价方式,即成本定价和价值定价。第一,成本定价表现的是价格在产品成本基础上增加一定比例的加价,加价比例可能是产业内的标准,也可能是创业者自己决定的。这种定价方法更为直接,容易解释产品或服务的价格,而产品成本不容易被估计,而且价格一旦确定就很难提升。此外,成本定价是在企业认为自己应该得到的收益基础上制定的,未考虑市场对产品或服务的价值评价。由于现在顾客较多的利用网络比较来选择最为有利的价格,企业采取成本定价的方式变得越来越困难。第二,价值定价的价格是估计消费者购买商品所愿意支付多少的基础上确定的。顾客愿意支付的价格会受到产品感知和市场上可选择的数量决定。因此,企业可以通过定位、评价和其他营销组合因素影响消费者的价值感知。企业确定价格的两个影响因素是产品或服务的客观质量、消费者对产品的感知价值,这两方面是企业制定价格需要考虑的因素。

总之,商业模式描述了企业的运营结构,阐述企业如何通过内部流程和基本结构来创造价值。新创企业必须客观认识自己,并且开发出适合自己的、非常有效的商业模式,才能在商业竞争中获得胜利。与新创企业进行合作的每个因素,从合作伙伴到顾客,都是在自愿的基础上进行的,因此企业应适当地激励其合作伙伴和顾客。此外,新创企业要从整体的视角审视自己,理解只有构建有效的商业模式才能获得成功。企业有效商业模式的构成要素是核心战略、战略资源、伙伴网络和顾客界面,综合考虑这些要素并关注它们,是新创企业成功的关键。因此需要关注商业模式的系统性和整体性,立足于企业的价值逻辑体系,对企业的整体商业活动进行分析和评价。

第三节　商业模式应用实例分析

一、百度公司

(一)案例介绍

百度是全球最大的中文搜索引擎、流量最大的中文网站。1999年年底,身在美国硅谷的李彦宏看到了中国互联网及中文搜索引擎服务的巨大发展潜力,抱着技术改变世界的梦想,他毅然辞掉硅谷的高薪工作,于 2000 年 1 月 1 日在中关村创建了百度公司。从最初的不足 10 人发展至今,员工人数超过 18 000 人,如今的百度,已成为中国最受欢迎、影响力最大的中文网站。从创立之初,百度便将"让人们最平等、便捷地获取信息,找到所求"作为自己的使命,成立以来,公司秉承"以用户为导向"的理念,不断坚持技术创新,致力于为用户提供"简单、可依赖"的互联网搜索产品及服务,其中包括:以网络搜索为主的功能性搜索,以贴吧为主的社区搜索,针对各区域、行业所需的垂直搜索、MP3 搜索、门户频道、IM 入口平台等,全面覆盖了中文网络世界所有的搜索需求,根据第三方权威数据,百度在中国的搜索份额超过 80%。

2005 年,百度在美国纳斯达克上市,一举打破首日涨幅最高等多项纪录,并成为首家进入纳斯达克成分股的中国公司。通过数年来的市场表现,百度优异的业绩与值得依赖的回报,使之成为中国企业价值的代表,傲然屹立于全球资本市场。

2009 年,百度推出全新的计算技术概念,并基于此理念推出百度开放平台,帮助更多优秀的第三方开发者利用互联网平台自主创新、自主创业,在大幅提升网民互联网使用体验的同时,带动起围绕用户需求进行研发的产业创新热潮,对中国互联网产业的升级和发展产生巨大的拉动效应。

2012 年 9 月,百度面向开发者全面开放包括云存储、大数据智能和云计算在内的核心云能力,为开发者量身定制从开发到运营的"七种武器",为开发者提供更强大的技术运营支持与推广变现保障,以帮助他们在移动云时代获得更好的收益和成长。据 CNNIC《2012 中国网民搜索行为研究报告》数据显示,百度搜索在手机用户中的渗透率达到 96.9%,用户首选率已经达到 88.5%。

目前,中国已有数十万家企业使用了百度的搜索推广服务,不断提升企业自身的品牌及运营效率。如今,百度已经成为中国最具价值的品牌之一,英国《金融时报》将百度列为"中国十大世界级品牌",成为这个榜单中最年轻的一家公司,也是唯一一家互联网公司。而"亚洲最受尊敬企业""全球最具创新力企业""中国互联网力量之星"等一系列荣誉称号的获得,也无一不向外界展示着百度成立数年来的成就。

(二)商业模式分析

百度在面对用户的搜索产品不断丰富的同时,创新性地推出了基于搜索的营销推广服务,成为最受企业青睐的互联网营销推广平台。通过持续的商业模式创新,百度正进一步带动整个互联网行业和中小企业的经济增长,推动社会经济的发展和转型。

1. 百度推广方式

搜索推广是百度推广的一部分,通过百度搜索推广的关键词定位技术,可以将高价值的企业推广结果精准地展现给有商业意图的搜索网民,同时满足网民的搜索需求和企业的推广需求。在提供便捷的搜索服务的同时,百度也为合作的商家带来了商业机会。当用户的搜索需求具有某种明确的商业意图时,百度会在搜索页面中展示出合作商家的商业信息,以便于引导客户进入销售页面，促成销售活动成交，即搜索推广。

此外，推广结果所展示的顺序，则是由各个商家为百度所支付的广告推广费用来进行排名的，这也就是众做周知的"竞价排名"。这一方式是百度最重要的运营方式。每年该业务所带来的收入，占到百度总收入的80%。这样，百度通过网页搜索，把消费者、搜索结果和运营推广联系在了一起，这一模式使百度在运营方面获得了极大的成功。

百度的搜索推广由三个主要部分组成：凤巢系统、品牌营销和百度联盟。

第一，"凤巢"是百度搜索引擎的核心，也是全新的百度搜索推广服务管理平台的内部开发代号，是2009年4月20日推出的全球最大的中文搜索引擎的专业版，即"凤巢推广系统"。通过这一全新平台，客户可以对百度搜索推广信息进行更为高效地管理与优化，对推广效果更为科学地进行评估。随着"凤巢"逐渐取代"竞价"系统，有效提高企业客户的推广效果，为企业带来更多商机。从2010年至今，百度的广告收益逐年增加，并且成为中国的互联网公司中，广告收入最多的企业，这也成为"凤巢"系统推动了百度搜索推广的有力证明。

第二，品牌营销。作为全球最大的中文搜索引擎，百度凭借强大的网民搜索数据库，能清晰洞察网民消费意愿和消费形态，成为中国"最懂消费者"的ROI媒体平台。百度品牌营销，依托百度营销平台的这一独特优势，在服务客户过程中，始终以消费者为中心，为客户制定最佳的网络营销解决方案，力求使广告营销诉求直达消费者心智，从而实现营销ROI的最大化。此外，百度提供多样的营销产品，包括品牌专区、关联广告、精准广告、社区营销、搜索推广等。高效、专业的百度品牌客户营销团队，帮助伙伴做"更简单、但有效"的广告。在媒体日益发达的现在，特别是近年来自媒体越来越发达，据权威研究机构央视市场研究公司（CTR）最新发布的中国广告花费数据显示，互联网广告的投放量却在逐年攀升，其市场规模在2011年已超过了报纸广告，2012年份额为20.2%，这也体现了现在广告主对于互联网广告的兴趣，以及在选择广告投放媒体的转变。为了达到更好的品牌整合营销的效果，在广告的到达率、转化率上，百度的表现更容易得到广告主的青睐。

第三，百度联盟。百度联盟一直致力于帮助合作伙伴挖掘专业流量的推广价值，帮助推广客户推介最有价值的投放通路。百度联盟要搭建中国互联网诚信、专业、可信赖的媒体平台，帮助合作伙伴在各自的领域获得成功。目前，百度联盟已成功拓展和运营了搜索推广合作、网盟推广合作、百度TV、CPA/CPL/CPS等业务。这是百度对自身产品和资源进行整合的一次调整，借助现有的产品，以及该产品所能够覆盖到的用户群体，提供有针对性的推广服务。

2. 按效果付费

传统广告的广告效果更加难以被量化，而且反馈机制缺乏或者不完善，这导致广告主在投放了广告之后，对广告的效果其实不能有一个清晰理性的判断，而这些广告与真实销售的关系，似乎更加难以量化，而互联网广告更能弥补传统广告在这些方面的不足。百度能够为广告主提供更为详尽的用户信息，更有利于找到产品潜在的消费者。百度的计费方式包括以下几种：一是按照给您带来的潜在客户访问（即有效点击）数量计费，没有客户访问不计费；二是根据业务需求精准定位潜在客户，如不同地域、不同时段、不同精准度等帮助您锁定目标用户群体；三是复杂而优异的防无效点击过滤机制，在纷乱复杂的互联网中保护您的利益。这种计价方式不仅对于广告主在网站上投放广告的效果更有意义，并且这样的数据对于厂商在设计整体的营销推广策略中，也具有非常重要的参考价值。

3. 专业的推广管理系统

百度专业的推广管理主要包括：一是关键词推荐建议，方便的查询工具，及时账户提醒，还有更多免费增值产品从各方面帮助客户制定推广方案、提高管理效率；二是多种详细的统计报告，为顾客观呈现推广效果，优化要点，帮助优化推广效果；三是可以灵活掌握推广力度，随心管理、随时调整推广预算。此外，百度采用全程专业的客户服务，主要包括：一是拥有网络营销领域超大规模的客户服务中心，为顾客提供专业、及时的咨询服务，使用方法、系统规则说明、推广技巧和优化建议；二是在系统中为顾客提供在线顾问、在线留言，无论身处何地，都可以立即和专属推广顾问进行沟通。百度通过全面、专业的推广管理系统，为客户提供专业化的服务，在满足顾客需求的同时为企业的发展提供动力。

百度搜索引擎是网民获知新网站和信息的最主要途径，在搜索时网民的需求已经通过关键词表现出来，而搜索引擎将根据网民需求给出高度相关的推广结果，最大可能地为企业创造商业价值。此外，百度拥有全球第一的网页分析技术、独一无二的"中文分词"技术及全球最完善的反垃圾网页技术与流程，因此能够目标准确地搜索信息。百度在为企业带来客户的同时，也能满足客户的搜索要求，从而最大限度地满足用户和广告主的双重需要。

资料来源：

[1] http://baike.so.com/doc/2508820-2651079.html.

[2] http://home.baidu.com/.

二、联想公司

（一）案例介绍

联想集团于1984年在中国北京成立，到今天已经发展成为全球领先PC企业之一，由联想集团和原IBM个人电脑事业部组合而成，于1994年在香港上市。从1997年以来蝉联中国国内市场销量第一，连年在亚太市场（日本除外）名列前茅。2003年4月，联想集团在北京正式对外宣布启用集团新标识"Lenovo"，用"Lenovo"代替原有的英文标识"Legend"，并在全球范围内注册。2004年，联想成为国际奥委会全球合作伙伴中的第一家中国企业，为2006年都灵冬季奥运会和2008年北京奥运会独家提供台式电脑、笔记本、服务器、打印机等计算技术设备以及资金和技术上的支持。截至2013年，联想集团在美国北卡罗来纳州罗利市三角研究园总部、中国北京市和新加坡三处设立总部。2014

年 1 月 23 日下午联想集团宣布，以 23 亿美元收购 IBM 低端服务器业务。双方签订的协议显示，此次收购价格包含 20.7 亿美元现金和向 IBM 定向发行的 1.82 亿股联想集团股票。在美国《财富》杂志公布的 2008 年度全球企业 500 强排行榜，联想集团首次上榜，排名第 499 位，年收入 167.88 亿美元。根据美国《财富》杂志公布的 2012 年度全球企业 500 强排行榜，联想集团再次上榜，排名第 370 位，年收入 295.744 亿美元，利润 4.73 亿美元。2013 年度《财富》世界 500 强榜单中，联想集团排名大幅提升，从 2012 年的第 370 名上升至第 329 名。2013 年，联想电脑销售量升居世界第一，成为全球最大的 PC 生产厂商。2016 年 8 月，在全国工商联发布"2016 中国民营企业 500 强"榜单中，联想名列第四。

作为全球电脑市场的领导企业，联想从事开发、制造并销售可靠的、安全易用的技术产品及优质专业的服务，帮助全球客户和合作伙伴取得成功。联想公司主要生产台式电脑、服务器、笔记本电脑、智能电视、打印机、掌上电脑、主板、手机、一体机电脑等商品。

面对新的时代，联想秉承"成就客户、创业创新、正直互信、多元合作"的信念，全力打造一个以快速成长和锐意创新为导向的全球化科技企业。联想集团通过自己的销售机构、联想业务合作伙伴以及与 IBM 的联盟，新联想的销售网络遍及全世界。制造和物流基地主要设在中国、墨西哥、美国、波兰、印度、马来西亚、日本和澳大利亚等。联想拥有庞大的分销网络，在中国有大约近万个零售点为客户提供服务。联想集团的强大实力包括享誉全球的"Think"电脑品牌及最新的"Idea"电脑品牌，为商用客户和个人用户提供优质专业服务的能力。联想集团凭借其领先技术的个人电脑产品、易用的功能、个性化的设计以及多元化的解决方案而广受欢迎。此外，联想拥有针对中国市场的丰富产品线，包括移动手持设备、服务器、外设和数码产品等。

（二）商业模式分析

联想公司商业模式为"双模式"，包括交易型模式（transaction model）和关系型模式（relationship model），双模式的划分以对市场的细分为基础而进行区隔。交易型模式，主要面向的是个人消费者、小型机构、成长型企业等消费市场。这一类客户购买 PC 产品的主要是为了娱乐、基本的文字处理，更看重的是外观、创新的设计，以及有竞争力的价格和快速交付。联想需要在研发、营销、销售、生产运作、服务、合作伙伴网络等环节整合资源，满足这一类客户的需求。关系型模式面向的是政府机构、企事业单位等大型客户，即商用市场，这一类客户购买 PC 产品主要是为了工作需要。他们比消费市场用户更加关注产品的稳定性、安全性、产品快速交付能力、产品和服务的可定制化等。联想同样也需要在研发、营销、销售、生产运作、服务、合作伙伴网络等环节整合资源，满足这一类客户的需求。

1. 产品与服务的创新性

联想集团一直将产品创新作为企业发展的根本，早在 1990 年，联想就开始在台式电脑领域进行自主研发。在联想电脑发展的历程中先后推出了全球首款家用电脑、全球首款家庭数码港电脑、全球首款宽带关联电脑等，使中国电脑产业逐渐达到世界领先水平，而其自身的研发实力也在节节攀升。

商业模式的"双模式"运行，使联想根据交易型业务和关系型业务所面向客户的不同，在产品端进行区隔。交易型业务在 2008 年推出了新的子品牌 Idea，将所有的交易型业务的产品统一纳入这个品牌之下。关系型业务在 2008 年全线引入 IBM PCD 业务的强势子品牌 Think，包括 ThinkPad 笔一记本电脑和 Think Center 台式电脑。Idea 产品和 Think 产品在双模式体系运行之下不断地进行着面向客户的产品创新。

在产品创新方面，联想的交易型业务的产品创新主要突破在于工业设计和移动互联战略上。交易型业务的客户更多的关注消费者的体验，体验的最重要一个环节就是工业设计，如产品设计、交互设计、人类学和社会学、机械工程、材料科学等。在工业设计中，从角度、操作强度、人机交互方式、情感归属等方面进行周密考虑，让消费者在使用全过程中感受到了解和尊重，真正体会到"科技融入生活"的真实含义。正是基于这样的设计理念和功底，联想的 Idea Pad Ul10 笔记本电脑与联想 Idea Centre Qa 台式机主机盖均采用蔓草纹工艺设计，呈现出了一种东方的喜悦与西方的典雅所交汇出的奢华美感。联想的产品创新最高峰无疑是 2008 年奥运会火炬——祥云火炬，联想在交易型业务中马上推出了火炬机型，火炬机型加入了 2008 北京奥运火炬核心图形的主题元素，符合普通大众对奥运文化的理解。

关系型业务的客户主要是政府、企事业单位等机构类客户，联想在这类客户的产品设计上创新的提出了"CEMS"理念，即成本、效率、管理、安全。以此为基础，面向高端商务用户、中小企业及大型企业机构，全面展现联想的安全计算、商用云计算、极限核等多个商用 IT 技术。在金融危机的背景下，帮助客户实现 IT 应用总体拥有价值，是联想对"CEMS"理念的新诠释。如 ThinkPad 系列电脑从数据安全和品质两方面提高客户的运营效率，是 ThinkPad 17 年经验对"CEMS"理念的新理解。此外，联想还针对注重安全的客户推出了 Think Centre M 双网 PC，内外网分别拥有独立的硬盘空间、完全可控制、转换自由、保护客户内网数据不被外网访问，满足了注重安全客户的需求。

联想"双模式"的运行，改变了内部各个服务部门分别建立知识管理系统且"群雄割据"的局面，将其全面整合为一个系统的知识管理平台，为产品与服务中的创新提供保障。

2. 合作网络

作为硬件设备厂商的联想本身并不具备安全软件开发方面的能力，但是安全不仅仅涉及的是硬件的安全、物理上的安全，而是"多维安全"，即硬件、数据、系统、信息等方面的安全。基于以上基础联想与安全产品提供商结盟，以合作的方式将合作伙伴的安全类产品嵌入到联想的产品中。如联想与赛门铁克的合作，从 2005 年开始在全球范围内通过联想 Think 品牌电脑（包括 ThinkPad 笔记本电脑、Think Centre 台式机）以多种语言版本分发诺顿网络安全特警的协议。凡购买联想 Think 品牌电脑的用户，均可享受诺顿网络安全特警 2010 软件功能、30 天免费订购服务。这款安全解决方案完善了联想基于硬件和软件的全套安全解决方案，用来管理整个硬盘加密，有助于让丢失的 ThinkPad 笔记本电脑"物归原主"。联想通过这种合作,降低了自身的开发成本,满足了客户的实际需要,同时增强了联想在与外部竞争对手时的核心竞争力。

联想在运行双模式之后还有多种此类的合作网络组建行动,如在交易型模式业务中与Intel、阿里巴巴合作结盟推出中小企业专用电子商务电脑。正是通过整合了更多产业链上下游的合作伙伴参与进来,扩展合作的深度和广度,联想逐步构建了庞大的合作网络,基于这个网络增加了利润率、缩短了产品开发时间、增强了创新能力,可以凭借更加灵活、扩展的方式进入市场。

3. 供应链管理

联想集团商业模式中的供应链管理依然遵循"双模式",对于关系型交易模式来说。除了特殊要求的部件以外,通用的部件与交易型业务的部件整合在一起大批量的采购。联想设在北京的亚洲最大立体仓库中储存着供应商大量的部件,联想将生产信息和库存信息与供应商共享,供应商以租用场地的方式管理自己的库存,随时满足联想对部件的要求。在交易型业务中除了电池、内存、显示器等部件以外,供应商也是自行管理库存。这样做一来可以提高与供应商采购时的议价能力;二来两种模式可以分担采购成本变化、库存量变化带来的风险。以上管理措施在尽可能满足关系型业务的特殊化定制前提下,整合了供应链,提升了效率,在供应链管理上做到了合二为一,同时重点又得到了突出,这充分体现了供应链管理方面的创新。

4. 明确的客户管理

联想的"双模式"将客户按照关系型业务和交易型业务进行划分,在进行目标客户的划分过程中,完成了渠道的创新。联想始终关注渠道,与渠道共同成长,客户的变化就意味着渠道的变化。

首先,联想渠道明确了关系型业务的选择是市场的选择,关系型业务的目标客户是那些重视产品稳定、安全,定制非标准化产品的政府、企事业单位等机构类客户,比如国家部委、四大国有银行、电信运营商,以及人数大于1 500人的大型企业等。这部分客户更愿意和厂家直接建立联系,这种情况下渠道没有能力做,所以由关系型业务模式团队来直接负责。渠道与联想的关系型业务人员共同经营,对直销做了明确的定义,明确界定了渠道和关系型业务的销售人员的职责所在。其次,联想制定了集成分销策略,这个战略进一步对关系型业务的客户和交易型业务的客户做了明确的划分,关系型业务的客户包括全国1~3级城市中的政府、教育、金融、邮电、军工、公共信息与能源和交通、企业员工大于1 500人七大行业。而交易型业务的客户由个人消费者、中小企业市场构成,这部分客户由分销商等渠道来负责。采用这种客户渠道模式极大地激发了渠道的积极性,对两种业务的发展都起到了非常大的促进作用。

资料来源:

[1] http://www.managedservices.com.cn/.

[2] http://baike.so.com/doc/5330921-5566095.html.

三、苹果公司

（一）案例介绍

苹果公司成立于 1976 年，总部位于美国硅谷的中心地带，主要从事开发制造销售个人电脑、服务器、外围设备、操作软件、应用软件和智能手机等产品。苹果公司创立之初，主要开发和销售的个人电脑，截至 2014 年致力于设计、开发和销售消费电子、计算机软件、在线服务和个人计算机。苹果的 Apple Ⅱ 于 20 世纪 70 年代助长了个人电脑革命，其后的 Macintosh 于 20 世纪 80 年代持续发展。该公司硬件产品主要是 Mac 电脑系列、iPod 媒体播放器、iPhone 智能手机和 iPad 平板电脑；在线服务包括 iCloud、iTunes Store 和 App Store；消费软件包括 OS X 和 iOS 操作系统、iTunes 多媒体浏览器、Safari 网络浏览器、iLife 和 iWork 创意和生产力套件，苹果公司在高科技企业中以创新而闻名世界。

2007 年 1 月 9 日，"苹果电脑公司"改名为"苹果公司"，表明苹果公司正由一家电脑制造商转变成消费电子产品供应商。苹果公司的发展历程可以划分为三个阶段。

1. 创业上升期

1976 年 4 月 1 日，沃兹涅克、乔布斯和韦恩共同成立了苹果电脑公司。苹果不久就推出世界上首台个人电脑 Apple Ⅰ。同时苹果的软件操作系统 Mac OS X（相当于微软的视窗系统）也被开发出来，之后 Apple Ⅱ、Apple Ⅲ 相继发布。1983 年开发 Apple Lisa 数据库，并于 1984 年推出了划时代的图形界面的鼻祖产品 Apple Macintosh；苹果电脑公司成为当时历史上发展最快的公司，成为在历史上以最快速度进入《财富》全球 500 强的公司。

2. 发展滞涨期

在 1990 年苹果电脑公司推出了手提电脑 Power Book，进入个人电子消费领域。从 1986 年到 1996 年，苹果电脑公司由于涉足过多的领域，而又不能获得很好的盈利，新的软硬件产品开发上未能获得突破，苹果电脑公司一度陷入困境。由于操作系统兼容问题，以及价格居高不下，太故步自封又不灵活面对市场的原因使苹果被后起之秀的微软赶上。苹果电脑公司在十年内换过 3 任 CEO，年销售额却急速下降，1996 年和 1997 年上半年，苹果电脑公司共亏损 16 亿美元。

3. 战略转型期

1997 年，斯蒂夫·乔布斯重新加入苹果电脑公司，在 1998 年 8 月 15 日，一体电脑 iMac 上市，依靠其特有的气质和产品定位，成为历史上销售最快的个人电脑。2001 年 5 月 19 日苹果电脑公司的第一批零售店开张，为体验营销做出了生动的解释，也是当时 IT 界的首家产品专卖店。2001 年 11 月 10 日，Mp3 iPod 发布。2007 年 1 月 9 日，苹果公司向世人展示了智能手机 iPhone。从 iMac iPod 再到 iPhone，截至目前，苹果公司最具有划时代意义的三件产品都堪称业内的设计精品，给苹果公司带来了巨大的回报，苹果公司也因此摆脱亏损，开始盈利并进入快速发展阶段。

每一次的推陈出新，都是在进行产品和商业模式的创新。乔布斯将创新充斥在苹果再造的各个环节之中：从开辟进入新业务模式，到强强联合、产品营销、充分利用社会资源等。苹果推出的从来都不仅仅只是一个硬件产品，而是整合了软件服务和新商业模式的整体，实行"产品+内容"的商业模式创新，继而对原有产业的理念和格局带来冲击。从华尔街对苹果反应来看，在英国《金融时报》"2008年7月31日全球IT企业市值榜"上，苹果市值达到1 408.08亿美元，仅次于Google的1 486.63亿美元和微软2 353.65亿美元；到了2009年7月22日，苹果市值为1 458.7亿美元，高于谷歌的1 434亿美元市值，仅次于微软的2 061亿美元市值。这些都说明了苹果公司在IT业界的成功和影响力。

（二）商业模式分析

1. 软件开发为主的战略

作为世界上最具创新力的公司之一，苹果公司一直不断调整战略以适应日新月异的商业环境。竞争优势会随着时间流逝而消失，成功之后要获得更大的成功，创新是关键。"产品+内容"的模式让iPod与iPhone获得成功，很多企业也效仿起来。来自不同行业的厂商纷纷建立起伙伴关系，融合已经不再仅仅是产品功能叠加这么简单，不同领域厂商的合作为融合赋予了新的含义。消费电子行业必须与内容行业紧密合作，才能创造出引人注意的数字内容销售模式，这对消费电子行业的发展和消费者权益两方面都有利。对电子产品消费而言，操作系统和那些前端支持软件都是核心技术，软件是用户体验。无论是"iPhone+应用程序商店+Mobile me"，还是"iTunes+音乐商店+iPod"，都可以看到苹果设计的商业模式是为其总体战略服务的一部分，用软件开发支持硬件产品，进而控制整个产业链。

2. 整体化模式

苹果公司的世界影响力源于iPod，2001年公司进入音乐随身听行业，公司高层拥有敏锐的商业触觉，果断进入了MP3行业，最终把握市场先机。在进入MP3行业之后，苹果公司逐渐开始商业模式创新，联合了唱片公司和电影公司，使苹果公司站在产业链的顶端。此后诞生了iTunes和音乐商店，创造出全新的音乐销售商业模式，获得了持久的核心竞争力。

iPod的成功在于硬件产品与软件服务整合推出的整体化的商业模式。在"iPod+iTunes+音乐商店"的商业模式取得成功后，苹果公司又迅速进入了智能手机行业，获取更大的市场操作空间。iPhone时代诞生了MobileMe和应用程序商店，这都是整体化思路在过往产品中的体现。iPhone不但涵盖了iPod的所有功能，而且苹果公司把互联网、下载、通信领域和音乐结合起来，继而在增值服务上取得更大的成功。从苹果公司的产品演进路线以及它的商业创新模式来看，挖掘新的增值服务平台的服务产品是苹果公司获得核心竞争力的根本办法。

3. 产业链的整合

iPhone的成功源于性能、设计、程序应用软件的支持，iPhone不仅是一款智能手机，不但融合了iPod的所有功能，把包括手机厂商、影视厂商、分销商、电脑厂商、手机厂商、网络运营商和应用软件商加了进来，苹果公司还进行了成功的整合，使得在合作伙伴的资源支持下，iPhone 发挥了比自身价值还高得多的价值。此时的 iPhone 已不仅仅是手机，是一个开创新一代设备、服务和信息系统的载体，以 iPhone 的魅力，苹果能和众多的合作伙伴结成联盟关系，为这款以无线宽带、触摸屏及传感器为特色的通信计算设备定制新的功能。

如果说 iMac 的成功归功于其是一件业界内的设计精品，让世人见识到了苹果的工艺设计能力，苹果公司也因此摆脱亏损的局面开始盈利，而从 MP3 iPod 到智能手机 iPhone 的成功，给苹果公司带来了巨大的回报，苹果公司从而进入快速发展阶段。iPod 和 iPhone 的工业设计是这两个产品成功的一方面，这两个产品的最大成功在于其创新的商业模式，通过产业链的整合管理赢得 MP3 和智能手机业界的核心竞争力。

资料来源：

[1]http://www.apple.com/cn/.

[2]http://baike.baidu.com/view/15181.htm.

本章小结

商业模式是一个企业从研发、制造、销售，直至售后服务的具体的，并区别于其他企业的可盈利的流程结构，其目的是通过为客户提供价值增加的产品及服务而获取利润。商业模式是企业创造价值，产生利润的内在机制，它包括通过市场活动来给客户提供价值，以及利用企业资源支撑价值增加活动和市场活动。

企业本身是一个系统，但是作为个体的企业并不是独立存在的，它还处一个更大的系统中，即企业生态系统。在这个系统中，企业与外部环境进行着信息、物质和能量的交换，与周围的环境共同构成了一个相互作用、相互依赖的整体。企业不仅要开展内部系统商业模式创新，还要进行企业外部系统的商业模式创新。

商业模式是企业立足市场的核心竞争力，同时也是企业创造价值的源泉。具有价值的商业模式往往与价值链的各个环节紧密相连。商业模式的开发方法就是对商业模式的价值链进行分析。价值链是产品如何从原材料阶段，经制造和分销，最后到达最终用户手中的一系列变化活动的链条。价值链解释了商业模式的出现以及进一步发展。

商业模式究竟由哪些要素构成？如何设计商业模式？研究普遍认同商业模式的构成要素由多个维度组成。美国著名学者 Barringer & Ireland（2010）认为，有效商业模式有四大关键要素：核心战略（企业如何竞争）、战略资源（企业如何获得和使用拥有的资源）、伙伴网络（企业如何构建和培育合作伙伴关系）、顾客界面（企业如何与顾客互动）。

思 考 题

1. 商业模式的内涵是什么？

2. 商业模式要解决什么核心问题？
3. 理解价值链为什么有助于解释商业模式浮现的问题？
4. 设计商业模式时需要重点考虑哪些因素？
5. 企业商业模式的构成要素有哪些？简要说明每个要素的重要性。
6. 如何分析企业商业模式？

第六章
创业团队组建

---- **本章学习目的** ----

了解创业者品质及素质培养方法；
了解创业团队的组建原则；
掌握创业团队的构成要素；
掌握优秀创业团队的理念；
掌握优秀创业团队绩效考核内容及提升途径。

引导案例

扫描此码　案例学习

创业带头人和创业团队驱动，组建一个高效、优势互补的创业团队，是创业取得成功的基础。Jeffry A. Timmons（2005）认为，"一支好的创业团队是高成长潜力的关键要素。一个企业如果没有一支由两个以上关键贡献者组成的团队是难以成长的"。Jeffry A. Timmons（2005）在其所著的 *New Venture Creation* 一书中构建了一个创业管理模式，如图6-1所示。Timmons认为，创业是一个高度动态的过程，其中机会、资源、创业团队是创业过程中最重要的驱动因素：创业的核心是发现和开发商业机会，并利用商业机会实施创业；资源是创业过程的必要支持；创业团队是新创企业的关键组织要素。三个核心要素构成一个倒立的三角形，创业团队位于三角形的底部。创业带头人和工作团队所扮演的角色是将这些关键因素整合到一个变化的环境中。试想，杂耍者一边要在蹦床上跳上跳下，而蹦床还在速度和方向都随时变化的输送带上移动，一边还要同时抛掷三个小球，保证其不落地。早期的新建企业的动态环境就是如此。商业计划通过一定的语言和格式，描述了蒂蒙斯模型的三种驱动力的驱动能量，以及它们之间的匹配度和平衡度。

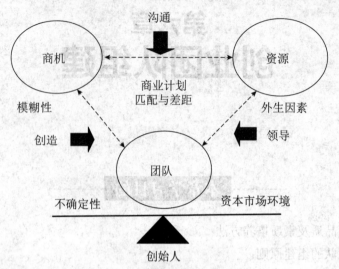

图 6-1　蒂蒙斯创业管理模式

资料来源：杰弗里·蒂蒙斯，小斯蒂芬·斯皮内利. 创业学 [M]. 6 版. 周伟民，吕长春，译. 北京：人民邮电出版社，2005：31.

本章在阐释创业者应具备的素质及其培养路径的基础上，阐释新创企业团队构成要素，创业团队组建的原则及创业团队绩效的衡量。

第一节　创业者特质

一、创业者的品质

创业者具有多种个性类型。但是，成功的创业者一般都有某些相同的处世态度和行为方式。本田汽车公司的本田宗一郎和麦当劳已故的雷·克拉克在讲到他们获得成功的原因时都提到三种品质：对挑战做出正面反应以及从错误中学习的能力；个人创造；极大的恒心和决心。大量的事实表明企业家具有天生的素质，并可以在以后被塑造得更好，某些态度和行为是可以通过经验和学习获得的，并可被开发、实践或提炼出来。杰弗里·蒂蒙斯教授通过对百森商学院杰出创业者协会一批优秀会员的观察和分析，总结出了成功创业者表现出的一些共同的特质，他将此归纳为创业者所必须具备的"六大特质""五种天赋"和非创业品质，如图 6-2 所示。六大特质是指可以学习到的态度和行为，而五种天赋则是其他人所不一定能学得到的态度和行为。这也说明了要成为一名成功的创业者，除天赋外，还必须具备后天的学习能力。创业者通过集中发展那些可取的态度和行为，并对其进行培养和实践，同时尽量避免不可取的态度和行为带来的不利影响，以获得更高的创业成功率。

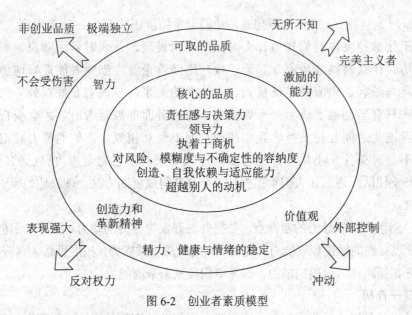

图 6-2 创业者素质模型

资料来源：杰弗里·蒂蒙斯，小斯蒂芬·斯皮内利. 创业学 [M]. 6 版. 周伟民，吕长春，译. 北京：人民邮电出版社，2005：160.

（一）创业者可取的品质

创业者可取的品质即创业者所必须具备的"六大特质"。

1. 责任感与决策力

卡尔文·库利奇总裁提道："世界上没有什么可以取代持之以恒的恒心。"责任感和决策力比其他任何一项因素都重要。有了责任承诺和决心，企业家可以克服不可想象的障碍，并大大弥补其他缺点。

新企业创业者把时间、感情和忠诚首先贡献给企业，因此，责任感与决策力通常意味着个人牺牲。几乎所有创业企业都要求承担完全的责任。创业者的责任承诺可以从几方面衡量——将其净资产的一大部分投资于企业；愿意接受较少的薪水。创业者有很强的竞争意识：他们喜欢在任何事上都积极竞争并获取胜利。优秀的创业者会将全部竞争能量都用于对付企业外部竞争者和实现企业目标上。他们在解决问题和完成其他任务上非常自律、坚韧不拔并持之以恒。他们有坚定的目标，在解决阻碍其公司进展的问题和障碍时有勇有谋。此外，勇于创新是卓越管理者的优秀品质，管理者如果没有创新意识，就不可能作出高质量的决策。创新是企业持续发展的不竭动力。只有在决策实践中不断创新，在创新中不断积累经验，管理者才能够进行果断决策，提高决策效率，才能形成企业的竞争优势。

2. 领导力

成功的创业者们富有经验，熟谙其参与竞争的技术和市场知识，具有扎实的管理技巧以及有据可查的业绩记录。他们是自我激发者，有高度的内在控制力。他们富有耐心，能够勾勒出组织的远景并能灌输下去，根据长远目标进行管理。创业者可以同时是一名学生和一位老师，一个实干家和一个梦想家。他们无须凭借正式权力，就能向别人施加影响。这些人善于化解冲突。他们知道什么时候用逻辑说理，什么时候用劝说说服，什么时候做出妥协，什么时候寸步不让。为了成功地经营企业，创业者能很好地协调企业内部员工以及与顾客、供应商、债权人、合伙人的关系，与他们友好相处，共同分享财富和成功。只有当创业者成为一个调停者、磋商者而非独裁者时，才会获得成功。成功的创业者彼此之间互相支持、互相扶植，而不是互相竞争。他们努力要把蛋糕做大做好，而不是只抓住一小块，并把它小气地藏起来，使它完全成为自己的。他们积极地建立了一支团队，通过让人们承担责任并分享获得成就的方法，使被他们吸引到企业的人成为英雄。

此外，创新力是领导力的激发点，是提升与开发领导力的动力。领导者的创新力主要表现为：发现问题的敏锐观察能力，统观全局的统摄思维能力，拓展思路求索答案的能力，借鉴经验开拓新路转移经验的能力，远见卓识预见未来的能力。

3. 执着于商机

企业的经营是以市场为导向的，市场唯一不变的法则就是"永远在变"。在变幻莫测的市场大环境中，商机的得与失直接关系到企业的生死存亡。商机对于创业起着举足轻重的作用。成功的创业者都会为商机而着迷。他们的目标是寻求并抓住商机，积累自身资源或资金。他们对其行业、客户和面临的竞争十分熟悉，执着于商机使得创业者能够抓住重点。创业者受到的困扰是陷入商机而不能自拔，意识到商机的存在可以引导创业者如何抓住重要问题来处理。

要想把握商机就要了解市场动向。企业的经营环境复杂动荡，消费者的需求偏好呈现多样化发展，技术更新速度不断加快。随着这些问题的出现，企业在追求创业导向以求获得竞争优势的同时，仍需注意以市场为导向，把为顾客创造价值放在企业活动的中心，以获得持续的竞争优势。

4. 对风险、模糊性和不确定性的容忍度

环境和外部条件的高速变化和高度风险、模糊和不确定性是不可避免的，而成功的创业者们能容忍它们，并善于处理悖论和矛盾。冒险不等同于冒进，成功创业者们不是赌徒，他们是有计划地冒风险。他们会对创业机会进行仔细而周全地分析，尽一切可能让各种可能事件朝着有利于他们的方向发展。他们通过仔细定义目标、形成战略以及控制和监督其行动方式，并按他们预见的未来加以调整，减少了启动风险。创业者们让其他人和他们一起分担财务和商务上的内在风险。创业者们还要容纳模糊性和不确定性，并对冲突泰然处之。

对不确定性容忍度低的个体对模糊情景或不确定性事件存在信息加工偏向，容易产生担心、焦虑情绪，那么，当面临不确定性情景时，低不确定性容忍度个体在创业行为层面上的表现具有一定特点。研究表明，面对不确定性，低不确定性容忍度个体比高不确定性容忍度个体有更高的确定性需要，在判断和决策中需要更多的信息，创业者根据丰富的、有效的信息处理风险和冲突。

5. 创造性、自我依赖与适应能力

高度的不确定性和快速变化是每个新企业的特点，其要求企业有应变性以及与之高度适应的组织形式。一个组织必须对各种情况做出快速而有效的反应。第一，成功的创业者们非常自信，他们认为自身的成就（或受到的挫折）与其自身的控制力和影响力有关，他们可以影响结果。真正的企业家会积极寻求主动权并采取主动，愿意把自己置于个人承担经营成败责任的位置。第二，成功创业者们有很强的适应力和恢复力。创业者能够意识到自己做得怎么样以及如何提高自己的表现，必须积极搜寻反馈信息，并利用这些信息。因此，创业者在通常情况下是优秀的听众和快速的学习者。第三，创业者不怕失败。正如萧伯纳所说的"成功的背后包含着许多的失败"，因而创业者更加坚定了获取成功的决心。第四，创业者善于从失败中学习。创业者能够更好地理解自身和他人失败的原因，因此能在将来避免类似问题的发生。成功的创业者要经过尝试失败的不断反复过程，这种特性使他们所遭受的严重挫折和失望成为学习过程中不可缺少的部分。

6. 超越别人的动机

创业者们是自我驱动器，他们受超越别人的动机的动力驱使，也受到内心强烈愿望的驱动，希望和自己定下的标准竞争，追寻并达到富有挑战性的目标。相反，这些企业家们对地位和权力的需求很低，他们从创建企业的挑战和兴奋中产生个人动力。成功企业家会要求自己坚持最高标准的正直可信的品性。他们说到做到，并且目光长远。这些个人素养的高标准成为将成功人士和企业结合并长久保持这种结合的黏合剂和输导纤维。有些创业者能够清晰地认识到自身及其合作伙伴的优缺点，以及影响他们的竞争因素及环境因素。他们对自己能做什么、不能做什么持冷静而现实的态度。此外，成功企业家都很自信。他们相信他们个人可以影响结果。这种性格和获得成就的动机一致，获得成就的动机即表明他们希望承担个人责任，并且自信。

上述六大特质是创业领导人和创业团队必备的基本素质，但最为重要的是团队要具有柔性，能够适应市场环境的变化。其中重要的一点是，个体并非一定具备这些特质才可以创业，或只要具备了这些特质就一定能够创业成功，拥有这些特质并不是成为创业者的必要条件。如果缺乏上面的某些态度和行为，是可以通过经验和学习获得、开发、实践或历练出来的。

（二）创业者的核心品质

创业者的核心品质，即创业者所必须具备的"五种天赋"。一些专家认为天生的而非后天获得的特点要相对较少，蒂蒙斯将下面五种态度和行为描述为企业家天生的才能，它们是令人向往但不一定学得到的态度和行为。事实上，蒂蒙斯研究发现，一些相当成功的企业家，他们缺少其中几项特点，或每种特点都不突出，几乎没有哪个企业家拥有下面所有方面的特殊才能。但是，如果企业家拥有了这些天生的才能，那么无疑会大大增加创业成功的可能性。

1. 精力、健康和情绪稳定

由于环境条件和外部因素的不确定性和模糊性，使得创业者在创业过程中要面临特殊的工作压力和极高的工作要求，这使他们的精力、身体和心理健康变得十分重要。虽然可以通过运动、注意饮食习惯和适当休息来保持身体和心理健康，但这些也都和遗传有很强的相关性。除了对自身优缺点的清晰认识，成功的创业者还需要认识到潜在的孤独感、压力，甚至是极度的沮丧，这些都源于他们在风口浪尖上的生活及不断超越别人的驱动力。

2. 创造力和革新精神

创造力是产生新思想，发现和创造新事物的能力，是成功地完成某种创造性活动所必需的心理品质，如创造新概念、新理论、更新技术、发明新设备、新方法、创作新作品都是创造力的表现。创造力一度被认为是只有通过遗传才可获得的能力，而且大多数人认定它本质上是遗传而来的。但新的研究表明，创造力、革新精神与制度、文化有很大的关系。它们是可以诱发而不能模仿的。因此，真正的创造活动会给社会产生有价值的成果，人类的文明史实质上是创造力的实现结果。

3. 智力

才智、智慧和概念化能力是企业家的极大优势。对智力的定义也没有统一标准。但大多数人都认为智力应包含以下要素：抽象思维与推理、解决问题的能力、获取知识的才能、记忆力和对环境的适应能力。没有哪一家成功的或具有高发展潜力的企业的创始人是不具备才智或只有中等才智的，这些才智包括高度灵敏的嗅觉和企业家的直觉。同样，情商越来越重要，情商也被视为事业动机与团队协作的重要组成部分，因而必须重视个人与人际关系能力对成功的影响。对企业家而言，这些因素可能更加重要一些。

在知识经济时代，战略性的资源已不再是传统的物质资本、金融资本，而是人类的知识和技能，这些能够给企业带来价值增值的无形资本被称为智力资本。新的经济形势要求管理者要审时度势，担任好领导者的角色，采用各种手段努力提升企业智力资本价值，促进企业的持续发展，实现组织与社会的双赢。

4. 激励的能力

远见是一种天生的领导素质，它富有超凡的魅力，大胆而鼓舞人心。没有人认为这种特殊的品质是后天培养的。所有伟大的领导者都是通过这种能力传递他们的影响力。即使某个企业家的个人领导魅力可能较低，但他仍可以成为领导人，通过一种特定的领导方式将他的远见传递给下属。成功的企业家通过这种能力激励他们的员工为他设下的目标团结奋斗。激励能力能使员工最大限度地将自己的潜能发挥出来，只有在工作中充分表现自己的才能，才会感到最大的满足，同时实现组织的目标。

5. 价值观

价值观是基于人的一定的思维感官之上而作出的认知、理解、判断或抉择，也就是人认定事物、辨别是非的一种思维或价值取向。个人的价值观由企业家生活的环境和背景决定，在人生的早期就形成了。这些价值观构成了个人不可分割的部分，进而影响其企业及企业的价值观。

（三）非创业品质

一些非创业品质是创业者所不应该有的。这些想法会给新企业带来麻烦，或者成为置企业于死地的因素。蒂蒙斯认为，觉得不会受伤害、表现强大、反对权力、冲动、外部控制、完美主义者、无所不知、极端独立是创业者不可取的品质。

1. 不会受伤害

这种思想是指，有些人觉得没有灾难性的事情会在他们身上发生。这种思想的结果是，他们容易冒一些不明智、不必要的险。这种行为会给企业带来隐患，因为环境在不断变化，在创业的过程中什么都可能发生。

2. 表现强大

这是指有些人总想证明自己比别人强，并能击败别人。为了证明这一点，他们可能冒极大的险，如硬碰硬的竞争，而将自己置身险地。

3. 反对权力

有些人反对外部权力控制，认为没有人可以指挥他们。因而，这些人往往拒绝寻求团队成员和其他必要的资源来利用商机，不会运用反馈信息来达到目标。

4. 冲动

冲动是魔鬼。冲动多表现为个体做事鲁莽，做事不考虑后果。在面临决策时感到无论如何都必须做些什么，而不考虑行动的意义。在行动之前没有考虑其他可选方案，更容易造成失误和破坏性活动的发生。

5. 外部控制

外部控制是指个体的行为是由外在的组织和个人所进行的控制。相信外部控制的人会觉得，他们根本无法控制将要发生的事情。如果事情进展顺利，他们则将其归功于运气好，反之亦然。由于创业过程是多种因素共同作用的结果，需要内外部因素协同发挥作用，因此个体的外部控制具有一定的片面性。

6. 完美主义者

完美主义是企业家的天敌。创业机会的窗口是有一定时间限制的，要达到完美需要付出很多的时间和成本，这必然会导致机会窗口被另一个决策迅速、行动更敏捷的竞争者夺取。因此，追求完美主义的创业者可能难以抓住具有良好潜力的商业机会。但是必须清楚的一点是，追求完美主义和建立高标准截然不同。

7. 无所不知

通常表现为认为自己知之甚多，常常不能发现自己不知道什么。实践证明，认为自己什么都知道的企业家往往知之甚少。这种盲目的过度自信，难以理性的删选和利用信息来识别良好的商机。

8. 极端独立

这种人通常完全依靠自己来实现目标，不依赖于外界的支持和帮助，这很可能导致无所作为。这种对外部力量的抵触会限制他们的思维方式,难以获得多样、全面的信息,因此,很难获得有价值的商业机会。

创业需要的是理智、激情和执着,而不是一时的冲动。面对未来复杂多变、竞争激烈的社会环境,只有较强适应能力的人才能够获得更充分的生存与发展的条件。因此,个体的创业品质只有在创业实践活动中,才能得到熏陶和磨炼,才能形成和发展。

二、创业者素质培养

创业者是创业活动的组织者,也是创业历险的风险直接承担者。要想顺利闯关,创业者必须具备或培育基本的创业素养。创业素养是创业者进行创业所必需的素质和修养,包括创业基本素养、创业人格品质素养和创业技能素养。

(一)创业基本素养

创业者知识素质是创业基本素养中关键的要素,在知识大爆炸、竞争日益激烈的今天,单凭热情、勇气、经验或单一专业知识,要想成功创业是很困难的。创业者要进行创造性思维,作出正确决策,必须掌握广博的知识。实践证明,良好的知识结构对于成功创业具有决定性的作用,创业者不仅要具备必要的专业知识,更要掌握管理学、经济学、社会学、心理学、法学、文学、艺术、哲学、伦理学等综合性知识。在创业知识的构成中,经营管理知识、综合性知识与经营管理能力和综合性能力一样,具有内部资源配置和社会关系运筹的特征,并与经营管理能力和综合性能力结合在一起,共同发挥作用。

(二)创业人格品质素养

创业人格品质是创业行为的原动力和精神内核。在创业人格品质中,使命责任、创新冒险、坚韧执着、正直诚信等这些意识品质与创业成败息息相关。创业是开创性的事业,尤其在困难和不利的情况下,人格品质魅力在关键时刻往往具有决定性的作用。

1. 使命责任

使命感和责任心是驱动创业者勇往直前的力量之源。成功的创业者具有高度的使命感和强烈的责任意识,"修、齐、治、平"是成功人士的共同价值标准和行为准则。创业活动是社会性活动,是各种利益相关者协同运作的系统。只有对自己、对家庭、对员工、对投资人、对顾客、对供应商以及对社会拥有高度使命感和负责精神的创业者,才可能赢得人们的信任、尊重和支持。

2. 创新冒险

冒险精神是创业家精神的一个重要组成部分,但创业毕竟不是赌博。创业家的冒险,迥异于冒进。创新是创业精神的核心要素,创新意识和冒险精神是进行创业的内在要求。创业机会的发现和创意的形成需要进行创造性思维,发挥创造力。同样,机会的开发、资源的整合、商业模式的设计更是创新能力的集中体现。创业的开创性需要有冒险精神,需要有胆识和胆略。同时，在创业实践中也要有风险意识，要注意冒险精神与风险意识的平衡，保持理性思维，降低风险损失。

3. 坚忍执着

创业是对人的意志力的挑战。面对险境、身处逆境能否坚持信念，承受压力，坚持到底常常决定创业的成败。例如，台湾地区最大求职服务机构"104人力银行"总裁杨宽基34岁时舍弃了一份令人羡慕的白领工作，历经10年艰苦创业，创建了拥有120多万名求职者、4万多家招聘企业的人才服务网站。建站8个月时，他决定对前来刊登求才广告的厂商实行收费制，大概有一个月的时间，没有任何广告委托单进来。若再没有收入，网站即将无法维持下去。对他来说，这样的日子每一天过得都特别漫长。终于有一天上午，当杨宽基正在书房写作，忽然听到隔壁房间传真机铃响了，他马上跑到传真机旁，拿起传真一看，是一张一千元的广告订单，从此他便开始走向成功。这个例子告诉我们，在市场经济条件下，企业之间的竞争越来越激烈，创业是对一个人心理素质和综合能力的考验，是充满挑战性的事业，创业者必须有坚忍执着的特质。

4. 正直诚信

正直诚信是创业者的必备品质，它体现了成功创业者的人格魅力：讲信誉，守承诺，言行一致，身体力行，胸襟广阔，厚人薄己，敢于承担责任，勇于自我否定，尊重人才，以人为本，倡导团队合作和学习，帮助团队成员获得成就感，坚持顾客价值、公司价值和社会价值的创造。具有良好口碑的人格魅力可以帮助创业者凝聚人心，鼓舞士气，赢得更多合作者的信任和支持。一个企业的成长需要一个漫长的过程，在发展的任何阶段，都离不开诚信。

5. 持久的创业激情

保持持久的创业激情，会拥有昂扬的斗志，这对于保持创业团队的战斗力非常重要。团队成员能够不时提出可行性建设性意见并及时发现存在的问题隐患，对于创业过程将大有裨益。在创业的过程中，创业团队要注意吸收对创业项目有热情的人员加入团队，要让所有成员如企业初创时期那样，时刻保持旺盛的精力和创业热情。让团队成员清楚地认识到：任何人无论专业水平多么高，如果对事业的信心不足，将无法适应创业的需求，消极因素对创业团队所有成员产生的负面影响可能是致命的。因此，要成为具有发展潜力的企业，创业者及其团队要保持创业激情，不断激发创新思路，为企业的长远发展提供动力支持。

（三）创业技能素养

成功创业者不仅具备良好的基本素养，优良的人格品质，还必须掌握应对和处理创业现实问题的基本技能。一般来说，成功的创业者应具备以下基本能力。

1. 决策能力

对于创业者而言，决策就是创业者对创业活动的决定和策划，而科学决策就是创业者在创业的过程中利用科学的方法决定创业的方向，策划创业的道路。

在市场经济条件下，情况千变万化，创业者会碰到大量棘手的问题需要决策。正确决策是保证创业活动顺利进行的前提。尤其是有关创业机会的识别和选择，创业团队的组建，创业资金的融通，企业发展战略及商业模式的设计等重大决策，直接关系到对创业全局的驾驭和创业的成败。正确的决策，要求创业者具有较强的信息获取和处理能力，能敏锐地洞察环境变动中所产生的商机和挑战，形成有价值的创意并付诸创业行动。特别是要随时了解同行业的经营状况及市场的变化，了解竞争对手的情况，做到"知己知彼"，以便适时调整创业中的竞争策略，使所创之业拥有并保持竞争优势。同时，通过不断进行创新思维和创新实践，进行反思学习，总结创新经验，吸取失败教训，及时修正偏差和错误，进一步提高决策能力，促进企业健康成长。

正确的判断能力是创业者进行决策的先决条件，这种判断能力不是一朝一夕练就成的，而是需要创业者在不断的成功和失败中积累经验、汲取教训，透过现象看到本质，找出问题的关键所在，进而作出正确的决策。

2. 沟通协调能力

创业团队成员之间以及创业者与其他利益相关者之间建立信任是进行有效合作的基础，有效沟通是产生信任，凝聚共识，消除误解的重要手段。尤其有利于企业内部的有效协调，能及时化解冲突，明确责任，协调行动。良好的沟通协调能力及说服影响力是形成共同愿景、集中意志、步调一致的重要保证。

对于创业者而言，创业过程就是与周围环境的动态交流过程。俗话说，人脉就是财脉。要想旗开得胜，马到成功，必须建立起各方面的社会关系。成功的创业者不单是一个坐在办公室的策划者，其更需要与各种人群，如供应者、消费者、政府、银行及公司接触沟通。成功的创业者往往都是沟通的高手，创业者们只有掌握清晰的、有说服力的谈话技巧才能在人际交往中获得各方面的支持，最后成就一番事业。

3. 执行力

组织行为学认为，执行有三种形态：第一，执行是个人完成任务的行为；第二，执行是团队达成目标的过程；第三，执行是组织决策、运营、操作的系统集成。执行力是一种合成力，是战略分解力、时间规划力、标准设定力、岗位行动力、过程控制力、结果评估力。组织执行力就是将战略与决策转化为实施结果的能力。执行力强的人具备九个突出的特征：自动自发；注重细节；为人诚信，敢于负责；善于分析判断，应变力强；乐于学习，追求新知，具有创意；对工作投入；有韧性；有团队精神，人际关系良好；求胜的欲望强烈。在这九点里面，最重要的三点是自动自发、注重细节以及为人诚信。

创业需要有策划创意，创意的实施和战略意图的实现更需要行动力。对创业者而言，真正意义上的成功必然是团队的成功。因此，创业者的执行力绝不是个人的勇往直前，孤军深入，而是带领下属共同前进，是团队的执行力。创业者执行力的发挥，可以使企业围绕总体目标的实现形成一个有机整体，并保证其高效率地运转。

4. 组建团队的能力

创业时代是人类开始合作共存的时代。一项针对创业者能力的研究报告指出，能否高效地组建与管理团队是成功创业者需要具备的主要能力之一。一个企业需要细致的"内管家"、活跃的"外交家"、战略的"设计师"、执行的"工程师"、发散思维的"开拓者"、内敛倾向的"保守派";需要技术研发、市场开拓和财务管理等方方面面的人才。创业者既要能够把不同专长、不同个性的人凝聚到一起,更要能够让他们在一起融洽地、愉快地工作,组成优势互补的创业团队,形成协同优势。

5. 敏锐的洞察力

在创新过程中,需要创业者有对市场和机遇敏锐的洞察能力。面对市场的变化与激烈竞争,创业者是否具备敏锐的洞察力,能否觉察到别人未注意到的情况和细节,能否因客观变化而"动",灵活地适应变化,已成为创业成功的关键所在。创业者只有具备敏锐的市场嗅觉,才能够在第一时间发现市场空白,才能针对现有市场状况创造新的需求,才能发现重新整合市场的经营管理方法,才能寻找到不同地域之间市场发展对策,从而通过自己的分析综合来得出可行的路径。

综上所述,成功的创业者具有某些共性的处事态度和行为方式,其不仅有健康的体魄和良好的心态,而且大都工作努力,自信心强,具有成功的坚定信念和坚忍不拔的意志力。其不仅拥有创造、革新的本领,同时善于发现商机并抓住商机,而且也具备科学的管理技能及充分的关系网络。当然,这些共性是否真的重要,还需要在实践和现实中检验。

以下是创业者基本条件、创业者性格、创业者专业素质的测试题。

测试一: 创业者基本条件

回答是得 1 分,否得 0 分。
(1)你的父母、近亲、好朋友中间有没有创业成功的人?
(2)在你成长的过程中,你家里有没有做买卖的经历或经验?
(3)你幼时有没有自食其力,比如靠打工、摆摊赚钱的经历?
(4)你在学校的成绩是不是并不太出色?
(5)你在学校里是不是并不太合群?
(6)你是否在学校因行为不合规范常挨批评?
(7)你是否会对长期做同一工作感到乏味?
(8)你是否以为如果有机会你会比你的上司干得好?
(9)你是否宁愿自己打球胜过看球?
(10)你看书是否对非小说类的比小说类更感兴趣?
(11)你有没有被解雇或被迫辞职的经历?
(12)你是否倾向于说干就干而不是再三盘算计划后再做?
(13)你有没有常为工作或个人问题而失眠?
(14)你是否认为自己是个有决断力、较实际的人?
(15)你对集体活动是否积极参加?

现在计算总和:
如果你的分数是 12 分或以上,但你现在还没有创业的话,那么你的创业倾向是不明显的；假如你的分数低于12分而你已创立了自己的事业的话，则你的创业倾向是很明显的。

测试二：创业者性格

创业是一个充满成就感和诱惑力的词语，但并非每一个人都适合走这条路。美国创业协会设计出了一份试卷，假如你想对自己多一分了解的话，试试回答下面的题。计分：选A得4分；选B得3分；选C得2分；选D得1分。

（1）在急需作出决策的时候，你是否在想，再让我考虑一下吧？
A. 经常；B. 有时；C. 很少；D. 从来不

（2）你是否为自己的优柔寡断找借口说，是得慎重考虑，怎能轻易下结论呢？
A. 经常；B. 有时；C. 很少；D. 从来不

（3）你是否为避免冒犯某个或某几个有相当实力的客户而有意回避一些关键性的问题，甚至表现得曲意奉承呢？
A. 经常；B. 有时；C. 很少；D. 从来不

（4）你是否无论遇到什么紧急任务，都先处理掉你自己的日常琐碎事务呢？
A. 经常；B. 有时；C. 很少；D. 从来不

（5）你非得在巨大的压力下才肯承担重任？
A. 经常；B. 有时；C. 很少；D. 从来不

（6）你是否无力抵御或预防妨碍你完成重要任务的干扰和危机？
A. 经常；B. 有时；C. 很少；D. 从来不

（7）你在决定重要的行动和计划时，常忽视其后果吗？
A. 经常；B. 有时；C. 很少；D. 从来不

（8）当你需要作出很可能不得人心的决策时，是否找借口逃避而不敢面对？
A. 经常；B. 有时；C. 很少；D. 从来不

（9）你是否总是在晚上才发现有要紧的事没办？
A. 经常；B. 有时；C. 很少；D. 从来不

（10）你是否因不愿承担艰苦任务而寻求各种借口？
A. 经常；B. 有时；C. 很少；D. 从来不

（11）你是否常来不及躲避或预防困难情形的发生？
A. 经常；B. 有时；C. 很少；D. 从来不

（12）你总是拐弯抹角地宣布可能得罪他人的决定？
A. 经常；B. 有时；C. 很少；D. 从来不

（13）你喜欢让别人替你做你自己不愿做而又不得不做的事吗？
A. 经常；B. 有时；C. 很少；D. 从来不

现在计算总和：

50分以上：说明你的个人素质与创业者相去甚远。

40～49分：说明你不算勤勉，应彻底改变拖沓、低效率的缺点，否则创业只是空话。

30～39分：说明你在大多数情形下充满自信，但有时犹豫不决，不过没关系，有时候犹豫也是一种成熟、稳重和深思熟虑的表现。

15～29分：说明你是一个高效率的决策者和管理者，更是一个成功的创业者，你还在等什么呢？

测试三：创业者专业素质

下列问题，如果完全不懂得1分，如果非常清楚地了解则得5分。

（1）你知道哪些力量在影响着市场景气吗？具体地说，你对经济指标有多少了解？（1，2，3，4，5）

（2）你做计划和预算的能力怎样？（1，2，3，4，5）

（3）你对财务管理及控制有何了解？（1，2，3，4，5）

（4）你是否能亲自进行日常管理工作？（1，2，3，4，5）

（5）你对进货和存货控制的了解程度如何？（1，2，3，4，5）

（6）你对市场分析、预测是否在行？（1，2，3，4，5）

（7）你认为自己对市场需要哪些产品（或服务）有没有敏锐的感觉？（1，2，3，4，5）

（8）你对促销术、广告巡视类的了解怎样？（1，2，3，4，5）

（9）你对员工建立良好互助关系有没有把握？（1，2，3，4，5）

（10）你对定价有多少把握？这需要对客户需求、进料价格、竞争状况有较全面的考虑。（1，2，3，4，5）

现在计算总和：

45分以上：你已有充分准备，可以放手一搏。

35～44分：你可以尝试一下，并就薄弱环节尽快补课。

34分以下：或许你最好再加一把力，例如找一些书籍自学，针对自己的不足，在他人公司里工作一段时间；或去修一些课程，包括系统地向个人请教。

根据上述测试结果，如果环境已向你提供有利于创业的因素，但你仍然没有采取行动，那么是你的内在性格促使你选择不走创业的路；反之，如果环境虽没有很鼓励你创业，但你仍毅然走上创业之路，则说明你内心有较强烈的愿望去选择创业。

第二节　新创企业团队构成

人是企业运营中的最宝贵资源，素质较高、结构合理的创业团队有助于创业企业的创建和高效运营，获取良好的经济效益和社会效益。美国管理学家 Bruce R. Barringer & R

Duane Ireland（2012）总结出了创业团队的基本构成：企业创建者、核心员工、董事会、管理团队、顾问委员会、贷款者与投资者及其他专业人员，如图 6-3 所示。团队成员之间的目标一致性非常重要，而构成创业团队的所有要素呈现的是一个完整的系统，任何一个要素如果做得不好，就会给新创企业带来麻烦。

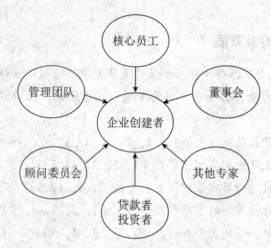

图 6-3　创业团队的基本构成

一、企业创建者

在企业创建过程中，作为创业团队中最主要的核心成员之一的企业创建者，其素质非常重要。投资者和其他人非常重视企业创建者及初始管理团队的能力。因为，在企业创建初期，创建者的知识、技术和经验是企业所具有的最有价值资源。因而，人们往往通过评估企业创建者和最初管理团队的教育水平、前期创业经验、相关产业经验、广泛的社会和职业网络关系来判断企业未来发展的前景。

企业创建者的能力和思想意识从根本上决定了是否要组建创业团队，团队组建的时间表，以及由哪些人组成团队。创业者只有在意识到组建团队可以弥补自身能力与创业目标之间存在的差距时，才有可能考虑是否需要组建创业团队，以及在什么时候需要引进什么样的人员才能和自己形成互补。

（一）创建者团队的规模

大多数创业者面对的首要决策是，自己单独创办企业还是组建初始创建者团队去创办企业。研究表明，50%～70% 的新企业是由一人以上的创建者创建的。普遍认为，由团队创建的新企业要比个人创建的企业更具有优势，因为团队为新创企业带来的才能、专业联系，要远远多于个体创业者所能做到的。除此之外，新企业的共同创建者之间彼此给予的心理支持也是企业成功的重要因素。

（二）创建者的教育水平

一些人认为个体的教育水平与创业不存在显著的关系，然而人们相信，与没有接受过大学教育的人相比较，接受过大学教育的创业者具备与创业有关的重要技能，如研究能力、洞察力、创造力和计算机技术应用能力。这些通过受教育所获得的技能能够为创业过程中识别机会、组建团队、获取资源提供支持，能够为企业的长远发展提供动力支持。

（三）前期创业经验

通过先前的企业创建活动，创业者更加懂得如何围绕创业机会搜集所需信息和作出有效决策（Shepherd et al., 2000）。创业者先前经验作为创业者特有素质，是影响新技术企业绩效的重要初始条件。一项研究表明，前期创业经验被认为是未来创业绩效最稳定的预测因素之一。由于开办新企业是一项非常复杂的工作，因此，与刚刚接触创业的创业者相比较，具有前期创业经验的创业者具有独一无二的优势，他们更熟悉创业过程、更有可能避免犯重大错误。

（四）相关产业经验

研究表明，通过先前创业的"干中学"，创业者可以获得开发创业机会和处理新企业进入障碍所需的知识和经验（Shane, 2003）。具有相关产业经验的创业者，会更加熟悉相关的产业发展趋势，对所在行业理解的更加透彻；能够为企业提供更成熟的产业关系网络。先前的企业管理工作经历能够提供个体许多有关创业机会开发的基本知识，如财务、销售、生产工艺以及组织管理等，还能获得创建企业所需的营销、谈判、领导、计划、决策、组织以及沟通等技能。

（五）广泛的社会网络关系

具有广泛社会网络关系的初始创建者往往更容易获得额外的技能、资金和消费者认同。初创企业应当善于开发和利用网络化关系。社会网络对创业者的支持包括来自家庭和外部社会网络，感知的网络支持可以提升创业者的创业信心，进而采取创建企业的行动。家庭是创业者获取物质和情感支持的一个重要来源：一方面，家庭成员可以提供创业所需的物质资源或帮助寻找外部支持；另一方面，家庭成员能成为创业过程的劳动力，并提供情感支持。除了从家庭获取创业所需资源，创业者还需要从外部社会网络获取信息、资金、物质和人力资源。

（六）积极而稳定的情绪

良好的自我情感是一个人是否经常保持一种愉快、开朗、热诚的精神状态，也是一种能否选择控制自己情感的心理机制。良好的自我状态是构成成功心理的又一个要素，并且和积极的自我意识与明确的价值观念紧密相关，相互影响。现代企业管理的核心是对人的管理，而"人非草木，孰能无情"，创业者要在企业中形成良好的情绪，应对自己进行有效的情绪管理，即及时控制或消解自己任何不良的、过分激烈的情绪，时时将自己的情绪保持在稳定而积极的状态，从而显现出一种特殊的情绪魅力，并以此感染员工。

二、核心员工

在企业创建初期，管理团队的组建与核心员工的招募非常重要。在有些情况下，创建者个人要先工作一段时间，直到商业计划完成和企业初具雏形后再招募员工。而在另外的情况下，创业者需要立即招募员工。企业员工的招聘与录用是企业人力资源管理的一项重要内容。在企业招募员工时，要设计技能目录清单，列出最需要的技能是什么，缺少哪些技能，如何应对当前的技能缺口。所招募的员工应该是有很强的意愿和适合该项工作的人。在新创企业中，每个人都十分重要，每名团队成员的工作都必须直接影响价值，否则这个人就得离开团队。招募和选择核心员工一般可以通过这些途径：猎头公司、人才市场、媒体广告及熟人推荐。

（一）技术人才

技术是行业发展的核心要素，不仅关系到生产经营的成本、质量、劳动生产率，也对企业的生产规模和管理等诸方面都有着重要影响。因此，技术人才对于企业发展而言，在一定程度上起着决定性作用。没有优秀的技术人才就没有优秀的产品质量和优质的服务，当然就没有竞争力，被市场淘汰自然也是正常现象。在科技发展日新月异的今天更是如此。

（二）生产经营管理人才

生产经营管理人才是企业日常工作的组织者，其不仅关系质量成本控制，而且还要调动一切积极因素，实现企业高效运转，提高执行力。"一件事做好并不难，难的是做好每一件事"。日常工作是再平常不过的事情，让大家在短时间内保持好的工作状态非常容易，但要让每一个工作人员长期保持高昂的斗志，良好的工作状态并不容易。要做到这一点，科学的管理机制固然重要，生产经营管理的执行者更为重要。没有生产经营管理人才有效发挥管理作用，生产经营就会陷入无序状态，就没有企业的正常运转，更谈不上企业竞争力和企业发展。

（三）营销业务人才

创业成功的关键在于企业产品或服务能够为消费者接受，能够实现产品或服务顺利进入消费领域，这一过程需要营销人员做出必要的努力。因此，营销人才在团队建设中有着举足轻重的作用。企业的经济效益最终都要通过营销团队的努力实现。现代企业产品和服务通常都是买方市场，营销团队需要开发新客户、巩固老客户。当今社会，对营销人才的要求也逐渐提高，不仅要懂产品、懂技术，还要懂客户、懂市场以及市场开发的技巧。要发挥营销专家在营销队伍中的引领作用,造就一支敢打硬仗、德才兼备的营销人才团队。

三、董事会

董事会是公司的核心领导层和最高决策层,它受托于股东大会,执行股东大会的各项决议。如果新创企业组建为一家公司制企业,就要依法成立董事会,即成立由公司股东选举产生以监督企业管理的个人小组。董事会一般由内部董事和外部董事构成,内部董事在企业中任职,而外部董事则不在企业中工作。董事会有3项基本职责:任命企业的高级职员(核心管理者)、公布红利、监督公司重大事件。如果处理得当,公司董事会能够成为新创企业团队的重要组成部分。董事会可以通过提供指导和提高资信等方式,帮助新企业构筑一个良好的开端并形成持久竞争优势。

(一)提供指导

虽然董事会具有正式的治理职责,但是董事会所发挥的最大作用还是为企业管理者提供指导和支持。实现这点的关键在于企业挑选的董事会成员要有能力、有经验、愿意给予建议并能够提出具有洞察力和深入性的问题。这样,许多CEO可以通过经常与董事会成员交流,获取他们的对于公司经营的重要建议,填补企业管理者在经验和背景方面的不足。

(二)提高资信

董事会是由股东大会选举产生的,负责处理公司的重大经营管理事项。具有较高知名度和地位的董事会成员能为企业带来即时的资信。没有可信资质,潜在消费者、投资者或员工很难识别出高质量的新创企业。

一般认为,高素质的人不愿意在低水平的企业董事会任职,因为这使他们的名誉和声望面临风险。所以,当高素质的人同意在企业董事会任职,那么他们本质上是在告诉人们,这个公司很有可能取得成功。因而,企业可以通过聘用高素质董事会成员,利用其较高知名度和地位来为企业获得并提高资信,帮助企业获得融资,对潜在供应商和消费者产生影响。

(三)激励作用

董事会通过对经理实施合适的、稳健的且连续的激励政策,细化经理层和员工责任,以清除企业实施战略的障碍。要想使企业的经理人员有高昂的士气,董事会应积极主动制定提高企业员工待遇和福利的激励机制。此外,董事会往往汇聚了众多行业的精英和专家,董事成员积极为企业发展出主意,帮助扫清发展中遇到的各方面的问题非常关键。一个成功的董事会一定是积极为公司解除障碍、排忧解难的。

(四)监督作用

董事会充分发挥其监督作用,保证公司、股东和企业职工的利益得到实现。董事会的监督是企业最重要的内部监督,也是很重要的外部监督。董事会只有和监事会紧密配合做好监督工作,公司的战略决策才能真正落到实处,股东和职工的利益才能得到保障,公司才能成长。一个起不到任何监督作用的董事会是没有存在的必要的。董事会和监事会的监督工作涉及企业重大战略决策是否执行,也应该涉及管理层个人的业绩问题、管理层的人品和企业文化建设等诸多方面,还涉及董事会成员是否有违规行为、公司的行为是否有损公共道德等。从某种意义上讲,董事会和监事会的监督是企业战略实施最有力的保障。国内外成功公司的董事会更注重公司经营结果,而不是特别强调公司的经营过程。笔者认为,我国公司很多董事会和监事会太关注企业经营的细节,而不是去考虑公司的发展战略和前瞻性的问题。

不论是从法律角度、管理理论角度,还是从实践来看,在企业经营管理实践中,不同经营规模、所有制性质、资本结构、组织结构的企业的董事会在企业战略决策中的作用是一个权变的问题。当然,挑选到高素质,具有较高知名度和地位的董事会成员就显得很重要了。Bruce R. Barringer & R. Duane Ireland(2010)认为,有效的董事会成员应该具备下述特征:与 CEO 沟通充分、以顾客为导向、技能互补、决断力、相互尊重、支持 CEO 与管理团队、遵守伦理。有效的董事会应该具备下述特征:个人关系网络发达、领域内有权威、愿意推荐公司、沟通技能强、有洞察力、有投资或运作经验、有能力和意愿来监控 CEO 与管理团队。

四、专业顾问

除了前面介绍的新创企业团队成员以外,创建者还需要依靠一些专家,通过与他们的互动交流获取重要的建议和意见。在许多情况下,这些专家都成为新创企业团队的重要组成部分。下面主要讨论顾问委员会、贷款者、投资者和其他专家,在完善新创企业团队方面发挥的重要作用。

(一)顾问委员会

顾问委员会(advisory board)是企业经理在经营过程中向其咨询并能得到建议的专家小组。顾问委员会对企业不承担法定责任,只提供不具约束性的建议。组建顾问委员会的目的,既可以是出于一般意义,也可以是为了满足特定主题或需要,例如,帮助规划公司的战略和战术决策。大多数顾问委员会有 5~15 名成员。公司组建一个或多个顾问委员会。此外,组建顾问委员会需要遵循以下原则:一是顾问委员会的组建不是用来自我炫耀的,如果顾问们不能在公司的发展和成长中发挥重要作用,他们的希望会很快破灭;二是公司所寻找的委员会成员在经验和技能方面,应当是相互协调和彼此互补的;三是在邀请某人进入顾问委员会时,公司应该认真地向其说明获取信息的原则和条件。

(二)贷款者与投资者

因为贷款者和投资者对其所投资的公司有既得利益,所以,风险投资者们越来越注重并积极参与管理团队的塑造和提高。作为新创企业团队的非员工成员,通过多种途径积极全力以赴地帮助所资助的企业,为企业提供有用的指导和资信,并承担提供财务监管的作用。除了提供融资外,贷款者和投资者还可以通过其他方式增加新创企业的价值,包括:帮助识别和招募核心管理人员;对于企业打算进入的市场和产业,提供洞察和见解;帮助企业完善商业模式;作为新创意的宣传者;提供接近其他资本来源的途径;吸引消费者;帮助企业建立商业合作关系;在企业董事会或顾问委员会任职;帮助平息和稳定许多新创企业团队都会经历的情感波动。

(三)理财专家

企业的发展离不开财务管理:一方面要遵守国家的法律规定;另一方面资金的管理使用要建立一整套规范的财务制度,保证资金的合理利用和使用效果。因此,理财专家是团队建设中的重要组成部分。现代企业对财务人员有着更高的素质要求,不仅要精通业务,还要提高协调关系等方面的能力。只有这样,才能做到精打细算,提高资金利用效果,为企业发展保驾护航。当然,创业团队根据发展的需要,不同时期有不同的要求。

(四)客户顾问

客户顾问是指精通客户所在行业的专业知识和技术,熟悉行业产品,又具备专业的市场营销技能的高素质复合型市场营销人员。客户顾问的主要职能:一是积极参与客户对企业产品有关的购买决策,为之提供决策咨询,使客户的资金实现最优配置;二是利用良好的公共关系和与客户的关系,做好新用户的开发工作,激发客户的需求欲望,以便为企业推销更多产品和服务创造条件;三是利用自己的专业知识,积极参与大工程项目的竞标,为企业争取更多的订单;四是帮助客户分析大工程或项目所碰到的问题,并做出正确的方案,从而争取更多的订单。客户顾问组织起来可构成一个强大的营销网络,从服务中心得到相关信息,做出相应的市场战略,协调企业与客户的关系,实现企业与客户的和谐发展。

五、其他专业人员

其他专业人员在新创企业的成功中也发挥着重要作用。律师、会计师和企业咨询师都可以提供好的建议和意见。咨询师(consultant)是提供专业或专门建议的个人。咨询师可以帮助企业进行可行性分析或行业分析。由于这些活动要花费时间,请董事会成员或顾问委员会成员为企业完成这些任务是不合适的。这些耗费时间的任务,要由企业咨询师来完成。法律顾问的作用在于在问题还没产生之前就帮助企业给予解决。对一个企业而言,律师就是企业谋取合法利益的专业管家。律师同工程师、教师、会计师等专业人员一样,在社会上发挥着越来越重要的作用,已经成为整个企业发展中不可缺少的一部分。对于企业来说,最大的目的是合法地谋取最大利润,而利润的首要构成就是交易、诉讼风险的避免与合理的避税。任何一个交易行为本身就是一个最实际的法律问题,而这个法律问题就很实际地让企业把一半风险悬在其不能控制的位置。最好的解决方法就是在还没产生风险之前，让专业律师把这个风险进行合理转化，使得企业最终避免了或最大程度上减少了这个风险。从经济学上说，这个风险的避免所产生的最直接后果就是企业的合理合法利润。

总之，组建新创企业团队是企业创建者的重要活动之一。许多创业者由于对这个过程没有经过充分细致的考虑，从而遭受到损失。新创企业的运转最终是要人来推动的，新创企业得益于拥有众多高素质的员工和顾问，这有助于解决企业创建和发展中所遇到的困难。

第三节　创业团队管理

一、创业团队组建的原则

选择优秀的合作创业者和发展与他们的良好工作关系是一项复杂的工作，需要大量的努力。这种努力是值得的，因为新企业的成功很大程度上取决于所获得的人力资源，如知识、技术、能力、声誉和创业者的社会网络。研究表明，上述因素在新企业的创建和成长中发挥着重要作用，然而，创业团队各要素之间需要遵循异质性的原则才能有效发挥其作用，保障企业的发展。

（一）相似性与互补性

生活中存在这样一个基本的事实，当他人在不同方面与自己具有相似性时，人们会感到很舒适，而且趋向于喜欢这类人。一般来说，应聘者与面试人员具有越高的相似性，他们被雇佣的可能性也就越高。相应地，员工与管理者的相似性越高，他们从管理者那里得到的绩效评估等级就越高。创业者也毫不例外地遵循"相似性导致喜欢"的原则。事实上多数创业者倾向于选择那些背景、教育、经验与他们非常相似的人。所以，在创建新企业的过程中"物以类聚，人以群分"的事实有明显的优势。当特定的创业团队要获得成功，就必须掌握非常宽泛的信息、技能和能力。然而，当创业团队的所有成员在各个重要方面都具有较高的相似性时，出现成功的可能性也会降低。较为理想的状态是，一个团队成员所缺少的东西可以由其他的成员提供，那么整体就大于各部分之和。因此，创业团队人员相似性和互补性的结合是创业者在组建创业团队时的第一原则。

在明确了选择团队成员相似性和互补性对创业企业发展的作用以后，还需要明确准确的自我评估在这一过程中的重要性。如果不能首先了解自己能提供什么，那么就难以知道你需要从未来的合作创业者那里得到什么。所以，对所有的创业者来说，在整合人力资源之前需要仔细进行自我评估，需要明确自己能够为新企业提供的知识、经验、训练、动机和特征等。作为创业者可以通过一些具体措施来形成对自身人力资本的准确认识，如了解自身所具有的基础知识、专门技能、动机、承诺、个体特性、尽责性、外向性或内向性、友好性、情绪稳定性等。在构建创业团队成员的选择上需要保持相似性与互补性之间的平衡，在知识、技能和经验方面主要关注互补性，而在个体特征和动机方面则考虑相似性。这样可以在获得新企业所需的广泛人力资源与营造良好团队氛围的基础上，让所有成员能够将愿景转化为现实，建立一种良好的平衡。

（二）理性与非理性

创业过程会关系到一些关键任务和资源，借助他人获取这些资源是一种有效的方式。有些创业者遵循理性的逻辑来组建团队，他们会理性的分析创业所需要的资源和能力，并将其与自己所拥有的资源和能力进行比较，将组建团队视为弥补自身能力空缺的一种方式，目的是整合优秀的资源来推动创业。还有一种情况是，创业者会遵循非理性逻辑来组建创业团队，他们看中的不是团队成员拥有的资源和能力，而是看中团队成员对自身的人际吸引力，目的是强化团队成员的信任和感觉，更倾向于找那些志趣相投而不是技能互补的合作伙伴。

从本质上看，团队组建的理性和非理性差异在于创业者看重的是创业者的客观要求还是创业者的主观偏好，依据不同逻辑组建的创业团队在结构方面表现出一定差异。理性逻辑创建的创业团队平均规模较大，成员之间因强调技能互补的组合而异质性较高，但彼此的熟悉程度较低，沟通交流更加谨慎。而非理性逻辑创建的团队平均规模较小，成员的同质性较高，彼此之间熟悉程度较高，沟通也更加顺畅。由此可见，两种逻辑组建的创业团队各有优劣，这就意味着，创业者在团队管理中要有不同的侧重点。针对理性逻辑组建的创业团队，创业者的管理重点在于沟通和协调、信任感培养、成员特长的整合，可以采取的方式包括制定明确的分工协定和决策程序、以利益为中心的团队凝聚力培养、以信任为中心的团队沟通管理等。针对非理性逻辑组建的创业团队，创业者的管理重点在于外部资源整合、避免决策异质性、信任感维持等，可采取的方式包括招募并维持核心员工、聘用外部专业顾问、以利益分配为中心的团队凝聚力管理等。

（三）认知冲突与情感冲突

冲突是企业内外部关系不协调的表现结果，表现为冲突行为主体之间的矛盾激化。一些学者将团队冲突划分为认知冲突和情感冲突。有效的团队知道如何进行冲突管理，从而使冲突对组织绩效的改善产生积极贡献。在无效或低效的创业团队中，成员总是极力避免冲突的形成，默许或允许冲突对团队有效性和组织绩效产生的消极影响。

认知冲突是团队成员对企业生产经营管理过程中出现问题的意见、观点和看法形成的不一致性。在通常情况下，有效的团队成员在企业管理相关问题中存在分歧是一种正常的现象，而且这种冲突将有助于改善团队决策质量和提高组织绩效。当团队成员分析、比较和协调所有不同的意见和看法时，认知冲突就会发生。这一过程对团队形成高质量的方案起到了关键的作用，关于认知冲突的团队方案若能够被团队成员认可，则有助于提高团队合作的有效性。

情感冲突是基于人格化、个体导向不一致性产生的一种破坏团队绩效的冲突。情感冲突会产生敌对、不信任、冷嘲热讽、冷漠等表现，因此会降低团队的有效性。情感冲突会阻止个体参与团队的关键性活动，团队成员不愿意对问题进行探讨，进而降低了沟通和团队绩效。存在情感冲突的团队成员之间彼此不信任，就会不愿意参与到必须整合不同观点的讨论中，导致在团队创新、认知分享、风险共担、协作进取等方面受到影响。

综上所述，在创业团队中冲突可能有益也可能有害，主要取决于冲突的类型。认知冲突可以改善决策质量和提高成功执行决策的机会，从而提高团队绩效。而情感冲突破坏了成功决策的可能，使得成员不愿意履行自己的义务导致企业绩效受到影响。

二、优秀创业团队的理念

大量研究表明，一个好的管理团队对于企业的成功起到举足轻重的作用。在新企业的发展潜力与企业管理团队的素质之间有着十分紧密的联系。Jeffry A. Timmons（2004）认为，最成功的创业者似乎都是把某些创业理念和创业态度作为实现其公司未来愿景的关键。这一愿景的核心内容与两方面有关：一是企业创始人努力想达到的目标；二是一些不成文的行为规则。这些规则是指导团队如何精诚合作、荣辱与共，从而获得成功的结构基础、资质基础和目的导向。奖励、补偿和激励机制都是以这种理念和态度为基础的。创业带头人精心设计公司愿景并带领、激励、说服和诱导骨干人员参与实现企业目标的能力是决定整个企业成败盈亏的关键，也是决定企业最终是大获全胜还是变卖公司以偿还个人承诺的高额负债的关键。

深谙团队建设和团队合作之道的创业者及其团队实际上已经拥有了一件秘密武器。虽然那些成功成长为大公司的公司团队其理念和态度有所不同，但基本上有以下几个共同点。

（一）凝聚力

凝聚力是拥有正确团队理念的成员相信他们处在一个命运共同体中、共享收益、共担风险、团队工作，即作为一个团队而不是靠个别"英雄"工作，每个人的工作相互依赖和支持，依靠事业成功来激励每个人。创业团队中的每个成员都必须认识到他们是密不可分的。如果公司成功了，所有人都会获益。优秀的创业团队中的每一位成员都相信单纯依靠个人的力量是不可能成功的，必须依靠团队的力量。不管公司大小，奖励、薪酬与激励依赖于创造公司价值与获得投资回报。

此外，团队成员必须对企业长期经营发展充满信心，对企业经营要付出辛苦和汗水，不能因一时利益或困难退出团队，要清醒地认识到创业将会面临的挑战和遇到的困难。这样，团队成员为了成功，才不至于有观望徘徊思想，遇到困难才能破釜沉舟，付出百分之百的努力，才能全身心地投入工作中去，才能凝聚共识，同心同德，将事业推向成功。

（二）合作精神

具有高潜力公司的最显著的特点是，该公司具备团队合作能力，而不仅仅是拥有培养一两名杰出人物的能力。这些出色的团队注重互相配合以减轻他人的工作负担从而提高整体的效率，在合伙人和关键成员中树立英雄模范，然后通过庆祝他们的成功来激励员工。正如 Sunmark 公司前董事长所说的："高绩效培养深感情。"

优秀的创业团队的所有成员间非常熟悉，他们相互间了解各自的情趣爱好、性格特点，也非常清楚自身的优劣势，对其他成员的长处和短处也一清二楚，能够清醒地认识到团队合作的重要性。和谐团结的团队，才有向心力、凝聚力和战斗力。团队成员要对集体忠诚，彼此以诚相待、和谐相处。在发生冲突的情况下，能够分清是非，以大局为重，主动搞好沟通与协调，及时消除误解，避免大的裂痕产生。有意见分歧是正常的，因为在工作中，辨明是非是负责任的表现。要非常重视建立和维护创业团队成员之间的相互信任，特别是团队的主要成员，一旦出现信任危机，将会带来严重后果。因此，在创业前，要特别注重对合作成员人品的了解，观察其是否有诚信，成员的行为和动机是否带有很强的私心等，将组建团队的风险排除在创业之前。

（三）正直

正直是具有在保证工作质量、员工健康或其他相关利益不被侵犯的前提下完成各项任务的信念与承诺。因而，在利弊权衡时，应综合考虑客户、公司的利益以及价值的创造，而不能以纯粹的功利主义为依据，或是狭隘地从个人或部门需求的角度来衡量。团队成员保持正直的态度与顾客进行交流，这是有利于顾客、公司和价值创造的行为准则。

（四）立足长远目标

同大多数组织机构一样，新建企业的兴衰存亡取决于其团队的敬业精神。一支敬业的团队，其成员会朝着企业的长远目标而努力，而不是指望着能一夜致富。企业在他们的眼里是一场将持续 5 年、7 年甚至是 10 年以上令人愉悦的比赛，他们将在其中不断奋斗直至取得最后的胜利。没有一家企业能够靠今天进入、明天退出（或经营发生困难之际退出）而在短期内获得意外横财。

清晰的目标是团队组建的一个基本要求。首先，目标是一种有效的激励因素。一个人如果看清了团队的未来发展目标，并认为随着团队目标的实现，自己可以从中分享到更多的利益，那么他就会把该目标作为自己的目标，并为实现这个目标而奋斗。因此，目标必须明确，这样才能使团队成员清楚地认识到共同的奋斗方向。与此同时，目标也必须是合理的、切实可行的，这样才能真正达到激励的作用。只有努力的目标一致，才容易凝聚共识、增进团结，形成同呼吸、共命运的共同体，攻坚克难，取得事业上的成功。

（五）收获的观念

收获成功是创办企业的目标。这意味着最终获得的资本收益是衡量成功程度的标准。销售增长率也是衡量收益、评价企业成长状况和发展能力的重要指标，是衡量企业经营状况和市场占有能力、预测企业经营业务拓展趋势的重要指标，也是企业扩张增量资本和存量资本的重要前提。该指标越大，表明其增长速度越快，企业市场前景越好。

（六）致力于价值创造

创业团队成员都致力于价值创造，即努力把蛋糕做大，从而使所有的人都能获利，包括为客户提供更多的价值，帮助供应商也能从团队的成功中分一杯羹，以及使团队的赞助者和持股人获得更大的盈利。团队成员应该有一致的企业价值认同取向，全心致力于创造新企业的价值，认为创造新企业价值才是创业活动的主要目标，并认识到唯有企业不断增值，所有参与者才有可能分享到创业的成果和利益。

（七）平等中的不平等

近些年，我国新创企业的模式逐渐由单一向复杂转变，公司股东的组成也越来越复杂，股权的分配也成为了新创企业的当前所面临的一大难题。在成功的新创企业中，倡导民主主义和盲目的平均主义是没有市场的。股权平分的策略虽然简单，能够在很大程度上平息各方认为自己对企业的贡献比较大的意见，但是在后续的企业发展中却存在很大的危机。尤其是当企业将要作出的重大决策对企业有很大影响时，各方的意见相互僵持不仅不利于企业抓住先机，还可能导致利益的大范围受损，对企业中股东相互之间的关系和企业的向心力有着重要的影响，从而限制企业的发展。

公司所关注的应是如何去选定能胜任关键工作的适当人选及其职责所在。公司总裁是负责制定基本的行动准则，决定企业环境和企业文化的关键人物。公司的股票在创始人或总裁以及主要经营者之间的分配不是平均的。

（八）公正性

对公司关键员工的奖酬以及职工股权计划的设计，应同个人在一段时期内的贡献、工作业绩和工作成果相挂钩。由于贡献大小在事前只能做一个大概的估计，而且意外和不公平的情况往往在所难免，因此必须随时做相应的增减调整。

薪酬分配当中的程序公平性，主要包括：首先它必须要保证分配的一致性，不能因为领导的个人喜好或是偏见而对某一个员工做降低薪酬待遇的不合理分配；薪酬的分配应该保持在不同的员工之间，以及不同的时间范围内的一致性；在薪酬分配的过程中，企业员工有权利知道自己的薪酬是怎样构成的，它所符合的标准是怎样的，这个标准是否是与其他员工保持着一致性等。完善合理的薪酬制度能让员工在薪酬上产生满意感，这份满意感会促使员工在工作时能够站在企业的角度进行思考，从而使工作能够高质量和高效率地完成。

（九）共同分享收获

尽管法律或道德都没有规定创业者在公司收获期要公平公正地分配所获利益，但越来越多的成功创业者都已经这样做了。通常"盈利"中的10%～20%会留出来分给关键雇员。

此外，在股权分配方面要合理且富有弹性，平均主义和大锅饭是懒惰的温床。股权分配上的平均主义也许并非合理，团队成员的股权分配不一定要均等，但必须要遵循大家认可的规则进行分配，尽量做到合理、透明与公平。要按照贡献与报酬相符的原则，防止发生某些具有显著贡献的团队成员，拥有股权数较低，贡献与报酬不一致的不公平现象。通常创始人与主要贡献者会拥有比较多的股权，一般来说，只要能与他们所创造价值、贡献相配套，就是一种合理的股权分配。另外，为了今后继续发展，也可以留有一定比例的股权，用来奖赏以后有显著贡献的创业成员，在利益分配上留有余地，富有弹性。

三、创业团队绩效的衡量与提升

（一）创业团队绩效衡量内容

创业团队的发展力、凝聚力和创业企业的业绩是衡量创业团队绩效的主要表指标。

1. 发展力

创业团队的发展力是创业团队内在绩效的重要体现之一，反映出创业团队开拓、进取和创新的能力，发展力是推动团队创业的内在动力，是创业团队取得创业成功的潜力，高发展力的创业团队意味着创业团队具备更强的创新性和开拓进取的精神，这样的创业团队可能更容易取得创业的成功。

Birley & Stockley（2000）认为团队创造力、解决问题的能力和关系到公司绩效的决策能力都是团队绩效的表现形式，这里的创造力和解决问题的能力都可以看成是创业团队发展力的范畴。研究表明，相比低效率团队的成员，高绩效的团队的成员会认为他们的团队更有吸引力，这种吸引力就是来自他们认为他们的团队的发展力更强，团队的创新和开拓进取精神更强，更容易取得成功。HR Magazine 在 1995 年提出了高效团队必须具备目标、潜能、弹性、关系与沟通、最佳生产力、肯定与欣赏和士气七种特质，其中目标、潜能、弹性、最佳生产力这些特质关系团队的发展方向和实现目标的能力，可以看成团队的发展力的体现；而关系与沟通、肯定与欣赏，以及士气三个特质反映的是团队的关系状态，可以看成团队的凝聚力的体现。可以看出，创业团队的发展力是创业团队绩效的重要评价指标之一，并且这种绩效直接反映出团队的有效性，是创业团队的内化绩效指标。

2. 凝聚力

创业团队的凝聚力反映出创业团队成员之间的团结性以及创业团队的和谐与稳定性，其反映的是创业团队内部的关系紧密程度和和谐程度。Lechier（2001）认为创业团队的内聚力是创业团队内重要的六大人际互动维度之一，反映了创业团队内部的团结性，并认为团队的内聚力对创业企业的绩效有正向的影响作用。Leavitt 和 Jean（1995）提出了凝聚团队的概念，这一概念的核心就是高效的团队必须是内部关系融洽、关系和谐的团队，可以看出创业团队的内部凝聚力是高效团队的重要变量之一。

3. 创业企业的业绩

创业企业的业绩是创业团队的外化绩效，企业的业绩是创业团队内在有效性与随机扰动的函数。创业企业的绩效可以用会计手段进行评价，可以从创业企业的一些盈利指标来反映。Kamm、Shuman、Seegeretal（1990）和 Chandler、Hanks（1998）认为可以利用销售收入和利润的增长作为评价创业企业绩效的指标。但是创业企业的业绩评价采用单一的经济指标来进行反映又存在两点主要的问题，一是这些指标来源于历史数据，二是这些经济评价指标不具备前瞻性。

Cooper 和 Dally（1997）认为虽然创业的绩效评价非常困难，但是创业团队的有效性对创业企业的绩效有重要的影响。许多的学者还研究了反映创业企业绩效的指标，因此，本书认为，创业企业的盈利能力、销售增长率和经营状况三个方面是衡量创业企业的绩效的重要因素。

（二）创业团队绩效提升

创业团队绩效提升体现为发展力的提升，凝聚力的提升，以及创业企业业绩的提升。

1. 发展力的提升

团队的发展力是团队开拓、进取和创新的能力，可以通过提高团队的创新性，保持对环境的敏感性和适应性，以及创业资源的积累三个途径来提升。

（1）提高团队的创新性。创业团队要能够保持持续不断的创新性。创业活动就是要给消费者提供新的产品和服务，本身就是一项创新性的活动，所以高效的创业团队必须具备创新性才能适应创业环境复杂多变的需要，创新性的提升可以通过创新氛围的营造和通过持续不断的学习行为来实现。

（2）环境敏感性和适应性。创业团队要保持对外部环境的变化和行业动态的敏感性，并能快速做出调整。创业的过程中经济、社会、法律和行业环境都是不断变化的，创业团队只有保持对创业环境的敏感性，才能在复杂多变的创业环境中占据主动，不断地推动创业的成功。

（3）创业资源的积累。创业团队要注重对创业成功资源的积累，这些资源包括知识、机会和社会网络等。创业过程中的机会、知识和经验等资源都是创业团队的重要财富，一个期望持续发展的创业团队必须注意对创业资源进行积累和整理，推动创业团队一步步走向成功。

2. 凝聚力的提升

（1）增强团队成员的信任。信任是创业团队高凝聚性的基础，创业团队成员的关系要建立在相互信任的基础上，相互信任的创业团队成员才能进行有效的沟通和互动，形成高效的创业团队。

（2）加强团队成员之间的团结性。创业团队成员之间要能够彼此包容对方的缺点和失误，创业团队成员之间的关系要融洽。通过开展丰富多彩的团队活动加强团队成员的交流并改善团队成员之间的关系，增强团队成员的团结性。

（3）营造合作与竞争共存的氛围。创业团队成员之间既能良性地竞争又能真诚地合作，建立完善的赏罚机制，以加强团队成员的合作和良性竞争。

3. 创业企业业绩的提升

创业企业的业绩是创业团队的外显绩效，受创业团队行为和内部绩效的影响，通过改善团队的行为和提升内部绩效可以提升创业企业业绩。创业团队的业绩受到决策行为的影响，所以以上决策行为的改善措施可以间接的提升企业业绩；创业团队的发展力和凝聚力的提升也可以间接地提高创业企业的业绩。同时，改善营销策略，扩大产品市场份额，可以增加企业的销售收入，注重成本的控制，减少开支，提升企业的盈利能力。

本章小结

本章关注创业活动的实践主体，创业者的特质及创业团队的组建过程。主要包括以下内容：第一，从创业者个体出发，分析创业者的核心品质和可取的品质，以及创业者不应该具备的一些素质，如极端独立、不受伤害、表现强大、反对权力、冲动、外部控制、完美主义者、无所不知。通过对创业者可取品质和不可取品质的分析，为创业者如何培养创业素质提供依据，从创业者基本素养、人格品质素养和技能素养三个方面阐释了创业者素养培育的三个重要关注点，为创业者素质培养和创业团队成员筛选提供依据。第二，创业团队的组建是进行机会识别、获取资源的重要支撑点，因此，构建完善的创业团队为整个创业过程的实施提供人力支持。本章从企业创建者、核心员工、董事会、专业顾问及其他专业人员等方面，分析创业团队的成员组成及相应的作用及贡献，为企业的发展发挥应有的职能。第三，新创企业在创业团队形成以后，需要对团队进行合理的管理，同时在团队管理中应遵循一定的原则，如目标明确、互补原则、精简高效原则、动态开放性原则。成功的创业者将创业理念作为实现其公司未来远景的关键，为此，本部分从凝聚力、合作精神、正直、立足长远目标、收获的观念、致力于价值创造、平等中的不平等、公正性、共同分享收益九个方面，提出了优秀创业团队管理的理念。此外，创业团队的发展力、凝聚力和创业企业的业绩是衡量创业团队绩效的主要表指标。创业团队绩效提升体现为发展力的提升，凝聚力的提升，以及创业企业业绩的提升。

思 考 题

1. 创业者可取的品质和创业者的核心品质有哪些？
2. 创业团队的特征是什么？

3. 创业团队包括哪些成员？
4. 组建创业团队应重点考虑哪些问题？
5. 优秀的创业团队具有哪些理念？
6. 优秀创业团队的绩效结果如何衡量？
7. 请通过实地采访等方式了解当地企业在创业时期的情况，并结合本章内容分析创业团队的科学组建。

第七章
撰写创业计划书

本章学习目的

理解创业计划书的内涵和价值；
掌握创业计划书的框架结构与核心内容；
了解撰写创业计划书的基本步骤；
掌握创业计划书撰写的核心内容；
了解陈述创业计划时应注意的问题；
熟悉创业计划书的评价要素。

引导案例

通过前六章的学习，我们清楚了创业的内涵、创业类型及创业过程，掌握了创业环境的组成和影响机制，学会了创业战略选择方法、创业机会分析、商业模式开发及创业团队组建的方法。在具备上述条件之后，要想保障创业企业成功运营，就需要科学制订创业计划。尽管一些新企业不重视创业计划，甚至不做任何正规计划就开始做生意，但大量的实践与理论均证明，事先准备好创业计划非常重要。创业计划的制订标志着从战略制定阶段到企业创建实施阶段的转变。本章在阐释创业计划书的内涵与价值的基础上，解析创业计划的框架结构与核心内容，给出了创业计划书的评价要素和标准。

第一节　创业计划书的内涵与价值

创业计划描述了新企业想要达成的目标，以及如何实现这些目标（Bruce R.Barringer &

R.Duane Ireland，2010）。创业计划是创业者及其团队的"行动指南"，创业计划书是链接商机、资源及团队的桥梁。

一、创业计划书的内涵

（一）创业计划的定义

创业计划（business plan），又称为创业经营计划、商业计划，是一份全面说明创业构想以及如何实施创业构想的文件。Marc J. Dollinger（2003）在《创业学——战略与资源》一书中提出，创业经营计划是创业愿景的正式书面表达，它描述了被提议的创业企业的执行过程，即战略和运营方式。

创业计划的定义有广义和狭义之分。广义上的创业计划，又叫作"商务计划"，是指对企业活动进行详尽的全方位的筹划，从企业内部的人员、制度、管理以及企业的产品、营销和市场等各个方面展开分析。狭义的创业计划是专指创业的商业计划，它是创业者或企业为了实现未来增长战略所制定的详细计划，主要用于向投资方和创业投资者说明公司未来发展战略与实施计划，展示自己实现战略和为投资者带来回报的能力，从而获得投资方或创业投资者的支持。

对大多数新企业而言，创业计划是一份可用于企业内外两方面的文件。对企业内部来说，创业计划能帮助企业设计出实施其战略和计划的"路线图"；对企业外部而言，创业计划是用于向潜在投资者及其他利益相关者介绍企业试图追求的商业机会以及如何把握机会的行动计划。

（二）创业计划书的定义

创业计划书，又叫商业计划书，是全面介绍公司或项目发展前景并阐述产品、市场、竞争、风险及投资收益和融资要求的书面材料。《牛津商务字典》将商业计划书定义为："一个详细的计划，它设定了企业在一段时期内的目标，通常是3年、5年或10年。许多企业都会制定商业计划，尤其是在企业经历了一番挫折或企业政策进行了一次重大调整之后。对于新兴企业来说，商业计划也是企业筹措资本或贷款的必要文件。商业计划应该尽可能量化目标，提供至少头两年的月现金流和生产数据，其后几年的相应细节可逐渐减少。商业计划还必须简要阐明企业实现其目标的战略和策略，应该提供至少两年的预计季度损益表，以及其后的年损益表。集团公司的商业计划经常称为公司计划。"创业计划书的编写一般都是按照相对标准的文本格式进行。

撰写创业计划会迫使创业者系统地思考新创企业的各个要素，厘清业务概念、近期目标和战略，确保整个团队分享组织目标和战略，并向潜在的投资者、供应商、重要的职位候选人和其他人介绍创业项目，寻求外部投资与合作。撰写创业计划不能保证创业的成功，但的确可以加大成功的机会。

（三）创业计划书的分类

1. 根据编制目的划分

一般来说，根据编制目的可以把创业计划书分成以下三类：第一，为了吸引投资家的注意，称为简报摘要计划书；第二，为了满足投资评估上的需求，称为评估创业计划书；第三，作为创业者事业发展规划的自我参考书，称为经营管理计划书。

第一种创业计划书是创业者为筹集创业资金与投资者进行沟通的重要工具。几乎所有的投资者和融资机构都是在看到一份不错的创业计划书后，才展开进一步投资意向的洽谈。投资家的专职工作就是投资，因此他们每天都会接到很多的创业项目。可想而知，投资家是不太可能花费太多的时间来判断每一项投资案是否具有吸引力。所以，必须要制作一份不多于三页的简报摘要，把最能吸引投资者兴趣的内容标识出来，以吸引投资者的高度兴趣。这类计划书撰写的重点包括：创业团队的优势背景、产品特性、市场规模和预期占有率、核心竞争优势和创新经营模式、财务需求与预期投资报酬率等。

当第一种计划书引发投资者的兴趣后，就需要做第二种计划书，即进一步的投资评估方案。这类计划书一般需要更加完整而全面的内容，以说服投资者尽快作出投资决策。一份好的评估计划书要告知投资者有关事业经营与发展的过程与结果，给投资者提供详细的财务计划与投资报酬分析，基本上要包括所有重要的有关创业企业的内容；还要充分显示创业者对于企业内外部环境的熟识，以及实现经营计划的信心；同时，还要呈现竞争优势和市场利基，并提供客观的数据以佐证观点。

第三种创业计划书，内容主要包括企业定位和创新经营模式的描述。具体来说，包括发展创新经营模式所需要的各项核心资源，包括人力资源、技术能力、财务能力，以及能够有效执行的制度和管理能力；规划能够有效创造利润的营运策略，包括产品组合策略、市场营销计划、生产计划与策略、供应链管理、IT技术应用策略等；创业过程中可能面对的各项风险，包括市场需求变动、竞争者手段、产业技术变化，以及创业者的应对措施等。

对于一般的创业者来说，通常会把上述三种创业计划书混杂在一起来撰写。就像前面谈到的那样，撰写创业计划书的目的，一方面是为了和投资者商谈融资问题（包括吸引投资者注意和评估需求）；另一方面是为了作日后经营管理的自我参考。因此，本章所提到的创业计划书也是指的上文提到的三种创业计划书混杂在一起的综合形式。

2. 根据写作详略划分

从创业计划书的写作详细程度上可以分为略式创业计划、详式创业计划和企业运营计划。

（1）略式创业计划。略式创业计划是一种比较简明、短小的计划，它包括企业的重要信息、发展方向，以及少部分重要的辅助性材料。略式创业计划书通常有10~15页，对那些处于发展早期，打算测试投资者是否对创意感兴趣的新企业最适用。

略式创业计划主要适用于下述情况：①申请银行贷款。略式商业计划的撰写人可能正在寻找资金，以便为撰写详尽创业计划进行必要的分析工作。很多银行在受理企业贷款申请时,并未正式规定企业提供创业计划。因此,一份略式创业计划既能加深银行对企业的印象,也能够满足银行关于企业财务数据方面的要求。②创业者享有盛名。如果创业者在以前已经成功地创建过企业,或者来自一个著名的公司,给风险投资商一份略式的创业计划就足够了。例如,如果 Facebook 网创始人兼 CEO 打算创办一家新企业,他可能就会撰写一份略式创业计划送交选定的投资者,然后等待回音。大多数投资者都知道其在 Facebook 的成就,因此不需要太多详细信息。③试探风险投资商的兴趣。在向风险投资商提供完整的正式计划以前,创业者也许会向他们提供略式创业计划。那些有兴趣了解企业详情的投资者将会要求创业者提供更全面的计划。④市场竞争激烈、时间紧迫。在某些情况下,市场的发展和变化非常快,机会转瞬即逝,创业者在这种情况下无法完成一份完整的创业计划书,为了节省时间,创业者往往会写出一份略式的创业计划。

(2)详式创业计划。详式创业计划是标准的创业计划。这种计划书一般有 25～35 页,并附有 10～20 页的辅助文件,用来清楚说明企业经营与规划。详式创业计划对那些处于资金筹集期的企业最适用,也可充当企业的运营蓝图。详式创业计划是本章讨论的重点。在这样的计划中,创业者能够对整个创业思想有一个比较全面的阐述,尤其能够对计划中关键部分进行较详细的论述。对于大型的制造业企业和寻求大额风险投资的企业,需要撰写详式创业计划。

(3)企业运营计划。有些已建企业会撰写企业运营计划,这种计划书长达 40～100 页,计划中包含大量细节信息,是新企业的运营蓝图。企业运营计划主要针对内部读者,也可为管理者提供运营指导。

二、创业计划书的价值

研究表明:美国快速成长的企业中 68% 是从创业计划书开始的,如微软、雅虎公司。从快速获得收入来看,与没有创业计划书的企业相比,有创业计划书的企业销售额更高,获得的利润更大,其成功率提高了 69%。创业计划书作为全方位描述与创建新企业有关的内外部环境条件和要素的书面文件,旨在阐述商机的意义、要求、风险和潜在收益,以及如何抓住这个商机。它涵盖新企业创建中所涉及的市场营销、生产与运营、产品研发、管理、财务、关键风险以及一个完成目标任务的时间表。对创业者而言,资源就像画家的颜料和画笔,只有当他们有了创作灵感的时候,才会在画布上挥毫泼墨。创业者心目中的画布就是创业计划书。单看画布本身是空而无物的,关键是要通过创业计划书的描绘,看能否以及怎样将创业思路、创业团队和资源变成画家的作品——呈现出一幅新企业的清晰面貌:企业的发展方向是什么,新企业拟实现的预期目标是什么。可见,创业计划书不仅是创业者成功创建新企业的运营路线图,还是管理新企业的"第一份"纲领性文件和执行方案。创业计划书的价值体现在以下几个方面。

（一）创业计划书是创业企业融资的基础文件

创业计划书是创业融资的必备工具，风险投资家往往依据创业计划进行风险评估，选择他们认为最有发展潜力的企业进行投资。对于银行来说，初创企业的经营风险太大，往往不愿意为这类企业提供贷款。即便是提供，银行一般先要求创业者提供创业计划。一份详尽的、与众不同的、切实可行的创业计划书大大增加了获得银行贷款的概率。创业计划书也是初创企业获得其他形式资金支持的必备文件之一。要吸引投资者，创业计划书必须切合实际，不能过分乐观。过分乐观地陈述或预测会破坏创业计划书的可信度。同时，创业计划书必须明确显示商业创意可行，而且要将其展示出来，对于潜在投资者而言，与那些风险更小的投资选择相比，该商业创意能给他们带来更高的资金回报。必须清楚的是，新企业只有展现出非凡的发展潜力，才能吸引投资者投资。

（二）创业计划书为初创企业吸引所需的资源

创业者甚至整个团队不可能拥有特定创业活动所需的全部资源。创业者要想在资源的供给者与创业者之间架起桥梁，争取他人的资源支持或投入，就必须让他人了解自己的创业思路。而创业计划书正起着这样的作用，有助于创业团队与资源拥有者之间的沟通。正如 Bruce R.Barringer 和 R.Duane Ireland（2010）所阐述的："投资者很少会挤出时间'倾听'你的新企业创意。他们在愿意投入更多时间和精力之前，倾向于通过浏览创业计划（或创业计划的执行概要）来评价商业创意。"创业计划可以使资源拥有者在了解创业者欲做何事、计划怎样做事的基础上，有兴趣、有信心地为创业者提供需要的资源。

（三）创业计划书为初创企业争取政府支持

政府掌握着大量的社会资源，政府机构也是新创企业所提供产品的客户。因而，对创业者而言，创业所需资源的供给，甚至未来新创企业的产品销售，都离不开政府的支持。创业者要想让有关政府机构直接提供资源支持创业者、通过采购新创企业的产品间接支持创业者，就需要让政府了解自己"想干什么、在干什么"，而创业计划恰恰是创业者与政府沟通的有效工具。

（四）撰写创业计划书促使创业者及其团队系统思考新创企业的每个方面

对新企业管理团队和普通员工来说，撰写一份明确阐明愿景和未来规划的创业计划书十分重要。尽管创业者通常要花费几天或几周时间来撰写一份科学的创业计划，在此期间，创业者们经常要通过定期会面来完成创业计划，但这并不是在浪费时间。虽然市场环境经常快速变动，但撰写创业计划书的过程与计划本身同样有价值。撰写创业计划能促使管理团队仔细考虑企业的方方面面，并对企业最重要目标和优先次序达成一致。创业者们谈论各种创意，当时机成熟的时候，他们要围坐在会议桌旁，绞尽脑汁地设计商业计划内容的情景，特别是要分析现金流。在开发产品之前，尽可能多地做调研，全身心地投入企业事务。一份表述清晰的书面创业计划，有助于企业普通员工协调工作，并通过一致行动向目标前进。对新企业职能部门经理来说，一份分析企业各个方面和未来战略与目标的正式商业计划，能够使其确保所做的事情与企业整体计划和方向一致。

此外，要意识到计划通常会伴随书写过程而变化。当创业者或创业团队撰写创业计划并开始获得反馈时，新的认识、见解必然会出现。这个过程在企业存续期间都会持续不断，它使创业者对新思想、新创意能够保持警觉和开放心态。因此，撰写创业计划书并成功创建企业的创业者认为创业计划书是一种有生命的鲜活文件。

第二节　创业计划书的框架结构与核心内容

企业的创业计划往往是投资者对企业的第一印象，如果计划不完善或漏洞百出，很容易让投资者猜测企业本身也是不完善或有缺陷的。因而必须熟知创业计划的结构、内容和类型，以及撰写创业计划的原则。

一、创业计划书撰写的基本步骤

创业者要想写出一份具有吸引力的创业计划书，需要做好前期的准备工作，并且在写作过程中遵循一定的写作原则。

（一）准备阶段

由于创业计划涉及的内容较多，因此，编制之前必须进行充分的准备和周密的安排。第一，通过文案调查或实地调查的方式，搜寻内部与外部资料，如创业企业的宏观环境，所在行业的发展趋势，竞争者情况等方面的资料；第二，确定计划的目的和宗旨；第三，组成专门的工作小组，制订创业计划编写的日程安排与人员分工，制订创业计划书的编写计划，确定创业计划书的种类与总体框架。

（二）形成阶段

形成阶段的主要任务是初步草拟创业计划书。主要是全面编写创业计划书的各部分，以创业计划总体框架为指导，针对创业目的与宗旨，分析创业企业所在行业的发展趋势，产品市场信息、产品测试、创业项目、创业企业、产品或服务、组织计划、市场分析、营销策略、生产经营计划、研究与开发、财务分析、融资需要、风险因素及对策、创业投资的退出方式等内容，初步形成较为完整的创业计划方案。

（三）完善阶段

在完善阶段，应广泛征询各方面的意见以对草拟的创业计划书进行补充、修改和完善。

编制创业计划书的目的之一是向合作伙伴、创业投资者等各方人士展示有关创业项目的良好机遇和前景，为创业融资、宣传提供依据。所以，在这一阶段要检查创业计划书是否完整、务实、可操作，是否突出了创业项目的独特优势及竞争力，包括创业项目的市场容量和盈利能力，创业项目在技术、管理、生产、研究开发和营销等方面的独特性，创业者及其管理团队成功实施创业项目的能力和信心等，力求引起投资者的兴趣，并使之领会创业计划书的内容，支持创业项目。

（四）定稿阶段

定稿阶段是定稿并印制创业计划书的正式文本，在最终确定了创业计划书的内容之后，将创业计划书印制成册。完成创业计划后，撰写者必须重新检查拼写和语法，并且确保创业计划书不遗漏任何关键信息，如重要的产业发展趋势、企业需要的资金、资金的使用目的等。

二、创业计划书撰写的框架结构

创业计划书是创业者留给风险投资家、银行家，以及有可能给予新企业支持者的第一印象。投资者期望看到能很容易就找到关键信息的创业计划。为了使对方印象深刻，创业计划必须遵循一定的常规结构。在创业活动实践中，创业计划书的编写形成了相对固定的格式、规范，同时也形成了被广为采用的基本内容框架。一份有效的创业计划书，应该尽可能简洁明了。对大多数创业计划来说，25～30页已经足够了，而创业者简历等附加信息最好放在附录中。创业者必须仔细琢磨创业计划的装帧与格式，使它看上去鲜明醒目，又没有花费太多的印象。一般而言，创业计划书应按照如下顺序及格式来编排。

例 7-1

A. 封面页（包括公司名称、地址以及主要联系人名字、联系方式等）。
B. 目录表（概括了创业计划书的各主要部分）。
C. 摘要及创业计划书的各个主要部分（每个部分都应清楚地列出标题并要易于识别）；
D. 附录（如详细的财务计划、公司创建人和核心员工的完整简历。附在正文后面，经常是分开单独装订）。

创业计划书的主要内容随撰写人或行业不同而有很大差异。尽管如此，人们普遍认为，创业计划书必须含有一些基本部分，便于投资人及其他相关人员了解新企业的关键问题。

例 7-2

A. 新产品或服务的基本价值是什么？也就是说，为什么这是一个有价值的创业机会？
B. 新产品或服务要卖给谁？
C. 如何开发、生产、销售新产品或服务？尤其是应对现存和未来竞争的总体计划是什么?

　　D. 创业者是谁?他们拥有开发创意并经营新企业所需的知识、经验和技能吗?

　　E. 如果商业计划书是为了筹资,那么需要筹集多少资金,需要何种融资方式,资金如何使用?创业者和其他人如何实现投资收益呢?

　　这些问题都是投资人最感兴趣的核心问题,也是创业者在创业过程中必须直面的问题。一份精心准备的创业计划书要回答所有这些问题,而且要以有序、简明、具有说服力的方式回答这些问题。要知道,风险投资者每年要看成百上千份商业计划书,但绝大多数创业计划书在几分钟之内,就被那些经验丰富的风险投资者给拒绝了。创业计划应该透过数据和图表来展现新企业已经谨慎预测的各种可能性,有些企业雇用咨询师或外部顾问来撰写创业计划,但这项工作最好由新企业创建者自己来完成。作为一个创业者,要尽全力做好这些最重要的事情,以确保你的创业计划书成为能得到风险投资家更多眷顾的少数之一。

三、创业计划书撰写的核心内容

　　创业计划书各主要部分的顺序安排及其具体内容,应该由创意的性质,以及创业者想在计划中传达的信息来决定。一般来说,创业计划的结构有一定的要求和格式,在编写创业计划书时要严格根据标准格式进行。创业计划书的核心内容分别是:封面、目录、摘要、企业描述、产品与服务、产业分析、市场分析、营销计划、管理团队和企业结构、运营计划、研究与开发计划、财务分析和融资需求、风险因素及对策、投资者退出方式以及附件。本章提供一个被许多创业计划书采用的基本框架,其具有较强的逻辑性。

(一)封面

　　封面的设计要有审美观和艺术性,一个好的封面会使阅读者产生最初的好感,形成良好的第一印象。图例 7-3 列出了创业计划书封面需具备的基本要素。

例 7-3

创业计划书封面页

　　把你的产品的一幅彩色图像放在首页,但需留出足够的版面排列以下内容:
　　A. 公司名称;B. 注册年月;C. 公司性质;D. 公司地址;E. 邮编;F. 融资负责人姓名;G. 职务;H. 电话;I. 传真;J.E-mail;K. 公司主页;L. 创业计划书编号;M. 日期。

(二)目录

　　创业计划书的目录包括了创业计划书的核心内容,分别是:摘要、企业概述、产品或服务、组织计划、市场分析、营销策略、生产经营计划、研究与开发、财务分析和融资需要、风险因素及对策、创业投资的退出方式以及附件。目录的基本要素如例 7-4 所示。

例 7-4

目 录

摘要
（一）企业描述
（二）产品与服务
（三）产业分析
（四）市场分析
（五）营销计划
（六）管理团队和企业结构
（七）运营计划
（八）研究与开发计划
（九）财务分析和融资需要
（十）风险因素及对策
（十一）创业投资退出方式
附件

（三）摘要

摘要是整个创业计划书高度凝练的概述，简要地概括报告中最精彩的部分和最为关键的特征，可以向读者提供其必须了解的新企业独特性质的所有信息。投资者阅读完执行概要后，应该能比较明确地感觉到整个计划的大致内容。因而，摘要要尽量简明、生动，特别要说明自身企业的不同之处。以便读者能在最短的时间内评审计划并做出判断。这其中需要涵盖的最重要的部分就是企业发展战略以及相信企业必然会成功的理由，还要简明地描述企业如何将其独特资源转变为优势，企业的预计销售额和利润，企业的资金需求以及创建者和投资者的所有权比例。在某些情况下，投资者可能会先向企业索要摘要，在摘要有足够说服力时，他才会要求阅读详尽创业计划。创业计划摘要的篇幅一般控制在 2 000 字，主要包括以下几项内容：公司经营理念，公司状况概述，产品与服务，产业分析，市场分析，营销计划，管理团队和企业结构，运营计划，研究与开发计划，财务分析和融资需求，风险因素及对策，投资者退出方式等。在撰写摘要时务必要记住：摘要是整个创业计划的快照，并非创业计划的引言或前言。

（四）企业描述

下面进入创业计划书的主体部分。创业计划的主体部分从对企业进行总体描述开始。该部分向创业计划审阅者展示了创业者如何将创意变成一家企业。该部分主要包括企业简史、使命陈述、产品与服务、当前状况、法律状况与所有权，以及关键合作关系（如果有）。

1. 企业简史

该部分介绍应该简明,但要解释企业创意从何而来以及企业创建的驱动力量。如果公司是初创企业,只需提及公司处于初创阶段即可。如果企业创意起源的故事真实感人,那就把它写出来。

2. 使命陈述

使命陈述界定了企业为何存在,以及企业渴望成为什么,即企业的目的。

3. 产品与服务

产品与服务部分应该包括对产品与服务的独特性的描述,以及对产品的市场定位的描述。该定位是相对于竞争对手而言如何选定市场位置。

4. 当前状况

该部分应该显示企业进展到何种程度。根据里程碑来考察企业状况,是一个很好的方法。里程碑指的是企业显著的或重大的事件,如企业名称注册、可行性分析、创业计划撰写、法律实体创建。如果完成了这几个步骤,就算越过了几个重要的里程碑。

5. 法律状况和所有权

该部分应该阐明谁拥有企业,企业所有权如何分配,也应该说明企业当前的所有权形式是否已经确定(如有限责任公司)。

6. 关键合作关系

如果拥有某些合作伙伴关系,企业描述部分也应阐述,因为有的创业计划需要依靠建立合作关系才能得以实施。例如,小企业与大企业合作,让合作伙伴生产、包装、运送其产品;小企业与大企业结成伙伴,将产品引入市场;小企业将人力资源管理外包,以减少小企业在人力资源管理上的投资,使小企业专注于其他核心业务。

(五)产品与服务

这部分要对产品与服务进行清晰地描述,特别是产品和服务的独到之处。产品与服务介绍应包括以下内容:产品的概念、性能及特性,产品的市场竞争力,产品的研究和开发过程,发展新产品的计划和成本分析,产品的市场前景预测,产品的品牌和专利等。在产品与服务介绍部分,企业家要对产品与服务做出详细的说明,说明要准确,也要通俗易懂,使非专业人员的投资者也能明白。通常,产品介绍都要附上产品原型、照片或其他介绍。

(六)产业分析

产业分析关注企业进入的整个产业,主要包括产业规模、增长率和销售预测,行业结构,行业参与者的情况,产业关键成功因素,行业趋势,长期发展前景等。

本部分首先描述企业试图进入的产业状况,比如产业规模、增长率和销售预测等。企业应该充分理解所在产业,是否为产业内新兴领域,该产业是否存在缺陷,在此基础上,再选择目标市场。潜在投资者更乐意投资那些具备大销量、快速发展、高增长潜力的产业。

1. 行业参与者的情况

行业结构指的是产业集中或分散化的程度。与少数由大企业主导的行业相比较，分散化产业更适合于新企业生存和发展。在创业计划书中，需要阐述所在行业参与者的情况，该行业主要企业是创新型还是保守型，它们对环境变化的反应是快还是慢，该行业存在哪些市场空隙。

2. 产业关键成功因素

产业关键成功因素是指在产业中占优势地位，对企业总体竞争地位有重大影响的条件、变量或能力，包括产品的属性、竞争能力及与公司盈利能力直接相关的市场因素。大部分产业拥有 6～10 个业内所有企业都应具备的关键成功因素。而且，大部分企业会在两三个方面表现优秀，以便使自己具备差异化。创业企业要清楚该产业的关键成功因素以及如何做好竞争准备，使自己形成差异化。

3. 行业趋势

应对所选行业的基本特点、竞争状况以及未来的发展趋势等内容进行清晰的分析。最重要的行业环境趋势是经济趋势、社会趋势、技术进步、政治与法规变革。

4. 长期发展前景

关于行业长期发展前景的典型问题包括：该行业发展程度如何？现在的发展动态如何？创新和技术进步在该行业扮演着一个怎样的角色？该行业的总销售量和对未来五年销售量的预期？行业的总收入和对未来五年总收入的预期？行业的平均回报率和对未来五年平均回报率的预期？价格趋向如何？产业利润率的增减？投入成本的升降？经济发展对该行业的影响程度如何？政府是如何影响该行业的？是什么因素决定着行业的发展？竞争的本质是什么？进入该行业的障碍是什么？该行业典型的回报率有多少？行业分析结尾部分，应该对行业长期前景进行简单陈述。

此外，本部分应对市场上所有经济主体的经营概况进行说明，包括竞争者、供应商、销售渠道和顾客等。

（七）市场分析

该部分主要分析市场细分与目标市场选择、目标顾客、竞争对手分析。

1. 市场细分

市场分析将行业划分为若干细分市场或区隔，它们是企业试图进入的目标市场。大部分初创企业会选择产业内的某个目标市场，而不会服务于整个产业。市场分析的首要任务是寻找细分企业即将进入的产业，然后识别特定的目标市场。这部分应该使读者或者投资者确信创业者已经详细完整地理解了竞争环境和宏观环境。

2. 目标顾客

创业计划书要说明创业企业的市场范围及定位，企业的产品（服务）将"卖给谁"，即产品（服务）现在的顾客和潜在的顾客。

要想准确地把握住目标顾客，应该从以下几个方面进行全面考虑：首先，需要对企业即将进入的市场进行细分,在整个市场中划分出最适合自身企业的多个小市场,市场细分是将整个市场划分为若干不同部分的过程,可以根据许多方式来细分市场,比如按照地域(城市、省、国家)、人口统计特征(性别、年龄、收入)、心理变量(个性、生活方式、价值观)划分等;其次,企业进行准确的市场定位,其按照多个维度划分市场,并逐步选出适合自身能力的特定市场,根据产品与服务的特性和企业的情况在细分市场中选择一个或几个目标市场,结合企业的目标、产品、优势、劣势、竞争者的战略等因素说明为何选择这种市场定位,顾客为什么会愿意购买企业的产品(服务)等;最后,用实际数据向投资者展示企业目标市场的大小及其走势,结合目标市场的每个细分市场进行说明。

3. 竞争者分析

竞争者分析是对企业竞争对手的详细分析,这有助于企业了解主要竞争对手的行业地位,也向创业计划审阅者表明你对企业竞争环境有了全面的理解。本部分应当描述并解释每一种因素会怎样影响企业的销售额和利润水平,同时分析企业所在产业竞争状况的本质和产业的吸引力,分析购买者和供应商的讨价能力、替代产品和服务的威胁、进入壁垒的高低以及现有竞争对手的竞争本质。首先,列出所有的竞争对手,用数据说明这些竞争对手所占有的市场份额、年销售量和销售金额等;其次,要进行竞争能力调查,了解竞争对手的优势和劣势;最后,将竞争的范围缩小,锁定1~3个主要的竞争对手,与竞争对手进行比较,充分掌握企业自身的优势和劣势。

(八)营销计划

营销计划部分主要阐释整体营销战略,产品、价格、促销和分销策略。

企业营销战略指的是企业营销产品或服务的总方针,即企业如何在市场中定位。营销策略关注企业如何宣传和销售自身的产品或服务,涉及产品、价格、促销和分销等细节。同时,也要对主要竞争对手的相应情况予以说明,阐明如何与竞争对手实现差异化,描述企业接近客户,向其销售产品及进行售后服务的努力和策略。

营销策略首先简明陈述营销战略、定位和差异化,然后讨论它们如何被价格、促销组合、销售流程和分销策略所支撑。如果前面已经充分解释了产品,那么就可以直接探讨价格。价格是非常重要的方面,因为价格决定了企业能赚多少钱。同时,价格也向目标市场传递着重要信息。要注意的一点是,定价低并不值得推荐,因为如果定价很低,目标市场顾客就会感到迷惑,甚至会怀疑产品的品质。此外,低价格难以产生企业继续开发产品所需的利润。与此同时,该部分也应该简要讨论有关促销和分销的计划。

(九)管理团队和企业结构

该部分主要阐释管理团队、董事会、顾问委员会和企业结构。

一个企业必须要具备负责产品设计与开发、市场营销、生产作业管理、财务管理等方面的专门人才。许多投资者和创业计划审阅者会首先浏览执行概要,然后直接翻到管理团队部分来评价企业创建者的实力。赢得融资支持通常不是因为创意或市场，而是因为投资者认为企业管理团队为开发创意做了更充分的准备。管理团队和企业结构要展示企业管理团队的战斗力和独特性以及与众不同的凝聚力和团结战斗精神。

1. 管理团队

新企业管理团队通常包括企业创建者和关键管理人员。创业计划应该提供每个管理团队成员的个人简介，介绍他们所具有的背景信息、职务和责任，以及胜任能力，包括职位头衔、职位的职责与任务、先前产业和相关经验、先前的成功经历、教育背景。个人简介应该显示出团队成员为何能够胜任该职务，为何能对企业成功做出特殊贡献。应该特别强调管理团队的某些特征。投资者更喜欢以前曾经共事过的团队成员，这意味着，以前共事过的成员，在共同创建新企业时会彼此信任，更好地融洽相处。关键管理团队成员的完整简历，可以作为附录置于商业计划的末尾。

2. 董事会或顾问委员会

如果初创企业拥有董事会或顾问委员会，他们也是管理团队的组成部分。创业计划应该说明他们的任职资格与作用。董事会是由公司股东选举产生以监督企业管理的小组，而顾问委员会是企业经理在经营过程中向其咨询并得到建议的专家小组。许多初创企业邀请具有特殊才能或技能的人士加入顾问委员会，帮助企业弥补能力差距。顾问委员会是企业经理在经营过程中向其咨询并能得到建议的专家小组。与董事会不同，顾问委员会对企业不具有法律责任，仅提供不具约束力的建议。

3. 企业结构

创业计划书需要介绍企业组织是如何构建的。企业组织结构图是企业内职权与责任如何分配的图形化描述。创业计划书中加入一张组织结构图，以展示企业的构建与权责链条。企业结构的描述，使人们相信你懂得如何将商业创意变为一家运营良好的企业。即使是一家初创企业，也要概述企业当前的组织结构，以及成长过程中企业结构将会如何变化。在这部分创业计划书中，应简要介绍企业结构，包括：各部门的功能与责任；各部门的负责人及主要成员；公司的报酬体系；公司的股东名单，包括认股权、比例和特权；公司的董事会成员；各位董事的背景资料。

（十）运营计划

本部分主要概述企业如何运作，以及产品与服务如何生产。该部分内容要简明扼要，既要充分描述营运内容，又不能提供太多细节，因为计划审阅者想获得企业如何运营的总体认识，他们通常不会寻找详细的解释。该部分主要说明生产经营的总方针，企业选址，以及设施与设备等。具体体现为：生产的机构及队伍，公司现有的生产资金、技术能力、新产品的质量控制和改进能力，产品制造和技术设备现状，新产品投产计划，技术提升和设备更新的要求，质量控制和质量改进计划，现有的最重要的生产设备或者将要购置的生产设备，生产工艺流程和新产品的经济分析及生产过程。如果企业要生产产品并打算外包制造业务，应该评述外包生产如何完成。

（十一）研究与开发计划

研究与开发计划是对投入研究开发的人员和资金计划及所要实现目标的介绍。该部分主要涉及研发情况和任务，挑战和风险，以及知识产权。

1. 研发情况和任务

初创企业必须有一个生产产品的可靠计划，以满足财务规划中的销售预测。如果企业研发出全新的产品或服务，就要在创业计划中说明研发工作的情况，主要包括：研究资金投入、研发人员情况、研发设备以及研发的产品的技术先进性及发展趋势。

大部分产品遵循从产品概念、原型化、试生产到全面投产的研发路径。创业计划书应该着重描述产品或服务所处的发展阶段，并提供后续步骤的进度安排。如果是处于企业早期阶段仅仅拥有创意，应该解释如何制造产品原型，即新产品的初次实物展示。产品原型用来测试产品的各项特性，获取真实反馈信息。有时，用计算机生成的产品创意 3D 图像的虚拟原型就足以完成这些测试，且比实物原型便宜得多。

2. 挑战和风险

该部分应该揭示，在产品或服务进入市场过程中，可能遇到的主要设计、研发风险与挑战。产品和服务研发是个艰难曲折的过程，并非一帆风顺，经验丰富的投资者希望看到企业在面临风险和挑战时所做的努力。

3. 知识产权

本部分应描述企业拥有或打算保有的专利、商标、版权或商业秘密。如果初创企业仍处于早期阶段，没有采取任何知识产权上的措施，至少应该获得一些法律建议，以便在创业计划中讨论相关事宜。

（十二）财务分析和融资需求

1. 财务分析

预计财务规划涵盖了整个创业计划，并用财务数据将其表示出来。投资者将会期望从财务分析部分来判断企业未来经营的财务损益状况，进而从中判断能否确保自己的投资获得预期的理想回报。企业的预计财务报表，类似于已建企业准备的正规历史财务报表，只不过预计财务报表预测未来，而正规历史财务报表记录过去。大部分专家建议准备 3~5 年的预计财务报表。如果企业已开业，创业计划书应该提供 3 年来的历史财务报表。

财务分析的重点是资产负债表和现金流量表的制备。资产负债表反映在某一时刻的企业状况，投资者可以用资产负债表中的数据得到的比率指标来衡量企业的经营状况以及可能的投资回报率。流动资金是企业的生命线，因此企业在初创期或扩张期时，对流动资金需要预先有周详的计划并在过程中进行严格的控制。

（1）资产负债表。资产负债表（the balance sheet）亦称财务状况表，是表示企业在一定日期（通常为各会计期末）的财务状况（即资产、负债和业主权益的状况）的主要会计报表。资产负债表利用会计平衡原则，将合乎会计原则的资产、负债、股东权益交易科目分为"资产"和"负债及股东权益"两大区块，在经过分录、转账、分类账、试算、调整等会计程序后，以特定日期的静态企业情况为基准，浓缩成一张报表。

（2）现金流量表。相较于资产负债表和利润报表而言，现金流量表更为重要。在阶段性时间节点企业将会有多少现金是投资者关心的问题。现金流量表（statement of cash flows）又称账务状况变动表，所表达的是在一个固定期间（通常是每月或每季）内，一家机构的现金（包含现金等价物）的增减变动情形。一般而言，第一年按月做一次统计，以后两年至少每季要做一次统计，包括现金流入流出的时间和数目的详细描述，决定追加投资的时间，对运营资本的需求等。此外，还要说明现金是如何得到的，比如获得的净资产、银行贷款、银行短期信用或者其他，以及哪些项目需要偿还，如何偿还等。

2. 融资需求

该部分说明你要寻求多少融资，你如何使用这笔资金。融资需求包括资金需求计划和融资方案两部分，其中，资金需求计划是指为实现公司发展计划所需要的资金额、资金需求的时间性、资金用途（详细说明资金用途，并列表说明）。

（十三）风险因素及对策

本部分对整个项目实施过程中可能遇到的风险进行详细说明，提出有效的风险控制和防范手段。风险因素及对策描述对于整个计划书来说也是至关重要的，它将给整个商业计划带来闪光点。一般而言，风险因素分析应包括以下几个方面：第一，公司在技术、市场、管理、财务等方面的基本风险；第二，应对各类风险的准备；第三，公司具备的附加机会。还要分析在最好和最坏情形下，企业五年计划的表现如何？如果估计不那么准确，应该估算出误差范围到底有多大。如果有可能的话，对关键性参数做最好和最坏的设定。

（十四）投资者退出方式

投资者退出方式一般有：股票上市、股权转让、股权回购和利润分红。

1. 股票上市

股票上市是指已经发行的股票经证券交易所批准后，在交易所公开挂牌交易的法律行为，股票上市，是连接股票发行和股票交易的"桥梁"。投资者以这种方式退出，需要在分析创业计划的基础上，分析公司上市的可能性，并说明公司上市的前提条件。

2. 股权转让

股权转让是指公司股东依法将自己的股份让渡给他人，使他人成为公司股东的民事法律行为。股权转让是股东行使股权常见而普遍的方式，中国《公司法》规定股东有权通过法定方式转让其全部出资或者部分出资。投资者可以通过股权转让的方式收回投资。

3. 股权回购

所谓股权回购是指上市公司利用盈余所得后的积累资金（即自有资金）或债务融资以一定的价格购回公司本身已经发行在外的普通股，将其作为库藏股（treasury stock）或进行注销，以达到减资或调整股本结构的目的。股份回购与分拆、分立同属于资本收缩范畴，是国外成熟证券市场上一种常见的资本运作方式和公司理财行为。公司可以实施股权回购计划，使投资者收回投资。

4. 利润分红

利润分红又称利润分享制或劳动分红制，是指企业每年年终时，首先按比例提取一部分企业总利润构成"分红基金"，然后根据雇员的业绩状况确定分配数额，最后以红利形式发放的劳动收入。投资者可以通过公司利润分红达到收回投资的目的。

（十五）附件

不适宜放入创业计划书正文的所有材料都应放在附录中，如高层管理团队简历、产品或产品原型的图示或照片、具体财务数据和市场调查计划等，但不宜过长。主要的附件如下：

（1）产品或产品原型的图示或照片，还应该包括名称和标签，如果产品或者工艺技术水平很高，而且确信投资者将会把技术部分交由顾问工程师审查，整个技术部分应该加封面单独成册。

（2）企业选址位置的照片或图样以及实物布局，有必要的话还应该加以注释。

（3）以图表形式出现的销售和利润预测。

（4）市场调查和市场规模以及特性的相关文档。

（5）广告样本、宣传册以及销售草案。

（6）价格列表、产品目录和邮件发送清单（只需要题目）。

（7）所有详细的以及附有脚注的财务报表，包括损益表、现金流量表、资产负债表、盈亏平衡计算以及启动成本的列表。

（8）固定资产置备进度安排。

（9）个人和公司的纳税申报单。

（10）创建者、董事会成员以及关键人物的履历。

（11）知名人物写的推荐信或品行介绍。

（12）各种具有公信力来源的佐证资料，如政府的特许经营许可证复印件、营业执照等。

（13）其他任何认为合适的信息。

四、撰写创业计划应注意的问题

一份精心构思的创业计划书，能够极大地激发投资者的兴趣。正如美国创业管理专家约瑟夫·R. 曼库索（1983）所言："没有商业计划你不能筹集到资金……就它本身而言，一份创业计划就是一项艺术性的工作。它是表达企业和赋予企业人格化的证明。每个计划都如同雪花，个个不同。而每个创业计划都是一个独立的艺术品，都是企业家个性的反映。就像不能复制别人浪漫的方式，你也需要寻求区别你的创业计划与众不同之处。"如果创业计划书撰写得语言流畅、充满激情和睿智，有严密的调查数据支撑，那么投资者和银行家等读者就很容易把这些优点与创业者本人的能力勾连起来。

一份激动人心的创业计划书，好比"美丽的景色"，常常会激发两类读者"欣赏"：一类是新企业的内部人员，另一类是企业外部利益相关者（即潜在的投资者、银行家、商业伙伴、供应商、服务商、顾问、关键职位应聘者等）。由于两类读者所处的地位不同，看问题的出发点不同，对创业计划书内容的偏好就各有不同。因而每一个读者眼中的创业计划书会呈现出"横看成岭侧成峰，远近高低各不同"的景象。这两类读者作为创业计划书的"欣赏者"，即为创业计划书的服务对象。他们最希望看到什么样的内容，创业计划书就应该向他们呈现什么样的内容。一份高质量的创业计划书不仅可以证明创业者有能力处理新企业所面临的各个问题，而且还能够与企业外部利益相关者进行新创企业价值方面的沟通，据此可以获得创业融资。撰写创业计划书应注意以下问题。

（一）简洁清晰

阅读创业计划书的人往往都惜时如金，他们可能会有意无意地通过你对自己企业的描述作判断。因此，一份好的实施概要能够让投资者了解新创企业的吸引力所在，能够使投资者看到关于企业长期使命的明确论述，以及人员、技术和市场的总体情况。在通常情形下，阅读者快速浏览实施概要了解新企业的概貌后，认为计划很有说服力和吸引力，才会继续看下去。实施概要好比一个人的脸，而封面、目录及企业名称好比眉毛、眼睛和鼻子，最先看到的是后者。这些部分是否"修饰"得美观整洁，直接影响阅读者对创业计划书质量的"第一印象"。因此，撰写实施概要时力求做到简明扼要、条理清晰。

（二）针对读者

目标读者不同，创业计划的侧重点不同，因此，编制创业计划一定要考虑阅读对象的思路。如创业投资者对创业计划中的市场增长及盈利感兴趣；战略伙伴与主要客户关心产品或服务、市场、盈利及管理团队的运作能力；主要雇员、管理队伍主要关心今后的发展前景。为了引起读者的阅读兴趣，创业计划一定要有针对性，开门见山，直接切入主题，避免与主题无关的一些内容，围绕创业产品与服务展开阐述。对于机密内容，尽量不把敏感信息写进文件，但又要通过充分的阐述令人信服。

检查整个创业计划书时，撰写人应站在读者角度判定新企业可行性的关键问题是否已得到了完全解答：①该业务仅仅是一个创意，还是一个有现实潜力的机会？②产品或服务是否可行？它能给客户带来重大价值吗？是否完成了可行性分析，如果是，结果如何？③企业正在进入令人激动的成长产业吗？企业已经识别出产业内有吸引力的定位吗？④企业有明确的目标市场吗？⑤企业拥有区别于竞争对手的差异化方面吗？这些差异化方面是否可持续？⑥企业拥有正确的营销计划吗？⑦管理团队是否有足够的经验和技能来创业？⑧企业的运营计划合适吗？⑨企业财务分析与融资需求所依据的假设是否现实可行？⑩企业财务规划是否正确完成，它们为企业是否描绘了光明的未来？

（三）内容规范

创业计划书各部分的内容应具有连贯性并严格按顺序编排，而且，创业计划应该有一套完整的格式。首先，创业计划应该有目录，以便于读者查阅各个章节，摘要应位于创业计划的最前面；其次，在具体内容上，产品与服务的描述、产业分析、营销计划、管理团队等应使用管理学专业术语，尽量做到规范化、科学化，财务分析最好采用图表描述，形象直观。此外，还应注意创业计划的排版。创业计划书中的封面、目录、实施概要、附录、图表等部分是否合理编排、美观整洁，直接影响阅读者对创业计划书的评价。也就是说，排版、装订和印刷不能粗糙，用订书钉装订的创业计划书看上去显得有些业余，有不认真、不重视之嫌。因此，创业计划书的排版要力求规范，装订要整齐美观。

（四）合理预测

在编写创业计划时，不要过分强调或夸大收益状况与可能的成就，不要依据生产能力来预估销售量。一定要对有关数字通过合理方式进行预测，比如市场占有率、财务预测分析、投资报酬率等都尽可能做到数字准确。实际上，许多风险投资者常使用一种"计划折扣系数"，认为"成功的新企业通常只能达到他们计划财务目标的50%"。因此，撰写创业计划书时，应实事求是，切忌过分夸张、言过其实。为此，需要首先做好市场调查研究，并引证官方或学术研究机构的客观统计资料，同时对于目标市场消费特性的描述也要有确实的证据。如果已有具体产品原型，应考虑先进行消费者使用测试并取得专家的检验意见，这样有助于提高创业计划的质量与可信度。

（五）突出关键风险因素

阐述新企业在运营过程中可能会遇到的关键风险因素，是创业计划书中不可或缺的部分。这部分内容是投资者和银行家所关注的重点。识别并讨论新企业中存在的风险，可以证明创业者作为一名准职业经理人的综合素养，可以增加投资者对创业者团队的信任度。主动指出并讨论风险，有助于向投资者表明，创业者已清醒地考虑过它们并且能够处理和控制好这类风险，因而使"风险的乌云"不再萦绕在投资者的脑海里。因此，撰写创业计划书，既要陈述创业者的危机管理能力，也要让他们觉察到这些风险对创业者团队来讲是可以驾驭和控制的。创业计划书中若没有清醒陈述将来的问题，没有重视计划中可能的瑕疵，没有应急或变通计划，这样的创业计划书一般很难被投资者和银行家所青睐。

（六）突显优秀创业团队信号

撰写创业计划书的管理部分，一定要让投资者接收到创业团队具有较强管理能力和资源整合能力的信号，这些信号是他们最想知道的信息。风险投资者有一种共识：宁可投资产品创意弱、创业团队强的项目，也不愿投资产品创意强、创业团队弱的项目。因此，创业者在组建创业团队时，要考虑团队成员的综合能力、先前经验、教育背景及志向、志趣与品德等因素，以便撰写创业计划书时能够使风险投资者或银行家们接收到创业热情高、专业经验丰富、人脉资源广、创新能力强、专业知识优势互补的创业团队信号。

（七）计划协调统一

应事先做好计划工作，使写作过程有条不紊地进行，这是因为，创业计划涉及的内容很多。通常是成立一个写作小组，大家分工协作，各负其责，最后由组长统一协调定稿，以免零散、不连贯、文风相异。另外，还要注意使用资料的时效性，及时更新有关资料数据。

（八）论证严谨

由于把缺失重要信息的创业计划送交投资者的现象屡见不鲜，因此，完成创业计划后，撰写者必须重新检查创业计划书的语句和语法，一定要确保不遗漏任何关键信息，比如重要的产业发展趋势、企业需要多少资金、资金的使用目的等。有的投资者甚至收到过一份没有注明创业者联系信息的创业计划。这是不应该发生的事，因为投资者可能有兴趣了解更多商业创意的情况，需要和创业者联系。

当商业计划某些方面不完善或遗漏时，会表现出一些"危险信号"，如表 7-1 所示。

表 7-1　商业计划中的"危险信号"

危险信号	解　释
创建者没有投资	如果创建者都不愿投资给新创企业，为什么别人应该投资给新创企业
引注不明	商业计划应根据现实证据和周密调研撰写，而不是根据臆测和想当然撰写。所有一手资料和二手资料研究都要注明引用来源
市场规模界定过宽	市场界定过宽表明真正的目标市场还没有找到，新创企业瞄准的是行业内的细分市场或某个特定市场
过于激进的财务数据	许多投资者会直接翻阅商业计划的财务部分。推理不足或过于乐观的商业计划，会失去可信度。与此相反，基于合理研究与判断的冷静陈述，能很快得到信任
随处可见的疏忽	让读者艰难阅读的文稿、审阅不平衡的资产负债表，或让读者看到各种粗心失误，绝不是件好事。这些错误会被认为不注重细节，从而损害创业者的可信度

资料来源：布鲁斯·R. 巴林格，R. 杜安·爱尔兰．创业管理：成功创建新企业 [M]．杨俊，薛红志，等译．张玉利，审校．北京：机械工业出版社，2010：64．

（九）注意保密

要求投资者阅读创业计划后对其内容进行保密是合理的，也是必要的。这是因为，创业计划是创业者辛勤的智力劳动成果，其内容往往具有巨大的商业价值并涉及一些技术或商业机密。在创业计划中处理保密问题有多种办法，比如要求收件人在一份保密协议上签字，在创业计划中添加一段保密条款，其内容的多少和复杂程度因情况而异。

总而言之，有经验的投资者不会凭借臆测或憧憬来做判断的，而是用事实数据评价新建企业的前途。最吸引他们注意力的是可行性评估结论，以及对独特商业模式所产生竞争优势的描述。如果商业模式仅仅建立在预测未来前景的基础上，显然，这样的创业计划书很难让他们心潮澎湃,心甘情愿进行投资。因而创业计划书既要有实际的目标(包括阶段性发展目标),又要有弹性,以便能够留有余地地考虑潜在的障碍以制定战略预案。一言以蔽之,一份高质量的创业计划,有助于创业者成功实施创业蓝图,有助于新企业获得良好融资能力和更多的创业资源。

五、陈述创业计划书时应注意的问题

如果创业计划书成功吸引了潜在投资者的兴趣,下一步就是与投资者会面并向他们当面陈述创业计划。投资者往往要面见企业创建者,与投资者的初次会谈通常时间很短,大约1小时左右。此时新企业创建者应尽可能地给投资者留下良好印象,因为投资者最终投资的新企业非常少。投资者一般要求企业使用幻灯片作20~30分钟的口头陈述,然后利用剩余时间进行提问。如果创业者给投资者留下的印象深刻,并打算进一步了解更多企业信息时,投资者会邀请创业者进行第二次会谈。这次会谈通常会持续更长时间,创业者可以进行更充分的陈述。

(一)口头陈述及幻灯片制作

在初次会面时,新企业创建者要在所预定的陈述时间内将主要内容陈述完毕。这同样适用于各种创业计划大赛。如果投资者给创业者1小时的面谈时间,包括30分钟陈述与30分钟问答。那么,口头陈述就不应该超过30分钟。幻灯片应简洁鲜明,切忌堆砌资料,陈述应该简介流畅。

30分钟的口头陈述主要包括下述12个内容:

(1)标题,应介绍公司名称、创建者名字、公司图标,并开始陈述。

(2)问题,应简述企业要解决的问题或满足的需求。

(3)解决方案,应解释企业如何解决问题,或如何满足未实现的需求。

(4)机会与目标市场,应阐明特殊的目标市场,讨论推动目标市场发展的业务或环境趋势。

(5)技术,这张幻灯片可随情况选用,讨论技术或产品、服务的独特方面,不要过分以技术方式来讨论,让描述简单易懂。

(6)竞争,着重解释企业的市场竞争优势,企业如何与竞争对手展开竞争。

(7)营销与销售,描述总体的营销战略,讨论销售流程,如果你已进行了购买意愿调查或其他的产品初步调研,在此要汇报调查结果。

(8)管理团队,描述现在的管理团队,解释团队如何构建,他们的背景与技能如何对企业成功至关重要,如果有顾问委员会或董事会,简要介绍关键的个人,如果团队有差距,解释如何弥补、何时弥补差距。

(9)财务规划,简要讨论财务情况,强调企业何时获得利润、企业到达盈利需要多少资本、现金流何时达到盈亏平衡,如果需要展示数据信息,可多使用几张幻灯片,但不要太多。

（10）当前状况，描述企业当前的情况，企业已经达成的里程碑时间，不要忽视已有成绩的价值。

（11）融资需求，说明需要寻求多少融资，如何使用这笔资金。

（12）总结，结束陈述，概述企业与团队的最重要方面，征求听众反馈。

（二）预期投资者的提问

无论是初次会面还是后续的进一步讨论，潜在投资者都会向现企业创业者提出很多问题。聪明的创业者会敏锐地预见到这些问题并为之准备。在初次会面时，投资者主要关心的问题是：商业机会是否真正存在，管理团队是否有足够的经验和技能来创业。在问答的过程中，投资者会考察创业者如何思考及其对新企业的了解程度，还试图感受管理者是否对新企业高度自信，因此问答阶段是非常重要的。

第三节 创业计划书的评价

对创业计划书的评价，不仅要从结构方面看其是否完整，而且要看其内容是否表述清楚、方案是否具有可行性，能否吸引投资者。许多创业计划书撰写得很完备，但是在现实工作中并不见得很有效。创业计划书完成以后是否能够满足各方的需求，完成创业者赋予创业计划书的使命呢？对创业计划书的评价需要一个客观、公正的评价体系。

一、评价主体

一般来说，关心创业计划书的人群一般分为三方，分别为创业者、投资者、企业管理者及员工。由于三方各自的需求不同，对于创业计划书的评价也就需要满足各方的特点。创业者判断创业计划是否具有吸引力和可行性；投资者根据创业计划书判断投资风险和投资回报；企业管理者及员工根据创业计划书预测企业的发展前景。

二、评价要素

成功的创业计划书应该能够对市场容量进行简洁清晰地展示。要了解顾客的需要，解释你做的是什么事，这件事通过什么方式盈利，为什么可以盈利以及解释为什么是你而不是别人更适合做这件事。上述各项缺一不可，不能明确创业的目标和赢利点，无疑会成为一份失败的创业计划书。具体来说，创业计划的评价要素包括：①计划书的完整性；②方案的可行性；③企业在技术或产品等方面的独特性；④经济效益；⑤资金筹措方案；⑥市场前景。

三、评价标准

由于创业企业所选择的产品与服务的不同，创业环境的优劣不一，创业人员能力存在差异，所以要对一个创业计划书的优劣进行评价是一件非常困难的事情。参考以往比赛和专家的经验，借鉴学者（葛建新，2004）研究，从创业投资基金或投资者角度设定如下评价标准。

（一）摘要

评价标准：简明、扼要、具有鲜明的特色。重点包括对公司及产品（服务）的介绍、市场概况、营销策略、财务预测、企业发展目标展望、介绍创业团队的特殊性和优势等。

（二）产品与服务

评价标准：描述产品或服务的基本性能、特征，产品的商业价值，产品的技术含量，产品的发展阶段，产品的所有权状况；如何满足关键用户需要；进入策略和市场开发策略；说明其专利权、著作权、政府批文、鉴定材料等；指出产品（服务）目前的技术水平是否处于领先地位，是否适应市场的需求，能否实现产业化；产品不过分超前而使市场无法接受。

（三）市场分析

市场的评价标准为：市场容量与趋势、市场竞争状况、市场变化趋势及潜力，细分目标市场及客户描述，估计市场份额和销售额，市场调查和分析应当严密科学。

（四）竞争

评价标准：包括公司的商业目的、市场定位、全盘策略及各阶段的目标等，同时要有对现有和潜在的竞争者的分析，替代品竞争、行业内原有竞争的分析。总结本公司的竞争优势并研究战胜对手的方案，并对主要的竞争对手和市场驱动力进行适当分析。

（五）营销计划

评价标准：阐述如何保持并提高市场占有率，把握企业的总体进度，对收入、盈亏平衡点、现金流量、市场份额、产品开发、主要合作伙伴和融资等重要事件有所安排。阐释产品定价、营销渠道及促销方式，构建一条畅通合理的营销渠道和与之相适应的新颖而富有吸引力的促销方式。

（六）运营计划

评价标准：产品生产服务计划，产品的成本和毛利，经营难度及所需要的原材料的供应情况，工业设备的运行安排，人力资源安排等。这部分要求以产品或服务为依据，以生产工艺为主线，力求描述准确、合理、可操作性强。

（七）组织的评价标准

评价标准：关键人物背景，组织结构，角色分配，管理团队实施战略的能力；介绍管理团队中各成员有关的教育和工作背景、经验、能力、专长；组建营销、财务、行政、生产、技术团队；明确各成员的管理分工和互补情况，公司组织结构情况，领导层成员，创业顾问及主要投资人的持股情况，指出企业股份比例的划分。

（八）财务分析

评价标准：财务报表清晰明了，与计划实施同步，内容包含营业收入和费用，现金流量，盈亏能力和持久性，固定和变动成本，前两年财务月报，后三年财务年报；数据应基于经营状况和未来发展的正确估计，并能有效反映出公司的财务绩效。

（九）融资回报

评价标准：以条款方式提供所需投资，利益分配方式，可能的退出战略。

（十）可行性

一是市场机会，明确市场需要及其适合的满足方式；二是竞争优势，企业拥有的独特的核心能力以及获取持续的竞争优势；三是管理能力，管理团队能够有效地发展企业，并合理规避投资风险；四是财务预算，企业的发展业务具有明确的财务需求；五是投资潜力，创业项目具有真正的实际投资价值。

（十一）总体评估

创业计划书的总体评价标准为：条理清晰；表述应避免冗余，力求简洁、清晰、重点突出、条理分明；专业语言的运用要准确和适度；相关数据科学、诚信、翔实；计划书总体效果好。

本章小结

创业计划书，又叫商业计划书，是全面介绍公司或项目发展前景并阐述产品、市场、竞争、风险及投资收益和融资要求的书面材料。从创业计划书的写作详细程度上可以分为简略创业计划、详尽创业计划和企业运营计划。一般来说，创业计划的结构有一定的要求和格式，在编写创业计划书时要严格根据标准格式进行，创业计划书的核心内容分别是封面、目录、摘要、企业描述、产品与服务、产业分析、市场分析、营销计划、管理团队和企业结构、运营计划、研究与开发计划、财务分析和融资需求、风险因素及对策、投资者退出方式以及附件。本章提供一个被许多创业计划书采用的基本框架，其具有较强的逻辑性。撰写创业计划应谨记：简洁清晰、针对读者、内容规范、合理预测、突出关键风险因素、突显优秀创业团队信号、计划协调统一、论证严谨、注意保密。创业计划的评价主体包括创业者、投资者、企业管理者及员工。创业计划书的评价要素包括：计划书的完整性，方案的可行性，技术或产品等方面的独特性，经济效益，资金筹措方案，市场前景等。创业计划书的评价标准则包括对创业计划书的核心内容的各个部分的评价以及总体评价。

思 考 题

1. 什么是创业计划？创业计划能给新企业带来什么价值？
2. 撰写创业计划书应注意哪些问题？
3. 谁会阅读创业计划书，他们希望看到什么？
4. 简式创业计划书、详式创业计划书和企业运营计划的区别是什么？
5. 创业计划书的构成框架及其核心内容要素包括哪些？
6. 创业计划书的评价要素包括哪些？
7. 请你为管理咨询类公司设计一份创业计划书。

第八章
创业融资

---- 本章学习目的 ----

理解创业企业融资的重要性；
掌握创业融资的方式与来源；
熟悉创业融资过程；
了解创业融资准备内容；
理解如何测算资金需求量；
掌握如何确定融资来源；
了解融资谈判的注意事项。

引导案例

扫描此码 案例学习

创业融资是指创业者为了将某种创意转化为商业现实，通过不同渠道、采用不同方式筹集资金以建立企业的过程。融资难是创业企业面临的普遍问题，因为创业企业不知名，同时前途未卜。因而，多数创业企业不得不使用自有资金，或者向自己的朋友和家人寻求资金的支持。本章，我们主要关注创业融资渠道与创业融资过程，以尽可能拓展创业企业的融资渠道。

第一节 创业融资渠道

一、获得融资的重要性

任何企业的生产经营活动都需要资金的支持。尤其是对于新创企业来说，在企业的销售活动能够产生现金流之前,企业需要技术开发,需要为购买和生产存货支付资金,需要进行广告宣传,需要支付员工薪酬,还可能需要对员工进行培训。另外,要实现规模经济效应,企业需要持续地进行资本投资,加上产品或服务的开发周期一般比较漫长,使得创业企业在初创期就需要筹集大量资金。

根据 Bruce R.Barringe & R.Duane Ireland(2010)的观点,多数新企业在企业生命早期就需要融资,有三个主要原因:现金流、资本投资及漫长的产品开发周期。

1. 现金流

当企业成长的时候,它需要不断增加现金量以服务顾客。经常的情况是,在销售产生现金之前,要建设工厂与购买设备,购买存货,培训员工并付薪,做广告,建立品牌等,均必须付费。从花费金钱到赚取收入,存在时间滞延,必然会造成现金流问题,尤其是小企业和快速成长的企业。如果企业亏损经营,负的实时现金流(通常每月计算)就被称为烧钱率。尽管负的现金流在企业早期有时是合理的,但是,如果企业在有盈利前便花掉所有的资本,通常会导致企业失败。为防止企业资金用尽,多数创业者需要靠投资资本或银行信贷来解决现金流短缺,直到他们的企业开始赚钱为止。但是,由于新创企业通常很难从银行获得信贷额,所以他们通常寻求投资资本或其他融资。

2. 资本投资

当企业开始购买资产、营造建筑物、购置设备或投资于其他资本项目时,往往超越了企业自己提供资金的能力。于是,在企业发展早期,许多企业可以通过租赁厂房空间或利用联盟伙伴的资源来延迟或避免这些开销。但是,在企业成长周期的某个时点,企业的需要变得足够专门化时,需要企业购买资本资产而不是租赁或租借,这便产生费用支出。

3. 漫长的产品开发周期

有些产品需要开发许多年才会产生收益,例如,在生物科技产业,获得新药批准经常要花费 8~14 年。企业常常无法依靠自有资金来支付漫长的产品开发周期的前期成本,因而需要融资。

总之,对于创业者而言,获得融资的重要性主要表现在以下三个方面:第一,资金是企业的血液,资金不仅是企业生产经营过程的起点,更是企业生存发展的基础,资金链的断裂是企业致命的威胁;第二,合理融资有利于降低创业风险,创业企业使用的资金,是从各种渠道借来的资金,都具有一定的资金成本,因此,合理选择融资渠道和融资方式,有利于降低资金成本,将创业企业的财务风险控制在一定范围之内;第三,科学的融资决策有利于企业可持续发展,为创业企业植入"健康的基因",保证创业企业可持续发展。

但是,需要特别强调的一点是,尽管在创业期或成长期,大多数新企业需要融资,但过快地筹集过多资金也不一定是件好事。过度融资会导致新企业花钱无度,过度扩张,最终导致长期亏损,正如常言所说:过度融资有害无益。相比之下,如果新企业有着严格的资金预算,就会学会如何更有效地花钱,进而赢得企业生存与成长。

二、创业融资方式与来源

创业融资方式与来源分为权益融资、债务融资和政府扶持基金。

（一）权益融资

权益融资分为内部权益融资和外部权益融资。

1. 内部权益融资

内部权益融资来源于自我、家人和朋友。

（1）自我融资。几乎所有的创业者都向他们的新创企业投入了个人积蓄和血汗股权。血汗股权代表创建者投入新企业的时间和努力的价值。当评估一个企业时，投资者通常对创建者的血汗股权也赋予某些价值。众所周知，创业具有风险。创业意味着必须放弃原有的待遇，创业者要全身心地投入到新企业的创建和成长过程中。创业者几乎会将大部分自有资金投入到新创企业中。因为：一方面，创办新企业是捕捉商业机会实现价值的过程，将尽可能多的自有资金投入其中，可以在新创企业中持有较多的股份，在创业成功后，获得较大的创业回报，这样，个人才能和资产在创业活动中共同创造了较大的价值；另一方面，自我融资是一种有效的承诺。创业的风险不确定性和信息不对称性是创业融资难的主要原因。如果在投身创业的过程中投入自己的资金，这本身就是一种信号，它告诉其他投资者，创业者对自己认定的商业机会十分有信心，对自己的新创企业充满信心。创业者会谨慎地使用新企业的每一分钱，因为那是自己的钱。这种信号会给其他资金所有者投资新企业时一种积极的暗示，适度缓解信息不对称的负面作用，增加其对新创企业投资的可能性。当然，对很多创业者来说，自我筹资虽然是新企业融资的一种途径，但它不是根本性的解决方案。一般来说，创业者个人资金对新创企业而言总是十分有限的，特别是对先期投入大的行业来说，几乎是杯水车薪。

（2）家人和朋友。家人和朋友对许多新企业来说，是第二种融资来源。家庭成员和亲朋好友由于与创业者的个人关系而愿意给予投资，这有助于克服非个人投资者面临的一种不确定性：缺乏对创业者的了解。在创业初期，创业者往往缺乏正规融资的抵押资产，缺乏社会筹资的信誉和业绩，因此非正规的金融借贷——从创业者的家人、亲戚、朋友处获得创业所需的资金是非常见效、十分常见的融资方法。

家庭是市场经济的三大主体之一，在创业中起到重要支持作用。特别是在我国，以家庭为中心，形成了以亲缘、地缘、文缘、商缘为经纬的社会网络关系，对包括创业融资在内的许多创业活动产生重要影响。我国温州民营经济的融资特征是，在创业初期，以自有资金和民间融资为主；当企业具有一定的规模和实力以后，以自有资金和银行借贷为主，民间融资仍是重要的外部资金来源。有调查发现，企业在初创期75%以上的资金来源于自身积累和民间借贷；在企业发展阶段，其资金来源主要为初创时的自有资金、留存收益以及银行借贷。然而，需要注意的是，虽然从家庭成员和亲朋好友处获得资金要相对容易一些，但与所有融资渠道一样，向家庭成员和亲朋好友融资也有不利的方面。创业者必须明确所获得资金的性质是债权性资金还是股权性资金。在借助传统的社会网络关系融资时，创业者必须遵守下述原则：第一，融资时，要把家人和朋友当成银行家或者投资者来对待，必须向他们客观描述创业可能存在的风险；第二，必须用现代市场经济的游戏规则、契约原则和法律形式来规范借贷或融资行为，如果是以贷款形式融资，那么就必须签署一个备忘录，包括借贷金额与还款计划，同时双方必须签字；第三，要找那些经济实力相对宽裕的朋友或家人融资。

2. 外部权益融资

外部权益融资有天使投资、风险资本和首次公开上市。

（1）天使投资。天使投资（angel investment）是权益资本投资的一种形式，是指富有的个人出资协助具有专门技术或独特概念的原创项目或小型初创企业，进行一次性的前期投资，它是风险投资的一种形式，根据天使投资人的投资数量以及对被投资企业可能提供的综合资源进行投资。天使投资人通常是创业企业家的朋友、亲戚或商业伙伴，由于他们对该企业家的能力和创意深信不疑，因而愿意在业务远未开展之前就向该企业家投入大笔资金。与其他投资相比，天使投资是最早介入的外部资金，即便还处于创业构思阶段，只要有发展潜力，就能获得资金，而其他投资者很少对这些尚未诞生或嗷嗷待哺的"婴儿"感兴趣。

一般认为，天使投资者最早是指在19世纪为纽约百老汇戏剧提供资金的投资人，很多出资者是出于对艺术的支持，而不是为了获得超额的利润。因此，人们尊称他们为"天使"。20世纪80年代，新罕布尔什大学的风险投资中心首先用"天使"来形容这类投资者。天使投资人一般有两类：第一类是曾经的创业者或者是在大公司任职的、享受丰厚薪俸的管理精英；第二类是律师、医生、高校科研机构的专业人员等高收入人群，或者是继承大笔遗产的继承人。他们有富余的资金，也具有专业的知识或丰富的管理经验。他们对天使投资感兴趣的原因不仅仅限于能在自己熟悉或感兴趣的行业进行投资、获取资金的回报，还希望以自己的资金和经验帮助那些有创业精神和创业能力的志同道合者创业，以延续或完成他们的创业梦想。据威廉·韦策尔（1978）介绍，美国有25万个或以上的天使投资者，其中有10万人在积极投资。他们每年在总共2万～3万家公司投资50亿～100亿美元。每次投资为2万～5万美元，36%不到1万美元，24%超过5万美元。这些投资者主要是美国自主创业造就的富翁，有扎实的商务和财务经验，在40岁到50岁，受过良好的教育，95%的人持有学士学位，51%的人有硕士学位；获得硕士学位的人，44%现从事技术工作，35%在商业或经济领域。

天使投资有三个方面的特征。一是直接向企业进行权益投资。二是天使投资不仅提供现金，还提供自己丰富的管理经验、专业特长、深厚的人脉关系等资源，这些是孵化一个创业企业成功的重要因素。如果他们是知名人士，也可提高公司的信誉。1939年，惠普公司创业时，斯坦福大学的弗雷德里克·特曼教授不仅提供了538美元的天使投资帮助惠普公司生产振荡器，还帮助惠普公司从帕洛阿尔托银行贷款1 000美元，并在业务技术等方面给予创业者很大的支持。三是投资程序简单，短时期内资金就可到位。

目前，我国的天使投资还不够发达，但社会对天使投资已越来越关注。从 2007 年起，由《创业家》杂志发起并主办的"最受尊敬的创业天使"评选活动，主要是针对创业支持机构及天使投资领域的个人进行量化评价。2010 年评出的两位最佳天使投资人是在业界声望卓著的创业家柳传志和雷军，这充分说明天使投资人已经成为国内创业生态中的重要一环。在温州地区，实际上早已活跃着类似的天使投资人，整个地区或温州人就像一个"资本网络"，对想创业的温州人来说，起步的钱是不用愁的。一个人只要有诚信，值得投入，在温州肯定能找到资金。相信随着市场机制的完善，信用制度的建立以及个人财富的积累和增加，天使投资一定会在促进我国的创业活动中发挥更大的作用。这对许多有志于创业的大学生来说，将是值得期待的融资渠道。

（2）风险资本。风险资本（venture capital）是来自外部的权益资金，是风险投资公司投资于新创企业以及具有成长潜力的小企业的资本。

根据美国风险投资协会的定义，风险投资指的是职业的金融家投入到新兴的、迅速发展的、具有巨大竞争潜力的企业中的股权资本。

风险资本的经营方针是在高风险中追求高回报，特别强调创业企业的高成长性；其投资对象是那些不具备上市资格的处于起步和发展阶段的企业，甚至是仅仅处在构思之中的企业。它的投资目的不是要控股，而是希望取得少部分股权，通过资金和管理等方面的援助，促进创业公司的发展，使资本增值。一旦公司发展起来，股票可以上市，创业资本家便通过在股票市场出售股票，获取高额回报。

风险投资的特点体现为：①以高科技、创新企业为投资对象，风险投资不仅要求科技含量高，而且要求创新性强，能够创造新产品或新服务，开辟新市场；②以股权方式投资，风险资本的投资对象是处于创业期的未上市新型中小型企业，尤其是新兴高科技企业，而且常常采取渐进投资的方式，选择灵活的投资工具进行投资，在投资企业建立适应创业内在需要的"共担风险、共享收益"的机制；③积极参与所投资企业的创业过程，许多风险投资家本身也是经营老手，一般对其所投资的领域有丰富的经验，经常会积极参与投资企业的生产经营过程，弥补所投资企业在创业管理经验上的不足，同时控制创业投资的风险；④以整个创业企业作为经营对象，风险投资不经营具体的产品，而是通过支持创建企业并在适当时机转让所持股权，获得未来资本增值的收益，与企业投资家相比，风险投资虽然对企业有部分介入，但其最终目的是监控而非独占，它们看重的是转让后的股权升值而非整体持有的百分比；⑤看重"人"的因素，风险投资家在进行项目选择时，更加看重"人"的因素。正如美国最早的风险投资公司——美国研究开发公司（American Research and Development Corporation，ARD）的创始人之一乔治·多利奥特（George Doriot）所言："宁要一流的人才和二流的创意，也不要一流的创意和二流的人才。"

风险资本是有风险的。这意味着投资者知道他们的投资很有可能只有很少的回报，甚至血本无归。为了补偿投资者的这种风险，风险资本寻找那些可以在投资期内（通常为 5 年的计划期限）至少可以获得 35%～50%（以复利计）回报的交易。为了达到如此高的投资回报目标，经营机会必须是极具吸引力的，有很强的发展潜力，并且风险投资资本家必须能够拥有公司的一部分股权。然而，风险资本家常常有能力在需要时拿出额外的资金，他们也常常给公司提出一些建议，这些建议来源于经验或产业实践。

（3）首次公开上市（IPO）。权益融资的另一种来源是，通过发起首次公开上市向公众出售股票。首次公开上市（initial public offering, IPO）是企业股票面向公众的初次销售。当企业上市后，它的股票要在某个主要股票交易所挂牌交易。首次公开上市是企业重要的里程碑。

企业决定上市有几个原因：第一，它是筹集权益资本以资助当前和未来经营的途径；第二，首次公开上市提升了企业公众形象，使它易于吸引高质量顾客、联盟伙伴和员工；第三，首次公开上市是一个流动性事件，能为企业股东（包括它的投资者）提供将投资变现的机制；第四，通过公开上市，企业创造了另一种可被用来促进企业成长的流通形式。一家企业用股票而非现金支付购买另一家企业的款额，是很平常的事情。该种股票是"法定股本，而非已流通股票"，这实际意味着企业要发行新股来完成收购。

首次公开上市的基本步骤如下。

首先，聘请投资银行。企业要聘请一家投资银行（investment bank）为企业发行证券充当代理商或承购商。投资银行担当企业的保荐人和辅导者角色。企业与其投资银行必须在下述事项上取得一致意见：企业需要的资本额、股票发行种类、公开上市时的股票价格和企业发行证券的成本。

其次，发布初步招股说明书。为了符合证券交易委员会的上市要求，投资银行要发布初步招股说明书，向一般公众描述股票发行。

再次，发布公开说明书。证券交易委员会批准上市后，投资银行发布公开说明书，规定交割日期和新发行证券价格等。

最后，进行路演。证券交易委员会批准上市后，投资银行还负责为企业上市争取支持。作为此过程的一部分，投资银行安排想上市企业的高层管理团队进行路演（road show），这是一种巡回演示，包括在重要城市的集会，在集会上向投资者阐述其商业计划。如果人们有足够兴趣，股票发行就会在招股说明书预定的日期进行。如果人们没有兴趣，股票发行就会被推迟或取消。

一般来说，一旦首次公开上市完成后，这家公司就可以申请到证券交易所或报价系统挂牌交易。有限责任公司在申请首次公开上市之前，应先变更为股份有限公司。首次公开上市使得公司可以筹集前所未有的、大量的权益资金。它还使创业者、高层管理团队以及仍持有公司股份的早期投资者可以出售他们的股份。这是一件让创办者和早期投资者热切期盼的事情，因为这是一个商人职业生涯中最有利的融资机会。据估计，每一次公开发行完成后，公司的价值将会增长30%。对于许多创业型公司的创业者和高层管理者来说，上市是多年艰苦工作后所达到的事业顶峰，是公众对于公司成功的认可，是迟到很久的资金回报。然而，上市也有不利的地方，并需要付出成本，创业者应该考虑到上市的所有成本和收益。

（二）债务融资

债务融资就是获取贷款，主要来源有商业银行贷款和非银行金融机构贷款。

1. 商业银行

从历史上说，商业银行并没有被看作是初创企业融资的主要来源。常言道："对于创业企业来讲，银行只会锦上添花，而不会雪中送炭。"因为，银行要回避风险，而对初创企业融资是有风险的业务，银行寻找能可靠地归还贷款的顾客。银行对风险小、有适当的抵押物及资本利得的报酬感兴趣。银行贷款的理想候选企业是，有强大现金流、低负债率、优秀管理层与健康的资产负债表的企业。多数初创企业，由于不具备上述条件，比较难以获得银行的信用贷款。孟加拉国莱琨银行的创立者穆罕默德·尤奴斯以银行贷款的方式帮助穷人创业，并在2006年获得诺贝尔和平奖。我国也有很多银行推出了支持个人创业的贷款产品。如2003年8月，中国银行、光大银行、广东发展银行、中信银行等金融机构相继推出"个人创业贷款"项目，而中国农业银行早在2002年9月就推出了《个人生产经营贷款管理办法》并一直在运行中。比较适合创业者的银行贷款形式主要有抵押贷款和担保贷款两种。

（1）抵押贷款。抵押贷款指借款人以其所拥有的财产作抵押，作为获得银行贷款的担保。在抵押期间，借款人可以继续使用其用于抵押的财产。抵押有以下几种：①不动产抵押贷款，不动产抵押贷款是指创业者用土地、房屋等不动产做抵押，从银行获取贷款；②动产抵押贷款，动产抵押贷款是指创业者可以用机器设备、股票、债券、定期存单等银行承认的有价证券，以及金银、珠宝首饰等动产作抵押从银行获取贷款；③无形资产抵押贷款，无形资产抵押贷款是一种创新的抵押贷款形式，适用于拥有专利技术、专利产品的创业者，创业者可以用专利权、著作权等无形资产向银行作抵押或质押获取贷款。

（2）担保贷款。担保贷款是指借款方向银行提供符合法定条件的第三方保证人作为还款保证的借款方式。当借款方不能履约还款时，银行有权按照约定要求保证人履行或承担清偿贷款连带责任。其中较适合创业者的担保贷款形式有：①自然人担保贷款，自然人担保贷款是指经由自然人担保提供的贷款，可采取抵押、权利质押、抵押加保证三种方式；②专业担保公司担保贷款，目前各地有许多由政府或民间组织的专业担保公司，可以为包括初创企业在内的中小企业提供融资担保，像北京中关村担保公司、首创担保公司等，其他省市也有很多此类性质的担保机构为中小企业提供融资担保服务。这些担保机构大多属于公共服务性非营利组织，创业者可以通过申请，由这些机构担保向银行借款。

（3）信用卡透支贷款。创业者可以采取两种方式取得信用卡透支贷款。一种方式是信用卡取现；另一种方式是透支消费。信用卡提现是银行为持卡人提供的小额现金贷款，在创业者急需资金时可以帮助其解决临时的融资困难。创业者可以持信用卡通过银行柜台或是ATM提取现金灵活使用。透支取现的额度根据信用卡情况设定，不同银行的取现标准不同，最低的是不超过信用额度的30%，最高的可以将信用额度的100%都取出来；另外，除手续费外（各银行取现手续费不一），透支取现还须支付利息，不享受免息待遇。创业者还可以利用信用卡进行透支消费,购置企业急需的财产物资。

(4)政府无偿贷款担保。根据国家及地方政府的有关规定,很多地方政府都为当地的创业人员提供无偿贷款担保。如在上海、南昌、合肥等地,应届大学毕业生创业可享受无偿贷款担保的优惠政策,自主创业的大学生向银行申请开业贷款的担保额度最高可为100万元,并享受贷款贴息;江苏省镇江市润州区创业农民可通过区农民创业担保基金中心,获取最高5万元贷款,并由政府为其无偿担保;浙江省对待《再就业优惠证》的人员和城镇复员转业退役军人,从事个体经营自筹资金不足的,由政府提供小额担保贷款。

(5)中小企业间互助机构贷款。中小企业间的互助机构是指中小企业在向银行融通资金的过程中,根据合同约定,由依法设立的担保机构以保证的方式为债务人提供担保,在债务人不能依约履行债务时,由担保机构承担合同约定的偿还责任,从而保障银行债权实现的一种金融支持制度。信用担保可以为中小企业的创业和融资提供便利,分散金融机构的信贷风险,推进银企合作。从20世纪20年代起,许多国家为支持中小企业发展,先后成立了为中小企业提供融资担保的信用机构。目前,全世界已有48%的国家和地区建立了中小企业信用担保体系。我国从1999年开始,已经形成了以中小企业信用担保为主体的担保业和多层次中小企业信用担保体系,各类担保机构资本金稳步增长。

(6)其他贷款方式。创业者可以灵活地将个人消费贷款用于创业,如因创业需要购置沿街商业房,可以用拟购置房子作抵押,向银行申请商用房贷款;若创业需要购置轿车、卡车、客车等,还可以办理汽车消费贷款。除此之外,可供创业者选择的银行贷款方式还有托管担保贷款、买房贷款、项目开发贷款、出口创汇贷款、票据贴现贷款等。尽管银行贷款需要创业者提供相关的抵押、担保或保证,对于白手起家的创业者来说条件有些苛刻,但如果创业者能够提供银行规定的资料,能提供合适的抵押,得到贷款并不困难。

2. 非银行金融机构贷款

非银行金融机构指以发行股票和债券、接受信用委托、提供保险等形式筹集资金,并将所筹资金运用于长期性投资的金融机构。根据法律规定,非银行金融机构包括经中国银行监督管理委员会批准设立的信托公司、企业集团财务公司、金融租赁公司、汽车金融公司、货币经纪公司、境外非银行金融机构驻华代表处、农村和城市信用合作社、典当行、保险公司、小额贷款公司等机构。创业者还可以从这些非银行金融机构取得借款,筹集生产经营所需的资金。

(1)保单质押贷款。保险公司为了提高竞争力,也为投保人提供保单质押贷款。保单质押贷款最高限额不超过保单保费积累的70%,贷款利率按同档次银行贷款利率计息。如中国人寿保险公司的"国寿千禧理财两全保险"就具有保单质押贷款的功能:只要投保人缴付保险费满2年,且保险期已满2年,就可以凭保单以书面形式向保险公司申请质押贷款。

(2)典当融资。典当融资是用户将相关资产或财产权利质押给典当行,并交付一定比例费用,取得临时性贷款的一种融资方式。对于急需流动资金的企业来说,典当是一种比较合适的手段。典当融资具有其他融资方式无法相比的优势。首先,典当融资方式非常方便快捷，融资手续简便快捷，受限制条件较少，能够迅速及时地解决企业的资金需求；其次，典当融资非常灵活，不仅有典当物、典当期的灵活，而且当费也可以灵活制定；最后，典当融资是采用实物质押或抵押，因此不涉及信用问题。这几点都十分适合中小企业的资金需求特点。典当融资的不利之处在于融资成本较高，除贷款利息外，典当贷款还需要缴纳较高的综合费用，包括保管费、保险费、典当交易的成本支出等，它的融资成本往往高于银行贷款。如果企业不能按期赎回并交付利息费用，典当行可以拍卖典当物。此外典当贷款的规模也相对较小。

（3）小额贷款公司。小额贷款公司是由自然人、企业法人与其他社会组织投资设立，不吸收公众存款，经营小额贷款业务的有限责任公司或股份有限公司，发放贷款坚持"小额、分散"的原则。小额贷款公司发放贷款时手续简单，办理便捷，当天申请基本当天就可放款，可以快速地解决新创企业的资金需求。

（4）租赁。租赁已成为西方发达国家在债权融资的资本市场上，仅次于银行信贷的第二大融资方式，占全球设备投资的15%～20%。创业者通过租赁取得资金有以下的好处：第一，提前获得设备使用权，达到快速更新设备的目的；第二，解除一次性付款的压力，提高资金使用的效率，增强现金流管理；第三，及时扩大生产规模，抓住更多市场机会，迅速将企业做大做强。

租赁公司的租赁对象以中小企业为主，中小企业普遍存在的融资难现象，以及一般银行对于中小企业资金融资所持的谨慎保守态度，给租赁公司业务开展提供了空间，也解决了中小企业融资的困扰。

创业初始，在某些行业中设备支出会占据企业相当比例的资金，例如，印刷业、电子业，甚至是医疗机构，需要购置的机器设备动辄上百万元人民币。如此巨额的支出，会影响创业过程中其他的支出项目，尤其是季节性强的行业或是市场不甚成熟的产业，机器设备的利用率不见得尽如人意，企业接单生产的状况如果不理想，机器设备空置的概率很高，大笔资金的积压，不利于企业营运周转金的运用。这时如能向租赁公司租用机器设备，由租赁公司以先买后租的方式租给新创企业，由企业分期付款，不但可以减缓企业的资金压力，在租赁到期时，再选择续租，更新机器设备或是留买租赁物。这将使创业资金有更灵活的应用空间，扩大资金的使用效率。

（三）政府扶持基金

创业者还可以利用政府扶持政策，从政府方面获得融资支持。政府的资金支持是中小企业资金来源的一个重要组成部分。综合世界各国的情况，政府的资金支持一般能占到中小企业外来资金的10%左右，资金支持方式主要包括：税收优惠、财政补贴、贷款援助、风险投资和直接融资渠道等。随着我国经济实力的增强，政府对创业的支持力度，无论在产业的覆盖面上还是在对创业者的支持额度上，都有了很大进展，由政府提供的扶持基金也在逐步增加。如专门针对科技型企业的科技型中小企业技术创新基金，专门为中小企业"走出去"准备的中小企业国际市场开拓资金，还有众多的地方性优惠政策等。创业者应善于利用相关政策的扶持,以达到事半功倍的效果。

1. 再就业小额担保贷款

再就业小额担保贷款:根据中发〔2002〕12号文件精神,为帮助下岗失业人员,针对他们在创业过程中缺乏启动资金和信用担保,难以获得银行贷款的实际困难,由政府设立再担保基金。通过再就业担保机构承诺担保,可向银行申请专项再就业小额贷款。该政策从2003年初起陆续在全国推行,并不断扩大小额担保贷款的范围,目前再就业小额担保贷款的适用范围包括:年龄在指定范围内(一般为60岁以内,地方政策可能有所不同)、有创业愿望和劳动能力,诚实守信,有《下岗证》或者《再就业优惠证》的国企、城镇企业下岗职工、退役军人、农民工、外出务工返乡创业人员、大中(技)专毕业生、残疾人员、失业农民等符合条件的人员。

2. 科技型中小企业技术创新基金

科技型中小企业技术创新基金是于1999年经国务院批准设立的,为扶持、促进科技型中小企业技术创新,用于支持科技型中小企业技术创新项目的政府专项基金,由科技部科技型中小企业技术创新基金管理中心实施。创新基金重点支持产业化初期(种子期和初创期)、技术含金量高、市场前景好、风险较大、商业性资金进入尚不具备条件、最需要由政府支持的科技型中小企业项目,并将为其进入产业化扩张和商业性资本的介入起到铺垫和引导作用。创新基金以创新和产业化为宗旨,以市场为导向,上联"863""攻关"等国家指令性研究发展计划和科技人员的创新成果,下接"火炬"等高技术产业化指导性计划和商业性创业投资者。根据中小企业和项目的不同特点,创新基金通过无偿拨款、贷款贴息和资本金投入等方式扶持和引导科技型中小企业的技术创新活动,促进科技成果的转化。

3. 中小企业国际市场开拓资金

中小企业国际市场开拓资金是由中央财政和地方财政共同安排的,专门用于支持中小企业开拓国际市场的专项资金。市场开拓资金用于支持中小企业和为中小企业服务的企业、社会团体和事业单位(以下简称项目组织单位)组织中小企业开拓国际市场的活动。该资金的主要支持内容包括:举办或参加境外展览会、质量管理体系、环境管理体系、软件出口企业和各类产品的认证,国际市场宣传推介,开拓新兴市场,组织培训与研讨会,境外投(议)标等方面。市场开拓资金支持比例原则上不超过支持项目所需金额的50%,对西部地区的中小企业以及符合条件的市场开拓活动,支持比例可提高到70%。

4. 其他基金

科技部的"863"计划和"火炬"计划等,连同科技型中小企业技术创新基金一起,每年都有数十亿元资金用于科技型中小企业的研发、技术创新和成果转化,财政部设有利用高新技术更新改造项目贴息基金、国家重点新产品补助基金,国家发展和改革委员会设有产业技术进步资金资助计划、节能产品贴息项目计划,工业和信息化部设有电子信息产业发展基金。各省市为支持当地创业型经济的发展,也纷纷出台政策支持创业。主要有人力资源和社会保障部设立的开业贷款担保政策、小企业担保基金专项贷款、中小企业贷款信用担保、开业贷款担保、大学生科技创业基金等。创业者应结合自身情况，利用好相关政策，获得更多的政府基金支持，降低融资成本。

第二节 创业融资过程

一、融资准备

（一）准备文件

在准备和创业投资人洽谈融资事宜之前，应该准备四份主要文件。提前递交《创业计划书》，并争取得到创业投资人外延网络的推荐，这通常是使本企业的《创业计划书》得到认真考虑的重要一步。在大多数情况下，能够承担这种推荐任务的可以是律师、会计师或其他网络成员，因为创业投资人最容易相信这些人对业务的判断能力。

创业融资需要准备的文件为：①《投资建议书》（business proposal），《投资建议书》对创业企业的管理状况、利润情况、战略地位等做出概要描述；②《创业计划书》(business plan)。《创业计划书》是对创业企业的业务发展战略、市场推广计划、财务状况和竞争地位等做出的详细描述；③《尽职调查报告》，《尽职调查报告》是对创业企业的背景情况、财务稳健程度、管理队伍和行业做出深入细致调研后形成的书面文件；④《营销材料》，《营销材料》是任何直接或间接与创业企业产品或服务销售有关的文件材料。

（二）做好心理准备

在和创业投资人正式讨论投资计划之前，创业企业家还须做好四个方面的心理准备。

1. 准备应对提问以考查投资项目潜在的收益和风险

一般来说，创业投资人所提的大多数问题都应该在一份详尽而又精心准备的创业计划书中已经有了答案。值得注意的是，一些企业主通常会认为自己对所从事的业务非常清楚并认为自己的资历很好，这样的错误务必避免，否则会让你非常失望。企业家可以请一名无需担心伤害自己的专业顾问来模拟这种提问过程。

2. 准备应对创业投资人对管理的查验

企业家千万不要认为这种查验是对管理层或个人的侮辱。比如，虽然你10年以来所取得的成就让你自豪，创业投资基金的经理依然可能会问你：你既没进过商学院，又不是律师或会计师，也没有毕业文凭，你凭什么认为你可以将这项业务开展得合乎我们所设想的目标？这已构成了创业投资人对创业企业的管理进行查验的一部分，因此需要提前做好准备。

3. 准备放弃部分业务

在某些情况下,创业投资人可能会要求创业者放弃一部分原有业务以使其投资目标得以实现。放弃部分业务对那些业务分散的创业企业来说既很现实又很必要,因为在投入资本有限的情况下,企业只有集中资源才能在竞争中立于不败之地。

4. 准备作出妥协

从一开始,创业者就应该明白,自己的目标和创业投资人的目标不可能完全相同。因此,在正式谈判前,企业家要做的第一也是最重要的一个决策就是:为了满足创业投资人的要求,企业家自身能做出多大的妥协。一般来说,由于创业资本不愁找不到项目来投资,寄望于创业投资人来做出这种妥协是不大现实的。

(三) 其他准备

1. 正确的融资观念

理念决定一个企业能走多远,融资也是如此。融资是一项严肃而认真的业务,涉及企业经营管理上的方方面面。企业在融资时有必要树立以下几种理念:①谨慎融资,初创企业在融资之前应尽量掌握本企业的实际情况和竞争对手的情况,在满足企业发展需求的基础上进行融资,融资企业需要注意自身的资产负债率,不要因为融资而增加企业的经营成本和风险;②讲信用的融资理念,"信守承诺,讲求信用"是企业融资必须坚持的原则,为投资者负责,把资金方的利益放在心上;③良好的融资心态,融资成功后既不能忘记企业背负的债务,也不要因为负债而小心翼翼,畏首畏尾。

2. 认清内外融资环境

要想创业成功,有第一笔启动资金至关重要,这往往决定了一个企业能否成立,并为其未来的发展和壮大奠定坚实的基础。企业发展到一定程度时,必然会面临各方面的压力。这时,企业是一鼓作气,抓住时机,壮大自身实力,成为竞争中的胜利者,还是安于现状,从激烈的市场竞争中败下阵来。想要生存下来,扩张是企业的必经之路,但很多企业在这时往往不具备这样的资金实力,融资就成了其必然的选择。

3. 写好创业计划书

在融资时,写创业计划书的主要目的就是吸引投资人。从根本上说创业计划书就是围绕企业面临的商机,对影响企业发展的条件做出合理、充分地分析和说明。很多时候投资人和企业的联系就是从看创业计划书开始的,商业计划书就是企业的一个门面,极大地影响着企业融资的成败。如第七章所述,一份漂亮的创业计划书要做到:开门见山,直述主题,重点突出,特色鲜明。

4. 选择一个合格的财务顾问

融资是一个系统工程,涉及大量财务问题。企业要做好融资,需要融资操作者对财务问题有一个确切的把握。由于很多企业的融资操作者是企业经营管理者,他们擅长企业管理,却不一定擅长财务;再者,创业最看重时间成本,企业管理者投入太多精力在融资上而非企业管理也不是明智之选。因而,为企业选一个合格的财务顾问就特别重要。企业选择财务顾问的时候，重点弄清楚以下问题：财务顾问是否具备必要的融资专业技能？企业需要支付哪些费用？这些费用是一旦商定就不再变动，还是根据融资的具体数额而变？如何支付？多少现金？多少股份？如果其他人帮助企业找到了资金，那么财务顾问怎样分费用？如果投资者拒绝投资，要如何处理？财务顾问怎样担保企业成功融资？通常融资财务顾问的收费方式是固定费用的基础上加成功费用。成功费用一般是筹资总额的3%～10%，如果融资失败，只收取固定费用。

5. 做好融资诊断与评估

融资诊断与评估是指企业在充分调查研究企业的优势与劣势，所面临的机会和风险的基础上，系统地分析和诊断企业对资金的需求情况，并评估出企业融资的必要性和可行性，然后再根据自身所面临的内外部情况和财务状况，测算出合理的需要筹集的资金量及必须的融资成本。

6. 创业融资既要知己也要知彼

知己知彼方能百战百胜，资本是有性格的，资本性格就是投资人的性格，企业根据自身情况和投资人的目的选择投资人，有助于提高胜算。了解投资人的风险偏好，融资者会根据企业面临的风险状况和投资的风险偏好来选择投资者。根据投资者的不同制定不同的融资方案。

二、测算资金需求量

资金需求量预测是指企业根据生产经营的需求，对未来所需资金的估计和推测。企业筹集资金，首先要对资金需求量进行预测，即对企业未来组织生产经营活动的资金需求量进行评估、分析和判断，它是企业制订融资计划的基础。准确判断需要多少资金很重要，因为：第一，企业既不希望陷于资金短缺当中，也不愿意为不需要的资本而付费；第二，如果创业者让人感觉到不能准确知道支持企业运营所需要的资金量，在与潜在贷款者或投资者谈判时，会给人留下糟糕的印象。

一般说来，在企业成立的最初五年中，要确切知道企业到底需要多少资本是不太现实的。因而，一些创业者往往是根据同行的经验或主观判断进行资本需求量的最低限额估算。实际上，创业者掌握一些基本的财务知识，将财务报表与创业计划、企业发展战略结合起来，对企业资本需求量进行实际可行的估算还是有可能的。如果创业者是独资经营，那么所有预算决策就将由自己全权负责；如果是合作经营或拥有财务、销售、生产等方面的专职人员，则可以首先通过专职人员准备财务数据，然后由创业者决定资本需求量。

（一）预估销售收入、销售成本、销售费用、利润

对于新创企业来说，预估销售收入是制定财务计划与财务报表的第一步。为此，需要立足于市场研究、行业销售状况以及试销经验，利用购买动机调查、推销人员意见综合、专家咨询、时间序列分析等多种预测技巧，按月估计前五年的销售收入。之后，要对销售

成本、销售费用以及一般费用和管理费用等进行估计。由于新创企业起步阶段在市场上默默无闻，市场推广成本相当大，销售收入与推动销售收入增长所付出的成本不可能成比例增加，因此，对于第一年的全部经营费用都要按月估计，每一笔支出都不可遗漏。在预估第二年及第三年的经营成本时，首先，应该关注那些长期保持稳定的支出。如果第二、三年销售量的预估是比较明确的话，则可以根据销售百分比法，即根据预估净销售量按固定百分比计算折旧、库存、租金、保险费、利息等项目的数值。

在完成上述项目的预估后，就可以按月预估出税前利润、税后利润、净利润以及第一年利润表的内容，然后就可进入预计财务报表的环节。

（二）预计财务报表

新创企业可以采用销售百分比法预估财务计划报表。这一方法的优点是，能够比较便捷地预测出相关项目在销售额中所占的比率，预测出相关项目的资本需求量。但是，由于相关项目在销售额中所占比率往往会随着市场状况、企业管理等因素发生变化。因此，必须根据实际情况及时调整有关比率，否则会对企业经营造成负面影响。

1. 预计利润表

预计利润表是应用销售百分比法的原理预测留用利润的一种报表。通过提供预计利润表，可预测留用利润这种内部筹资方式的数额，也可以预测外部筹资数额。

用销售百分比法制定计划的利润表，并据此获得相关项目的资本需求量，应该采取以下三个步骤：

第一步，根据基年预计利润表的资料，确定相关项目在销售收入中所占百分比。

第二步，对计划年度的销售收入做出预测，并用基年相关项目在销售收入中所占百分比预测相关项目的资本需求量，并编制计划年度利润表。

第三步，利用预计的比率，测算出计划年度的留存利润数额。

2. 预计资产负债表

预计资产负债表是应用销售百分比法的原则预测外部融资额的一种报表。通过提供预计资产负债表，可预测资产负债表及留用利润有关项目的数额，进而预测企业需要外部融资的数额。应用销售百分比法，要选定与销售有基本不变比率关系的项目，这种项目称为敏感项目。

敏感资产项目一般包括现金、应收账款、存货等项目；敏感负债项目一般包括应付账款、应付费用等项目。留用利润不宜列为敏感项目，因为它受企业所得税率和分配政策的影响。

预计资产负债表的编制过程如下：

第一步，取得基年资产负债表资料，并计算其敏感项目与销售收入的百分比。

第二步，用计划年度预计销售收入乘以第一步所计算出来的百分比，求得敏感项目金。

第三步，确定计划年度留用利润增加额及资产负债表中的留用利润累计额。留用利润增加额可根据利润额、所得税率和留用利润比例来确定。

第四步，增加总预计资产负债表的两方，如果负债及所有者权益的总额小于资产总额，则差额既是使资产负债表两方相等的平衡数,也是需要的增加外部融资数额。与利润表不同的是,尽管企业每一笔经营业务都影响资产负债表,但是考虑到时间、成本和必要性,资产负债表通常是按一定的时间间隔分期(如季度、年度等)编制的。

3. 预计现金流量表

大量的事实证明,现金流量是新创企业面临的主要问题之一。一个可以盈利的企业也会因为现金的短缺而破产,因此,对于新创企业来说,逐月预估现金流量是非常重要的。

现金流量预估表中的数据来自预计利润表,但要根据现金可能变化的时间进行适当的调整。假设某企业估计每月收入的 60% 是用现金支付的,剩下的 40% 将延期一个月收款,则本月的现金收入包括 60% 的本月销售收入和 40% 的上月销售收入。如果在某个时间出现现金支出大于现金流入,创业者就需要借入现金,或保证银行账户中有足够的现金,以保证冲销高出的支付额。任何时候出现的正现金流,都需要进行短期投资或存入银行,以防将来出现现金入不敷出的情况。

与预估利润表一样,如何精确地算出现金流量表中的项目是一个难题。为此,在预计财务报表时需要假设各种情境,比如最乐观的估计、最悲观的估计及现实情况估计。这样的预测既有助于潜在投资者更好地了解创业者如何应对不同的环境,也能使创业者熟悉经营的各种因素,防止企业陷入可能的灾难。

(三)结合企业发展规划预测融资需求量

上述财务指标及报表的预估是创业者必须了解的财务知识,即使企业有专门的财务人员,创业者也应该大致掌握这些方法。需要指出的是,融资需求量的确定不是一个简单的财务测算问题,而是一个将现实与未来综合考虑的决策过程,需要在财务数据的基础上,全面考察企业经营环境、市场状况、创业计划及内外部资源条件等因素。

三、确定融资来源

一旦初创企业的融资需要超过了个人资金、家人和朋友以及自力更生能够提供的数量,债务融资和权益融资就是两个最普通的融资来源。在确切得知创业企业需要的资金数量后,创业者便可以决定最适当的融资或资助类型。

权益融资意味着用企业部分所有权换取融资,通常以股票形式出现。权益融资不是贷款,从权益投资者获得的资金不必偿还,投资者通过股利及出售股票获取投资回报。实际上,权益投资者成了企业的部分所有者。有些权益投资者进行"长线投资",满足于通过股票股利支付获得他们的投资回报。更为一般的是,权益投资者具有 3～5 年投资期,并期望通过股票买卖收回他们的资金,连同可观的资本利得。股票出售变现常伴随着流动性事件,最常见的形式为:公开上市、出售或被其他企业兼并。因为具有风险,所以权益投资者要求非常苛刻,只有具有独特商业机会、高成长潜力、明确界定的利基市场以及得到证明的管理层的企业才能获得融资。权益融资的主要优点在于,投资者成为他们所投资企业的部分所有者,他们常常通过提供经验和援助来设法帮助这些企业。权益融资的主要缺点是企业所有者要放弃部分所有权利益,并可能失去某些企业控制权。

债务融资就是获取贷款。债务融资最普通的来源是商业银行。创业者可得到银行贷款,一般而言,银行贷出的款项需还本付息。但是,银行不是投资者,银行贷款的理想候选企业,是具有强大现金流、低负债率、审计财务报表、优秀管理层与健康的资产负债表的企业。对这些标准的仔细评估,说明了初创企业为何获取银行贷款很困难。相对于权益融资,债务融资有两个主要优点:其一,企业没有放弃所有权;其二,贷款的利息支付可以抵免税收,相对于付给投资者的股利来说,股利支付不能在税前扣除。债务融资也有两个主要缺点:其一,贷款必须归还,这对集中精力开始运营的初创企业来说可能很困难,新创企业的前几个月内,或更长时间里,现金都会很"紧张";其二,贷款者经常对贷款强加严格条件,并坚持要求用大量抵押物以充分保护它们的投资。即使初创企业已发起成立,贷款者仍有可能要求创业者用个人资产进行抵押作为贷款条件。

通常而言,融资方式的选择与初创企业的特征息息相关。表 8-1 描述了新创企业特征与适当的融资类型。

表 8-1 新创企业特征与适当融资类型的匹配表

初创企业特征	适当的融资类型
具有高风险、不确定回报的企业: 弱小的现金流 高负债率 低、中等成长 未经证明的管理层	个人资金、家人和朋友、自力更生的其他形式
具有低风险、更可预测回报的企业: 强大的现金流 低负债率 审计财务报表 优秀管理层 健康的资产负债表	债务融资
提供高回报的企业: 独特的商业创意 高成长 利基市场 得到证明的管理层	权益融资

资料来源:布鲁斯·R. 巴林格, R. 杜安·爱尔兰. 创业管理:成功创建新企业 [M]. 杨俊,薛红志,等译. 张玉利,审校. 北京:机械工业出版社,2010:171.

四、融资谈判

无论是初次会面还是后续讨论,潜在投资者都会问创业者很多问题。无论融资准备的有多好,在与资金提供者谈判时,表现糟糕的创业者很难完成交易。在第一次会面时,投资者主要关注机会是否真正存在，以及管理团队是否有足够经验和技能来创业。投资者会考察创业者如何思考及其对新企业的了解程度。投资者还试图感受管理者是否对新企业高度自信。因此，聪明的创业者会敏锐地预见到上述问题并为之准备，事先想想对方可能提到的问题；要表现出信心；陈述时抓住重点，条理清楚；记住资金提供者关心的是让他们投资有什么好处。这些原则对融资至关重要。

在融资谈判过程中，创业者应该掌握必要的应对技巧。应采取"六要"和"六不要"两类行为准则，这有利于创业者顺利地进行融资谈判。其中，"六要"准则为：第一，要对本企业和本企业的产品或服务持肯定态度并充满热情；第二，要清楚自己的交易底线，如果认为必要甚至可以放弃会谈；第三，要记住和创业投资人建立一种长期合作关系；第四，要对尚能接受的交易进行协商和讨价还价；第五，要提前做了解如何应对创业投资人的功课；第六，要了解创业投资人以前投资过的项目及其目前投资组合的构成。"六不要"准则为：第一，不要逃避创业投资人的提问；第二，回答创业投资人的问题不要模棱两可；第三，不要对创业投资人隐瞒重要问题；第四，不要希望或要求创业投资人立刻就是否投资做出决定；第五，在交易定价问题上不要过于僵化；第六，不要带律师去参加会议。

本章小结

对于创业者而言，获得融资非常重要，因为资金是企业的血液，合理融资有利于降低创业风险，科学的融资决策有利于企业可持续发展。创业融资方式与来源分为权益融资、债务融资和政府扶持基金。其中，权益融资分为内部权益融资和外部权益融资，前者主要包括自我融资、家人和朋友，后者主要包括天使投资、风险资本和首次公开上市。债务融资就是获取贷款，主要来源有商业银行贷款和非银行金融机构贷款。债务融资可分为商业银行贷款（包括抵押贷款、担保贷款、信用卡透支贷款、政府无偿贷款担保、中小企业间互助机构贷款等）、非银行金融机构贷款（包括保单质押贷款、典当融资、小额贷款公司、租赁）和政府扶持基金（包括再就业小额担保贷款、科技型中小企业技术创新基金、中小企业国际市场开拓资金等）。创业融资过程包括融资准备，测算资本需求量，确定融资来源以及融资谈判。

思考题

1. 创业融资一般包括哪些过程？
2. 创业融资的来源主要有哪些？
3. 进行创业融资需要做哪些准备？
4. 为什么初创企业的资金大部分来自个人资金？
5. 要想顺利地获得创业资金，创业者在谈判时要注意哪些？
6. 如果你是一个创业者，写出你可能选择的融资渠道。

第九章
成立新企业

---- **本章学习目的** ----

了解新企业创建的相关法律；
掌握新企业的组织形式；
了解新企业的名称及设计；
了解新企业的经营地点选择。

引导案例

扫描此码　案例学习

创业涉及的伦理和法律问题相当复杂。对创业者而言，首先要了解新企业创建的相关法律，熟知各种不同的企业组织形式，包括有限责任公司、股份有限公司、合伙企业、个人独资企业、个体工商户，了解新企业名称设计与经营地点选择。本章主要阐释新企业创建的相关法律，新企业的组织形式，以及新企业名称设计与经营地点的选择。

第一节　新企业创建的相关法律

在创业期，新企业必须处理好一些重要的法律问题。创业涉及的法律问题很复杂，如《知识产权法》《反不正当竞争法》《合同法》等方面的法规。对创业者来讲，最重要的是认识到这些法律问题，以免由于早期的法律失误而给新企业带来沉重代价，甚至使其夭折。

一、知识产权

知识产权是创业者首先要了解的法律问题。知识是人类想象力、创造力和独创能力的产物。知识产权是人们对自己通过智力活动创造的成果依法享有的权利。知识产权包括专利、商标、版权、商业机密等,是企业的重要资产,因为新创企业越来越依赖于知识产权而非实体资产来赢得竞争优势。几乎所有的企业,包括新企业,都拥有对其成功起关键作用的知识、信息和创意,这些资产是企业中最具价值的资产,应该恰当的识别并加以保护,如表9-1所示。对创业者来说,为了有效保护自己的知识产权,也为了避免无意中违法侵犯他人的知识产权,了解知识产权内容及相关法律是非常重要的。

表 9-1　创业企业各部门中典型的知识产权

部门	典型的知识产权形式	常用保护方法
营销部门	名称、标语、标识、广告语、广告、手册、非正式出版物、未完成的广告拷贝、顾客名单、潜在顾客名单及类似信息	商标、版权和商业秘密
管理部门	招聘手册、员工手册、招聘人员在选择和聘用候选人时使用的表格和清单、书面的培训材料和企业的时事通讯	版权和商业秘密
财务部门	各类描述企业财务绩效的合同、幻灯片,解释企业如何管理财务的书面材料,员工薪酬记录	版权和商业秘密
管理信息系统部门	网站设计、互联网域名、公司特有的计算机设备和软件的培训手册、计算机源代码、电子邮件名单	版权、商业秘密和注册互联网域名
研究开发部门	新的和有用的发明及商业流程、现有发明和流程的改进、记录发明日期和不同项目进展计划的实验室备忘录	专利和商业秘密

资料来源:布鲁斯·R.巴林格,R.杜安·爱尔兰.创业管理:成功创建新企业[M].杨俊,薛红志,等译.张玉利,审校.北京:机械工业出版社,2010:204.

专利、商标、著作权、商业秘密是知识产权的主要类型,下面我们来讨论这四类知识产权。

(一)专利

专利是由政府授予的禁止他人在专利期内制造、出售或使用发明的权利。在知识产权法中,专利法占有极为重要的地位。一般而言,在创业中凡涉及技术方面法律保护问题多属于专利法调整范围。为了保护专利权人的合法权益,鼓励技术发明创造,提高国民的创新能力,促进科学技术进步和经济社会发展,我国于1984年3月12日通过了《中华人民共和国专利法》,并于1992年9月4日进行了第一次修订,2000年8月25日进行了第二次修订,2008年12月27日进行了第三次修正。

1. 专利权的对象

专利权保护的对象即被授予专利权的对象,一般地讲应当是人类的发明创造。但是,并非所有的发明创造都可以作为专利权的保护对象。在创业中最为常见的受专利权保护的对象有发明、外观设计、实用新型等。创业者尤其要注意,专利法保护的发明应具备以下条件：包含创新、利用自然规律或自然现象、不得违背自然规律、不包括自然规律本身、具体的技术性方案等。专利法保护的外观设计应具备以下条件：必须以产品为依托、以寻求产品的外观代替寻求产品的实用功能、必须适合工业应用。专利法保护的实用新型是指对产品的形状、构造或者其结合所提出的适于实用的新的技术方案。

2. 专利权产生的形式要件

由于专利权不是一种自然权利，创业者主张专利权应当向主管当局提出申请，主管当局审查通过后创业者才拥有专利权。专利申请的原则是：第一，书面原则，即专利申请人为获得专利权所需履行的各种法定手续必须依法以书面形式办理；第二，先申请原则，即专利权是一种独占权，一项发明创造只能被授予一项专利权，专利局将根据发明创造构思的时间先后或申请递交的时间先后来决定专利权授予何人；第三，单一性原则，即专利申请的内容只能包含一项发明创造，不能将两项或两项以上的发明创造作为一件申请提出，而同样的发明创造也只能被授予一次专利权，即不能同时存在两项或两项以上的专利权。

专利申请文件分为三类：第一，发明专利请求书，这是申请人用于表达请求专利局对其发明授予专利权的愿望的书面文件，其主要内容包括发明名称、发明人、申请人、专利代理机构；第二，专利请求书，这是具体说明申请人就申请专利的发明创造请求专利法保护的书面文件，即在专利申请被批准后，权利要求书便成为具体说明专利权限范围的书面文件；第三，说明书，说明书是具体阐述发明创造内容的书面文件，专利技术的公开性正是通过说明书才得以实现的，其主要内容包括技术领域、背景技术、发明内容、附图说明、具体实施例子等。

3. 专利权的效力与限制

专利权的效力。专利权的效力可以概括为对"实施"行为的控制能力。原则上专利法上的实施包括对专利产品的制造、使用、销售、进口以及为销售目的的展示、出租、占有、派送。专利使用方法既包括专利权人直接使用专利技术制造产品，还包括专利权人使用专利技术将制造出的产品进行销售、使用，以及因销售目的，专利权人将使用专利技术制造出的产品进行展示、出租、派送。因此，从创业的角度看，专利实施包括了整个商品流通领域的每个环节。创业者在任何一个环节发现了非法实施其专利的行为都可以从法律上予以追究。

专利权的限制。专利权的限制包括专利时间限制与专利权实施中的限制。其一，专利的时间限制。专利的时间限制即为专利的保护期，我国现行专利法对发明专利的保护期规定为20年，自专利申请之日起计算；对实用新型与外观设计专利权的保护期为自专利申请之日起算10年内。其二，专利权实施中的限制。专利权实施中的限制则表现为：第一，首次销售，即当专利权人自己制造或许可他人制造的专利产品上市经过首次销售之后，专利权人对这些特定产品不再享有任何意义上的支配权，即购买者对这些产品的再转让或者使用都与专利权人无关；第二，先行实施，指在专利申请日前开始制造与专利产品相同的产品或使用与专利技术相同的技术，或者已经做好制造、使用的准备的，依法可以在原有范围内继续制造、使用该技术；第三，非营利性实施，如技术创业中为了科学或实验使用某种专利技术，不视为侵犯专利权。

（二）商标

商标是指在商品或者服务项目上所使用的，由文字、图形、字母、数字、三维标志和颜色组合，以及上述要素的组合或者其组合构成的显著标志。它用以识别不同经营者所生产、制造、加工、拣选、经销的商品或者提供的服务。商标是新创企业的一种无形资产，具有很高的价值，这种价值体现在商标的独特性及其所产生的经济利益上。保护和提高商标的价值，可以为新创企业带来巨大的收益。为了保护商标专用权，促使生产、经营者保证商品和服务质量，维护商标信誉，以保障消费者和生产、经营者的利益，我国于1982年8月23日颁布了《中华人民共和国商标法》，并于1993年2月22日进行了第一次修正，2001年10月27日进行了第二次修正，2013年8月30日进行了第三次修正。

1. 商标权的主体

关于商标权的主体，依照我国《中华人民共和国商标法》（2013）第4条规定，自然人、法人或者其他组织对其生产、制造、加工、经销的商品，需要取得商标专用权的，应向商标局申请商品商标注册；自然人、法人或者其他组织对其提供的服务，需要取得商标专用权的，应当向商标局申请服务商标注册。不仅自然人在我国可以申请商标注册，成为商标权的主体，我国还允许商标权的共有。根据《中华人民共和国商标法》（2013）第5条规定，所谓商标权的共有，是指两个或两个以上自然人、法人或其他社会组织就某一商标共同享有和行使商标权。这便意味着创业者可以与他人共享商标权。

2. 商标使用和注册的实质条件

商标使用和注册的实质条件分为消极条件与积极条件。消极条件亦称禁止条件，现行《中华人民共和国商标法》（2013）禁止作为商标使用标志的一般性规定主要分为以下几种类型：第一，禁止注册同中华人民共和国的国家名称、国旗、国徽、军旗、勋章相同或近似，以及同中央国家机关所在地特定地点的名称或标志性建筑物的名称、图形相同的商标；第二，禁止注册具有不良社会影响标志的商标，如带有民族歧视、夸大宣传带有欺骗性的标志；第三，禁止注册县级以上行政区划的地名或者公众知晓外国地名的商标，也禁止注册使用虚假的地理标志为商标；第四，以三维标志申请注册商标的，仅由商品自身的性质产生的形状，为获得技术效果而需要的商品形状或者使商品具有实质性价值的形状，不得注册；第五，禁止使用他人的驰名商标；第六，禁止使用仅有本商品通用名称、图形、型号、质量注册商标。

积极条件是指获准注册商标应具有的条件。根据《中华人民共和国商标法》（2013）第8条与第9条的规定，积极条件主要体现在两方面：一是注册的商标应具有显著性特征（如可视性的标志、文字、图形、字母、数字等）；二是注册的商标不得与他人的商标混同，即不得与他人在先取得的合法权利相冲突。

3. 注册商标的持有、变更、转让

根据我国的《中华人民共和国商标法》（2013）第37条的规定，注册商标的有效期

为10年，自核准之日起计算。虽然我国的注册商标有有效期，但是注册商标有效期期满以后，创业者需要继续使用商标的，可以申请续展注册，经商标局核定后，继续享有该商标权。续展注册的有效期为10年，可以无次数限制续展下去，从而使商标权具有相对的永久性。在注册商标的变更方面，创业者所注册的名义、地址的变更及商标文字、图形、扩大商标的使用范围等，都应及时办理相关的变更手续。在注册商标的转让方面，根据《中华人民共和国商标法》（2013），无论哪种注册商标的转让都应符合以下条件：第一，受让人必须具备商标注册申请人的资格；第二，转让人要将其在同一种或类似商品上注册的相同或近似的商标一同转让，不能形成商标权的分割；第三，转让人已将注册商标许可他人使用的，转让之前须征得被许可人的同意，不得因转让损害被许可人的利益；第四，受让人必须保证使用该注册商标的商标质量；第五，转让人用药品、烟草制品注册商标，受让人还须提供主管机关出具的许可生产的证明。

（三）著作权

1. 著作权的对象

著作权赋予作品所有者决定其作品如何使用以及如何从作品中取得经济利益的法律权利。著作权的对象是文学艺术作品，因此只要具备了一定的文学艺术形式，就有可能成为著作权法的保护对象。在我国，受《中华人民共和国著作权法》（2010）保护的作品范围很广，如文字作品、口述作品（如特定场合发表的政治议论）等文学作品，音乐、戏剧、曲艺、舞蹈、杂技等艺术作品，美术、建筑作品、实用艺术作品、摄影作品、电影等视听作品，以及工程设计图、产品设计图、地图、示意图等图形作品和模型作品。

2. 著作权的内容、取得与期间

首先，著作权的主要内容分为著作权人的人身权与财产权。著作权人的人身权有：发表权、署名权、修改权与保护作品完整权（即保护作品不受歪曲、篡改的权利）。著作人的财产权有：复制权、发行权、出租权、展览权、表演权、放映权、广播权、信息网络传播权、摄制权（如摄制电影）、改编权、翻译权、汇编权、注释与整理权。其次，在著作权的取得方面，因为我国采取自动保护原则，即作品一旦产生，不论整体还是局部只要是足以构成作品即产生著作权，既不要求登记，也不要求发表，也无须在复制物上加注著作权标记。

而关于著作权的期间，根据我国《中华人民共和国著作权法》（2010）第21条规定，公民的作品，其发表权和著作财产权的保护期为作者终生及死亡后50年，截止于作者死亡后50年的12月31日。如果是合作作品，截止于最后死亡的作者死亡后的第50年的12月31日。若作品自创作完成后50年内未发表的，著作权法不再保护。

3. 著作权的利用和转让

在著作权的利用方面，主要表现在著作权的许可使用合同上。根据《中华人民共和国著作权法》（2010）第24条的规定，著作权使用合同主要条款应当包括以下几个方面的内容：第一，许可使用的权利种类，也就是许可使用作品的方式；第二，许可使用的权利是专有使用权或者非专有使用权；第三，许可使用的地域范围、期间（指某个时期）；第四，付酬标准和办法；第五，违约责任；第六，双方认为需要约定的其他内容，如纠纷的解决办法，双方可以约定有关仲裁的条款等。

而著作权的转让，是指著作权人将作品著作财产权的一项、几项或全部转让给受让人，从而受让人成为该作品一项、几项或全部著作财产权新的权利人的法律行为。这意味着，著作权的转让，如一部小说，其著作权人可以将不同艺术形式的改编权转让给不同的人，也可以将不同文字的翻译权转让给不同的人，还可以把某一地区复制发行作品的权利转让他人。

4. 著作权的使用与限制

著作权的使用必须与社会公众正当利用作品的需求之间有一定的平衡。根据《中华人民共和国著作权法》（2010）第 22 条规定，公众有使用他人著作权的"合理使用"范围：第一，为学习、研究、欣赏、课堂教学或科学研究，使用、翻译、少量复制已经发表的作品，供教学或者科研人员使用的，但不得出版发行；第二，为介绍某一作品或说明某一问题，在作品中适当引用他人已经发表的作品；第三，为报道时事新闻，在报纸、期刊、广播电台、电视台和互联网等媒体中不可避免地再现或引用已经发表的作品，以及刊登或者播放其他报纸、期刊、广播电台、电视台已经发表的关于政治、经济、宗教等问题的时事性文章，除作者声明不许刊登、播放的除外；第四，图书馆、档案馆、纪念馆、博物馆、美术馆等为陈列或者保存版本的需要，复制本馆收藏的作品；第五，免费表演已经发表的作品，该表演未向公众收取费用，也未向表演者支付报酬；第六，将中国公民、法人或者其他社会组织已经发表的汉族文字作品翻译成少数民族文字在国内出版发行；第七，将已经发表的作品改成盲文出版等。

（四）商业秘密

商业秘密属于知识产权范围，但是，商业秘密与一般知识产权（商标权、专利权、著作权）相比，具有其特殊性。一般知识产权的对象是（法律空间效率内的）任何人，有对抗第三者的效力，具有排他性、专有性、独占性、绝对性，是一种所有权。而商业秘密是在特定的某些人范围内靠"采取保密性措施"产生的一种权利，这种权利没有对抗特定人范围之外第三者的功能。只要不是非正当手段，第三者都可以实施善意获得的商业秘密。因此，我国的知识产权法中并没有关于侵害商业秘密行为的具体规定，而在《中华人民共和国反不正当竞争法》第 10 条中则规定了关于侵害商业秘密行为的细则。

根据《中华人民共和国反不正当竞争法》第 10 条规定，商业秘密，是指不为公众所知悉、能为权利人带来经济利益、具有实用性并经权利人采取保密措施的技术信息和经营信息。根据国家工商行政管理局 1995 年 11 月 23 日发布的《关于禁止侵犯商业秘密行为的若干规定》，所谓"不为公众所知悉"，是指该信息是不能从公开渠道直接获取的；所谓"能为权利人带来经济利益、具有实用性"，是指该信息具有确定的可应用性，能为权利人带来现实的或者潜在的经济利益或者竞争优势；所谓"权利人采取保密措施"，应包括订立保密协议,建立保密制度及采取其他合理的保密措施;所谓"技术信息和经营信息",应包括设计、程序、产品配方、制作工艺、制作方法、管理诀窍、客户名单、货源情报、产销策略、招投标中的标底及标书内容等信息;所谓"权利人",则是指依法对商业秘密享有所有权或者使用权的公民、法人或者其他组织。

二、反不正当竞争法

我国的反不正当竞争法主要是为保障社会主义市场经济健康发展,鼓励和保护公平竞争,制止不正当竞争行为,保护经营者和消费者的合法权益而制定的。《中华人民共和国反不正当竞争法》由1993年9月2日第八届全国人民代表大会常务委员会第三次会议通过,自1993年12月1日起施行。

(一)不正当竞争的构成要件

不正当竞争的构成包含以下四个要素:第一,不正当竞争的主体是市场竞争者,即在任何市场上争取交易机会的自然人与组织体。根据《中华人民共和国反不正当竞争法》第2条规定,本法所称经营者,是指从事商品经营或者营利性服务的法人、其他经济组织和个人。第二,不正当竞争行为违反了诚实商业习惯。诚实商业习惯是指交易实践中形成的善良风俗,是在长期的交易活动中被交易主体普遍认可的市场伦理。第三,不正当竞争者在主观上具有过错,并实施了侵权行为。不正当竞争行为性质上属于侵权行为。侵权行为,是指出于故意、过失导致他人人身或财产损害的行为。第四,不正当竞争损害了诚实竞争者的利益。这是由不正当竞争这一侵权行为引起的损害后果。根据《中华人民共和国反不正当竞争法》第1条的注释,本法亦适用于从事某行为的当事人与因行为而利益受损的当事人之间并不存在直接竞争的情况。

(二)侵害知识产权的不正当竞争

对于知识产权法与反不正当竞争法的关系,学术界主要有三种观点:第一,反不正当竞争法属于知识产权法的一部分;第二,知识产权法属于广义的反不正当竞争法的范畴;第三,只有一部分不正当竞争与知识产权有关,知识产权应当研究与知识产权有关的不正当竞争。虽然学术界对二者的关系还存有争议,但不可否认的是知识产权法与反不正当竞争法之间有千丝万缕的联系。因此,创业者要了解反不正当竞争法,应从了解侵害知识财产权的不正当竞争行为入手。

1. 侵害商业标记的不正当竞争

损害商业标记的不正当竞争在构成上,应当具备以下特征。

第一,不正当竞争者侵害的商业标记通常具有一定的知名度。这是因为对此类商标的仿冒能够获得较大的非法利益。

第二,不正当竞争者在主观上具有过错。

第三，不正当竞争行为不属于知识产权的禁用范围。侵害商业标记的不正当竞争有两种类型：一是商业标记未成为知识产权的对象，如未注册商标；二是商业标记虽然成为知识产权的对象，但不正当竞争行为超出知识产权的禁用范围，例如恶意地将他人注册商标用作商号。

第四，不正当竞争行为可能引起市场混淆或减损商业标记的价值。其中，混淆可分为两种：一是消费者误认为不正当竞争者的商品或服务来源于受害人；二是消费者误认为不正当竞争者与受害人之间存在组织上或经济上的业务联系。

2. 侵害商业秘密或其他智力成果的不正当竞争

商业秘密有四个构成要件：第一，商业秘密必须是可以用于商业活动的知识；第二，商业秘密必须具有非公知性或秘密性；第三，商业秘密应具有商业价值；第四，所有者采取了合理的保障措施。根据《中华人民共和国反不正当竞争法》第10条的规定，属于侵犯他人商业秘密的不正当竞争行为有：第一，以盗窃、利诱、胁迫或其他不正当手段获取的权利人的商业秘密；第二，披露、使用或者允许他人使用以上述手段获取的权利人的商业秘密；第三，违反约定或者违反权利人保守商业秘密的要求，披露、使用或者允许他人使用其所掌握的权利人和商业秘密；第四，第三人明知或应知商业秘密是不正当获取或不正当披露的，仍然获取、使用或披露该商业秘密。

为了防止泄露商业秘密，企业应注意以下情况并采取相应措施：①注意传真机的使用，如企业可为高级管理人配备专用传真机，但要注意规定员工在传真时不可离开、对于企业重要秘密文件需亲手交付、收发传真需事先与对方取得联系，或规定安排行政人员收取传真；②注意打印机的使用，企业应对掌握商业秘密的人员配备专用打印机，若打印机出现故障，打印人员应查明原因，确保不使载有商业秘密的文件失控，对废弃的打印纸打印人员也不要重复利用；③注意电脑的使用，企业应规定管理人员需设置电脑进入密码、文件进入密码，文件禁止复制等措施，企业也应在设置内部网络时避免包含商业秘密的信息；④注意人才的保护，为了防止企业的商业秘密泄露，可对掌握商业秘密的人员签订竞业限制协议，或签订长期劳动合同，企业也可以将掌握商业秘密的人员作为企业的股东，使之与企业形成荣辱与共、休戚相关的命运共同体。

在侵害智力成果的其他方面，还有违反商业惯例的免费使用（未付费的大量使用）、违反诚信地使用他人创意、为干扰竞争对手复制他人智力成果等行为，这些侵害行为也属于不正当竞争行为。

3. 知识产权人滥用实体权利的不正当竞争

在《中华人民共和国反不正当竞争法》中，构成知识产权人滥用实体权利的不正当竞争有以下情况：第一，故意行使以不正当手段取得的权利，知识产权人明知自己的权利取得不正当，仍行使该权利以损害其他竞争者的利益；第二，不正当地行使其合法取得的权利。有的知识产权在取得权利时系出于善意，但取得权利后以不正当的方式行使权利，构成权利滥用，常见的类型有：第一，善意地取得企业名称权，但事后为了引起混淆，故意不规范使用，突出使用名称中的字号，侵害他人商标利益；第二，构成商业标记的符号具有固定含义,权利人禁止他人使用该符号的原有含义。例如,某杂志社的刊物名称为《家庭》,并注册为商标,另一杂志名为《家庭OTC》,《家庭》杂志社主张后者侵权。《家庭》中的"家庭"是对该词汇原有含义的使用,并非商标意义上的使用。

三、合同法

创建公司的过程中,不可避免的需要签订合同,而我国的合同法,即是有关合同的法律规范的总称,也是调整平等主体之间的交易关系的法律。它包括订立合同、合同成立条件、合同内容、合同效力、合同无效、被撤销、合同履行、合同担保、合同变更和转让等法律规范。

(一)合同的订立

合同订立,是指缔约人作出意思表示并达成合意的状态。它描述的是缔约各方自接触、洽商直至达成合意的过程。合同成立是合同订立的重要组成部分,其要件有:①缔约人,缔约人是实际订立合同的人,既可以是未来合同关系的当事人,也可以是合同当事人的代理人,由于系多方法律行为,缔约人必须是双方以上的人;②意思表示一致,缔约人须就合同条款至少是主要条款达成合意,合同才成立。

在合同的订立过程中,创业者还有以下概念需要了解。

1. 要约

要约是一方当事人以缔结合同为目的,向对方当事人提出合同条件,希望对方当事人接受的意思表示。在商业活动即对外贸易中,要约常被称作发盘、发价、出盘、报价等。要约的存续期间有两类,一类是要约中定有存续期间,受要约人须在此期间内承诺,才对要约人有约束力(《中华人民共和国合同法》第23条第1款);另一类是要约未定有存续期间,要约以对话方式作出的,应当即时作出承诺,要约以非对话方式作出的,承诺应当在合理期限内到达。合理期间通常以要约到达受要约人所必须的时间、受要约人考虑是否承诺所必需的时间、承诺发出到达要约人所必需的时间为准(《中华人民共和国合同法》第23条第2款)。

2. 承诺

承诺是受约人作出的同意要约以成立合同的意思表示(《中华人民共和国合同法》第21条)。在商业交易中,承诺又称为接盘。承诺的构成要件是:承诺必须由受要约人作出,承诺必须向要约人作出,承诺的内容应当与要约的内容一致,承诺必须在要约的存续期间内作出。

3. 符合缔约

符合缔约是指合同条款由当事人一方预先拟定,对方只有符合该条款(意思)方能成立合同的缔约方式。在符合缔约的情况下,一方所提供的合同条款,是格式合同条款,简称为格式合同。格式合同可以节省时间,有利于事先分配风险,降低交易成本;一方面可以促进企业合理经营；另一方面消费者也不必耗费精神就交易条件讨价还价。

（二）合同的形式

创业者订立合同，可以有书面形式、口头形式和其他形式。口头形式简便易行，如集市上的现货交易、商店里的零售等一般采用口头形式。书面形式，根据《中华人民共和国合同法》第11条规定，包括合同书、信件（保函、单方允诺的函件）以及数据电文（包括电报、电传、传真、电子数据交换和电子邮件）等。其中，合同书的文字，当事人或其代理人必须在文字凭证上签字或盖章，文字凭证上必须载有合同的权利与义务。其他合同形式，如某商店安装自动售货机，顾客将规定的货币投入机器内，买卖合同也即刻成立。

（三）合同的变更与转让

合同的变更类型包括标的物、合同履行条件（期限、地点等）、合同价金、合同性质（如租赁合同变为买卖合同）的变更等。在合同变更以后，当事人应当依照变更后的合同内容做出履行，任何一方违反变更后的合同内容都将构成违约。合同变更仅对已经变更的部分发生效力，未变更部分权利义务继续有效。而合同的转让，是指在不改变合同关系内容的前提下，合同关系的一方当事人依法可以将其合同的权利、义务全部或部分地转让给第三人。

（四）合同的违约责任、归责原则、免责条件

违约，即违反合同义务，不履行合同义务或者履行合同义务不符合约定 [《中华人民共和国合同法》第107条、《中华人民共和国民法通则》（2009）第111条]。违约的形态有：不能履行（债务人丧失工作能力）、延迟履行、不完全履行、拒绝履行。

归责原则，是基于一定的归责事由而确定责任成立的法律原则，或者说，是基于一定的归责事由而确定行为人是否承担责任的法律原则。根据《中华人民共和国合同法》第107条的规定，当事人一方不履行合同义务或者履行合同义务不符合约定的，应当承担继续履行、采取补救措施或者赔偿损失等违约责任。

免责条件，是指法律规定的当事人对其不履行合同不承担违约责任的条件，主要包括以下内容。

第一，不可抗力。根据《中华人民共和国民法通则》（2009）第153条规定，不可抗力，是指不能预见、不能避免并不能克服的客观情况。例如不可抗拒的自然灾害所导致的合同不得履行。《中华人民共和国民法通则》（2009）第107条规定，因不可抗力不能履行合同或者造成他人损害的，不承担民事责任。

第二，货物本身的自然性质、货物的合理损耗。《中华人民共和国合同法》第311条规定，承运人能证明运输过程中货物的损毁、灭失是不可抗力、货物本身的自然性质或者合理损耗造成的，不承担损害赔偿责任。

第三，债权人的过错。《中华人民共和国合同法》第 311 条规定，由于托运人、收货人的过错造成运输过程中的货物损毁、灭失的，承运人不负损害赔偿责任。

第四，合同约定免责条款。免责条款是指当事人以协议排除或者限制其未来责任的合同条款。例如，某些商店和个体工商户在其柜台或摊位上醒目地标明"货经售出，恕不退换"，这属于完全排除当事人未来民事责任的完全免责条款。

四、劳动保障法

在创业者雇用员工时，就会涉及劳动保障法。劳动保障法主要由以保障劳动者实现劳动权和劳动关系正常运行的社会条件所组成。具体包括劳动就业法、职业培训法、社会保险法与劳动福利法。

（一）劳动保障法的主体

劳动保障法主体，是指劳动保障法中法律关系的参与者，即享有和承担劳动法所规定的权利（职权和义务）的公民、组织和机关。因此，不仅创业者和所雇用的员工属于劳动保障法的主体，还有其他劳动保障法的主体类型。受劳动法保障的主体共有以下几类：第一，劳动主体，即劳动者，是劳动力的所有者和支出者；第二，用人主体，即用人单位，是劳动力的使用者；第三，劳动行政主体，亦称劳动管理主体，是实现劳动行政职能的国家机关，如人事、卫生、金融等职能管理机关和用人单位主管机关；第四，劳动团体，又称职业团体，是分别由劳动者或用人单位依法组成的，如工会，在国外一般指雇主协会；第五，劳动服务主体，是为劳动关系的运行和发展提供社会服务的组织，如职业介绍机构、职业培训机构、社会保险经办机构、劳动安全卫生监测检验机构等。

（二）劳动合同

劳动合同是劳动者与用人单位确立劳动关系、明确双方权利和义务的协议。劳动合同的内容分为两类，即法定必备条款和约定必备条款。

1. 法定必备条款

法定必备条款是法律要求各种劳动合同都必须具备的条款。因此，创业者与员工间订立的合同应当根据我国《中华人民共和国劳动法》（2009）规定，具备以下条款：①合同期限；②工作内容；③劳动保护和劳动条件；④劳动报酬；⑤劳动纪律；⑥合同终止条件；⑦违约责任。

2. 约定必备条款

约定必备条款是指劳动关系当事人或其代表约定劳动合同必须具备的条款。这说明创业者除法定必备条款外，还可以通过协商约定其他合同内容。约定必备条款不仅包括创业者就合同本身的自由约定，还包括劳动合同中某些非常重要但又不宜作为法定必备条款的内容，如试用期条款、保密条款或禁止同业竞争条款等。

（三）工作时间、休息休假

1. 工作时间

工作时间又称法定工作时间，是指劳动者为履行劳动义务，在法定限度内应从事劳动或工作的时间。我国采取工时立法制度，规定每周 5 个工作日，每个工作日法定最长工时为 8 小时，每周最长工时为 40 小时；实行三班制的企业，从事夜班工作时间比白班减少 1 小时；由于生产经营需要而延长工时的，一般每日不超过 1 小时，特殊原因需要，在保障劳动者身体健康的条件下每日不超过 3 小时，但每周不得超过 36 小时。用人单位不遵守最高工时标准、违法延长工时的，应当追究法律责任。

2. 休息休假

休息休假有法定节假日、年休假、探亲假、产假、婚丧假等。

（1）法定假日，如元旦、春节、劳动节、国庆节。

（2）年休假，年休假是指员工每年享有保留原职和工资的连续休假。我国《中华人民共和国劳动法》（2009）规定，企业员工连续工作满 1 年以上的，享受带薪年休假。确定职工休假天数时，要根据工作任务和各类人员的资历、岗位等不同情况，有所区别，最多不超过两周。

（3）探亲假，探亲假是指法定给予家属分居两地的工作满 1 年的员工，在一定时期内与父母或配偶团聚的假期。其中，员工探望配偶的，每年探亲假期为 30 天；未婚员工探望父母的，原则上每年探亲假为 20 天；已婚职工探望父母的，每四年休假一次，假期为 20 天。

（4）产假，根据《中华人民共和国劳动法》（2009）第 62 条规定，女员工生育享受不少于 90 天的产假。

（四）工资、社会保险

1. 工资

根据《中华人民共和国劳动法》（2009）第 47 条规定，企业根据本单位的生产经营特点和经济效益，依法自主确定企业的工资分配方式和工资水平。工资主要由基本工资、辅助工资（奖金、津贴、补贴）组成，在形式上分计时工资、计件工资与年薪组成。企业的工资发放不得低于其所在省、自治区、直辖市人民政府规定的最低工资标准。此外，关于加班加点工资标准上，根据《中华人民共和国劳动法》（2009）规定，企业应向员工支付高于正常时间工资的加班加点工资，其标准分为：第一，加班加点支付不低于正常工时工资的 150%；第二，周休日加班支付不低于正常工时工资的 200%；第三，法定节假日加班支付不低于正常工时工资的 300%。

2. 社会保险

国家社会保险具有普遍性、持续性与强制性，对各种企业和各种员工在任何时候都强制实行，要求由企业、劳动者和国家三方合理负担费用，并按照其统一标准缴纳保险费用和支付保险待遇。企业在按时缴纳国家基本保险费用后，仍有经济承受能力可自主为员工补充保险，而员工也可自愿根据自身收入情况以储蓄形式为自己建立社会保险。

第二节 新企业的组织形式

企业在设立之前，必须确定其组织形式。可供选择的法律组织形式有个体工商户、个人独资企业、合伙企业、有限责任公司、股份有限公司等。由于每种企业组织形式都有自身的优点和缺点，因此创业者必须考虑企业组织形式的法律规定及相互之间的对比，在此基础上甄选出最合适的企业组织形式。

一、有限责任公司

有限责任公司，简称有限公司，是指由一定人数的股东共同出资，股东以其出资为限对公司承担责任，公司以其全部资产对其债务承担责任的公司。有限责任公司是一种比较普遍的企业法律形式。根据公司法的规定，必须在公司名称中标明"有限责任公司"或者"有限公司"字样。

（一）有限责任公司的特征

我国有限责任公司与其他公司类型相比，具有以下特征：①股东人数的有限性，根据《中华人民共和国公司法》（2014）第24条规定，有限责任公司由50个以下股东出资设立；②股东责任的有限性，有限责任公司的股东对公司所负责任仅以认缴的出资额为限，对公司的债务不负直接责任。如果公司的财产不足以清偿全部债务，股东不需要以超过自己出资以外的个人财产为公司清偿债务；③公司资本的封闭性，有限责任公司设立时，其全部资本只能由发起人认购，不能向社会募集股份，不能发行股票；④设立程序简便，公司组织灵活。2013年修订的《中华人民共和国公司法》（2014）取消了公司最低注册资本的限制、股东首次出资比例与期限的限制。一人有限公司不成立股东会，股东人数较少、规模较小的有限责任公司也可以不成立董事会、监事会为其内设机构。

（二）有限责任公司的设立条件

1. 股东符合法定人数

股东，是指基于对公司出资或者其他合法原因，持有公司一定份额，依法享有股东权利并承担股东义务的人。根据股东的主体资格不同，股东的类型有自然人股东、法人或团体股东、国家股东（由其授权的机构或部门作为代表）。《中华人民共和国公司法》（2014）

23 条第 1 款规定，设立有限责任公司，股东必须符合法定人数。第 24 条规定，有限责任公司由 50 个以下股东出资设立，因此有限责任公司的股东人数为 1～50 人。根据股东人数的多少，又可以将有限责任公司分为投资主体多元的有限责任公司（股东人数为 2～50 人）和投资主体单一的有限责任公司（股东人数仅为 1 人）。

2. 有符合公司章程规定的全体股东认缴出资额

公司章程是指公司必备的由公司股东或发起人共同制定并对公司、股东、公司经营管理人员具有约束力的，调整公司内部关系和经营行为的自治规则。公司章程要由全体股东共同制定，并在章程上签名盖章，公司章程应以书面形式订立。根据《中华人民共和国公司法》（2014）第 25 条规定，有限责任公司章程应当载明下列事项：第一，公司名称和住所；第二，公司经营范围；第三，公司注册资本；第四，股东的姓名或者名称；第五，股东的出资方式、出资额和出资时间；第六，公司的机构及其产生办法、职权、议事规则；第七，公司法定代表人；第八，股东会议认为需要规定的其他事项。

根据《中华人民共和国公司法》（2014）第 26 条规定，有限责任公司的注册资本为在公司登记机关登记的全体股东认缴的出资额。根据 2013 年 12 月修订的《中华人民共和国公司法》（2014），不再限制公司设立时股东的首次出资比例和缴足出资的期限，公司实收资本不再作为工商登记事项。此外，根据《中华人民共和国公司法》（2014）第 27 条规定，股东可以用货币出资，也可以用实物、知识产权、土地使用权等可以用货币估价并可以依法转让的非货币财产作价出资。作为出资的非货币财产应当评估作价，核实财产，不得高估或者低估作价。根据 2013 年修订的《中华人民共和国公司法》（2014）规定，取消货币出资占注册资本的比例限制，货币出资是否需占注册资本的一定比例以及具体比例如何确定，可由公司章程自由确定。

在有限责任公司成立后，首先，应由公司向股东签发证明其出资及相关权利的证明书。出资证明书应当载明以下事项：①公司名称；②公司成立日期；③公司注册资本；④股东的姓名或名称、缴纳的出资额和出资日期；⑤出资证明书的编号和核发日期。其次，根据《中华人民共和国公司法》（2014）第 32 条规定，有限责任公司还应当置备股东名册，记载以下事项：①股东的姓名或名称及住所；②股东的出资额；③出资证明书编号。

3. 有公司名称、住所，建立符合有限责任公司要求的组织机构

公司只能使用一个名称，在登记主管机关辖区内不得与已登记注册的同行业公司名称相同或近似。根据《企业名称登记管理实施办法》第 9 条规定，企业名称应当由行政区划、字号、行业、组织形式依次组成。公司住所经公司登记机关登记的也同样只能有一个。《中华人民共和国公司法》（2014）第 10 条规定，公司以其主要办事机构所在地为住所。但要明确公司住所与经营场所不同，经营场所可以多个，如生产场地与销售网点。而有限责任公司要求的组织机构，则主要指公司股东会、董事会和监事会的构建，但规模较小、人数较少的公司除外。

（三）有限责任公司的优势与劣势

1. 有限责任公司的优势

（1）有限责任公司的风险较小。股东只以其出资额对公司承担有限责任，与个人的其他财产无关，因而如果公司破产，股东无须以个人财产作为债权的补偿。

（2）企业具有永续性。有限责任公司具有独立的续存时间，除非因破产或注销，不会因个别股东的意外而消失。

（3）经营管理规范。与个人独资企业和合伙企业相比，公司的所有权与经营权分离，可以聘任经理人员管理公司，能更好地适应市场竞争。尤其对于家族企业，采用有限责任公司，可以使家族外的人成为董事而管理事务。

（4）企业信用较高。有限责任公司拥有独立的一定数额的注册资本，其信誉和地位比个人独资企业、合伙企业要高。

（5）减少企业纳税费用。董事的报酬作为经营费用入账而不作为利润，可以减少纳税。有限责任公司由于具有合伙企业的优点和其所具有的法律保护，所以，近年来越来越受到创业者的欢迎。

2. 有限责任公司的劣势

首先，为了规范公司治理结构，政府对公司的限制较多，法律法规的要求也较为严格。如有限责任公司必须按照公司法的有关规定设立组织机构，依照法律、行政法规和公司章程的规定行使职权。

其次，股东责任的有限性极易损害债权人利益，股东的最高人数限制使企业无法大规模筹资，限制了企业的发展规模。

最后，公司转让股份限制严格，甚至在股东对公司经营不满时，也不能自由转让出资，不利于对经营者进行有效监督。

二、股份有限公司

所谓股份有限公司，是指由一定数量的股东投资设立，全部资本分为等额股份，股东以其所持股份为限对公司承担责任，公司以其全部资产对其债务承担责任的企业法人。在我国，"股份有限公司"常常被简称为"股份公司"，甚至有人称其为"股份制企业"，股份公司还可细分为上市股份公司和非上市股份公司。

（一）股份有限公司的特征

股份有限公司作为现代企业中最典型的组织形式，除具有公司的一般特征（如公司具有法人资格）外，还具有自身特别属性，主要体现在以下几个方面。

1. 股份有限公司的资合性

股份有限公司实行有限责任制，即股东以其出资额为限对公司负责，公司以其全部资产对其债务承担清偿责任，股东一旦向公司缴纳其所认缴的出资额，即免除对公司所欠债务的责任，加之股份的频繁流动性与股东的不断增减性，因此，股份有限公司本身对外信用的基础在于公司资产额的多少。

2. 股东人数的广泛性

我国《中华人民共和国公司法》（2014）第78条规定，设立股份有限公司，应当由2人以上200人以下为发起人，其中须有半数以上的发起人在中国境内有住所。

3. 股份的等额和可自由转让性

股份有限公司的全部资本分为等额股份，股份以一定的金额表示，成为公司资本的最小构成单位，每股面额与已发行股份总数的相乘结果即为公司资本总额。每个股东所持有的股份数额可以有所不同，但每股所代表的资金额必须完全相同。同时，在股份有限公司里，股东权的计算、行使、转让均以股份为单位，每一股份表示的股权相等，一股一权，数股数权，权数与持股数成正比例。股份不可分割，但可共有。

4. 所有权与经营权的分离性

股份有限公司可以在社会上公开发行股票，募集资本，其股票也可以在证券市场上转让。立法上通常要求公司公开其公司章程、股东大会决议公司及公司财务会计报告等公司内部信息，以供股东查阅，并接受股东监督，实现对投资者利益的保护。

（二）股份有限公司的设立条件

根据我国《中华人民共和国公司法》（2014）第76条的规定，设立股份有限公司，必须满足以下六个基本条件：第一，发起人符合法定人数；第二，有符合公司章程规定的全体发起人认购的股本总额或者募集的实收股本总额；第三，股份发行、筹办事项符合法律规定；第四，发起人制定公司章程，采用募集方式设立并经创立大会通过；第五，有公司名称，建立符合股份有限公司要求的组织结构；第六，有公司住所。

根据《中华人民共和国公司法》（2014）第81条规定，股份有限公司的公司章程应当载明：第一，公司名称和住所；第二，公司经营范围；第三，公司设立方式；第四，公司股份总数、每股金额和注册资本；第五，发起人的姓名或名称、认购的股份数、出资方式和出资时间；第六，董事会的组成、职权、议事规则；第七，公司法定代表人；第八，监事会的组成、职权、议事规则；第九，公司利润分配办法；第十，公司的解散事由与清算办法；第十一，公司的通知公告办法；第十二，股东大会会议认为需要规定的其他事项。

此外，还应注意，除了《中华人民共和国公司法》（2014）第78条关于股东人数的规定，《中华人民共和国公司法》（2014）第79条还规定了股份公司发起人承担公司筹办事务。发起人应当签订发起人协议，明确各自在公司设立过程中的权利和义务，并在发起设立和募集设立两种方式中选择一种：①发起设立，股份有限公司采取发起设立的，应由公司章程规定发行的全部股份的数额，发起人要以书面形式自行认购，并立即缴纳全部股款；以实物、工业产权、非专利技术或者土地使用权等抵作股款的，应当依法办理财产权的转移手续。②募集设立，募集设立是指由发起人认购公司应发行股份的一部分，其余股份向社会公开募集或者向特定对象募集而设立公司。如果股份有限公司采取募集方式设立，注册资本应为在公司登记机关登记的实收股本总额。根据《中华人民共和国公司法》（2014）第84条规定，以募集方式设立的股份有限公司，发起人认购的股份不得少于公司股份总数的35%；发起人向社会公开募集股份，必须公告招股说明书，并制作认股书。

（三）股份有限公司的优势与劣势

1. 股份有限公司的优势

（1）可迅速聚集大量资本。股份有限公司是筹集大规模资本的有效的组织形式，可广泛聚集社会闲散资金形成资本，为广大公众提供了简便、灵活的投资渠道，也为企业提供了筹资渠道，能迅速扩展企业规模，增加企业在市场上的竞争力，使某些需要巨额资本的企业得以建立。

（2）投资风险较小。股份有限公司的股东以其所持股份为限对公司承担责任，与个人的其他财产无关，投资者可以投资多个公司，因而有利于分散风险。股份能自由转让，提高了资本流动性。

（3）有利于接受社会监督。股份有限公司有利于资本产权的社会化和公众化，为了确保股东权益，需要把大企业的经营置于社会的监督之下，定期披露公司信息，因而有利于接受社会监督。

2. 股份有限公司的劣势

（1）程序复杂。公司开设和歇业的法定程序严格、复杂。

（2）抗风险能力差。公司抗风险能力较差，大多数股东缺乏责任感。

（3）所有权与控制权分离程度高。公司的所有权与控制权的分离程度较高，经理人员往往不是股东，因此产生了出资者与经理人员之间的复杂的委托—代理关系。并且，股份有限公司的大股东持有较多股权，并不利于小股东的利益。

（4）商业秘密容易暴露。公司财务与经营情况必须向公众披露，因此公司的商业秘密容易暴露。

那么，股份有限公司与有限责任公司究竟有哪些不同之处呢？详见表9-2。

表9-2 股份有限公司与有限责任公司的比较

比较项目	有限责任公司	股份有限公司
设立方式	只能发起设立	可发起设立，也可募集设立
股东人数	50人以下的股东出资设立，允许设立一人有限责任公司	2～200个发起人，其中须有半数以上的发起人在中国境内有住所
章程制定	由全体股东制定，并由全体股东签名、盖章	由发起人制定，采用募集方式设立的，经创立大会通过
股权形式	股东的股权证明是出资证明书，出资证明书不是有价证券，不能流通转让	股东的股权证明是股票，股票是一种有价证券，可以自由流通转让

续表

比较项目	有限责任公司	股份有限公司
股权转让	股权可以在股东之间自由转让,若转让给股东以外的第三人,需要取得其他股东半数以上同意	股份的转让既可以通过协议转让,又可以在公开证券市场转让,且转让不受限制
公司治理结构	可以不设立董事会和监事会,由执行董事或监事代替即可;若设董事会,则由3～13人组成	股份有限公司必须设立董事会,且由5～19人组成;股东大会、董事会、监事会为必设机构
所有权和经营权分离程度	所有权和经营权的分离程度较低。股东会的权限较大,股东往往出任经营职务,直接参与公司经营管理	所有权和经营权的分离程度较高。由于股东人多且分散,召开股东会比较困难,股东会的权限有所限制,董事会的权限较大
财务状况的公开程度	财务会计报表可以不经过注册会计师的审计,也可以不公告,只要按照规定期限送交各股东即可	会计报表必须要经过注册会计师的审计并出具报告,还要存档以便股东查阅,其中以募集设立方式成立的股份有限公司,必须依法披露公开其财务状况和经营情况

三、合伙企业

合伙企业是指自然人、法人和其他组织依照法律在中国境内设立的普通合伙企业和有限合伙企业。合伙企业是依法设立的,由各合伙人订立合伙协议,共同出资经营、共负盈亏、共担风险的企业组织形式。我国合伙组织形式仅限于私营企业。合伙企业一般无法人资格,不缴纳所得税。其中普通合伙企业由普通合伙人组成,合伙人对合伙企业债务承担无限连带责任。根据我国《中华人民共和国合伙企业法》(2014)第2条规定,有限合伙企业由普通合伙人和有限合伙人组成,普通合伙人对合伙企业债务承担无限连带责任,有限合伙人以其认缴的出资额为限对合伙企业债务承担责任。

(一)合伙企业的特征

1. 生命有限

合伙企业比较容易设立和解散。合伙人签订了合伙协议,就宣告合伙企业的成立。新合伙人的加入,旧合伙人的退伙、死亡、自愿清算、破产清算等均可造成原合伙企业的解散以及新合伙企业的成立。

2. 财产共有

合伙人投入的财产,由合伙人统一管理和使用,不经其他合伙人同意,任何一位合伙人不得将合伙财产移为他用。只提供劳务,不提供资本的合伙人仅有权分享一部分利润,而无权分享合伙财产。

3. 相互代理

合伙企业的经营活动,由合伙人共同决定,合伙人有执行和监督的权利。

4. 普通合伙人对合伙企业的债务承担无限连带责任

即当合伙人企业财产不足清偿合伙人企业债务时,普通合伙人对于不足的部分承担连带清偿责任。

(二)合伙企业的设立条件

1. 有两个以上合伙人

一个人成立的就不是合伙企业,必须是两个以上的合伙人,并且都是依法承担无限连带责任者,合伙人必须具有完全民事行为能力。

2. 有书面合伙协议

合伙协议是合伙成立的依据,也是合伙人权利和义务的依据,由全体合伙人通过协商,必须以书面形式订立,共同决定相互间的权利和义务,且经过全体合伙人签名、盖章方能生效,达成具有法律约束力的文件。根据《中华人民共和国合伙企业法》(2014)第18条规定,合伙协议应当载明下列事项:第一,合伙企业的名称和主要经营场所的地点;第二,合伙目的和合伙经营范围以及设定的存续期限;第三,合伙人的姓名或者名称、住所;第四,合伙人的出资方式、数额和缴付期限;第五,利润分配、亏损分担方式;第六,合伙人的权利和义务、合伙事务的执行;第七,合伙的退伙和入伙的规定;第八,争议解决办法;第九,合伙企业的解散与清算;第十,违约责任。

3. 有各合伙人实际缴付的出资

合伙协议生效后,合伙人应当按照合伙协议约定的出资方式、数额和期限履行出资义务。合伙人必须用自己的合法财产及财产权利出资,可以用货币、实物、知识产权、土地使用权或者其他财产权利出资。对货币以外的出资需要进行评估作价的,可以由全体合伙人协商确定,也可以由全体合伙人委托法定评估机构进行评估,其评估方法由全体合伙人协商确定。经全体合伙人协商一致,合伙人也可以用劳务出资。各合伙人按照合伙协议实际缴付的出资,为对合伙企业的出资。

4. 有合伙企业的名称和生产经营场所

合伙企业的名称中不得使用"有限"或"有限责任"字样。有经营场所是从事合伙经营的必要条件。

5. 合伙企业的设立程序

设立合伙企业,应当由全体合伙人指定的代表或者共同委托的代理人向企业登记机关提交登记申请书、合伙协议书、合伙人身份证明等文件。

合伙企业确定执行合伙企业事务的合伙人或者设立分支机构的,登记事项还应当包括执行合伙企业事务的合伙人或者分支机构的情况。合伙企业设立分支机构的应当向分支机构所在地的企业登记机关申请登记,领取营业执照。

申请设立合伙企业,应当向企业登记机关提交下列文件:第一,全体合伙人签署的设立登记申请书;第二,全体合伙人的身份证明;第三,全体合伙人指定的代表或者共同委托的代理人的委托书;第四,合伙人的书面协议;第五,出资权属证明;第六,经营场所证明;第七,国务院工商行政管理部门规定提交的其他有关批准文件。营业执照的签发之日,为合伙企业成立日期。合伙企业领取营业执照前,合伙人不得以合伙企业名义从事经营活动。

（三）合伙企业的优势与劣势

1. 合伙企业的优势

第一，与个人独资企业相比较，合伙企业可以从众多的合伙人处筹集资本，合伙人共同偿还债务，减少了银行贷款的风险，使企业的筹资能力有所提高。

第二，与个人独资企业相比较，合伙企业能够让更多投资者发挥优势互补的作用，比如技术、知识产权、土地和资本的合作，并且投资者更多，事关自己切身利益，大家共同出力谋划，集思广益，提升企业综合竞争力。

第三，与一般公司相比较，由于合伙企业中至少有一个人负无限责任，使债权人的利益受到更大保护。从理论上讲，在这种无限责任的压力下，更能提升企业信誉。

第四，与一般公司相比较，从理论上讲，合伙企业盈利更多，因为合伙企业交的是个人所得税而不是企业所得税，这也是其高风险成本的收益。

2. 合伙企业的劣势

第一，在合伙企业存续期间，如果某一合伙人有意向合伙人以外的人转让其在合伙企业中的全部或部分财产份额时，必须征得其他合伙人的一致同意。

第二，当合伙企业以其财产清偿合伙企业债务时，其不足部分，由各合伙人用个人财产承担无限连带责任。

第三，尽管合伙企业的资本来源及信用能力比个人独资企业有所增加，但其融资能力仍然有限，不能充分满足企业进一步扩大生产经营规模的资本需求。

四、个人独资企业

个人独资企业，根据我国的《中华人民共和国个人独资企业法》（2000），是指依照法律在中国境内设立，由一个自然人投资，财产为投资人个人所有，投资人以其个人财产对企业债务承担无限责任的经营实体。独资企业是一种很古老的企业形式，至今仍广泛运用于商业经营中，其典型特征是个人出资、个人经营、个人自负盈亏和自担风险。

（一）个人独资企业的特征

1. 个人独资企业是由一个自然人投资的企业

根据《中华人民共和国个人独资企业法》（2000）的规定，设立个人独资企业只能是一个自然人，且外商独资企业不适用本法。因此，《中华人民共和国个人独资企业法》（2000）所指的自然人仅指中国国民。

2. 个人独资企业的内部机构设置简单，经营管理方式灵活

个人独资企业的投资人既是企业的所有者，又可以是企业的经营者，因此，其内部机构的设置较为简单，决策程序也较为灵活。

3. 个人独资企业是非法人企业

个人独资企业由一个自然人出资，投资人对企业的债务承担无限责任，在权利义务上，企业和个人融为一体，企业的责任即是投资人个人的责任，企业的财产即是投资人的财产。个人独资企业是独立的民事主体，可以自己的名义从事民事活动，甚至进行诉讼。

4. 个人独资企业的投资人对企业的债务承担无限责任

由于个人独资企业的投资人是一个自然人，对企业的出资多少、是否追加资金或减少资金、采取什么样的经营方式等事项均由投资人一人做主。

（二）个人独资企业的设立条件

设立个人独资企业应具备下列条件：投资人为一个自然人；有合法的企业名称；有投资人申报的出资；有固定的生产经营场所和必要的生产经营条件；有必要的从业人员。

个人独资企业的设立采取直接登记制，即设立独资企业无须经过任何部门的审批，而由投资人根据设立准则直接到工商行政管理部门申请登记。申请设立个人独资企业，应当由投资人或其委托的代理人向个人独资企业所在地的登记机关提交设立申请书、投资人身份证明、生产经营场所使用证明等文件。委托代理人申请设立登记时，需要出具投资人的委托书和代理人的合法证明。

申请设立个人独资企业，设立申请书应当载明下列事项：企业的名称和住所。企业的名称应与其责任形式及从事的营业相符合（个人独资企业以其主要办事机构所在地为住所）；投资人的姓名和居所；投资人的出资额和出资方式；经营范围。

（三）个人独资企业的优势与劣势

1. 个人独资企业的优势

第一，企业的设立、转让和解散等行为手续相对简便。个人独资企业的设立、转让和解散仅需向登记机关登记即可。根据2014年国家工商行政管理局修订的《个人独资企业管理办法》规定，个人独资企业登记事项发生变更的，应当办理登记。个人独资企业名称、企业住所、经营范围及方式、应当在作出变更决定之日起15日内向原登记机关申请变更登记。

第二，个人独资企业更灵活，且适应性强。个人独资企业的企业主属于独自经营，受到的制约因素少，从而企业的灵活性更强，能迅速应对市场的变化。

第三，利润归企业主所有，无须与他人分享。根据《中华人民共和国个人独资企业法》（2000）第2条规定，个人独资企业由一个自然人设立，财产为投资人所有，投资人以其个人财产对企业债务承担无限责任。

第四，个人独资企业的保密性更强。个人独资企业在技术和经营方面更易于保密，从而保护其在市场中的竞争地位。

第五，不需要缴纳企业所得税。我国于2000年起停止征收个人独资企业的企业所得税，比照个体工商户生产经营所得征收个人所得税。

2. 个人独资企业的劣势

（1）经营风险大。当个人独资企业财产不足以清偿债务时，企业承担无限责任，投资人以其个人的其他财产予以清偿，因而带有相当大的风险，举债要十分谨慎。

（2）难以从外部获得大量资金用于经营。个人独资企业不易从外部获得信用资金，如果企业主资本有限，企业的规模难以扩大。

（3）企业的存续年限受制于业主的寿命。当所有者生病或失去工作能力，或决定退休，此时若没有家庭成员、亲朋好友愿意并且有能力经营企业，这个企业就将终结。对于创业者希望其长大并获取巨大的财务成功的新企业来说，以个人独资企业形式进行创业，通常不是很合适的选择。

五、个体工商户

个体工商户的定义首见《中华人民共和国民法通则》，其第26条规定："公民在法律允许的范围内，依法经核准登记，从事工商业经营的，为个体工商户。"《个体工商户条例》（2014）第2条第1款规定："有经营能力的公民，依照本条例规定经工商行政管理部门登记，从事工商业经营的，为个体工商户。"

（一）个体工商户的特征

个体工商户是一种简便的创业组织形式，比设立企业的条件低，如对投资额没有限制，不需要会计师验资；经营者可以是个人，也可以是家庭；个人经营的，以经营者本人为申请人；家庭经营的，以家庭成员中主持经营者为申请人；个人经营的，以个人全部财产承担民事责任；家庭经营的，以家庭全部财产承担民事责任。

（二）个体工商户的设立条件

从《中华人民共和国民法通则》与《个体工商条例》可以看出，设立个体工商户的投资主体要求为有经营能力的公民。香港、澳门特别行政区永久性居民中的中国公民、中国台湾地区居民同样可以申请登记为个体工商户。根据我国《城乡个体工商户管理暂行条例》规定，有经营能力的城镇待业人员、农村村民以及国家政策允许的其他人员，也可以申请从事个体工商业经营，依法经核准登记后为个体工商户。

根据《个体工商户条例》（2014）第8条第1款规定，申请登记为个体工商户，应向经营场所所在地登记机关申请注册登记：第一，申请人签署的个体工商户设立登记申请书；第二，申请人身份证明；第三，经营场所证明；第四，国家法律、法规规定提交的其他文件。从事法律、行政法规规定须报经有关部门审批的业务的，应当提交有关部门的批准文件。

个体工商户可以在国家法律和政策允许的范围内，经营工业、手工业、建筑业、交通运输业、商业、饮食业、服务业、修理业及其他行业。

（三）个体工商户的优势与劣势

1. 个体工商户的优势

（1）个体工商户的申请手续较简单，收费、收税也低。对账证健全、核算准确的个体工商户，税务部门对其实行查账征收；对生产经营规模小又确无建账能力的个体工商户，税务部门对其实行定期定额征收。国家从 2012 年 1 月 1 日开始，对个体工商户月销售额不到 2 万元的免流转税（营业税、增值税、附加税等）。此外，个体工商户不收费的项目有：第一，登记费收费标准，个体工商户开业登记费，不收费，发放营业执照，不收费，以后每四年重新登记、换发营业执照一次，不收费；第二，变更登记标准，个体工商户办理变更登记，不收费；第三，补发营业执照费标准，个体工商户因营业执照遗失、损坏等，需重新补（或换）发营业执照的，不收费；第四，营业执照副本收费标准。个体工商户自愿领取营业执照副本的，不收费。

（2）个体工商户的经营管理费用少。与我国现阶段存在的其他经济实体相比较，个体工商户对其生产资料拥有所有权。个体工商户是私人投资其经营的生产资料，并享有占有、使用、收益和处分的权利。个体工商户的经营场所、经营范围并没有特别严格的要求，因此场所选择相对自由，经营费用较少。

2. 个体工商户的劣势

（1）个体工商户的经营风险和债务较重。个体工商户的债务，尤其是个人经营的，以个人财产承担；家庭经营的，以家庭财产承担。以个人名义申请登记的个体工商户对债务要负个人责任；以家庭共同财产投资，或者收益的主要部分供家庭成员消费的，其债务需要由家庭共有财产清偿。

（2）个体工商户的未来业务发展与规模的扩大较困难。人员规模、经营范围和无限责任有可能阻碍未来业务的发展。

六、企业法律形式的比较与选择

（一）企业法律形式的比较

为了更清晰的了解各种企业或组织形式对于创业者的优势与劣势，总结如表 9-3 所示。

表 9-3　创业者设立不同企业或组织形式的优势与劣势

组织形式	优　　势	劣　　势
个体工商户	工商局申请程序简单，收费、收税标准低； 经营场所要求不严，经营费用低	经营风险和债务较重； 规模、业务扩大困难
个人独资企业	企业设立手续简便，且费用低； 所有者拥有企业控制权； 可以迅速对市场变化做出反应； 只需缴纳个人所得税，无须双重课税；在技术和经营方面易于保密	创业者承担无限责任； 企业成功过多依赖创业者个人能力； 筹资困难； 企业随着创业者退出而消亡，寿命有限； 创业者投资的流动性低

续表

组织形式	优　势	劣　势
合伙企业	创办比较简单，费用低； 经营比较灵活； 企业拥有更多人的技能和能力； 资金来源较广，信用度较高	合伙创业人承担无限责任； 企业绩效依赖合伙人的能力，企业规模受限； 企业往往因关键合伙人死亡或退出而解散； 合伙人的投资流动性低，产权转让困难
有限责任公司	创业股东只承担有限责任，风险小； 公司具有独立寿命，易于存续； 可以吸纳多个投资人，促进资本集中； 多元化产权结构有利于决策科学化	存在双重纳税问题，税收负担较重； 不能公开发行股票，筹集资金的规模受限； 产权不能充分流动，资产运作受限
股份有限公司	创业股东只承担有限责任，风险小； 筹资能力强； 公司具有独立寿命，易于存续； 职业经理人进行管理，管理水平高； 产权可以股票形式充分流动	创立程序比较复杂，创立费用较高； 存在双重纳税问题，税收负担较重； 要定期报告公司的财务状况、公开自己的财务数据，不便严格保密； 政府限制较多，法规要求比较严格

资料来源：裴吉·A.兰姆英，查尔斯·R.库尔.创业学[M].胡英坤，孙宁，译.大连：东北财经大学出版社，2009：210.

（二）创业者对企业法律形式的选择

许多创业者认为，新创企业法律形式的最佳选择就是有限责任公司。然而，实际情况并非如此简单。实际上，合伙企业、个人独资企业、一人有限责任公司、股份有限公司等也常常很受欢迎地存在于经济活动实践中。企业法律形式的选择有赖于创业者的目标和产业市场的实际状况。哪种法律形式最适合你的新创企业呢？根据 Robert A. Baron & Scott A. Shan 的观点，需要回答下列问题：

（1）创业者（投资者）有多少人？

（2）承担有限责任对创业者很重要吗？例如，如果创业者有许多个人财产，这对创业者可能比较重要；而如果创业者没有什么个人财产，承担有限责任对创业者可能就不太重要。

（3）所有权的可转让性是重要还是不重要？

（4）创业者思考过自己的新企业可能支付股利吗？如果思考过，这些股利承受双重征税对创业者有多重要？

（5）如果创业者决定离开企业，会担心自己不在的时候企业能否持续经营下去吗？

（6）保持企业较低的创办成本对创业者有多重要？

（7）将来筹集企业所需追加资金的能力有多重要？

创业者可以在回答上述问题的基础上，不考虑那些确实不能满足创业者的目标和要求的企业法律形式，然后依据其余企业法律形式、特点与目标接近的程度进行选择。

下面是不同企业设立的条件与特点比较表，供选择参考，如表9-4所示。

表 9-4　不同企业设立的条件与特点比较

比较因素＼企业形式	个人独资企业	合伙企业	一人独资有限责任公司	一般有限责任公司	股份有限公司
创建者人数	1 个自然人	2 人以上合伙企业	1 个自然人或法人	2～50 个自然人或法人	2～200 个发起人
筹资方式	个人筹集	合伙人自行筹集	个人自行筹集实缴	发起人自行筹集，可分期缴齐	发起人可只筹集 35% 以上，其余公开募集
出资方式	不限	合伙人一致认可的出资方式，可以劳务	货币、实物、产权等	货币、实物、产权等	货币、实物、产权等
验资要求	投资者决定	可协商确定或评估	委托评估机构验资	委托评估机构验资	委托评估机构验资
企业财产性质	个人所有	合伙人共有	法人独立的财产	法人独立的财产	法人独立的财产
企业责任	无限责任	无限连带责任	以全部资产为限的有限责任	以全部资产为限的有限责任	以全部资产为限的有限责任
创办者责任	无限责任	无限连带责任或有限责任	以出资额为限的有限责任	以出资额为限的有限责任	以股份为限的有限责任
盈亏分担	投资者个人	按约定，未约定则均分	投资者个人	按出资额比例	按股份
权力机构	投资者个人	全体合伙人共同表决一致或遵从约定	投资者个人	股东会	股东大会
执行机构	投资者或者委托人	合伙人权利同等，可约定分工	执行董事	董事会或执行董事	董事会
所得税	个人所得税	个人所得税	企业所得税	企业所得税	企业所得税
企业信用	看个人资信	看任何一名合伙人资信	看注册资本数额	看注册资本数额	看注册资本数额
永续性	受投资者影响	受合伙人死亡、退伙等影响	永续经营	永续经营	永续经营
注销后的义务	创办者 5 年内有责任	创办者 5 年内有责任	无	无	无

第三节　新企业名称设计与经营地点选择

一、新企业名称设计

公司名称是用文字来表现的识别公司的品牌要素，是一个企业的第一人称，它不仅要起一个识别作用,更要表现出企业的本质,如经营思想、企业文化等抽象的东西。公司名称是企业个性的表达,借文字而使之形象化,能够加深公众对公司的良好印象,对员工纪律士气也会产生影响。现代社会中企业倾向于多元化经营的越来越多,因而对公司名称的设计要求也越来越严格,对旧的公司名称的革新问题也越来越重视。

(一)公司名称的命名依托

企业名称经常有一定的依托。经常使用的命名依托有如下几种。

(1)地名。例如,长白山旅游股份有限公司、峨眉山矿泉饮业公司、山东鲁能集团有限公司、嘉陵摩托公司等。

(2)传统商业味极浓的名称。例如,汇丰银行、瑞康盛颜料号等。

(3)现代意味的名字。例如,美加净化妆品有限公司、北京燕莎商厦、美琪美发、协和集团、海韵健美中心等。

(4)吉祥含意。例如,金鹿集团公司、春兰集团公司、飞马味精公司、南京熊猫电子集团公司等。

(5)富贵气派类词语。例如,富贵鸟皮鞋公司、高雅丝织品有限公司、金利来公司、富绅公司等。

(二)公司名称的选定规则

关于公司名称,取名应注意并强调以下三点:一是,公司名称要简单,要叫起来响亮,而且要容易被大众记住;二是,公司名称要有意义,有趣味,能引起人们的联想;三是,公司取名最难的一点,便是该名称要有表现力,引起大众的共鸣。

公司名称是一个整体的名称,公司的取名除了要符合法律的有关规定之外,一般要具备以下几个特性:其一,思想性,体现企业的经营理念和哲学;其二,独特性,独出心裁,使人留下深刻印象,没有类似名称存在;其三,清晰性,简洁明了,词语容易发音和传播;其四,形象性,能表达或暗示商品形象和企业形象;其五,国际性,能够在全球传播,在外国语言中不会有误解和错误的联想。

二、新企业注册登记

除个体工商户、个人独资企业外,无限责任公司、有限责任公司、两合公司、股份有限公司等公司的注册准备材料、注册程序以及注册流程都较为复杂,具体而言,有以下几个重点问题需要创业者了解。

(一)新企业注册准备材料

1.公司名称

新企业在注册登记之前,要准备5个以上公司备选名称。

2. 公司注册地址的房产证及房主身份证复印件

新企业注册地址选为单位房产的，需在房产证复印件及房屋租赁合同上加盖产权单位的公章；新企业注册地址选为高新区、经济开发区等的，需要提供房产证原件给工商局进行核对。

3. 全体股东身份证原件

新企业的注册资金如果是创业者自己提供，只需要提供身份证复印件；如果公司法人是外地户口在经济开发区、高新区注册，则需要提供暂住证原件。

4. 全体股东出资比例

新企业还需安排好股东所各自占公司股份的比例。

5. 公司经营范围

创业者要明确新企业主要经营什么，有的企业经营范围还可能涉及办理资质或许可证。

（二）新企业注册流程

1. 办理企业名称核准

创业者首先需要到工商局咨询后领取并填写《名称（变更）预先核准申请书》《投资人授权委托意见》，同时准备相关材料；其次，创业者还需递交《名称（变更）预先核准申请书》、投资人身份证、备用名称若干及相关材料，并等待名称核准结果；最后，创业者可以领取《企业名称预先核准通知书》。

2. 确定公司住所

房屋提供者应根据房屋权属情况，分别向工商局出具以下证明：第一，房屋提供者，如有房产证，应另附房产证复印件并在复印件上加盖产权单位公章或由产权人签字；第二，无产权证的创业者，应由产权单位的上级或房产证发放单位在"需要证明情况"栏内说明情况并盖章确认；第三，房屋为新购置的商品房又未办理产权登记的，应提交由购房人签字或购房单位盖章的购房合同复印件及加盖房地产开发商公章的预售房许可证、房屋竣工验收证明的复印件；第四，房屋提供者为经工商行政管理机关核准具有出租经营权的企业，可直接在"房屋提供者证明"栏内加盖公章，同时应出具加盖本企业公章的营业执照复印件，不再要求提供产权证；第五，将住宅改变为经营性用房的，属城镇房屋的，还应提交《登记附表—住所（经营场所）登记表》及所在地居民委员会（或业主委员会）出具的有利害关系的业主同意将住宅改变为经营性用房的证明文件；属非城镇房屋的，提交当地政府规定的相关证明。

3. 形成公司章程

创业者可以在工商局网站下载"公司章程"样本，拟定公司章程。公司章程的最后应由所有股东签名，并签署日期。

4. 刻私章

这里是指需要刻法人代表和其他股东的私章。

5. 办理验资

某些特殊行业企业凭会计师事务所出具的"银行询征函"到银行开立公司验资账户。股东携带出资比例等额资金、工商核名通知书、法人代表和其他股东的私章、身份证、空白询征函表格，到银行开立公司验资账户。银行发给每个股东缴款单并在询征函上盖银行公章。

6. 申请公司营业执照

公司营业执照一般会在工商局受理后的5个工作日内领取。

7. 刻公章

创业者应凭营业执照，到公安局指定的刻章社，去刻公章、合同章、财务章。

8. 办理代码证

创业者应向企业法人代码登记办事机构——质量技术监督局窗口办理代码证。需要提供的材料有：①营业执照副本原件及复印件；②单位公章；③法人代表身份证原件及复印件（非法人单位提交负责人身份证原件及复印件）；④集体、全民所有制单位和非法人单位提交上级主管部门代码证书复印件；⑤单位邮编、电话、正式职工人数；⑥经办人身份证原件及复印件。

9. 办理税务登记证书

税务登记的办理应自领取营业执照之日起30日内办理，而办理地点为税务登记机关窗口。需要提供的材料有：①营业执照副本原件及复印件；②企业法人组织机构代码证书原件及复印件；③法人代表身份证原件及复印件；④财务人员身份证复印件；⑤公司或企业章程原件及复印件；⑥房产证明或租赁协议复印件；⑦印章；⑧从外区转入的企业，必须提供原登记机关完税证明（纳税清算表）；⑨税务机关要求提供的其他有关材料。

10. 开设企业基本账户

创业者最后应凭营业执照正本、税务登记证正本、组织机构代码证正本及法人身份证、公章、财务专用章、法人章，去银行开立基本账户。开好基本账户后，应去原验资银行办理验资账户销户。

三、新企业经营地点选择

案例 9-1

近几年来，星巴克几乎平均每年开10家店，每天卖掉的咖啡超过1万杯。如此迅捷的步伐，秘诀是什么？

星巴克选址首先考虑的是诸如商场、办公楼、高档住宅区等人流聚集地。此外，对星巴克的市场布局有帮助，或者有巨大发展潜力的地点，星巴克也会把它纳入自己的版图。

星巴克对开店的选址一直采取发展的眼光及整体规划的考量。因为现在不成功并不等于将来不成功。星巴克全球最大的咖啡店是位于北京的星巴克丰联广场店,当初该店开业时,客源远远不能满足该店如此大面积的需要。经营前期一直承受着极大的经营压力,但随着周边几幢高档写字楼的入住率不断提高,以及区政府对朝外大街的改造力度不断加大,丰联店一定会成为该地区的亮点。于是最终咬着牙坚持了下来。现在该店的销售额一直排名北京市场前列。

星巴克在中国的拓展之路就这样一步步地迈开了。步调的快速则得益于开店时遵循以租为主的发展策略。星巴克对店面的基本要求很简单,从十几平方米到四百平方米都可以开设,以租为主,可以在最短的时间内利用最少的资金开设最多店面。

星巴克还有独立的扩展部负责选点事宜,包括店面的选择、调查、设计和仪器装备等一系列工作。以上海统一星巴克为例,这一部门的人数在10人以上。

商圈的成熟和稳定是选址的重要条件,而选址的眼光和预测能力更为重要。比如,星巴克的新天地店和滨江店,一开始都是冷冷清清并不是成熟的商圈,然而新天地独特的娱乐方式和滨江店面对黄浦江,赏浦西风景的地理优势,使这两家店面后来都风生水起,成为上海公司主要的利润点。

资料来源:http://www.ledu365.com/a/shehui/46747.html。乐读网.

由上述案例可知,公司选址的重要性。创业者在选择新企业的经营地点时,主要涉及两个方面的问题:一是选择地区,包括不同国家或地区、一个国家内的不同地理区域或城市;二是选择具体地址,包括商业中心、住宅区、路段、市郊等。前者主要考虑国家、地区、城市的经济、技术、文化、政治等总体发展状况;后者重点考察市场因素、交通因素、商圈因素、价格因素、资源、消费群体、社区环境、商业环境等。创业者在企业正式成立之前,必须精心考察、选择企业的经营地点。

(一)企业选址的重要性

选址的重要性主要体现在以下四个方面。

1. 地址是制定经营战略及目标的重要依据

经营战略及目标的确定,首先要考虑所在区域的社会环境、地理环境、人口、交通状况及市政规划等因素。依据这些因素明确目标市场,按目标顾客的构成及需求特点,确定经营战略及目标,制定包括广告宣传、服务措施在内的各项促销策略。而事实表明,经营方向、产品构成和服务水平基本相同的企业,会因为选址的不同,而使经济效益出现明显的差异。创业者不理会企业周围的市场环境及竞争状况,任意或仅凭直观经验来选择企业地址,是难以经受住考验并获得成功的。

2. 地址选择是对市场定位的选择

企业经营地址在某种程度上决定了企业客流量的多少、顾客购买力的大小、顾客的消费结构、企业对潜在顾客的吸引程度以及竞争力的强弱等。选址适当,便占有了"地利"的优势,能吸引大量顾客,生意自然就会兴旺。

3. 地址选择是一项长期性投资

企业的经营场所不论是租赁的，还是购买的，一旦被确定下来，就需要大量的资金投入。当外部环境发生变化时，企业的地址不能像人、财、物等其他经营要素那样可以做相应的调整，它具有长期性、固定性特点。因此，企业对经营地址的选择要做深入的调查和周密的考虑，妥善规划。

4. 地址选择反映了服务理念

企业经营地址的选择要以便利顾客为首要原则。从节省顾客的购买时间、节省其交通费用的角度出发，最大限度地满足顾客的需要。否则就会失去顾客的信赖和支持，也就失去了企业存在的基础。

案例 9-2

肯德基是美国跨国连锁餐厅。麦当劳是 1940 年由麦当劳兄弟和 Ray Kroc 在美国创立的大型连锁快餐集团。两者同属于美国的著名的快餐企业，但是他们店铺选址却有着不同的标准。肯德基和麦当劳的选址又有什么策略呢？

一、肯德基的选址标准

肯德基的选址标准如下：

1. 划分商圈——用数据说话

肯德基计划进入哪个城市，会先通过有关部门或专业调查公司收集这个地区的资料，有些资料是免费的，有些资料需要花钱去买。肯德基把资料买齐了，就开始规划商圈。

肯德基的商圈规划采取的是记分的方法，例如，这个地区有一个大型商场，商场营业额在 1 000 万元算一分，5 000 万元算五分，有一条公交线路加多少分，有一条地铁线路加多少分，这些分值标准是多年来积累的一个较准确的经验值。通过打分可把商圈分成几大类，以天津为例，有市级商业型、区级商业型、定点（目标）消费型，还有社区型商务两用型、旅游型等。

2. 选择地点——在最聚客的地方开店

商圈的成熟度和稳定度非常重要。例如规划局说某条路要开，在什么地方设立地址，将来这里有可能成为成熟商圈，但肯德基一定要等到商圈成熟稳定后才进入。肯德基开店的原则是：努力争取在最聚客的地方和其附近开店。

二、麦当劳选址的标准

麦当劳选址的标准如下：

1. 针对目标消费群

麦当劳的目标消费群是年轻人、儿童和家庭成员。所以在布点上，一是选择人潮涌动的地方，如在各主干道路等交通集散点周边设点；二是在年轻人和儿童经常光顾的地方布点，比如在天津的游乐园附近设点，方便儿童就餐；三是在广场或商场中开设店中店，吸引逛商场的年轻人就餐。

2. 着眼于今天和明天

麦当劳布点的一大原则，是一定二十年不变。所以对每个点的开与否，都通过三个月到六个月的考察，再作决策评估。重点考察是否与城市规划发展相符合，是否会出现市政动迁和周围人口动迁，是否会进入城市规划中的红线范围。进入红线的，坚决不碰；老化的商圈，坚决不设点。有发展前途的商街和商圈、新开辟的学院区、住宅区，是布点考虑的地区。纯住宅区则往往不设点，因为纯住宅区居民消费的时间有限。

3. 醒目

麦当劳布点都选择在一楼的店堂，透过落地玻璃橱窗，让路人感知麦当劳的餐饮文化氛围，体现其经营宗旨——方便、安全、物有所值。由于布点醒目，便于顾客寻找，也吸引人。

4. 不急于求成

黄金地段黄金市口，业主往往要价很高。当要价超过投资的心理价位时，麦当劳不急于求成，而是先发展其他地方的布点。通过别的网点的成功，让"高价"路段的房产业主感到麦当劳的引进，有助于提高自己的身价，于是再谈价格，重新布点。

5. 优势互补

麦当劳开"店中店"选择的"东家"多数是品牌信誉较高的，如新安广场、津汇广场等。一方面知名百货店为麦当劳带来了客源，另一方面麦当劳也吸引了年轻人逛商店，二者起到优势互补的作用。

资料来源：http://wenku.baidu.com/ 百度文库．

（二）新企业选址的考虑因素

由肯德基与麦当劳的选址案例可以看出，新企业选址是一个较复杂的决策过程，涉及的因素比较多。归纳起来，企业选址主要需要考虑两方面问题：一是选位，即选择什么地区；二是定位，即在地区确定后选定具体的一片土地作为企业地址的具体位置。具体而言，新企业选址需要考虑的因素主要有以下几个方面。

1. 市场条件

将企业地址选择靠近企业产品和服务的目标市场，有利于接近客户，便于产品迅速投放市场，降低运输成本，减少分销费用，提供便捷服务。由于交货期的竞争以及运输费用等压力，企业通过靠近用户降低成本，还可以将产品尽快送达顾客手中；同时又可以随时听取顾客的反馈意见，根据用户意见改进生产和服务产品。

2. 交通运输条件

企业应根据产品及原材料、零部件的运量大小和运输条件，尽量选择靠近铁路、高速公路、海港或其他交通运输条件较好的地区作为企业地址。尤其对于大多数制造业企业来说，运输成本在总成本中占有很大的比重（据统计，运输费用至少占产品销售价格的25%左右）。

3. 气候条件

企业在选址时要考虑到所选位置的地理、气候等自然条件。温度、湿度、气压、风向等因素会对某些产品的质量、库存和员工的工作条件带来不利的影响。企业在气候适宜的地方建设，不仅可以降低通风、采暖、除湿、降温的费用，还能避免由于气候原因导致的停工待料、延误交货、无法正常生产造成的损失。

4. 劳动力条件

不同地区的人力资源状况是有很大差别的，其教育水平、文化素质、劳动技能、工资费用等都不同，这也是企业选址的必要考虑因素。目前，生产出现全球化的主要原因之一，就是用低成本竞争的策略来占领市场。美国、日本把许多成熟产品转移到发展中国家进行生产制造，就是出于这种考虑。

5. 社会文化以及生活条件

企业所在地区如果有良好的住房条件、学校、医院、体育娱乐设施，能够给员工提供良好的居住、购物、教育、交通、娱乐、保健等服务的生活环境，可以减少企业与社会的负担，也可以提高员工的工作效率。

6. 当地政府政策

有些地区为了促进地方经济发展，往往采取鼓励企业在当地落户的政策，在各地划出特区或各种经济开发区，低价出租或出售土地、厂房、仓库，并在税收、资本等方面提供优惠政策。同时，这些地区的基础设施情况也较好，交通、通信、能源、用水都很便利。

7. 供应商条件

由于市场需求的多变，生产系统的柔性日益被企业所重视，越来越多的企业要求供应商及时送货、小批量供货。另外，企业之间的竞争营业逐渐演变为供应链之间的竞争。因此，要求企业与供应商之间要有很好的合作关系。这就要注意选择高素质和竞争力强的供应商。在选址时，要注意与供应商之间的距离。

8. 环境保护

生产型企业在产出产品的同时也会带来废弃物，由于有些生产系统的排放物有可能对环境造成危害，因此，在选址时应考虑尽可能选在对环境影响最小的地方，并且要便于进行污染处理。否则会受到周围居民的反对和排斥，甚而造成被迫关、停、并、转。

上述各种因素对不同的行业企业来说有不同的考虑侧重点，比如制造业需侧重考虑原料与劳动力等生产成本因素，而服务业则需侧重考虑顾客消费水平、市场竞争状况等市场因素。

总之，无论影响企业选址的因素有多少，一般企业厂址都要在都市、乡间、工业区中进行选择，其优缺点比较如表9-5所示。

表 9-5　企业所在地之优缺点差异比较

比较	都市	乡间	工业区
优点	1. 接近市场，产销联系紧密 2. 劳动力来源充足 3. 交通运输系统健全 4. 各类用品购置容易 5. 公共设施良好，员工的教育、娱乐、住宿、交通、医疗等设备可由市区供应 6. 消防保安服务到位 7. 与银行保持良好关系 8. 卫星工厂及提供劳务的机构容易寻找 9. 高级人才及顾问易聘任	1. 地价低廉，土地容易取得 2. 劳动力成本较低 3. 厂房易于扩充 4. 建筑成本较低 5. 污染噪声管制较少 6. 人员流动率低 7. 交通不致拥挤	1. 公共设施完备 2. 建地开发完整，建筑成本低 3. 工业区内厂商易于合作 4. 员工的教育、娱乐、住宿交通、医疗等设备可由社区供应 5. 卫星工厂及提供劳务的机构容易寻找
缺点	1. 劳动力成本高 2. 人员流动率大 3. 场地不容易获得 4. 厂房扩充受很大的限制 5. 建筑成本高 6. 交通拥挤，噪声污染管制严格	1. 交通不便 2. 员工教育、娱乐、住宿、交通、医疗等设备需由企业自行供应 3. 保安消防需由企业自行负责 4. 高级人才顾问不易聘任 5. 零星物品不易就近购买 6. 卫星工厂及提供劳务机构不易就近寻觅	1. 人员流动率高 2. 雇员工资高 3. 厂房不易扩充 4. 交通拥挤 5. 与消费者距离较远，不易建立知名度
适合产业	1. 各种服务业 2. 加工销售业	1. 大型企业 2. 制造或初级加工业 3. 噪声污染不易控制的工业 4. 占地较多的工厂	视工业区专业规则状况而定

资料来源：Porter M E. On Competition [M]. New York: Free Press, 1998: 33.

（三）具体选址的一般步骤

以服务业为例，企业选址步骤如下。

1. 明确目标

搜集城市规划资料，分析可预见未来的城建发展重点，了解商圈分布与租金趋势。依据企业自身定位选择合适商圈，并对该商圈可能据点的开发计划与需求目标进行确认。

2. 收集有关数据，分析各种影响因素

创业者应对各影响选址的因素进行主次排列，权衡取舍，拟订初步的候选方案。还可以实地步行观察，调查交通情况、人流量大小是选址中不可或缺的一环。对人流量的考察时间分为周一至周五、周六和周日、法定节假日 3 个部分。

3. 对初步候选方案进行详细的分析

创业者可以对所选商铺的产权资料、既有店面状况进行确认。一般而言，以 150 平方米商铺的理想情况为例，最好单层高度不低于 3.2 米，租赁期限 3 年以上，租金 3～5 元 / 平方米·天（要依不同地点而定），500 米商圈范围内居民人数不低于 5 000 人。

4. 确定最优方案

进行上述分析之后，将会得出各个方案的优劣程度的结论，或找到一个明显优于其他方案的方案。

------------ **本章小结** ------------

在有了创业规划，解决了人员、资金之后，就进入了创建新企业阶段。成立新企业所涉及的知识十分重要，它关乎一个企业是否合法，以及能否正常经营下去的问题。这便要求创业者不仅要掌握与创建企业相关的法律知识、了解企业组织形式，还要正确选择企业名称、经营地点与了解公司注册的流程。因此，首先，要了解新企业创建的相关法律。成立新企业，创业者首先需要了解相关的法律法规，如专利法、商标法、著作权法、反不正当竞争法、合同法、劳动保障法等。其次，要掌握新企业的组织形式：有限责任公司、股份有限公司、合伙企业、个人独资企业、个体工商户。创业者不仅要认真学习与创建企业相关的法律知识，还要深入了解企业的类型和设立条件，了解公司的登记制度、公司章程、资本制度，以及各类企业类型的优势与劣势，选择合适的经营模式。最后，要熟知新企业的名称设计与经营地点的选择。创业者应为公司取恰当的名称，并了解企业选址的影响因素，最终选择恰当的经营地点与经营场所，为企业日后规模与业务的扩大做好最充分的准备。除此之外，创业者还应学习、了解与企业注册相关的知识，安排好股东出资比例、制定好公司章程、准备好法律、法规规定应向工商局提交的文件，最终注册成立公司。

------------ **思 考 题** ------------

1. 创业者应如何选择企业法律形式？
2. 各种企业组织形式有何优缺点？
3. 创业者应如何设计企业名称？
4. 创业者进行企业注册登记的步骤是什么？
5. 创业者应如何选择新企业的经营地点？

第十章
初创期企业管理

---- 本章学习目的 ----

掌握初创期企业的人力资源管理的内容；
掌握初创期企业市场细分，目标市场选择与市场定位内容；
掌握初创期企业营销组合策略；
熟悉企业的财务管理战略。

引导案例　　　　**海尔的发展战略**

企业建立之后便进入运营阶段。在此阶段，新创企业的首要任务是在市场中生存下来，提供受到消费者认可与接受的产品，从而在市场中占据一席之地。所以，初创期的企业是以生存为首要目标。其次，初创期企业主要是依靠创业初始资金来创造自由现金流，此时创业者及其管理团队中所有成员全力以赴工作。那么，在企业的持续发展中，人力资源管理、营销管理、财务管理就显得尤为重要了。本章主要阐释初创期企业的人力资源管理、市场营销管理和财务管理。

第一节　初创期企业的人力资源管理

《史记·高祖本记》记载："夫运筹帷幄之中，决胜于千里之外，吾不如子房。镇国家、抚百姓、给馈饷、不绝粮道，吾不如萧何。连百万之军，战必胜、攻必取，吾不如韩信。此三者皆人杰也，吾能用之，此吾所以取天下也！"从中我们可见刘邦深谙用人之道。

马云作为阿里巴巴这个依靠互联网建立起平台的创始人,自己却不懂技术。他曾说:"我不懂技术,所以我敬仰、尊重和敬畏技术人才。"由此可见,成功的人身后必定有由一群有能力的人组成的团队,那么由此引发的人力资源的管理问题也是从古至今值得人们深入研究和探讨的问题。

在创业管理中,初创企业实现快速稳定增长的一个必备要素就是有效的人力资源管理。不论企业创始人的学历背景与个人能力如何,创业企业均需构建出一定规模的管理团队,需要创始人与团队成员共同努力,推动企业的发展与壮大。

创立初期的企业在成长过程中都经历了逐渐摸索的过程,最终找寻到适合于自己企业的管理模式。新创企业一般规模小、组织结构简单、决策不够科学,科学的人力资源战略有助于提升组织的工作效率和促进企业的长远发展。同时,创业期企业由于自身的特点及稳定性较弱等原因,在吸引人才以及留住人才方面面临挑战。如何做好人力资源规划,制定合适的人力资源战略,通过竞争性的人才机制有效吸引人才并留住人才,以及激励人才在组织中充分发挥自己的能力,积极建立良好的企业文化,对于创业企业的长远发展有着重要的意义。

一、人力资源规划

人力资源规划是企业战略的核心,良好的人力资源规划可以有效提高企业绩效,为企业形成持续的竞争优势奠定基础。而对初创期企业进行人力资源规划则更多需要考虑的是企业需要成立哪些机构或部门?需要引进怎样的人才?如何才能引进和留住这些人才?并让他们在企业中保持有效率的工作。因而,为满足创业企业对人才的需求,要做好人力资源规划编制工作。人力资源规划编制遵循的一般程序如下。

(一)预测人力资源需求

制定人力资源规划的第一步是预测人力资源需求,在整个人力资源规划中,这是非常关键的一部分,同时也具有较大的难度,如果预测失败则会出现人力资源的浪费或紧缺的现象。在充分掌握信息资料的基础上,对成员企业在未来一段时间内的人力资源需求情况进行预测。只有准确的预测出需求,才能为采取有效的措施实现供需平衡奠定基础。

(二)预测人力资源供给

从企业内部和外部两个方面对企业未来一段时间内的人力资源供给情况进行分析预测。在进行供给预测时,要考虑到不同因素对人力资源供给的影响,尽量做出科学、准确的预测,为确定人员需求量提供可靠依据。

(三)确定当前人员需求

在此阶段,我们根据对人力资源供给和需求的预测,结合企业当前人力资源的实际情况,确定企业在未来一定时期内对人员的需求情况,包括人力资源数量、结构和素质的需求等方面。

(四)制定人力资源规划

完成上述步骤后,我们根据企业的经营战略与目标,结合对企业实际情况的分析,明确对企业人力资源规划的要求,制定企业人力资源规划。

(五)制定人力资源业务规划

制定好人力资源战略规划后,我们还需按照人力资源规划的内容,分别制定相应的配套措施,编制各项业务规划,确定各项具体工作的实施方案。企业人力资源的招聘、培训、激励等职能活动都涉及费用问题,没有良好的费用预算计划,便不可能保证各项业务规划的有效实施。因此,企业应该编制人力资源费用预算计划,形成完善的人力资源规划,确定出具体的人力资源工作方案。

(六)人力资源规划的实施评估控制和调整

在科学严谨地完成以上程序后,一旦行动方案获得批准、许可得到确立,应在企业中实施,按照方案开展具体工作,并对实施过程进行控制,对实施效果进行评估,将结果反馈到相关部门,并对人力资源规划不合理之处进行调整和修正。

初创企业要充分认识到人力资源规划在企业生存发展中的突出地位,制定人力资源规划时需要符合企业的战略规划,同时要重点开发企业现有人力资源,使其发挥最大效用,掌握好自有人才与外部人力资源的互补互利关系,制定出适合企业自身的人力资源规划。同时还要注意,人力资源规划是以企业战略为基础,并随着企业自身发展和内外部环境变化不断调整和完善,这就要求我们在制定人力资源规划时,要因时、因地、因人才需求变化而不断做出调整,实现企业人力资源规划和企业实际需求的最佳配合,有效实现企业战略。

二、招聘和选拔高绩效的员工

案例 10-1　　人人是人才,赛马不相马——海尔的人才观

你能够翻多大跟头,就给你搭建多大舞台

现在缺的不是人才,而是出人才的机制。管理者的责任就是要通过搭建"赛马场"为每个员工营造创新的空间,使每个员工成为自主经营的 SBU。

> 赛马机制具体而言，包含三条原则：一是公平竞争，任人唯贤；二是职适其能，人尽其才；三是合理流动，动态管理。在用工制度上，实行一套优秀员工、合格员工、试用员工"三工并存，动态转换"的机制。在干部制度上，海尔对中层干部分类考核，每一位干部的职位都不是固定的，届满轮换。海尔人力资源开发和管理的要义是，充分发挥每个人的潜在能力，让每个人每天都能感到来自企业内部和市场的竞争压力，又能够将压力转换成竞争的动力，这就是企业持续发展的秘诀。
>
> 资料来源：http://wenku.baidu.com/ 百度文库。

在制定了科学合理的人力资源规划后，创业期企业所面临的就是招聘和选拔高绩效的员工。但往往新企业在劳动力竞争市场中并不占据优势，因其不具备显著的企业声誉以及无法提供大企业给员工带来的"工作安全感"。但拥有高素质、高能力的员工又是企业发展不可或缺的动力，那么创业者将如何解决这一问题呢？让我们首先来思考这样两个问题：如何寻找到高绩效的员工以及如何在其中选拔出适合企业的优秀人才？

（一）招聘

招聘是企业为了发展需要，根据工作分析和人力资源规划确定的所需人力资源数量与质量要求，按照一定程度从组织外部吸收人力资源进入组织的过程。对于新成立的企业来说，招聘是企业获取人力资源的重要手段。如果企业无法很好地寻求到适合企业发展目标的员工，必定会影响企业的运营。同时，良好的招聘行动能够提高企业的声誉。

为做好招聘，要清楚职务分析和职位描述两个概念。职务分析是决定某一职位所需的具体知识技能和要求。职位描述是对于某一具体职位所要承担的职责、责任以及工作条件的描述。在已经稳定运营以及组织结构明晰的大企业中，职位分析十分具体，职位描述也十分清晰。而在新创企业中，由于创建初期工作较多，而初始团队成员较少，所以每位成员所需承担的工作职责和任务很难清晰地进行严格划分，但随着企业逐渐走上正轨，进行正规的人力资源管理就具有一定的必要性了。初创企业在职务分析和职位描述也不必像大企业那样做到详尽而具体，因为在实际的操作过程中也很难实现，通常只需要对于想要招聘的人员实际需要做的工作和应承担的责任，有一个清晰的想法并形成一个简洁明了的书面描述即可。

招聘中最忌讳的问题就是招聘了完美的求职者，但却不是适合该职位或不适合企业现阶段发展所需的人才。一定不要忘记企业招聘的初衷，要依照企业的人力资源规划进行，避免出现人力资源紧缺和浪费，以及招聘到不适合在该职位工作的员工。

由于个人总是倾向于相信自己认识和了解的人，所以在新企业中企业创建者通常相信他们熟悉和信任的人，经过他们推荐，通过自身的社会网络获取企业最初的人力资源。而随着企业的进一步成长，在招聘优秀人才时通常采取内部和外部两种途径，而内部招聘和外部招聘也各有特色，如表10-1所示。

表 10-1　内部招聘与外部招聘的优缺点

	内部招聘	外部招聘
优点	了解全面，准确性高； 可鼓舞士气，激励员工进取； 应聘者可更快适应工作； 使组织培训投资得到回报； 选择费用低	人员来源广，选择余地大，有利于招到优秀人才； 新员工能带来新技术、新思想、新方法； 当内部有多人竞争难以做出选择时，外部招聘可在一定程度上平息与缓和内部竞争者之间的矛盾； 人才现成，节省培训投资费
缺点	来源局限于企业内，水平有限； 容易出现思维和行为的定势； 可能会因操作不公或员工心理原因造成内部矛盾	不了解企业情况，进入角色慢，较难融入企业文化； 对应聘者了解较少，可能招错人； 内部员工得不到机会，积极性会受影响

对于外部招聘来说，企业可采用的渠道有很多，如人才交流中心、传统媒体、校园招聘、网上招聘、人才猎取等。对于新创企业来说，由于缺乏资源来审核大量的求职者，不推荐在商业杂志或是有广泛受众的报纸上发布广告。新创企业可以拜访学校的就业中心，提出准确的职位要求，并只面试那些最符合条件要求的应聘者。同时，企业现有的客户也有可能成为新员工的来源，他们熟悉产品，了解运作，有可能是高素质员工的重要来源之一。

（二）选拔高绩效员工

选拔高绩效员工是一项困难的工作，相对于大企业而言，通常由于新创企业匮乏受过专业训练的人力资源，在挑选应聘者时，作出错误决策的概率要高。错误的决策对新企业来说，往往比现存的大企业要付出更高的代价。为了有效地完成选拔过程，需要将几种技术进行组合使用。首先，让我们来熟悉信度和效度两个概念。信度是指测量结果的可靠性或一致性，是在不同时间针对同一调查对象采用同样测量工具所得到的结果的一致程度。效度是反应测量结果的有效性，是指测量结果真实反映他们所针对的基本要素的程度。

信度与效度是与选拔高绩效员工任务密切相关的，因为只有具有高信度与效度的选拔方式才能更加接近与达到这一目标。传统的面试有很多是非结构化的，按面试官的喜好进行，很可能仅仅在提出一些问题之后便匆匆做出决定，这就使得信度与效度降低。相对来说，结构化面试将大大提升面试的效度，不同的面试往往会给予同一个应聘者较为相似的评价，而这也可以较为准确的预测它的工作绩效，帮助创业者更有效率的选拔可能有高绩效的员工。同时，在选拔的过程中还应该注重应聘者的个人资料，尤其是相关背景、经验和爱好等问题，也会对选择最合适的员工有一定的帮助，从而提升效度，但同时要注意检查信息的真实度。

招聘与选拔的过程是双方互选的过程，应聘者进行面试的同时也是我们树立公司形象、扩大企业影响力的好时机，在面试中不过分吹嘘企业，真实的进行实际工作预览，向应聘者全面且准确的展示公司的情况，增强他们对于公司的信任感。在招聘过程中也要注意向应聘者显示企业"以人为本"的理念，这也会刺激新员工的积极性和责任感，促使他们愿意留在公司，为公司服务。

三、激励员工

案例 10-2

> 海尔认为,企业不缺人才,人人都是人才,关键是企业是不是将每一个人所具备的最优秀的品质和潜能充分发挥出来了。为了把每个人的最为优秀的品质和潜能充分开发出来,海尔人"变相马为赛马",并且在全体员工高度认同的情况下,不断实践、提高。具体表现为:在竞争中选人才、用人才,就是要将人才推到属于他的岗位上去,发挥其最大的潜力,并最大限度地选出优秀人才。这是一个有利于每一个人充分发挥自己特长的机制,使每一个人都能在企业里找到适合自己价值的位置。
>
> 资料来源:http://www.china-qg.com/ 中国企管网。

激励员工是企业人力资源管理中的一个重要环节。随着社会的发展和人们生活水平的提高,简单的金钱激励已经不能成为让所有员工满意的激励形式,况且在新创公司中,企业不会拿出大量的资金用来激励员工,那么公司如何才能保持员工的工作积极性呢?

激励分为物质激励和非物质激励。物质激励包括权益(在公司里的股份)、薪水、额外津贴和其他福利。对高层管理团队成员的大部分激励主要是与其绩效相关的,甚至在创业企业创建初期也是如此,这时的绩效和利润还有待在未来去实现。非物质激励也同样重要。那些想要成为创业者的人也许会同意加入到创业实践中,实现自己的人生价值。作为企业高层管理团队成员,对许多人来说,这也是一种额外的激励。

弗雷德里克·赫茨伯格经典的保健因素与激励因素理论对于从员工角度了解激励以及企业如何激励员工起到了有力的支撑。保健因素就是指那些类似于工资、福利、良好的工作条件等利于员工安心工作的必要条件因素。而真正能够对员工产生更积极效果的只有"激励因素",也就是那些能够满足自我实现需要的因素,包括成就、认可、更加富有挑战性和成长发展机会的新工作等。企业通过提供内部创业机会给员工,既能通过创业活动推动企业成长,又能满足员工的创业愿望,实现其个人价值,这是对他们最好的激励。

(一)职位激励

依据马斯洛的需求层次理论,生理需求、安全需求、社交需求、尊重需求和自我实现需求是人类的五个层次的需求。这表明人有对于物质的需求,还有精神上的需求。虽然对比于成熟企业,新创企业在物质待遇方面较弱,但是创造恰当的非物质条件,也是另一种吸引人才的重要方式。新创企业员工往往较少,且工作辛苦,涉及事物多且繁杂,时间长了员工难免产生厌烦情绪。新创企业要适时地调动员工的积极性,适当丰富岗位职能,进行工作的调动,设置具有挑战性的工作岗位,让员工处于工作的新鲜感中,既锻炼员工多样化的技能,也增加了员工的积极性。

在那些规模快速扩张或进入二次创业的新创企业,容易出现原有的创业元老无法适应当前企业发展需要的问题,此时需要其让职,以便给新员工提供机会。解决这个问题的关键还是要在企业内部形成一种良性的人才竞争机制,可以通过文化引导、激励等手段让创业元老主动让渡职位而专职于企业顾问等指导性岗位;让新员工有职位上升的空间,从而在职位上对新员工进行激励,鼓励他们更加努力的工作,为公司服务。

(二)股权激励

股权激励是较为常见的初创企业激励和留住人才的一种方式。具体而言,股权激励有着其特有的优势,首先,员工与企业形成了一个稳固的企业利益共同体。在企业层面,创业团队往往关注企业的长远发展,而基层员工更关心在职期间的工作业绩和个人收益。两者相悖则会不利于企业整体利益。而股权激励很好地化解了这个矛盾,有助于企业更加稳定且长远的发展。其次,股权激励还可以降低创业企业成本要求。通过实施股权激励,创业企业不但可以在短期内减少现金支出,缓解财政压力,还能将员工与企业未来发展进行捆绑,对员工实行物质和自我实现的双重激励。

目前常被初创企业使用的股权激励方式如下。

1. 经营者、员工持股方案

经营者、员工持股方案是指由公司制定员工持股方案,约定经营者与员工持有企业一定数量的股权。不同于上市公司员工一次性安排持股计划,由于初创企业具有高成长性、资产收益结构经常变动等特点,企业往往会根据收益变动情况对员工持股计划进行相应的改变和安排,从而更加的公平与合理。

2. 虚拟股权

虚拟股权也称干股,指的是经营者如果实现了企业预期业绩目标,企业则授予激励对象虚拟的股权。该股权的所有者可以获得收益分红,虚拟股权就是通过持有者分享企业剩余索取权而将他们的行为与企业未来发展挂钩。

3. 股份股权

股份股权一般针对高层管理者及技术人员,激励对象经业绩考核或实现既定目标后,有权在未来特定时期以目前评估的每股净资产价格购买特定数量股权。届时如果每股净资产升值,则股权持有人将获得潜在收益。通过该种激励政策,可以将所有者与经营者有效的结合到一起。

四、留住高绩效的员工

由于"大众创业、万众创新"的创新创业氛围日渐浓厚,自主创业也已逐渐成为新的就业潮流,创业者在社会中的地位不断攀升,这刺激了在企业拥有工作经验的年轻员工有了改变他们职业生涯的想法。除此之外,有激情、有干劲儿的优秀年轻员工也受到大多数公司的青睐,很容易被待遇更好、晋升更快的公司挖走。虽然与成熟企业相比,新创企业在吸引人才、建立长效机制方面有很多的困难，但新创企业也有较多自身的优势：体制灵活、环境反应灵敏、晋升空间大。在这样的优势下，优秀人才在企业发展的机会较多，容易发挥个人的特长，展现自己的能力。很多企业对待本公司的优秀员工往往以高职、高薪、高福利对其进行激励与保障，但这似乎并不十分有效，很多优秀的员工最后依然选择了离职或跳槽。如何留住企业中高绩效的员工是企业人力资源管理中一个重要的课题。

（一）薪酬与福利体系

为使新创企业的薪酬福利体系更吸引应聘者且更具有竞争性，我们可以采取或遵循以下的方式构建薪酬和福利体系。

1. 员工参与的薪酬福利体系

权变理论认为员工对薪酬的偏好有所不同，即有些人倾向于外在报酬，如金钱，另一些人则偏好于内在的个人成就等，还有一些人既追求外在报酬也重视内在报酬。传统全体员工统一的报酬模式已不能满足所有员工的需求。借鉴国外弹性报酬的概念，让员工自己参与薪酬的设计过程，由于新创企业的员工数目较少，让员工参与薪酬设计的可操作性比较高。

在实行弹性报酬时，企业为职工提供的是一组成本相等的"报酬套餐"，但给予员工根据其个人偏好的选择权。虽然报酬的成本是相同的，但是员工对于报酬的心理价值提高了；让员工在与其利益相关的工作领域担任设计者、决策者，增加员工在工作中的积极主动性。

2. 公平合理的薪酬福利体系

实现最大程度的公平与合理是使得企业薪酬制度得到员工满意的基石。亚当斯的公平理论认为"公平感是激发员工满意度、产生工作动机的中介条件"。因此，薪酬与绩效挂钩是公平合理的薪酬制度的基本原则。我们应该避免奖金发放全凭管理者的喜怒哀乐这种情况的发生，这种行为极易引起员工心理上的不满与攀比情绪，严重忽略了公平原则，企业内部因此而生的不必要冲突也会增加企业成本。

由此，我们也可以意识到薪酬制度合理以及按照规章制度合理地进行薪酬发放的重要性。企业薪酬福利体系的设计应该有效反映岗位责任和能力大小，为确保薪酬差别合理，新创企业应该做好企业内部的职位评价和职位分析。从职位的复杂性、责任大小、工作量多少、难易程度、控制范围、所需知识和能力以及工作态度等方面来对职位的价值进行量化评估。科学合理的职位评价和分析有助于薪酬的对内公平，营造良好的企业形象与融洽的工作氛围。

案例 10-3

为什么海尔的绩效管理制度能够奏效？这在于它的绩效管理与经营战略、人力资源政策和战略相匹配。海尔绩效管理主要的一点是"日事日毕，日清日高"。建立目标，当天的目标必须当天完成。20%的管理层要对80%的业绩负责任，出了事故当事者的责任是20%，主管是80%。在海尔，个人的业绩跟资源相匹配。以业绩为例，若你第一年的业绩排在最后的 10%，公司送你去培训；第二年如果你还处在 10% 的队伍中，你自己花钱去培训；若第三年你还处在 10% 的位置，你就得走了。

海尔通过信息化的全面推进，不仅实现了从投入到产出的信息化，而且通过信息化给每个员工搭建自主经营的平台，给员工提供公平、公正、公开、透明、开放的工作环境。真正做到了实实在在干工作，明明白白拿工资。海尔通过员工自动计酬系统实现了信息的自动录入、数据的自动计算、收入的自动兑现，通过触摸屏自动查询，通过查看对应平台实现自动培训，最终实现了员工自主经营。

资料来源：http://www.china-qg.com／中国企管网．

3. 竞争性的薪酬福利激励体系

薪酬制度合理的竞争性可以促进企业人员的良性竞争，带动良好的努力氛围。中小企业应建立较为适宜的竞争性薪酬制度，其中可借鉴的一种有效激励方式是建立个人技能评估制度，以雇员的能力为基础确定其薪水，工资标准由技能最低直到最高划分出不同级别。这种基于技能的薪资制度从根本上改变了传统管理的导向：在实行按技能付酬后，管理的重点不再是将员工日常工作任务与其岗位级别挂钩，真正做到人尽其能，最大限度地开发和利用员工已有的技能。这种评估制度最大的好处是能传递信息使员工关注自身的发展，同时也间接地使企业受益。

案例 10-4　　海尔研发部的市场化工资

在海尔实行工资改革以前，研发人员的任务只是设计产品，工资也只和产量挂钩，至于在市场上好卖不好卖，他可以不闻不问。2000 年 5 月，开发部开始实施市场工资，工资来源以市场订单为依据，订单多，则工资收入高；反之，则一分没有。自从实施市场工资以来，开发部的员工压力大了，但工作的积极性也更高了。因为，从市场拿钱，作为开发人员就必须深入市场、研究市场，开发出有市场潜力的产品来，这使个人和企业都受益。

资料来源：http://www.china-qg.com／中国企管网．

（二）员工承诺

究竟是什么决定了员工辞去现有的工作，离开现在的企业？这是一个复杂的问题，包含了很多的因素，薪酬待遇不是唯一的影响因素，还有一个重要的影响因素就是组织承诺。组织承诺是指个体认同和融入组织，因而不愿意离开组织的程度。一般在最初创业者招募员工时组织承诺水平较高，当企业快速发展时，招聘工作被授权，那么相对而言，员工组织承诺水平将会下降，一旦组织承诺水平低到一定的程度，将会影响员工做出离职的决定。

组织承诺一般分为三种类型，第一种是持续承诺，主要是指离开的成本，例如养老金计划，与公司中相近朋友的相处机会等，在员工决定离开公司之前，往往会考虑该项成本，再做出理性的决定。第二种是情感承诺，是指对组织正面的感情。如果员工高度认同其所在组织的价值观，那么该员工相比那些与组织价值观背离的员工更倾向于在组织中工作，这也是加强组织文化建设的重要意义之一。第三种是规范承诺，是指由于长期社会影响形成的社会责任而留在组织内的承诺，即对由于其离开而受到影响的其他人怀有的责任感。

这三种承诺均有利于企业留住员工，员工承诺越高，离职倾向也就越低。而为了建立企业中高的员工承诺，新创企业应该采取以下措施：首先，使工作变得有趣，同时使员工在工作的某些方面享有自主权；其次，将员工利益与组织利益相结合，以此来提升情感承诺，例如上文所提到的薪酬体系建立中的员工持股计划；最后，还要积极听取员工的建议，这也有利于进一步提升情感承诺，让员工感受到自己是受重视的，在组织中自己的存在是有价值的。

五、企业文化的建立

企业文化对企业的发展至关重要。对于创业初期的中小企业来讲，打造优秀的企业文化，是企业获得长足发展的源泉。企业的文化反映了企业的处世哲学、规则、规范和价值观。企业文化为员工及客户定义了"我们在这里如何做事"，创造创业企业文化使他们有机会看到人人都"以他们自己的方式"来行事。一个企业的文化，尤其是强文化，会强烈影响该企业的领导风格、领导方式、组织的结构及其关系、企业控制职能的应用方式。而这些都是企业能否有效吸引住人才的主要影响因素。因此，创业者把自己对于组织应该做什么的想法进行沟通是非常必要的。

我国大多数的新创企业对于企业文化的建设缺乏重视，将更多的注意力放在盈利能力上，缺少战略规划和文化定位。领导团队也没有将整个团队的价值观念固化到整个企业文化体系中，而企业发展的动力往往需要依靠创业团队核心价值观念的统一，所以导致普通员工往往缺乏共同的价值观念，对企业的认同感不强。同时一些企业在建设企业文化的实际操作过程中，往往流于形式，千篇一律，缺乏个性特征。

企业的员工常以企业创始人为榜样。一个优秀的、稳定的企业文化是新创企业在物质和精神上获得成功的保证。不论是新创企业还是已有的组织，组织文化和氛围是企业组织得以更好成长的关键。组织氛围对新创企业的发展具有现实的意义，Timmons 在《创业学》（2005）一书中将组织氛围划分为六个维度进行描述：①清晰度，组织氛围的清晰度是以工作、程序和任务是否能够得到有组织的、简洁和有效地完成来衡量的；②标准，管理层对雇员取得高标准、出色业绩的期望和所施加压力的程度；③承诺，雇员对于完成组织目标和目的承诺付出的责任；④责任，组织成员不需别人的监督和规劝，自己愿意承担完成目标的责任感；⑤认可，员工所能感受到的由于其任务完成出色而得到的认可和（非物质上的）嘉奖的程度，而不仅仅是因差错而被惩罚；⑥团队精神，员工在合作中所能感受到的凝聚力和团队精神的程度。

而新创企业的组织文化显然不同于传统的大型组织的文化。它是以未来为导向的，强调新思想、创造、承担风险、识别机遇。在表 10-2 中，对传统公司的组织文化和创业组织的文化进行了对比。

表 10-2　传统公司的组织文化和创业组织的文化对比

维度	传统组织	创业组织
战略	现状、保守	发展的、超前的
生产率	短期内关注、利润率	短期和长期、多重标准
风险	回避、惩罚	强调、有回报的
机会	缺乏	必需的、应有的
领导	自上而下的、专制的	授权的文化
能量	储藏起来	释放出来
失败	有代价的	没问题，得到教训
决策	集中的	分散的
沟通	通过收面的、命令链	灵活的、促进革新
结构	分等级的	有机的
创造力	容忍	给予奖励和尊敬
效率	财务账目是中心、是有价值的	如果有助于实现全面的目标，就是有价值的

资料来源：J. Cornwall, B.Perlman. Organizational Entrepreneurship[M]. Homewood，IL：Irwin，1990.

案例 10-5　海尔的企业文化

海尔企业文化是被全体员工认同的企业领导人创新的价值观。

海尔文化的核心是创新。它是在海尔三十余年发展历程中产生和逐渐形成的特色文化体系。海尔文化以观念创新为先导、以战略创新为方向、以组织创新为保障、以技术创新为手段、以市场创新为目标，伴随着海尔从无到有、从小到大、从大到强、从中国走向世界。海尔文化本身也在不断创新、发展。员工的普遍认同、主动参与是海尔文化的最大特色。海尔的目标是创中国的世界名牌，为民族争光。这个目标把海尔的发展与海尔员工个人的价值追求完美地结合在一起，每一位海尔员工将在实现海尔世界名牌大目标的过程中，充分实现个人的价值与追求。

求变创新，是海尔始终不变的企业语言。

更高目标，是海尔一以贯之的企业追求。

资料来源：http://wenku.baidu.com/ 百度文库.

第二节　初创期企业的市场营销管理

良好的市场营销管理能力是新创企业成功的一个重要条件。市场营销管理涉及问题广泛，从分析市场机会，研究和选择目标市场，制订营销计划，到组织、执行和控制营销努力。本章主要关注新创企业面临的迫切需要解决的营销管理问题，即市场细分、目标市场选择与市场定位、市场营销组合，以及品牌创建与管理。

一、市场细分

首先，创业者应该对目标市场有较为清楚的了解。目标市场通常代表整个市场的一个或多个细分市场。因此，在确定适当的目标市场之前我们有必要了解如何细分市场。

市场细分由在一个市场上有可识别的相同的欲望、购买能力、地理位置、购买态度和购买习惯的大量人群所组成。

细分消费者市场常用的变量分为两大部分。有些研究人员根据消费者特征细分市场。为此他们常常使用大量不同的地理、人文和心理特征作为划分市场的根据，然后再看这些顾客群体是否对产品有不同的反应。另一些研究人员则是通过顾客对产品的反应细分市场，如所追求的利益、使用时机和品牌忠诚程度。一旦细分市场完成后，研究人员就会考察每个细分市场是否有不同的消费者特征。创业企业一般是组合运用有关变量来细分市场。概括起来，细分消费者市场的变量主要有四类，即地理变量、人口变量、心理变量、行为变量。

（1）地理细分。地理细分要求把市场划分为不同的地理区域单位，如国家、省、地区、县、城镇或街道。公司可以决定在一个或一些地理区域开展业务，或者面向全部地区，但是要注意地区之间的需要和偏好的不同。由于地理位置的不同，消费者的偏好与需求也会存在一定的差异，按照地理位置、环境等因素对产品和服务的供给设置一定的差异，可进一步提升消费者的满意度，增加市场有效性。

（2）人文细分。在人文细分中，市场按人文学变量细分，如年龄、性别、家庭人数、家庭生命周期、收入、职业、教育、宗教、种族、代沟、国籍为基础，划分出不同的群体。人文变量是区分消费者群体最常用的基础，其中一个理由是消费者的欲望、偏好和使用率经常与人文变量有密切的联系，另一个理由是人文变量比大部分其他类型的变量更容易衡量。即使目标市场是根据非人文因素（如性格类型）来加以描述的，但是，为了了解目标市场的大小和有效地达到目标市场，还是应该考虑人文因素。

（3）心理细分。在心理细分中，根据购买者的社会阶层、生活方式或个性特点，将购买者划分成不同的群体。在同一人文群体的人可能表现出差别极大的心理特性。

（4）行为细分。在行为细分中，根据购买者对一件产品的了解程度、态度、使用情况或反应，将他们划分成不同的群体。许多营销人员坚信，行为变量——时机、利益、使用者地位、使用率、忠诚状况、购买者准备阶段和态度——是建立细分市场至关重要的出发点。

许多用来细分消费者市场的变量，同样可以用来细分企业市场。企业购买者可以按地理因素、追求的利益和使用率等加以细分，但还需使用另外一些新的变量，如人文变量、经营变量、采购方法、情境因素、顾客的个性特征等。

市场细分的进行需要遵守一定的内在程序。首先，需要选定产品的市场范围。在创业企业决定进入某一行业之前，应该对企业所处的宏观环境与内部条件进行客观准确的分析，并选择进入战略。只有当确定进入某一领域后，才能确定企业所提供产品的市场范围等要素。其次，在选定产品的市场范围后，营销部门通过以上提到的细分消费者变量大致预计产品的潜在受众，并预估和发掘潜在顾客群体的基本需求。在了解潜在顾客群体需求的基础上，进一步分析不同顾客的需求所存在的差异，以期更好地为顾客提供具有针对性的产品和服务。再次，我们需要为细分市场命名。虽然潜在顾客群体的共同需求对创业企业是很重要的，但其只能为设计市场营销组合提供参考，无法作为市场细分的依据。因为企业的竞争优势是建立自己的产品特色，所以企业应该对各个细分市场的共同需求之外的特殊要求作进一步分析，并结合各细分市场的顾客特点，安排统一市场命名。最后，综合以上的三个步骤，对已完成的市场细分进行重复检验，进一步考察认识各细分市场的特点，如有不合适的细分市场，则需要重新进行划分，或进行取舍或合并。

在市场细分过程中，企业应努力实现下述主要目标：①在细分市场过程中，对于打算进入的产业，要根据购买者的需要识别出一个或几个相对同质的预期购买者群体；②企业选择细分市场的内部差异应小于细分市场之间的差异；③企业选择的细分市场应该是独特的，容易被识别，该市场一旦被识别出来，企业就可以通过促销吸引目标市场顾客；④企业应该能够确定细分市场的规模，知道潜在市场有多大。如果细分市场太小，即使细分市场上的顾客对其产品和服务很满意，企业也会出现停滞。

尽管细分市场很重要，但是常常被创业者忽视。结果是，会导致对新产品或服务潜在市场规模的错误评估。这应引起新创企业的重视。

二、目标市场选择与市场定位

企业将市场细分后，下一步就是目标市场选择与市场定位。目标市场是新创企业在细分市场和经济评价的基础上，拟作为销售服务对象的具有特定需求的顾客群。新创企业在选择细分市场时，需要对以下方面进行慎重的思考。

（一）关于细分市场的潜量

细分市场潜量是在一定时期内，在消费者愿意支付的价格水平下，经过相应的市场营销努力，产品在该细分市场可能达到的销售规模。对细分市场潜量的分析评估十分必要。如果市场狭小，没有发掘潜力，则没有市场发展前景。当然，这一潜量不仅指现实的消费需求，也包括潜在需求。从企业长远发展角度看，消费者的潜在需求对新创企业更具吸引力。只有存在着尚未满足的需求，企业的产品和服务才有进入该市场的空间，新创企业也才有可能在该市场立足并获取收益。

（二）关于细分市场的竞争状况

细分市场中竞争越激烈，企业就越不容易进入并争得属于自己的一席之地，对于新创企业来说，甚至需要付出昂贵的代价。所以在新创企业决定要进入某个细分市场前，必须考虑能否通过营销在竞争市场上居于优势地位。为了避免激烈地竞争，新创企业应尽量选择那些竞争者较少、竞争者实力较弱的细分市场，或某一产品或服务较为空白的市场为自己的目标市场。对于竞争者已经完全控制的市场，如果新创企业有条件超过竞争对手，也可设法挤进这一市场，并努力抢占市场份额。

（三）细分市场的特征与新创企业优势是否吻合

适合于新创企业的细分市场应该是能使得新创企业充分发挥自身优势的市场。新创企业能力可表现在技术水平、资金实力、经营规模、地理位置、管理能力等方面。如果企业的优势与该细分市场的特征相吻合，表明企业若进入该市场则有更大的竞争优势，较其他竞争者略胜一筹，更容易使消费者接受产品与服务。

新创企业在对市场进行细分与科学客观地评估后，应根据企业自身的任务、目标、资源和特长等，权衡利弊，决定选择哪个或哪些细分市场。新创企业决定进入的细分市场，就是该新创企业的目标市场。新创企业在对不同细分市场评估后，可考虑五种目标市场模式。

（1）密集单一市场。新创企业可以选择一个细分市场，集中全力只生产某一种产品，供应某一顾客群。新创企业通过密集营销，更加了解该细分市场的需要，可在该细分市场建立巩固的市场地位。另外，新创企业通过生产、销售和促销的专业化分工，也获得了许多经济效益。如果细分市场补缺得当，新创企业的投资便可获得高报酬。例如，只生产供高收入男性消费的定制西服。密集单一市场往往是小型新创企业初始选择的策略。专注于某个细分市场，成功后再向更大市场范围进行企业扩展。

（2）有选择性专业化。采用此法选择若干个细分市场，其中每个细分市场都有吸引力和符合企业要求。它们在各细分市场之间很少有联系，然而，每个细分市场都有可能盈利。这种多细分市场目标优于单细分市场目标，因为这样可以分散公司的风险。

（3）产品专门化。用此法，新创企业集中生产一种产品，向各类顾客销售这种产品。如新创企业决定生产适合各层次用户需要的各种女性服装。通过这种战略，新创企业在某个产品方面可树立起很高的声誉。如果产品被一种全新的技术所代替，它就会发生危机。

（4）市场专业化。它是指专门为满足某个顾客群体的各种需要而服务。例如，企业决定生产能满足高收入层顾客所需要的各种男装、女装和童装。公司专门为这个顾客群体服务，而获得良好的声誉，并成为这个顾客群体所需各种新产品的销售代理商。如果顾客突然经费预算削减，这就会产生危机。

（5）覆盖整个市场，是指为不同财力和不同个性的顾客群提供它所生产的各种不同产品。完全覆盖市场，是指公司想用各种产品满足各种顾客群体的需求。一般来说，由于资源的匮乏和发展的不稳定性，新创企业通常不会直接将整个市场作为目标市场，而是常常先选定一个具有最佳经营机会的细分市场作为目标市场，随着对市场的不断了解和深入，以及企业产品和服务的逐渐被接受，目标市场逐渐扩大，最后覆盖整个市场。

一般来讲，企业，特别是新创企业，不会以全部细分市场为目标市场，因为很多细分市场规模过大，企业难以成功地满足其需求。因而，许多企业将其目标市场定位于细分市场中的某个利基市场。利基市场是指在细分市场内，具有相似兴趣的较小顾客群占有的市场空间。新创企业通过聚焦于界定清晰的利基市场，成为该市场专家，向目标顾客提供高水平的价值和服务，获取相应回报。还有非常重要的一点是，企业选择的目标市场，必须与其商业模式、创始人和其他成员的背景与技能相吻合。当然，由于社会偏好在不断地变化，企业还要持续监测目标市场的吸引力，以便及时做出调整。

在选择目标市场后，下一步就是在市场中建立一个定位，以区别于竞争者。市场定位是消费者对产品的重要特征的认识或感觉，即与竞争产品相比，本产品在消费者心目中的地位。明确的市场定位可以让消费者感知到本企业与其他企业有何不同，企业的产品与服务也在顾客的潜意识中有了特殊的识别和认知。新创企业为了竞争，应不断地对它们的市场供应品进行差别化，通过产品策略、价格策略、分销策略、促销策略的选择来确定本企业的产品或服务在消费者心目中的地位，并把这种特色通过多种途径传递给顾客。

三、营销组合策略

营销组合主要指一组可控的战术性营销工具集，它被用来在目标市场上产生企业预期的反应。市场营销组合中所包含的可控制的变量很多，可以概括为四个基本变量，即产品（product）、价格（price）、地点（place）和促销（promotion）。由于这四个名词的英文字头都是P，所以市场营销组合又称为4P组合。该部分内容很广，本书专注于对多数初创企业最重要的4P特征。

（一）产品策略

产品是能够提供给市场以满足需要和欲望的任何东西。初创企业在选定自己的目标市场之后，下一步的重要的决策就是为目标市场提供适当的产品或服务，以打开市场并满足顾客的需求。而企业若想要它所选择的目标市场接受它的产品或服务，那么它必须构思一个明确且清晰的理由让消费者了解到自己需要这项产品或服务。初创企业应该对自己的产品有一个清晰明确的定位，并且确保消费者的需求可以得到满足。结合企业现实来决定自己所提供的产品类型，进而对产品的开发方式及程序进行决策。在新创企业选取产品策略时我们应该关注以下几点。

1. 产品的差异性

大部分新创企业是基于新产品或新服务而建立的，推广企业的新产品或新服务之前，企业都必须保证产品与服务可以满足顾客未被满足的需求，并与其他市场中已经提供的产品和服务进行区分。也就是说，企业需要了解哪些产品属性是被顾客认为重要的，或哪些服务是顾客需要的但还未被市场所发现的，以及顾客在每一个属性上是如何评价企业的产品和其他同类的竞争产品。

2. 新产品的持续开发

即使新创企业的产品与服务在市场中被消费者接受并获得成功，但在激烈的市场竞争中，为维持市场地位企业还需要不断开发新产品，吸引消费者追逐的目光。因此，创业企业必须了解新产品的机会识别和开发过程；而由于资源的匮乏，灵活选取有助于产品开发的步骤对企业是有益的。由于新产品的新颖程度不同，新创企业必须在不同的风险回报之间作出选择。一般来说，风险与收益成正比，创新性产品的开发虽然具备较高的收益但风险较高，而渐进性创新产品作为现有产品的修正或者产品线的延伸，风险较低，但是可能带来的收益也较低。

3. 顾客导向的产品开发

初创企业可能存在这样的问题：他们关注产品本身过多，往往忽视了顾客的需要，为解决这个问题，企业往往需要与顾客合作，提供工作共享、共同生产的平台，动员或鼓励顾客参与价值创造的过程，从中认真听取顾客的想法与意见。

拓展案例　　　　　　　　　　**海尔的产品策略**

1. 降低冰箱科技含量，生产价低耐用的冰箱产品。

海尔投放农村的冰箱需做到：减少产品中不必要的功能设置，防止功能多余造成闲置；从大多数农民的消费能力出发，实施产品档次的多元化配置；合理提高冰箱产品的民俗文化品位。

2. 健全售后服务网络，消除农民的后顾之忧。

海尔的售后服务网络是强大的，但在农村三级市场还不够完善。为了弥补农村市场服务落后的状态，海尔以巡回维修大篷车和小分队形式深入农村，进行宣传和实际维修服务。

3. 海尔以顾客为中心，从满足不同的消费者需求出发，在对市场进行合理细分的基础上，开发生产出品种繁多，格局特色的产品，每个消费者群都能从海尔的产品中选出适合自己的款式。

4. 创新是海尔品牌的核心，这也是海尔快速发展繁荣并从青岛当地一家中国制造商发展成为家电领域的世界领先者的关键所在。

资料来源：http://wenku.baidu.com/view 百度文库.

（二）价格策略

价格是消费者购买产品所支付的货币数量。在营销组合中，价格是唯一能产生收入的因素，所以它是新创企业最重要的决策之一。过高的定价可能会导致购买壁垒，消费者购买意愿降低，使得销售额下降；过低的定价虽然会刺激消费者购买，销售额增加，有助于打开市场，但却对企业长期的效益产生不可预期的影响。在某种程度上，定价决策可以反映新创企业的竞争策略。新创企业常见的产品定价策略如下。

1. 成本加成定价法

最基本的定价方法是在产品的成本上加一个标准的加成。律师和会计师典型的定价方法是在他们的成本上加上一个标准的加成。加成百分比取决于产业内的标准，创业者也可自行决定。成本加成定价法的优点在于，比较容易解释产品或服务的价格。但是，该方法是企业基于自己的产品及服务的成本及利润确定的，忽视了当前的需求、认知价值和竞争关系。尽管如此，有许多理由使加成定价法仍然被普遍应用。首先，卖方确定成本比对需求的估计更容易。把价格同成本结合在一起，卖方可以简化它们自己的定价任务。其次，在这个行业的所有企业可能都使用这种定价方法，它们的价格就会趋于相似，因而价格竞争就会减少到最小。最后，许多人感到成本加成定价法对买方和卖方来讲都比较公平。成本加成定价法只有在所定的价格能精确地产生预期销售量时才可采用。

2. 价值定价法

基于价值定价法，定价是在估计消费者购买产品愿意支付的金额基础上制定的。因为，作为定价的关键，不是卖方的成本，而是购买者对价值的认知。消费者愿意支付的价格，取决于其对产品价值的感知以及市场上能够得到的产品选择数量。认知价值定价法的关键是准确地确定市场对所提供价值的认知。为了建立起市场的认知价值，有效定价，企业必须做市场调研，通过测试来确定顾客愿意支付的价格。

上述是两种基本的定价方法。在此基础上，新创企业还可以利用下述定价技巧。

1. 用户心理定价技巧

这是一种根据用户购买心理的要求来制定价格的策略，主要适用于消费资料的零售价格。常用的有以下几种：尾数定价策略、整数定价策略、声望定价策略、特价价格策略、投标价格策略。

2. 价格折扣技巧

企业采取价格折扣策略一般采用按照原定的价格少收一定比例或者一定数量的货款的方式，其目的是调动各类中间商和其他用户购买商品的积极性。包括现金折扣、数量折扣、业务折扣、季节性折扣。

拓展案例

海尔集团采用需求导向的定价法，即以目标市场的消费者的需求为定价的基础。海尔集团同时采用差别定价法，在低端市场，采用价值定价法，即用相对的低价出售高品质的产品或服务，而非牺牲质量的前提下降低成本；在高端市场，通常采取撇脂定价，所谓"撇脂定价法"又称高价法，即将产品的价格定得较高，尽可能在产品生命初期，在竞争者研制出相似的产品以前，尽快地收回投资，并且取得利润。

据调查，74.6%的农村家庭只能接受中低价位的产品，希望的价位是1 600～1 800元，能接受的价位是2 000～2 200元。因此，营销活动中将"囍"系列160、180、200升产品定价在1 600～1 800元；将"福"系列186、196、216升产品定价在2 000～2 200元。为防止"窜货"和"乱价"，对于"囍"和"福"系列的产品外包装上有明显的专供×××农村地区的标示。

资料来源：http://wenku.baidu.com/百度文库．

（三）渠道策略

渠道或分销包括企业产品从生产地转移到顾客手中的所有活动。分销渠道是产品从生产地到最终用户所经过的路线。企业的产品和服务需要通过分销渠道才能转移至顾客手中，实现产品所有权的转移，完成交易行为。在分销渠道方面，企业必须决定的第一件事是，产品是直接销售给消费者，还是通过中间商销售给消费者。对于新创企业来说，由于自身的产品或品牌缺乏一定的知名度和影响力，同时自身资源有限，建立自己的分销渠道是困难的。因此，新创企业需要根据市场和企业自身状况制定适合自己的渠道策略。

1. 分销渠道划分

通常，我们根据分销渠道中间环节的多少进行划分，可以分为直销渠道、一层渠道、二层渠道、三层渠道。分销渠道的类型如图10-1所示。

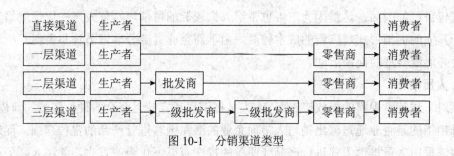

图10-1　分销渠道类型

2. 分销渠道选择

在新创企业进行分销渠道选择时，往往不会选择多层级的分销渠道，因为新创企业缺乏品牌知名度，所以经常会遇到渠道构建的困境。鉴于此，新创企业往往采用以下两种方式构建分销渠道：一种是采取层级度较低的分销渠道方式，如直接销售。直接销售的主要方式是上门推销、邮购、电话营销、电视直销、自动售货、互联网销售和制造商自设商店。待到企业发展到一定阶段之后，企业开始向多层级渠道发展；另一种是将分销渠道外包。初创企业由于自身资源的局限性，无法在企业建立初期就建立起完善的分销网络。但由于分销渠道具有强依赖性，每一环节都具有特定的职能，因此，企业往往可以依赖其他企业来完成分销任务，即将仓储、交付订单外包给其他企业，使得企业能够以较低的成本维持分销渠道的运转。但这种方式也存在先天不足，例如，产品和服务的质量难以把控，与顾客之间的信息流被中断以致无法获得有效反馈信息，长期的成本经济性难以实现等。新创企业一定要选择适应于企业发展现状和合适企业产品和服务的分销渠道。

为提升在企业的市场占有率和竞争力，企业为消费者提供的产品和服务应该采用尽可能多的渠道，随着互联网技术的发展，越来越多的企业都在拓展线上业务。实现多渠道营销策略的企业，可以结合线上与线下一起为消费者提供服务，灵活的接触和吸纳更多的消费者，为消费者提供更加全面的服务。

（四）促销策略

促销是指新创企业的营销人员采用各种有利于销售的沟通方式，向目标顾客以及对目标顾客的消费行为有影响的群体进行宣传、说服、诱导，唤起需求，以促成购买的活动。与大企业相比，由于初创企业产品（服务）及品牌认知度十分有限，顾客忠诚度较低，而企业用于促销的资源也十分有限，所以认真研究并选择最适合自己企业的促销策略就显得尤为重要了。

新创企业常用的促销策略有广告、人员促销、公共关系、营业推广、网络。

1. 广告

广告是指由商品经营者或服务提供者承担费用，通过一定媒介和形式直接或间接地介绍自己所推销的商品或者所提供的服务。广告具有公开展示、普及性、夸张的表现力和非人格化等特点，它可以展示出产品与我们生活方式之间的某种联系，并解释产品的比较利益，刺激消费者使用产品，提升消费者的产品意识。但很多新创企业却不选择用大量的广告来宣传自己的产品，这是因为广告也带给人们较低的可信度，使人产生厌烦情绪等，且相较于其他的促销形式，广告的成本较高。由于新企业大部分非常节俭与警惕，所以它们往往会开展混合型的促销活动。

2. 人员推销

相对于传统大规模的投放广告而言，人员推销更适宜缺乏资金等硬件资源的新创企业。人员推销指的是企业通过派出销售人员向企业的潜在顾客进行产品的宣传介绍，促进和扩大销售。采用人员推销方式进行产品或服务的推广有以下优势：首先，关注人际关系，有利于同顾客群建立友谊；其次，观察到顾客对产品或推销的反应，得到产品和服务信息的反馈，从而改进推销方式；最后，人员推销能更有效地获悉市场信息，提高决策水平。

3. 公共关系

公共关系是指建立和维持企业公众形象的活动，是通过宣传报道等方式来提高企业知名度和声誉的一种促销手段。公共关系的活动方式主要有：观察公众态度，收集意见；消除顾客不满；建立与消费者的联系制度，快速高效处理消费者提出的各种问题；举办有意义的社会活动，扩大企业知名度。它与广告的主要区别是公共关系无须直接付费。

若新创企业计划开展公共活动，意图建立良好的公共关系，那么要从企业的整体目标出发，制订具体公共活动的计划。需要注意的是：首先，了解企业自身及公众，从自身特点出发，确定属于自己的公共关系对象，为公共关系的策划打下基础；其次，依据一定的原则来确定公共关系的目标、工作方案及公关策略等。继而，企业可以通过专题、赞助等实施公关计划，逐步扩大自己的影响力，建立良好的公共关系。

4. 营业推广

营业推广是包含能够迅速刺激需求、鼓励购买的各种促销方式。营业推广是一种适宜于短期推销的促销方法，是企业为鼓励购买、销售商品和劳务而采取的除广告、公关和人员推销之外的企业营销活动。营业推广的工具多种多样，有消费者促销工具，交易促销工具，以及业务和销售队伍的促销工具，并且其具有直观的表现形式，灵活多样，适应性强，有一定的局限性和副作用等特点。

5. 网络

以网络媒介进行产品和服务的促销也是现阶段一种较为常见的促销手段，由于互联网速度快、浏览量大、不受地域限制等特点使得越来越多的商家和企业选择在互联网上进行促销。具体的形式有通过搜索引擎进行推广、投放网络广告、在社会化媒体进行宣传等。通过这样的网络促销形式，可以在更短的时间内提高企业及产品的知名度，吸引大量的客户群。但也要注意，密集的广告投放可能会给消费者带来反感。

拓展案例 　　海尔优家APP首创职能家居O2O服务

> 如果有故障家电需要维修，以往，用户需要通过售后电话进行预约，电话接线员将记录需求，并通过系统派单到就近的服务站，服务站与用户再次约定上门时间，而后售后师傅上门。如此烦琐的传统保修流程，不仅占用了顾客大量的时间，也影响了服务站的服务效率，期间还可能存在服务不规范、沟通不顺畅、收费不透明等一系列潜在的问题。
>
> 如今，使用海尔优家App服务板块的"电子保修卡"功能，大到冰箱，小到剃须刀，均可实现用它替代纸质保修卡、发票，作为家电的保修凭证。消费者将发票、家电信息上传服务器储存，利用移动云计算、物联网技术，通过手机App完成产品的保修注册。同时可以在线一键报装、报修，改变了传统电话报修及保修卡的登记方式，为家庭提供了与众不同的一站式O2O服务解决方案。
>
> 资料来源：http://www.pcpop.com/ 泡泡网.

四、品牌创建与管理

品牌是销售者向购买者长期提供的一组特定的特点、利益和服务。最好的品牌传达了质量的保证。品牌还是一个更为复杂的符号标志。一个品牌能表达出六层意思：属性、利益、价值、文化、个性、使用者。企业通过品牌创造的顾客忠诚是最有价值的资产。

品牌与产品不同，产品可以被竞争者模仿，会随着技术的改进进行进一步开发或逐渐退出市场，而品牌却可以是持久不衰的，是独一无二的。所以在激烈的市场竞争中，品牌意味着竞争力和市场价值。一些企业通过品牌管理来监测顾客对品牌的忠诚，或者保护品牌在顾客心目中的良好印象和价值。

新企业必须从无到有创建品牌。有效品牌化的关键在于为企业创造某种有冲击力的特性以吸引目标市场。我们曾羡慕宝洁、通用电气、箭牌这些大型品牌完美的业务版图，拥有着大比例的市场份额与忠实的客户群，但是我们却往往忽略了，在这些企业成立之初它们也不过只是小小的新创企业，通过不断努力才得以打造出自己的品牌。新企业进行品牌的创建与管理是企业想要长远发展的必备条件之一，而创建自己的品牌是一个从无到有的过程，势必面临困难与挑战。一旦企业成功的创立了自己的品牌，那么对于企业的影响则是长期的，所以对于品牌的管理也是势在必行的，其包含品牌的创立、品牌推广、品牌延伸以及品牌维护等工作。

品牌是通过很多技术来创建的，包括广告、公共关系、赞助、支持社会事业和良好业绩。企业名称、标语、网站设计、信笺上方的印刷文字等，都构成品牌的一部分。品牌的内涵也在一定程度上反映了该企业的文化，品牌的创立不仅对企业的产品销售、对外形象有着重要的影响，而且对企业的员工管理也具有无形的力量。对于新创企业来说，迅速拥有一个完美的形象至关重要，这可以增加与潜在客户交往的可信度。以质量和信誉为创建品牌的基础，同时结合企业文化，形成企业的核心竞争力，让品牌代表着企业，让品牌成为名牌。

拓展案例

品牌是企业核心价值的体现。优秀的企业都是通过自己的品牌树立良好的形象，赋予美好的情感，使品牌及品牌产品在消费者心目中形成美好的记忆。看到海蓝色的海尔标识，人们脑中立即会浮现出"真诚到永远"的质优品牌形象。品牌是消费者识别商品的分辨器，品牌的图案、文字等与竞争对手的区别，代表本企业的特点。同时，互不相同的品牌各自代表着不同形式、不同质量、不同服务的产品，可为消费者或用户购买、使用提供借鉴。通过品牌，人们可以认知产品，并依据品牌选择购买。

海尔品牌核心价值集中表现在"真诚到永远"的广告词中。它代表了海尔品牌一切以客户为中心，坚持高质量的产品、全方位服务的一贯形象。

品牌核心价值不是一句空洞的口号，而是为消费者带来的实实在在的利益。海尔名牌战略的成功在于：一是用优质产品体现核心价值；二是用全面的服务巩固核心价值；三是不断创新提升核心价值。为了保持和培养消费者对海尔的忠诚，海尔人做了大量工作，如在产品开发上面，其根据市场需求进行市场细分，不断开发出新产品，不断提供更新换代产品。现在海尔平均每天开发一个新产品，一天申报两项专利，这就增加了海尔品牌的吸引力。

良好的品牌有助于企业进行跨行业扩张。因为消费者已经熟悉这个品牌，较之于新的品牌，他们会更快及更容易接受其推出的新产品。品牌延伸不仅成为海尔为获得更大市场发展空间、获得更大利润而采取的手段，而且由于海尔品牌的高知名度和良好的品牌形象，通过品牌延伸进入新领域，进而使品牌价值得以不断增值。

在感性消费时代用企业文化提升品牌价值，品位二字越来越受到人们的追捧，高品位就是高价值的体现。对品牌来说，提升品位的最好途径就是文化。现代消费行为的一个重要特征，就是越来越重视产品服务中体现的情感、感觉等文化心理因素。托夫勒说："随着消费者的基本物质需要越来越满足；可以大胆设想，更多的经济能量将用于解决消费者对产品的美感魅力、快感和独特性等方面的要求。"这种突出消费者消费的个体性、情感性、感觉个性，正是契合了文化的精神层面，为文化营销提供了广阔的市场心理基础。

海尔的经验告诉我们，用文化提升品牌价值，要善于选择更适合企业产品和服务特点的文化资源，在产品设计、市场定位、包装广告、公关形象、促销服务等营销活动中，结合时代精神、消费态势与消费者沟通而构建一种价值观念。这些文化理念体现的价值沟通，贯穿于整个营销活动的各个环节中，成为开展营销全过程的指导思想。

资料来源：李唯.海尔品牌战略解析[J].企业改革与管理，2007（11）：36-37.

第三节 初创期企业的财务管理

良好的财务管理对于初创企业的经营和发展具有非常重要的影响。衡量企业绩效的好坏很大程度上取决于财务绩效的高低。若企业的财务管理无效，那它一定面临着严重的危机并难以长久地存活。

一、企业的财务战略

（一）企业财务战略的内涵

企业的财务战略是针对企业的财务活动与财务关系所做的计划，它通常包含企业资金的筹集、企业资金的投放和企业资金的分配三个方面。

1. 筹资战略

企业筹资战略是指在企业整体战略的指引下，通过分析企业所处的内部外部环境与未来的发展趋势，对企业资金的筹集进行系统的计划，使筹资成本与风险和收益匹配的同时，满足企业对于资金的需求。筹资战略可以分为积极性的筹资战略、平衡性的筹资战略和保守型的筹资战略。企业的筹资战略不是一个具体的实施计划，而是一个构想，是一个适应环境和符合企业战略要求的，针对资金筹集的构想。

2. 投资战略

企业投资战略是指企业对战略期内资金投放的方向、原则、规模、结构、方式和时机等进行长期和系统的谋划。尽量使资金得到最大效率的利用并实现资源的合理配置，符合企业整体的战略规划。

3. 收益分配战略

收益分配战略是指企业对其收益分配的方针与政策所做的长期与系统性的谋划，它对企业的筹资与融资战略都会产生影响。这种战略可分为低收益分配战略、中收益分配战略和高收益分配战略三种类型。

（二）初创期企业的财务特点

1. 初创期企业发展资金需求量较大，发展速度快

由于初创期企业在进行产品投放与市场扩张时，需要大量的资金，而企业的初始资本不足，且新创企业的利润空间较小，就会使企业面临资金短缺的问题。

2. 初创期企业的风险承担力较弱

初创期企业的资源有限，在经营管理方面也存在着很多需要解决的问题。同时与大企业相比，他们的企业资金规模较小，一旦市场发生变动，企业抵御市场风险的能力较低，而且企业盈利能力也易受到影响，极容易出现资金周转不灵以及资金链断裂的风险。

（三）初创期企业的财务战略

结合初创期企业的财务特点和该阶段企业的发展战略，初创期的企业筹资最重要的关注点有三个：首先是最大化的筹集资金，以保障投资战略和企业总体战略的良好发展与实现；其次是使筹资成本最小化；最后是筹资风险最小化，以防止财务危机的发生。初创期企业更多的是通过权益资本而非债务资本筹资，因为这样可以相对的降低财务风险。

初创期是企业产品和技术发展创新的阶段，所以，技术的开发与推广，以及市场的开拓将是企业关注的重点，也应为投资的重点。这有利于企业进一步提升生产能力、扩大市场。同时，由于企业资源有限，投资不宜过于分散，规模也不宜太大，否则将无法形成优势或面临较大的风险。较为常见的投资决策方法是净现值法和内含报酬率法，如果净现值大于零或内含报酬率大于设定的投资报酬率，那么我们就判定该投资项目是可行的。

初创期企业的现金流量一般是高负值的，由于企业还要进一步发展，需要投资者不断的注入资金，所以投资者的高回报往往只能通过资本利得的方式实现。如果投资者要求分红，则还需要投入更多的资金作为补偿，这显然是不理性的。企业过多的派发股利也会影响企业的投资和现金支付，容易造成财务危机。所以更多的投资者在企业的初创期对于利润回报的要求并不高。

二、现金流管理

（一）初创企业的现金流

我们都听说过"现金为王"的概念。现金流是指企业在一定的会计期间按照现金收付实现制，通过一定的经济活动，例如，经营活动、投资活动、筹资活动和非经常性项目，而产生的现金流入和流出以及总量情况的总称，即企业一定时期的现金和现金等价物的流入和流出数量。企业的现金流入往往通过以下几个方式得以实现：销售产品或服务，贷款与借款，资产出售与创业投资等。而现金流出主要表现为：营运费用的支付，还贷款与借款，资产的购买与创业投资的撤出。所以，现金流入和流出也被分为经营活动、投资现金、融资现金三类。

初创企业一般具有负的经营活动现金流量、负的投资活动现金流量，以及正的融资活动现金流量的特征，而新企业的财务管理更多注重的是企业经营活动所带来的现金流转，这是企业的生存命脉。企业通过经营活动增加企业内部的资金积累，扩大生产力，开拓新市场，偿还债务，所以企业良好的经营活动有利于企业维持稳定的现金水平和健康发展。企业的现金流管理主要着重于对存货、应收账款与应付账款的管理。

许多企业都曾遭遇过现金短缺的问题，还有一些企业由于没有采取有效措施致使企业倒闭。究其原因，首先，可能存在存货占压资本的情况，由于存在进货量越大，折扣就越低的现象，企业为降低采购成本，经常采用大批量的采购方式，导致大量经营性现金被占用，而在企业资金紧张的时候，存货又无法及时变现，易出现现金固化，存货的周转速度降低，挤占了企业用于长期发展的资本的现象；其次，企业在某些项目占压资金过多，会导致应收账款无法立即收回，用于日常周转的资金入不敷出，无力偿还应付账款，尤其是对一些需要立即支付现金的款项也难以承担时，一笔小数额欠款就可能引发大危机，威胁企业生存。相反，如果企业留存过量的现金，又会造成资金闲置，使得机会成本增加，降低盈利机会。所以创业者不应只关注成本的花费和利润的获得，更应该注重的是企业的现金流。

（二）现金流管理策略

企业会根据市场环境和企业的经营状况进行现金流的调节，由于可能会出现现金流出超过现金流入的现象，为避免企业发生财务危机，创业者需要时时关注企业的现金流量状况，并采用合适的现金流管理策略。

1. 企业库存、应收账款、应付账款的管理

如上文我们提到，库存的积压会导致企业现金固化，流动不畅，容易导致资金压力过大而形成危机，所以企业加强对库存的管理，根据企业的生产状况进行科学合理的库存计划是有必要的，应尽可能的压缩库存物资，但还要保证满足企业正常的生产需求。

由于净利润的核算是以权责发生制为基础，而现金流量的计算是以收付实现制为基础的，这就导致在企业财务报表的呈现中两者存在着偏差。而"应收账款"与"应付账款"就是主要的影响因素。加强对应收账款的管理，首先，我们应该对客户的信用进行基本的评估，尽量杜绝信用有问题的客户成为企业的顾客，这也为企业免去了未来可能会遇到的麻烦；其次，我们还可以应用激励因素，对在限期内付款的客户提供折扣。定期核对应收账款，不断完善收款管理办法，严格控制账龄，为企业营造良好的资金环境。

对于应付账款的管理，我们希望尽量延长向供应商的付款期限，在对方的允许范围内尽量推迟对我们所欠债务的付款时间，有效的利用财务杠杆为企业创造利润。赊销付款条件往往是供应商们互相竞争的一个方法，因为他们需要努力增加自己的业务量。我们也要抓住这样的机会，通过鼓励供应商之间的竞争来为企业争取最为实惠的利益，尽量做到"早收款、迟付账"。有效的库存、应收账款、应付账款的管理有助于企业避免现金流出现危机的局面，甚至还能提供现金支持企业的其他投资与经营活动。

2. 节约成本

"开源"与"节流"是企业为增加现金流量所能采取的两种方式，而企业的"节流"体现在减少企业的生产销售等活动产生的直接和间接成本。在我们发现企业资金短缺的时候，就要立刻对各项开支、账单进行检查，只购买对生产产生直接影响的资产，并考察是否有更便宜的生产材料替代品。如果企业此时存在一些非生产性的资产，那么也可以考虑先将它们卖出以获得充足的现金流。下面我们将讨论企业节约成本的一些方式。

（1）检查间接成本是否还有可降空间。间接成本是包含管理费用、营销费用等一系列难以形成直接量化关系的资源投入成本。降低企业的间接成本可有效的提升企业的盈利能力。

（2）在产品销售方面，尽量降低生产成本，提高定价。同时确定企业的"明星产品"及"现金牛"产品，增加现金流入，进一步开发"问号产品"，或直接放弃"问号产品"与"瘦狗产品"，减少企业不必要的资金投入。

（3）加强库存管理。如上文所提到的，均衡企业库存容量，大量的库存不仅固化了资金，还增加了企业管理库存的资本。

（4）灵活地运用税收政策。目前，国家对初创企业在税收方面给予了较大的扶持，出台了一系列的优惠政策，创业者应时刻关注税收政策，合理有效地利用税收政策为企业缓解资金压力。

（三）缓解资金危机的一些举措

在企业成立初期，由于创业者缺乏生产管理经验，在面对资金危机时经常会手足无措，错过解决问题的时期或采取了错误的应对措施，导致危机扩大。下述举措会帮助创业者度过现金危机。

1. 有计划地降低成本

虽然降低成本对企业利润的增加有着显著的影响，但也要避免毫无计划地大幅度降低成本，避免削减获取利润较大的项目，否则容易对企业的正常经营活动以及在顾客心中的形象产生不良的影响。

2. 学会放弃

虽然企业会追求更多的客户，但有时放弃一些麻烦的客户会给企业带来更好的效益。麻烦的客户会使企业的营销成本、管理成本等一系列直接、间接的成本增加，那么放弃这类客户也在无形之中减少了成本的投入。

3. 延缓工资的发放

如果可以说服员工延缓工资的发放，将这部分资金先放在公司里，那么企业的现金可能会多出数十万甚至上百万元，这将对公司的燃眉之急有良好的缓解作用。但这并不是上策，一定要注意抚慰员工的心理，获得员工的支持，共渡难关。

三、资产管理

资产管理也是企业财务管理中重要的一个环节，本书以初创企业资本结构为基础，对其流动资金和固定资金的管理进行分析与说明。

首先我们简单地对资本结构进行介绍。资本结构（capital structure）是指企业各种资本的构成及其比例关系。广义的资本结构指企业全部资本的构成，包含长期和短期资本，短期资本主要指短期的债务资本；而狭义的资本结构是指长期资本结构。资本结构是由企业的各种筹资及其方式所决定的，可以说企业的资本结构就是企业的债务资本的比率问题。

而企业的资金来源主要有两大类：第一是所有者权益；第二是负债。所有者权益是由所有者投资和留存收益构成。所有者投资是企业资金最初始的来源，留存收益是由企业的盈利而形成的不断地内部累积的结果。负债也是企业较为广泛的资金来源之一，资本结构就可以用所有者权益和负债的比例关系进行表达。

（一）流动资金的管理

流动资金是指投放在流动资产上的资金，是企业在一个营业周期内可以转化的现金资产，包含现金、应收账款和存货等。

1. 现金

现金是立即可以投入流通的交换媒介，包括企业的库存现金、各种银行存款与支票、汇票。对现金进行良好的管理有助于提升企业中现金的使用效率，避免现金短缺或大量现金闲置的现象出现。在对现金管理的过程中可采取如下的策略。

（1）努力实现现金流量同步。当企业的现金流入与流出发生的时间以及流量趋于一致时，那么将有利于企业将所持有的交易性现金余额降到最低水平。

（2）充分利用现金浮游量。现金浮游量是指企业存款账户上存款余额和银行账簿上企业存款账户余额之间的差额，是企业和银行之间未达的账项，在此时段仍是可以活用这笔资金的，但要防止发生银行存款透支的情况出现。

（3）加快收款与减慢还款。主要是指更加快速有效地收回应收账款，而尽量拖延应付账款的支付，为企业的现金资产带来有利的影响，这部分在上文已表述过，这里不再更多赘述。

2. 应收账款与存货的管理

应收账款与存货是流动资产的重要组成部分，而关于初创企业在应收账款与存货上可能面临的问题与可以采取的措施在上文已经进行了详细的阐述，详见本节第二部分中现金流管理策略。

（二）固定资产的管理

固定资产是指企业为生产产品、提供劳务、出租或经营生产的，使用超过一年的，单位价值在规定的标准以上的，并且在使用过程中保持原来物质形态的非货币性资产，包含房屋、建筑物、施工机械、运输设备、生产设备、仪器及试验设备、电子仪器等。由于固定资产是企业资产中的重要一项，同时提高固定资产的使用效率对企业的财务管理有着重要的影响，所以做好固定资产管理是企业必须做好的一项工作。

1. 固定资产的分级归口管理

由于企业的固定资产涉及各部门、多员工，所以建立固定资产管理的责任制，实行固定资产分级归口管理是有必要的。归口管理一般是在企业财务部门统一协调下，按照固定资产的类别，由企业的各个职能部门负责管理。各归口管理部门需对所分管的固定资产负责，保证其完好安全，具体的工作还是要落实到个人，做到每件物品有人管，层层负责，形成较为可靠的管理保障体系。

2. 固定资产的折旧

固定资产折旧是指一定时期内固定资产由于损耗而转移到商品中的价值。下面介绍固定资产计提折旧的范围。

（1）应计提折旧项：①房屋和建筑物；②再用的机器设备、仪器仪表、运输车辆、工具器具；③季节性停用和修理的设备；④以经营租赁方式租用的固定资产；⑤以融资租赁方式租入的固定资产。

（2）不计提折旧项：①房屋、建筑物以外的未使用、不需用的固定资产；②以经营租赁方式租入的固定资产；③已提足折旧仍继续使用的固定资产；④按照规定提取维护费的固定资产；⑤破产、关停企业的固定资产；⑥以前已经估价单独入账的土地。

3. 科学合理的进行固定资产的检修与更新

固定资产由于长期使用，会存在受损、腐蚀等情况造成损耗，为保障固定资产的正常使用，发挥最大能力进行企业的生产活动，企业必须对其进行定期的检修和保养。如果该固定资产已经不能继续支持企业正常的生产经营活动，那么就需要对固定资产进行更新。可以采取按原样进行更新，也可以采用更新的先进设备对企业的生产进行更好的支持，但还是要根据企业的实际情况进行科学合理的选择。

本章小结

初创期企业以生存为首要目标，人力资源管理、营销管理、财务管理在企业发展中发挥着非常重要的作用。初创期的企业应该从人力资源规划，招聘和选拔高绩效的员工，激励员工，留住高绩效的员工，以及企业文化的建立五个方面做好人力资源管理。良好的市场营销管理能力是新创企业成功的一个重要条件。本章主要关注新创企业面临的迫切需要解决的营销管理问题,即市场细分,目标市场选择与市场定位,市场营销组合,以及品牌创建与管理。在财务管理方面,由于初创期企业发展资金需求量较大,发展速度快,风险承担力较弱,因而初创期的企业既要最大化的筹集资金,以保障投资战略和企业总体战略的良好发展与实现,又要使筹资成本最小化,筹资风险最小化,以防止财务危机的发生。为避免企业发生财务危机,创业者需要时时关注企业的现金流量状况,并采用合适的现金流管理策略,管理企业库存、应收账款、应付账款,节约成本。资产管理也是企业财务管理中重要的一个环节,新创企业要加强流动资金和固定资金管理。本章以海尔集团为基础案例,在对新创企业的人力资源管理、市场营销管理、财务管理进行详细介绍的同时,插入海尔实施具体战略的案例,以方便读者更加深入地理解。

思 考 题

1. 初创期企业如何激励员工?
2. 初创期企业如何留住高绩效的员工?
3. 初创期企业如何进行市场细分,目标市场选择与市场定位?
4. 阐述初创期企业营销组合策略。
5. 初创期企业应采取什么样的财务战略?

第十一章
成长期企业管理

---- 本章学习目的 ----

了解企业成长的本质；
了解企业成长所面临的挑战；
掌握企业成长模式；
掌握企业成长的管理重点；
熟悉企业成长战略的选择。

引导案例　　　　　**京东的成长**

扫描此码　案例学习

新企业创建后，能够健康发展是所有企业都梦寐以求的。但是，由于企业处在不断变化的环境中，企业在成长过程中会面临不确定性和复杂性的挑战，要求企业要不断分析内外部环境的变化，把握企业成长的规律，通过不断的管理创新，推动企业健康成长。本章在对企业成长本质解析的基础上，描述企业成长模式、企业持续成长的管理重点，以及企业成长战略选择。

第一节　企业成长的本质

一、企业成长的内涵

（一）企业成长的概念

每个企业都希望不断成长壮大，但企业成长是一个痛苦的过程。企业是一个复杂的有机系统，在成长过程中需要源源不断地从环境中获得成长所需的各种资源和机会，并进行有效配置，解决企业成长过程中不断出现的问题。Timmons（1999）认为，创业过程是一个高度动态的过程，其中商机、资源、创业团队是创业过程中最重要的驱动元素，它们的存在和成长决定了创业企业的发展方向。

企业成长是一个不断发展的概念，是通过创新、变革和有效管理等手段积蓄、整合并促使资源增值，进而追求企业持续发展的过程。在企业发展过程中，企业的系统功能由不成熟转化为成熟，系统结构由简单单一转化为高级复杂。成长期的企业为适应不断变化的竞争环境，必须要改进原有的组织结构和经营体系，进而会引发企业内部的冲突和矛盾。例如，在企业初创期，企业刚刚步入市场，市场前景并不明朗，这个时期的创业团队高度团结，大家的目标一致，没有明确的分工，但是效率较高，创业的灵魂人物对团队每个人都施加影响。而随着市场局面的打开，企业业务快速发展，企业进入成长阶段。在这一时期，顾客的产品知识日益丰富，对质量、价格、交货等方面提出了更高的要求。与此同时，来自竞争对手的压力也越来越大。为了扩大规模，占据有利的市场地位，企业不再满足于现状，开始向产品多元化发展。新成员也不断涌入，对企业原有的经营理念和价值观也带来了很大的冲击。企业在发展过程中呈现出的这些矛盾和冲突就是企业成长过程中需要解决和革新的问题。

企业成长体现为"量"和"质"的变化。"量"的增加主要指的是企业资源量的增加，销售额的上升，资产的增加，盈利的提高等；"质"指的是企业的创新与变革，体现在不断积累企业发展的能力，从而发展成为一个更加先进和科学、更富有生机的企业组织。因此，企业健康成长的关键是在未来的一段时间内，既要实现"量"的扩张，又要实现"质"的变革。企业的规模是企业结构和功能的载体，如果企业规模太小，它就不可能有完善的结构和功能。但是，一方面，企业规模和企业的结构与功能只存在一定的相关性，而不是一种线性关系，不可能绝对地进行对应；另一方面，企业的结构和功能是相对于企业规模而存在的，它不存在绝对的好与不好，主要在于它是否适应环境及企业自身的要求和变化。此外，企业的结构和功能与企业的战略密切相关，还会受到企业所在地区或区域的企业群体的影响。

企业的结构主要是指企业的组织、制度、文化等构成及其相互关系；企业的功能主要是指企业的组织、制度、文化等发挥的作用及其对环境的反应与适应能力。企业建立后，经过一定时期的成长，最主要的就是企业的组织结构与企业的规模能够相适应，企业的制度框架与企业的组织结构相适应，企业文化与企业的组织结构、企业的制度框架相融合，即企业的组织结构、制度框架、企业文化等能够融为一体，且经得起比较大的环境波动和企业高层管理者的变动，成长到这个程度的企业可称为成熟企业。世界500强企业，特别是那些具有上百年历史的企业，多数都是经历过几度变革，具有顽强的生存与适应能力，具有抵御各种风险的能力。

通常情况下，成熟期企业为了可持续发展，要进行重大变革，我们一般把该阶段称为二次创业或再创业。在该阶段，企业可能经历一定的动荡或危机，出现暂时的经营业绩下降和组织技能弱化,但是企业变革一旦成功,就会进入一个新的成长期,重新焕发生命的潜能。当然,如果企业的变革失败了,也不得不进入消亡阶段。因此,可持续成长是企业在一个较长的时间内由小变大、由弱变强的不断变革过程。

(二)企业成长理论回顾

企业成长理论一直受到国内外经济学、管理学和社会学领域专家的关注和重视。学者们主要围绕企业成长的影响因素和企业成长过程两条主线对企业成长问题展开了研究。

1. 古典经济学的企业成长理论

古典经济学派主要通过研究劳动分工、企业组织和产业组织的作用来研究企业的成长问题。他们发现分工可以有效地提高劳动生产率、降低成本、提高企业的经济效益。古典经济学派的企业成长理论的代表人物是英国产业革命前夕的经济学家亚当·斯密,他在《国民财富的性质及其原因的研究》一书中虽然是在剖析国民财富增长之源,但其论述的许多内容却涉及企业成长问题,客观上间接指出了企业成长的源泉。

亚当·斯密通过对针织工厂的实地考察发现,分工作业提高了劳动者的技巧,减少了工作转换所损失的时间,大大提高了工作效率,推动了生产规模的扩大。随着企业规模的扩大,企业内部就可能采用更加不可分割的技术,这种技术使劳动分工进一步深化,引起规模报酬递增,企业规模自然也在进一步扩大,最终实现企业的成长。因此,单个企业的成长是与分工协作的程度正相关的。斯密还认为,分工的程度要受到市场规模的限制,市场对某种产品的需求足够大时,中间产品才可能被分离出来。

亚当·斯密关于"分工程度与市场容量决定企业成长"的见解在其之后的古典经济学家约翰·斯图亚特·穆勒那里得到了进一步地继承和发展。穆勒认为,企业是劳动联合和分工的结果,劳动者的联合需要足够的资本来供养,分工的专业化也会因为"配备昂贵机器的生产工艺"而需要大笔的资本。因此,穆勒认为,企业资本量的大小决定着企业规模的大小。正是由于规模经济对资本的需要和企业规模经济所产生的作用,才出现了大企业代替小企业的企业成长趋势。因而,穆勒的企业成长理论就是企业的规模经济理论。

在古典经济学中,对企业成长问题研究最全面的当属阿尔弗雷德·马歇尔。马歇尔的企业成长理论是由企业规模经济论(内部经济和外部经济)、企业的市场结构论和企业家理论等三部分构成。

(1)企业规模经济论。马歇尔把生产上的规模经济分为两种类型:内部经济性和外部经济性。在马歇尔看来,企业要想成长为大规模的经济,需要内部经济和外部经济同时具备。

(2)企业的市场结构论。马歇尔认为,企业完全有可能达到非常大的规模,甚至可以持续成长以至形成行业垄断地位。但现实中更大的可能是,企业将会随着成长后的规模越来越大,失去灵活性和进步的力量,从而竞争力下降,成长的负面效应超过正面效应,使企业丧失成长的势头。更重要的是随着企业的成长,企业家的精力和寿命会对企业成长形成制约,而且新的企业和年轻企业家的进入会对原有企业的垄断地位形成挑战,从而制约甚至打破行业垄断结构的维持。因此,其得出结论,企业的成长道路是艰难曲折且难以持续的,企业的成长不会造成持久的垄断市场结构。

(3)企业家理论。马歇尔认为,企业家是进行组织管理并承担风险的人,但不一定是雇主。企业家是企业"车轮"的轴心,是企业成长的关键和根本动力,无论是实现内部经济,还是突破销售障碍,都需要"能干、辛勤、富于进取心、有创造性和组织能力"的企业家。企业家是不同于一般职业阶层的特殊阶层,担负着敢于冒险和易于承担风险的特殊使命。企业成长的越大,风险就越大,企业家也就越重要。企业家才能对于企业成长至关重要。但马歇尔也不无遗憾地承认,企业家作为一种要素禀赋资源是十分稀缺的,如何才能使得有才能的人承担企业经营管理的职责更是一个现实且关键性的问题。

2. 新制度经济学的企业成长理论

新制度经济学的代表人物科斯提出了交易成本的概念。1937年科斯在《企业的性质》论文中将企业规模看成是交易成本与组织成本共同运动的结果。科斯认为,市场通过契约来约束交易,企业则通过权威来配置资源。如果以为数不多的企业内长期合同替代市场中为数众多的短期合同可以节约成本的话,那么作为价格机制替代物的企业便会自然出现,并且只要成本上的节约仍然存在,企业的规模和边界就会继续扩张,直到企业内部增加一笔交易所产生的成本等于在外部市场上完成同一笔交易所产生的成本为止。因而,企业的边界或规模由市场交易费用与企业管理成本的比较来确定,当企业内部的管理成本低于市场上的交易费用时,企业的边界就可以不断扩张,直至两项费用相等为止。

沿着科斯开创的企业是一种契约替代的思路,以德姆塞茨、阿尔钦等为代表的学者创立并发展了委托—代理理论,至此企业内部行为的模型首次建立起来。同时,基于契约理论,阿尔钦和德姆塞茨(1972)提出了"团队生产理论"。他们认为企业的本质特征并不是控制和雇佣关系,而是以独立个体签约组成的生产团队而存在的。

诺斯(1973)从制度角度分析认为,制度提供了人类相互影响的框架,影响企业制度变迁的四种因素是规模经济、外部性、风险和交易费用。企业制度的变化和发展存在着规模报酬递增和路径依赖的现象,即企业由一种制度演变为另一种制度时,存在利益不断增加和路径的自我强化现象。这扩展了人们对企业"生长—衰亡"机制的进一步认识。

3. 企业竞争战略成长理论

美国学者迈克尔·波特是企业竞争战略成长理论的代表人物。迈克尔·波特在其经典著作《竞争战略》中提出了行业结构分析模型,即"五力模型",认为决定企业获利能力的首要因素是"产业吸引力",企业战略的核心在于选择正确的行业,以及在行业中占据最具有吸引力的竞争位置。如何在竞争中求发展,波特给出了三种战略,即产品差异化、成本领先和市场集聚。波特认为,竞争优势是竞争战略的核心,而竞争优势源自企业内部的产品设计、生产、营销、销售、运输等多项独立的活动。基于此,波特运用价值链工具对其进行分析,形成了一个系统的竞争战略理论。企业竞争战略综合了资源利用、市场定位等多方面的内容,充实了企业成长理论研究的内涵,使企业成长理论的研究更为具体化和规范化。

4. 战略管理视角的企业成长论

基于战略管理视角的研究将企业成长理论推向一个更为细致的研究阶段。与传统的经济学的企业成长理论相比，战略管理视角的企业成长理论模型更注重从公司水平或者行业水平角度考虑影响公司成长的因素。

（1）安索夫的成长战略论。1965 年，安索夫在《公司战略》一书中从构成要素的角度对战略进行了描述，他认为，战略是一条贯穿于企业活动与产品或市场之间的"连线"。作为"连线"的战略，包括产品或市场范围、增长向量、协同效应和竞争优势四个要素。产品或市场范围主要说明企业目前提供的产品和其在该产品市场中所处的地位；增长向量是指企业打算进入的产品和市场领域；协同效应是指企业从现在的产品与市场领域向新的产品与市场领域深入时，由于现在和将来两个领域互相补充、互相促进，可以获得更大的经营效果；竞争优势是指在特定的产品和市场领域中，企业具有比竞争对手有优势的特殊属性。战略的四种要素是紧密相关的，它们共同决定着企业经营活动的发展方向和目标。安索夫的战略理论引入了"环境"要素，更注重企业外部，战略重心是提高企业对环境因素的融合性，从宏观层面上建立了企业成长战略模式。

（2）彭罗斯的企业成长论。最早正式地从理论上探寻企业成长问题的是英国籍女性经济学家伊迪丝·彭罗斯。1955 年彭罗斯在《美国经济评论》上发表了探讨企业规模与成长关系的经典文章，四年后，《企业成长理论》一书问世。彭罗斯首次系统地论述了企业的成长问题，被誉为现代企业成长理论的开创人。

彭罗斯的企业成长理论是一种纯内因成长论。她从资源、能力的角度研究企业成长，构建了"企业资源—企业能力—企业成长"的理论模型。该理论是以内部资源为侧重点的企业成长理论，强调利用现有资源与开发新资源之间求得平衡发展。企业的竞争优势来自于企业能够比竞争对手更好地掌握并利用某些资源及能力，强调资源与能力的结合。具体而言，首先，企业拥有的内部资源是决定企业能力的基础。企业的内部资源通常包括土地、设备、工人、管理人员、机器等，企业的资源尤其是那些未被妥善利用的资源是企业成长的动因，有效地利用这些资源可以显著地提高企业的效益。与此同时，企业能力决定了企业的成长速度、方式和界限；其次，彭罗斯认为企业的管理能力是企业成长的关键，管理能力决定了企业所有其他资源所能提供的产品和服务，最终制约企业的成长速度。现在通常把管理对企业成长的关键性约束作用称为"彭罗斯效应"。

（3）核心竞争力理论。核心竞争力理论从企业内部优势的培育与充分发挥角度来研究企业成长问题，代表人物是哈默尔和普拉哈拉德。他们在 1990 年发表在哈佛商业周刊上的《企业核心竞争力》中提出，核心竞争力是企业获取竞争优势的必要条件与主要驱动力，当核心竞争力转化为现实竞争力时，它必定能帮助企业占据有利地位；反过来又能为企业成长积累并整合核心能力，促进核心能力的培育。哈默尔和普拉哈拉德强调企业要：关注未来而非过去；关注内部独特资源而非外部环境；建立共同远景，而非刚愎自用。因而，哈默尔的战略思想的核心就是"重构竞争的基础"与"创造未来"。未来的竞争就是不断创造与把握出现的商机的竞争。企业要竞争成功，关键是做两件事：一是重新塑造现处的竞争空间，改变现有的游戏规则，即改变现有行业竞争优势的基础；二是创建一个全新的空间，以满足顾客的需求。

无论是新古典经济学还是新制度经济学，对企业成长概念的诠释主要集中于企业规模的扩大，即量的增长方面，而竞争战略成长理论和战略管理视角的企业成长论，则将企业成长的内涵扩展到质的层面。如今，几乎所有学者都认同，企业的成长是企业"量"的扩大和"质"的优化两个层面的统一。本质上，衡量创业企业成长的标准，无疑包括"质"的成长和"量"的成长。

综合上述观点，本书认为企业成长是指企业在一个相当长的时间内，保持企业整体绩效水平平衡、稳定增长的势头，或持续实现企业整体绩效的大幅度提升和企业发展质量与水平的阶段性跨越的发展过程。企业成长的本质特征可以概括为以下几点：首先，成长具有内在性，以及企业自身包含能够支持成长的内在要素；其次，成长动力来源的动态性，企业成长环境是一个复杂和混沌的动态系统，不同环境下支持企业成长的内在要素本质上也就不一样，这就意味着不同时期，企业成长的内在动力来源是不相同的，如20世纪90年代前规模经济是我国企业成长的主要基础，而进入21世纪后核心能力变成了企业获取竞争优势的内在根本；再次，成长的持续性，企业要成长，就需要在较长时间内，持续挖掘和利用资源，表现出整体扩张的态势；最后，企业成长要注重"质"与"量"的平衡。"量"主要表现为企业经营资源的增加，比如销售额、资产总量、利润等。"质"主要表现在经营资源的性质变化、结构重组，比如企业的创新力、环境的适应力等。总之，创业企业的成长过程，是其内部结构和功能的完善过程与规模扩张过程的统一。

二、企业成长的过程

大部分企业的成长都遵循组织生命周期，经历引入阶段、早期成长、持续成长、成熟和衰退阶段。企业所处的发展阶段不同，管理方式也有所区别。

（一）引入阶段

引入阶段是创业的初始阶段。这一阶段的企业主要依靠好的创意或好的市场机会而创立，创业者要决定新企业的核心能力是什么并且开始销售自己的初始产品和服务。这一阶段企业的管理重点是销售产品和服务，获得利润。只有获得足够的利润，企业才能存活下来，并得到发展。这一时期，企业组织结构相对简单，业务规模较小，创业者会亲自参与日常工作，而且尚未建立管理规范和规则，企业经营和发展主要靠的是领导者或合伙人的个人魅力。新企业的主要目标是有一个好的开始并且尝试在目标市场中获得足够的推动力。

这个阶段的主要挑战是新企业的产品和服务能否被市场所接受。为此，在该阶段很多新企业会尝试开发不同的产品，从中发现优势和不足，总结经验，为改进产品做好准备，并将这个过程复制到新业务中去。引入阶段持续时间的长短，依创业企业所选择的行业而不同。一般情况下为三到六个月，直到创业项目所经营的产品或服务投向市场，有客户接受时才算告以终结。

（二）早期成长阶段

随着企业的产品和服务被市场所接受，销售稳定增长并开始盈利。随之而来的企业管理的复杂性增加。这一阶段，创业企业设法提高产品市场份额，建立企业规章流程。创业者角色转变和企业管理规范化成为该阶段的重点。

创业者角色转变。随着产量的增加和市场规模的不断扩大，企业人员也在不断增加，企业管理难度加大，对创业者及其核心团队提出了更高的要求。创业者要改变在任何事情上都亲力亲为的习惯，学习如何管理企业、经营业务，学会选人、用人、育人，将合适的人放到合适的工作岗位上。如果创业者不愿进行这种转变，或不知道要转变，或不知道如何转变，新企业的发展将停滞不前。

企业管理规范化。企业的规范化对于企业的成长至关重要。随着企业的发展，新企业必须科学构建一套流程、规范或机制，以指导与规范员工，使企业管理由人管人转变为制度管人。

（三）持续成长阶段

当新企业经历了早期成长阶段之后，成长速度加快，销售节节上升，利润不断增加。这时的新企业正在设法利用自己的核心能力，开发新产品和服务，以进入新市场，并且试图与其他企业建立合作联盟。这要求新企业增加资源，提升管理能力，以满足企业发展的需求。具体体现为以下几个方面。

第一，提高创业者管理能力及管理团队素质。海尔的总裁张瑞敏曾说："我现在最怕的就是整个企业的员工太相信我了。如果我选错了路，往火坑里跳了，那么整个企业也跟着我往火坑里跳了。"所以，企业要成长需要创业者的觉悟及管理能力的提升。创业家应该根据公司的需要和自身的能力对自己的角色进行重新的定位，寻找一个自己能做出独特贡献的角色，或者聘请职业经理人，更新企业管理团队。在企业成长过程中，企业想要纵深发展，必须在管理观念和发展模式上获得质的突破，这就需要构建具有共同价值观、相互信任、彼此协作的高层管理团队。

第二，新企业建立正式的组织结构、规章制度在该阶段非常关键，而且创业者需要明晰自己的经营范围，只有完成了这些任务，新企业后续才能更健康地成长。

第三，关注企业文化。企业文化是企业凝聚力和活力的源泉，是企业的灵魂，是企业做大做强、持续发展的保障。该阶段要构建良好的企业文化，由制度管人转变为文化管人。

第四，加强技术创新与产品研发。技术创新与产品研发是构筑企业核心竞争力的关键，要更为深入地进行技术创新和产品研发，以提升产品的品质和高附加值，提升市场竞争力。

（四）成熟阶段

经历了持续成长阶段，企业进入成熟阶段，在成熟阶段后企业的成长将会很缓慢。此阶段企业建立了比较完善的规章制度与生产流程，企业更加关注经营效率的提高，创新缓慢。缺乏创新，也是该阶段的弊端，管理者需要尝试根据实际情况不断改变，研发正在销售产品的下一代产品，使企业能持续成长，否则企业会陷入停滞阶段。企业如果发现其产品和服务已经非常成熟，就会设法与其他企业结盟，不断提升发展动力。例如，百事可乐和可口可乐都处于成熟期，它们通过收购新企业并将其合并到自己成熟产品的网络中来不断提升发展动力。

（五）衰退阶段

新企业进入下降期或衰退期是不可避免的。即使是那些有着很长历史而且根据顾客的需求不断完善产品与服务的企业，也难免要受到相关创新产品的威胁。如果一家新企业缺乏目标且不具备核心竞争力，可能会进入衰退期。管理团队应该清楚潜在的威胁并始终保持警惕。

为了保证企业战略符合企业的成长阶段的特点，企业必须先认清自身的发展阶段。为此，企业不仅要考虑人员和业务规模，更应该从企业的组织结构、管理规范化程度、管理重点和企业面临的问题出发，来确定企业目前所处的发展阶段，采取相应的对策，推进企业发展。

三、企业成长的挑战

上述企业成长的每个阶段都要面临一系列的挑战，创业者必须熟知企业成长中的挑战并有计划地应对这些挑战。创业企业在不断总结经验中成长与壮大。

（一）不确定性带来的挑战

不确定性是指无法衡量、量化的风险，其带来的挑战是在没有获得足够的、有关环境因素的信息情况下必须做出决策，而决策人很难估计外部环境的变化。纷繁复杂、动荡不定的外部环境会对企业成长构成实质性影响。

处于不确定性的环境中，创业企业对未来的准确预测变得困难，产品或服务能否被顾客认可和接受具有很大的风险性。有许多环境因素会对企业产生影响，尽管其影响可能并不明显。企业必须面对这一现实并处理好环境的不确定性，才能保持其高效率。事实证明，只有那些对外部环境变化反应敏捷，且应对能力较强的企业才能生存和发展。无论战略管理理论还是战略管理实践，都将企业与环境的匹配视为基本假设，组织能否动态地适应环境是组织能否持续发展的关键。当今企业所处的环境呈现变化范围广、速度快、方向不确定等动态复杂系统的特点，而体现为创新、承担风险和超前行动等特征的创业活动则是应对环境不确定性的重要战略取向。

环境不确定性提高了企业各种战略失败的风险，使企业很难计算各种战略方案的成本和概率。企业试图通过分析已知信息使某些不确定因素具有一定的参考价值，力求将许多环境影响减少到使人们能够理解和可操作的程度。

当企业的经营环境存在较大不确定性时，企业领导者很容易选择两种决策模式：其一，不做长期规划，随波逐流；其二，拍脑袋作决策，听天由命。第一种方式无法形成企业的核心竞争力，很容易在市场竞争中处于下风；第二种方式是一个概率游戏，一旦失败，企业所有的经营努力就会前功尽弃。那么，面对不确定性，企业决策者有没有更好的选择呢？

不确定性具有主观性和时效性，同一个环境，同一件事情，对一个企业来说是不确定的，对另一个企业却可能是完全确定的。不确定性是根据主体的变化而变化的，而不是一个完全客观的存在。企业发展战略的一个很重要的目的，就是把企业的业务带入安全区域，减少发展过程中的不确定性。

另外，不确定性是针对未来而言的，随着时间的推移，不确定的程度、性质都会发生变化，最后所有的不确定都变成了确定，企业可以根据不确定性在不同时段上的变化进行决策。不确定性的主观性和时效性，使得企业针对不确定性拥有发挥主观能动性的战略空间，而不是无所作为。

对未来的预测，时间越靠后，不确定性的程度就越低。所以如果作为一项战略投入，应该说启动越晚，环境发生意外变故的不确定性就越低。但是启动晚，就无法拥有领先优势，甚至企业必须打破先进入者的贸易壁垒，才能够争得一席之地。这就要求企业必须有相应的实力才能做到，这就是以实力换时间，降低不确定性。

（二）管理能力带来的挑战

企业的基本任务是整合企业内部资源和企业获得的外部资源，以生产产品和服务，并赚取利润。彭罗斯认为，企业管理包含创业服务和管理服务。创业服务产生新市场、新产品和新服务创意，管理服务主要管理企业日常活动并确保新机会变得有利可图。引入新产品和服务创意需要管理服务，即管理能力。如果企业没有充足的管理服务来确保创意正确实施，不能充分利用机会开发新产品和新服务，管理"瓶颈"就出现了。再者，随着企业的成长，需要的人员也随之增加。市场并不一定能提供企业所需要的合适的雇员，特别是管理人员。而且，企业成长速度越快，管理者考虑岗位应聘者是否合格的时间就越少，那么选择不合适岗位应聘者的可能性就越大。因而，管理能力是制约企业成长的本质，提升管理能力并非易事。

（三）资金的约束

对于资金的需求伴随着整个企业生命周期，且大部分新企业对于资金的需求是不断增长的。"现金为王"是企业日常财务管理的最高指标，而随着企业成长，需要更多现金来服务客户，需要确保足够流动性资金来发放薪水并支付其他短期债务。通常，企业的成长不仅不会降低现金流管理带来的挑战，反而提高了现金流管理的挑战，原因是：尽管销售额的增加会为公司带来利润，但是销售额的增加又要求资产的增加，这就意味着需要更多的资金来增加资产，就会产生负的现金流。虽然公司可以通过提高财务杠杆来满足资金的需求，但一旦负债容量达到饱和，不能得到新的资金时，就会严重制约企业的成长。因此，新企业募集资本的能力决定了新企业成长计划是否能够实施。需要谨记的一点是，企业成长不要太快，当企业扩张的时候，一定要保持现金流的相应成长。

（四）价格战

不断成长的新企业会争夺竞争者的市场份额。竞争对手为了保住市场份额，会实施价格战。对于小企业而言，与既有企业的价格战有百害而无一利。因而，企业必须清晰定位自己的企业及产品，实施差异化战略，走专、精、特、新之路。通过满足于一个差异化市场的需求而获利。

（五）质量控制

具有出众质量声誉的产品和服务的创业企业，可以创造出具有持续竞争优势的经济租，因而优秀企业将质量培养作为企业持续竞争优势的来源。保持产品质量和顾客服务的高水平，是创业企业成长过程中面临的一个重要的挑战。伴随着企业活动的增加，不得不处理更多的服务请求，与更多的顾客、利益相关者和买主博弈。如果企业不能通过适当增加资源来管理成长，就会导致产品质量或服务水平下降，进而影响企业成长。

第二节　企业成长模式

一、爱迪斯企业生命周期模型

生命周期的概念最早是由美国著名管理学家爱迪斯于1989年提出的。爱迪思在《企业生命周期》中提出了企业的生命周期模型，将企业的生命周期分为三个阶段十个时期，如图11-1所示：一是成长阶段，包括孕育期、婴儿期、学步期、青春期；二是成熟阶段，包括盛年期、稳定期；三是老化阶段，包括贵族期、官僚化早期、官僚期、死亡。这十个阶段的演变是平衡灵活性与控制力矛盾的过程。

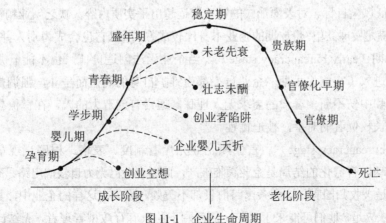

图11-1　企业生命周期

资料来源：伊查克·爱迪思.企业生命周期[M].北京：中国社会科学出版社，1997：96.

孕育期（courtship stage）。孕育期是企业创立之前的一个阶段，即梦想阶段。在这个时期，创业者向能抓住的每个人推荐自己的好主意。孕育期的最大特点就是创业者喜欢高谈阔论，却没有具体行动。

婴儿期（infant stage）。婴儿期不再是激情与幻想，而是实际的生存问题。企业在这阶段能否存在，取决于运营资金和创业者承诺的兑现。这时候的企业，没有明确的制度，缺乏必要的程序，预算相当有限，决策权高度集中。导致企业婴儿期夭折的因素是现金流断裂和创业者失去控制权或丧失责任心。

学步期（go-go stage）。当公司能够正常运转，产品和服务得到市场认可的时候，企业就进入了学步期。这一阶段，最常见的问题就是不会放弃。领导人会觉得任何机会都要考虑，涉入太多不相关的业务，精力不集中。此时，企业应该夯实基础，关注预算、组织结构、岗位职责、激励机制等基本制度建设。

青春期（adolescence stage）。青春期的企业，重要的是摆脱创业者的影响而进入规范化的治理阶段。这是十分痛苦的过程，即便创业者本人转变为职业经理人，其中的冲突也在所难免，同时还要建立规章制度和放权。这种转变的不良后果是企业行为缺乏连续性，员工间产生隔阂，新人和旧人不和。

盛年期（prime stage）。盛年期的企业是灵活性和控制力达到平衡状态的阶段，这是企业蒸蒸日上的时期。需要指出，盛年期并不处于企业发展的最高点。过了盛年期，发展曲线还会继续上升。这时的发展源泉，来自以前积累起来的活力。企业如果不滋养这种活力，就会逐渐丧失进取精神。

稳定期（stable stage）。稳定期是企业的转折点，虽然一切还是欣欣向荣，但是大家都越来越循规蹈矩安于现状。稳定期是企业的增长瓶颈期，发展曲线到达了顶点。表面上看，企业的组织运行有序，不再有为了企业发展的固执己见和剧烈争吵。公司里有时也会出现新的构想，但其却得不到以往的重视，企业轻易不会探索新的领域。表面上看，这一阶段没有大问题，高管层更多地会误以为这就是盛年期，但衰败的种子正在悄悄发芽。

贵族期（aristocracy stage）。贵族期企业不再有真正的长期目标和长远追求，而热衷于短期获利和低风险目标。对表面形式的重视远远超出了实质内容，缺乏创业精神，通常采取并购方式来满足发展欲望。贵族期的企业本身比较成熟，所以它也会成为别人并购的对象。

官僚化早期（early bureaucracy stage）。当企业无法创造价值，也不能兼并有价值的企业之时，就进入了官僚化早期。企业员工都为维护自身的利益而争斗，强调是别人造成了灾难，内讧和中伤不断，客户的需求无人理睬。通常有创造力的人，在官僚化内斗中往往不是那些擅长权位者的对手，被迫牺牲。

官僚期（bureaucracy stage）。官僚期企业充斥着制度、表格、程序、规章，但缺乏真正的经营活动。官僚化的结局是企业濒临破产，此时企业已无力自救，出路只有两条：接受政府补贴或是被收归国有。这两条出路前景都不美妙。因为在这样的企业中，具有创新精神的企业家无法立足，他们可能来了又走，最后剩下的只有行政型管理者，无法改变困境。

死亡（death）。爱迪思对企业死亡的定义是"已经没有资源鼓励人们为自己工作"。

一般来说，进入官僚期的企业，已经患上不治之症，死亡是迟早的事，不过，如果政治因素还能让它苟延残喘，那么它的死亡期会延长。等到政治力量不再对这个企业承担义务时，企业走向死亡。

爱迪思认为，企业成长的每个阶段都可以通过灵活性和可控性两个指标来体现：当企业初建或年轻时，充满灵活性，做出变革相对容易，但可控性较差，行为难以预测；当企业进入老化期，企业对行为的控制力较强，但缺乏灵活性，直到最终走向死亡。在不同的阶段，企业可能会陷入不同的陷阱中，如在学步期企业易陷入创业者陷阱；在青春期则面临新人与元老的矛盾。爱迪思探索了企业从兴起到衰败的典型路径，揭示了许多大企业及小企业的共同成长规律及变化模式。

二、葛雷纳企业成长模型

哈佛大学教授拉瑞·葛雷纳（Larry E. Greiner，1972）在《在演进与剧变中成长》中指出，组织的发展取决于五个关键因素，即组织的存续时间、组织的规模、演变期、剧变期和行业的增长率。这些因素相互作用，共同影响着组织的发展。由此，葛雷纳利用这五个标志企业成长的关键性概念建立了组织的发展模型。该模型主要描述企业成长过程中的演变（evolution）与变革（revolution）的辩证关系，很好地解释了企业的成长，进而成为研究企业成长的基础。

演变（evolution）反映企业的平稳成长过程；变革（revolution）反映企业组织的动荡过程。葛雷纳认为，企业的每个成长阶段都由前期的演进（直线）和后期的变革或危机（波浪线）组成，推动企业成长的动力和阻碍力量相互作用，能否突破这种阻碍是企业进入下一阶段而达到成长目的的关键，如图11-2所示。对于企业成长过程中的变革阶段，企业通过对关键因素的变革，使企业获得再次发展。这种成长阶段通过演进和变革相互作用的历程是该模型的主要特征之一。

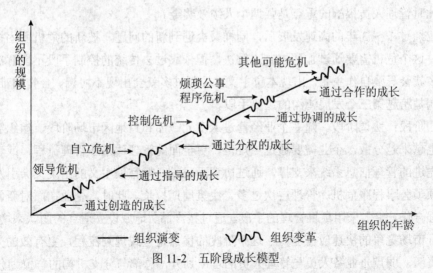

图11-2 五阶段成长模型

资料来源：L.E.Greiner.Evolution and Revolution as Organization Grow[J].Harvard Business Review，1972(7-8).

第一阶段：创立阶段。创立阶段是指企业初创期。创业者有了一个好的概念或想法，开发了一种新产品或服务，服务于某一个市场，企业通过创造而成长。在创业的初期，企业更多地依靠创业者的个人创造性和英雄主义。此阶段重点是强调研发，重视市场，强调如何将新产品迅速销售出去，企业能迅速成长，因此不需要太复杂的管理和战略，组织结构是非正式的、简单、灵活而集权的，管理控制体系以追求市场结果为导向，创业者拥有所有权。

经过 1～3 年的发展，随着员工日益增加，企业出现剧烈振荡。企业可能进入一个危险期，即领导危机。企业需要一个职业化的领导来进行科学的指导和管理，所以这时要么是创业者成长为职业化的领导，要么创业者找到一个更职业化的经理人，委派其进行控制。此时，需要创业者自我变革，同时创业者会发现，要继续监控发展这个企业还需要掌握更多的信息，并且有必要制定可行的发展战略。

第二个阶段：指导阶段。该阶段管理的重点是强调经营的效率，组织结构由创业初期的松散结构转变为正规、集权的集中式或职能型结构。指导型风格成为高层管理的普遍特征，控制体系通过建立责任中心和成本中心来实现，管理人员报酬的重点是进行薪金和绩效的挂钩考核。

企业发展到一定程度，又会出现一次振荡，即自立危机。主要原因是员工需要获得自主权，中、基层经理希望增加自主权。由于指导作用和员工的具体实践使其工作经验和水平不断提升，企业规模扩大、管理层次增加，都会刺激员工对自主权的渴求，从而导致企业发展出现新的鸿沟，此时需要授权，并建立一个更为规范的管理体系。

第三个阶段：分权化阶段。该阶段的重点就是授权，通过分权而实现成长。这时大多数企业高速成长，产品转向更为广泛的主流市场。随着员工人数迅速膨胀，部门快速分拆，销售地域和网络越来越分散，此时需要更多的授权。

企业发展到该阶段，市场开始快速扩张，组织演变成一种分散式和以地域为责任中心的结构，高层管理人员通过广泛授权，并采取定期述职报告和利润中心的手段来考核下属机构，此时管理人员报酬的重点是强调个人绩效奖金。

企业经过 1～3 年的高速发展后，同样又会遇到新的问题，被新的危机所困扰，即控制危机。这个危机需要通过加强控制来解决，但依靠过去传统的控制手段不能解决危机。授权过多就会导致自作主张，出现本位主义，控制过多就会出现不协调、合作困难的现象，因此协调是跨越第三个发展鸿沟的主要手段。

第四阶段：协调阶段。随着企业经营进入多元产品和跨地区市场阶段，组织会越来越庞大，也越来越分散，企业需要通过更规范、更全面的管理体系和管理流程，或者说是更多、更先进的管理信息系统来支撑，通过协调而成长。但官僚主义的出现又会引发新的危机，即烦琐公事程序危机、管理层次过多、决策周期拉长。此时，企业在面对新问题时，需要加强合作，更多采用项目管理的手段，通过按产品、地域设立适宜的团队来增强合作，进而提升市场竞争的快速应变能力。这个阶段的优点是正式规划流程，更有效的分配公司和当地资源，弱点是业务人员与管理人员的官僚划分，总部与分支机构的官僚划分。

在协调阶段企业管理要进行逐步调整，组织要重新整合，把基层人员分成若干的产品组，高层管理者在广泛授权后，又重新强调监督。管理人员更加融入企业，强调合作共赢，员工参与利润分享，并拥有股票期权。

第五阶段：合作阶段。企业通过合作，促进规模的进一步成长。进入到这一阶段的企业，或许已经进入国际市场，成长为一个全球性的公司了。

合作阶段的管理重点是要解决复杂化问题和进行创新，管理方法要更具体、灵活。企业要进一步发展，应加强不同领域之间的交流与合作以及资源共享、能力整合。此时，以强调合作为主旨的各种创新型组织形态应运而生。组织结构更多是团队和矩阵式管理，高层管理者的风格是参与式的，与下属共同制定目标。

第三节　企业持续成长的管理重点

一、企业文化建设

企业文化对新建企业以及创业企业成长都有现实意义。美国哈佛大学教授约翰·P.科特和詹姆斯·L.赫斯克特在《企业文化与经营业绩》中提出，企业文化"是指一个企业中各个部门，至少是企业高层管理者们所共同拥有的那些企业价值观念和经营实践。而部门文化则是指企业中一个分部的各个职能部门或地处不同地理环境的部门所拥有的那种共通的文化现象"。

初创企业是具有企业文化的，因而成长期的企业文化带有初创期企业文化的惯性，会延续并影响成长期企业的经营活动。但成长期企业的内外部环境特点与初创期大不相同，初创期企业文化很难适应新的竞争环境，因此必须对初创期的企业文化进行变革。变革是立足于成长期企业当前的内外部环境，取其精华、去其糟粕的筛选过程。在对企业传统文化的传承与更新过程中，企业会对新创期企业文化中仍能促进企业发展的核心价值观、企业精神等进行继承和发扬，并对与环境不匹配的文化在新环境的基础上予以变革。

一般看来，企业进行文化变革都要经历以下几个具体阶段。

进行企业文化评估，找到变革点。在企业文化变革的伊始，首先要对企业现有文化进行评估，选出适宜的企业文化进行继承和发扬，最重要的是找出落后的文化因子，寻找并发现问题。

成立企业文化变革领导小组。在确定企业文化需要变革，以及哪些方面需要变革后，成立一个实施企业文化变革的领导小组。它将负责企业文化变革的目标制定、方案制订，具体实施与控制。

企业内外环境调查。环境对企业的发展的影响作用是毋庸置疑的，因此，必须对企业的整体环境（内部和外部）进行深入的调查，对企业当前所处的环境有清晰的认知。

制订企业文化变革方案。在评估原有文化和调查环境之后，还需界定理想的企业文化状态，并制订企业文化变革方案。方案制订后，还要建立实施的计划体系，即方案细分和实施阶段的划分。

企业文化变革方案的实施。企业文化变革方案制订之后，就要按照既定的计划和方案来实施。在实施过程中，要特别注意员工参与问题和环境改造问题。

企业文化变革的评价。对企业文化变革的评价不仅是对变革结果的衡量，也是一种对变革的控制与修正。对企业文化变革进行测量，可以获得变革前后的对比信息。企业文化变革的评价不仅确立了以后工作的重点与问题，而且也是对所做工作的一种反馈。评价后，可能会对企业文化变革的方案进行调整，进而影响到变革方案的实施。

企业文化变革成果的保持与稳定。在对企业文化变革进行评价的过程中，若发现变革后的企业文化达到了预期效果，则要保持企业文化的相对稳定，并用以继续规范员工的行为。

二、战略规划

战略规划是指依据企业外部环境和自身状况及其变化来制定和实施的目标，它是一个正式的过程和仪式。一个完整的战略规划必须是可执行的，它包括三项基本内容：方向和目标、约束和政策、计划和指标。随着竞争环境的快速演变，战略规划变成企业高层拥有的一种常态意识，需要随着技术更新、模式升级、市场细分而变化。

新创企业战略规划的首要目标是生存，而成长期的企业生存问题已基本解决，而且企业规模不断扩大。面对机遇与挑战并存的外部环境，为增强自身的竞争力，赢得持续竞争优势，应根据企业成长期特点及企业内外部环境分析，对新创期企业的战略规划进行修正和更新，为企业制定长期和短期并存的适合当前经营环境的战略规划。

长期规划应建立在对企业所面临的机会与威胁，企业自身的优势和劣势全面分析的基础上。为使评估能反映企业的长期成长前景，对企业经营环境的分析应回答以下问题：全球的经济状况如何？国家的经济运行情况怎样？整个行业的状况如何？企业现阶段的状况如何？我们的产品（服务）是否受欢迎？谁是我们的主要竞争者？

在上述这些分析的基础上，创业者可以确定企业的长期目标。企业的长期目标是企业未来三到五年的目标，涉及企业前景、企业成长、新产品和新市场开发、利润、人力资源管理、客户关系、资金投入。基于上述的分析结果给出一个判断，如果企业不进行变革，那么企业能否持续成长？如果可以，就保持企业现有战略，不做变革；如果企业会消亡，那么就要考虑在目前的情况下，对内部进行哪些变革，再结合外部环境找出企业能够调整的地方，将内外部变革所导致的结果与不变革的结果进行比较，寻找变化和差别，判断这些变化和差别能否使企业成长，最后再来决定是不是要变革，以及怎么变革，并确定变革的目标。

假若目标是需要变革，企业应确定怎么样进行变革。此时需要拟订战略计划，具体要考虑使用什么手段、什么措施、什么方法来达到这个目标，包括：为实现目标是否投入技术研发来提升产品（服务）价值；是否开发新市场来推广产品；是否增加培训来提升员工素质；是否降价以取得竞争优势等具体实施策略。在每个具体的实施项目中，以上这些内容都要充分反映出来。例如，一个三年期的产品研发策略在正式推出之前须考虑市场调研、工艺设计、产品分析、技术检验等环节。这些环节都考虑成熟以后，计划才可能实施，才能考虑每一步骤的负责人，三年中每一年的完成情况和费用情况等。同时对每个环节可能遇到的风险进行分析，对每个环节可能存在的变数进行分析，实施应对风险和变数的措施。

制定战略规划的最后一步是对战略实施过程中的信息反馈与战略的调整。长期规划是3到5年的计划，需要定期监控计划的可行性，因此每年都要对其进行评估，决定是否终止计划，或制订新目标、新策略，以适应市场的变化。企业须认真分析这些变动，它们会对每个计划的预期值产生影响，再与实际经营的结果进行比较，确定这些变动是否可行。

长期规划与短期规划的差别除了在时间上，还有就是可量化性。短期的战略规划，落脚点应该是可评估、可衡量、可操作的规划，能够量化的目标是基础。比如，企业的市场份额要达到多少，销售额要达到多少，利润率要达到多少。最明显的短期计划就是年度市场营销计划，其只侧重于如何实现接下来12个月的目标。

三、企业组织的调整

对处于成长期的企业来说，要适应日趋复杂的管理事务，应考虑对企业的组织结构进行必要的调整。组织结构调整有各种不同的途径。

（一）建立新的部门或组织结构

处于初创期的企业，在规模较小时，企业的组织结构可以相对简单些，甚至是单一的，集权的组织结构。但时，随着企业的成长，简单的组织结构不能再有效协调组织运作时，就应建立一个新的职能型组织管理结构。或者是建立一个超职能部门的、负有特殊使命的组织结构或者小组，其职能就是解决企业成长中所遇到的特殊问题。但是需要清楚的是，这种增设人员或部门的办法并不一定能减少企业管理的复杂程度，只能减轻新问题对现有人员或部门的压力。

（二）简化机构以降低管理难度

在企业的成长期，随着企业规模扩大，企业的组织结构越来越复杂。这既增加了纵向的复杂性，也加大了横向的复杂性。此时整合部门职能，简化组织机构能够有效地提升管理效率。这种模块化的办法能够降低企业内部的管理成本，删除不必要的管理层级，也有利于降低管理难度。例如，企业采取收缩规模的战略时通常会缩小经营范围，删除不必要的职能部门，简化企业管理，以使管理层能够集中精力解决企业的问题。此外，随着企业的不断成长，业务范围不断扩大，企业管理成本不断上升，甚至逼近市场交易成本，此时外包也是一种有效的方法，这样企业内部可以避免增设机构和招聘新人。总体而言，这种途径的关键在于通过简化企业内部的运作过程、重新安排内部员工的职责,以及借助外部的力量来解决企业成长中的问题。

(三)适时进行结构重组

随着市场、经济和技术的不断演进,成长期企业需要对组织结构进行优化与更新,即通过适时的结构重组来推动企业成长。结构重组有利于从不同的角度去考虑存在的问题,优化企业各种资源要素的结构,提高资源利用效率降低成本,加速企业创新,提高企业的生产力和竞争力,有利于保持企业的可持续成长。但是,进行结构重组时要面临相当的风险,这不仅涉及外部环境变化的影响,也同企业内部的具体情况密切相关,如企业文化和领导者风格等。组织结构重组时风险与创新并存。

四、人力资源管理

人力资源管理是一个逐步完善的过程,企业发展的不同时期存在不同的问题,而成长期企业的动态性最强,可变的因素也最难把握。此时人力资源面临两个主要问题:一是企业人力需求急增,引入了大量新员工,给老员工及企业原有的价值观、行为规范带来巨大冲击,员工的素质和能力不能满足公司发展的需要;二是组织和流程方面,部门、岗位越来越多,权责划分不清,岗位匹配度下降,进而导致工作效率下降,员工积极性逐步降低。

成长期人力资源管理要围绕人才招聘与筛选、人员培训与开发、人员考核、薪酬与福利来展开。

(一)人才招聘

人才招聘应重点强调面试、录取、评估以及新员工的工作安排等方面。在招聘中注意针对岗位要求把握好三个方面的问题,即价值观、职业道德和技术能力。减少因价值观所导致的文化冲突,同时避免因成长期企业各项管理能力滞后,人员配比不合理所带来的管理风险,并为企业后续的发展储备人才。在企业的成长过程中,一些员工经常会投诉工作负荷过重,影响所有员工的工作热情,其应当受到严正的警告,如果这种行为得不到制止,创业者应该立刻解雇这些员工。在决定解雇员工的过程中,要有一个公正客观的员工业绩行为评估程序。员工应能定期得到反馈,任何出现的问题都要被明确指出,达到雇主和雇员都能接受的解决方案。在这一过程中,经常出现的导致员工被解雇的问题应被详细记录在案,这种问题常常能折射出新创企业内部机制中需要完善的方面。

(二)培训与开发

成长期企业的培训开发重点是岗位技能、管理思维和企业文化。培训开发的目的是要建立学习型组织及崇尚知识的企业文化,尽快让员工适应新环境,并不断扩展思路,激发员工的创新能力。制定适合成长期企业的培训制度，完善培训管理体系，加强对现有员工的培训，提高员工的文化素质和专业技术能力，并鼓励员工自学或参加社会上的各种专业培训。

（三）绩效考核

成长期的企业必须有科学合理的绩效管理来保驾护航，否则有可能造成"失之毫厘，谬以千里"的错误，一个有效的绩效管理体系应当是开放的、适宜的、全员参与的。先设计出一套简单可行的考评方法，然后逐步完善绩效管理活动的各个方面。在绩效考评过程中，不仅是考评过去的结果，还要考虑调整未来发展，加强事前计划及事后反馈，既要考评绩效结果，更要重视绩效考评的过程，尤其不能忽略绩效沟通和反馈。

（四）薪酬管理

成长期企业薪酬管理应当以理清企业权、责、利关系为目标，发挥最大限度的激励作用，重新安排员工的薪酬福利，以多种激励方式相配合的目标发展。首先，建立工资评价体系，同时向全体员工公开标准，对相应工资级别的员工进行资格评审和绩效评价，将考核结果透明公开化，营造公平竞争的环境；其次，注重培训、员工能力的全面发展和对员工的情感投入，实现物质与非物质薪酬的结合。在人才激励方面，要兼顾各方面的影响因素，必须结合企业的战略要求，兼顾高层管理者、中层管理者、研发人员、普通员工不同层次、不同群体的需求和利益，设计不同的薪酬组合结构。要允许部分员工参与企业剩余分配，通过人力资本股权化把员工个人利益与企业长期效益相结合。

五、市场营销策略

科特勒从营销的角度出发，提出"企业必须积极地创造并滋养市场""优秀的企业满足市场需求；杰出的企业创造市场"。企业从优秀到卓越的演变过程中，营销占据着重要的地位，关系着企业能否成功地开拓和占领市场，营销也是影响新创企业成长性的另一因素，是企业的技术能力、管理能力能否转化为市场价值的关键。

随着新创企业营销工作的有效开展，产品逐步被消费者所接受，销售额和利润同步增长，企业步入了成长的快车道。这一时期，展现在企业面前的是一个广阔的市场空间。然而，机会窗口打开的时间是有限的，如果不能及时抢占市场，就无法取得应有的领先优势。企业应进一步加强对策略选择的重视，以形成更多的竞争优势。

在成长阶段，企业可采取的营销策略有以下三种。

（一）多元市场策略

多元市场战略，是指企业开拓不同的多个市场，分散专注单一市场的风险。企业在市场的驱动下，通过调研、营销情报网络等开发新的产品和产品线，进行多元化营销。

（二）品牌渗透策略

品牌策略，是指企业将品牌作为核心竞争力，以获取差别利润与价值的战略。在企业的成长阶段，应该重视对品牌的塑造，并通过合理的方式向目标市场进行推广，进而提升消费者的品牌忠诚度。

（三）渠道扩展战略

随着生产规模的扩大，企业应该进一步拓展产品的销售渠道，优化渠道结构，并通过渠道的动态调整和控制在变化的环境中取得最优化的分销系统。

六、财务和资金控制

在快速成长阶段，财务管理问题更加突出，因为在这一阶段对资金流向何处保持严格监控是比较困难的。创业者应该明白，成长阶段的财务管理和资金控制比其他任何阶段更为重要。

（一）企业财务管理

成长期的企业管理是逆水行舟，不进则退。建立一个合适的财务管理体系对企业的发展至关重要，主要从以下四方面着手。

1. 财务战略

财务战略的目标就是控制企业的总体风险（经营风险和财务风险）。成长期的企业对产品生产技术的把握程度已大大提高，企业的经营风险有所降低。企业需加大投资，进行规模扩张，需要大量的资金，可以采用借款、债券等方式融资，控制企业的总体风险。

2. 全面预算管理

全面预算是指在企业战略目标的指导下，对企业的经营、资本和财务等方面进行总体规划与统筹安排，以达到合理利用企业资源，提高企业经济效益的目的。在成长期，企业战略侧重于营销方面，即通过市场营销来开发市场潜力和提高市场占有率。所以，预算管理的重点在于借助预算机制与管理形式来促进营销战略的全面落实，以取得企业可持续的竞争优势。

3. 财务估值

（1）市场法。市场法是基于相同或可比资产或负债的市场交易而产生的价格，以及利用其他相关的市场信息来计量公允价值。

（2）成本法。成本法是基于当前将要重置一项资产的服务能力的金额来计量公允价值。

（3）收益法。收益法是基于未来金额的现行市场期望所反映的价值来计量公允价值。

与上述公允价值的三个级次相对应，估值技术优先考虑市场法，其次考虑成本法，最后采用收益法。

4. 财务分析

财务分析是以财务报表及其他相关资料为依据，采用一系列专门的分析方法，对企业过去和现在的有关筹资、投资、经营与分配等活动进行分析，为利益相关者了解企业过去、评价现在、预测未来提供信息或依据。

（二）企业资金管理

在企业成长期需要格外注意资金的循环和周转，它包括资金的筹集、资金的投放与运用和收益分配三个内容。

1. 筹资战略

筹资战略要解决的问题是如何取得企业所需要的资金，解决这一问题关键是决定各种资金来源在总资金中所占的比例。处于成长期的企业已有盈利而且利润增长比较快，企业的融资环境已得到大大改善，融资方式的选择余地也增大，这时就可以利用财务杠杆效应，提高股利分配水平来吸引新的投资者，或者进行一定的负债融资。

2. 投放与运用

成长期企业的资金投放有多元投资战略与专业投资战略两种。企业实施多元投资可以最大限度地利用市场机会，分散企业经营风险，摆脱单一市场的有限性对企业发展的限制，从而增强企业竞争实力，实现企业持续稳定的成长。专业投资战略就是指企业将全部资源集中使用在最能代表自身优势的某一技术、某一市场或某种产品上。企业实施专业投资战略有利于提高企业的核心竞争力，从而实现企业走向成功。

3. 收益分配

公司的收益分配程序是：弥补以前年度亏损；提取法定公积金；提取任意公积金；向投资者分配利润或股利。确定收益分配政策应考虑的因素主要有：法律因素，股东因素，公司因素（主要考虑公司举债能力、未来投资机会、盈余稳定状况、资产流动状况、筹资成本等方面），其他因素（诸如债务合同限制、通货膨胀等）。

第四节 企业成长战略选择

一、内部成长战略

内部成长战略主要依靠企业内部活动，是指采取有效的市场渗透、新产品开发和国际扩张等策略，使企业获得生产、销售、利润和资源的发展，从而获得竞争优势，达到企业不断成长的目标。内部成长的独特性在于企业主要依赖自身竞争力、经营活动、自主创新和员工成长。由于内部成长不受制于外部干预，通常被称为有机成长。

内部成长战略通常有新产品开发、改进现有产品或服务、市场渗透战略和国际扩张。

（一）新产品开发

新产品开发是指企业创造性研制新产品，是增加企业收入和盈利的一种方式。新产品开发表现为发明、组合、减除和技术革新，新产品开发流程包括设计、生产和销售新产品（或服务）。在很多快速变动的产业，新产品开发为竞争所需，成长期企业通过开发新产品来获得并报出企业竞争优势。对特定行业的企业而言，持续开发新产品是生存的根本。尽管新产品开发的回报丰厚，但这是一种高风险战略。

有效的新产品和服务开发遵循以下步骤：①发现潜在需求并满足需求，很多成功的新产品填补了目前尚未满足的顾客需求，找到蓝海后开始研发；②提升产品价值，除了发现需求并满足需求外，相比同类商品，最成功的产品能为顾客带来更多的价值，企业必须销售能够创造价值并有潜力产生利润的产品或服务；③匹配质量和价格，每个产品代表着质量和价格的一种平衡，如果产品的质量和价格不匹配，产品可能会失败，甚至难以复苏，低质量高价格的产品没有市场，高质量低价格的产品没有利润，因而质量与价格要相匹配；④关注特定目标市场，每个新产品都应有一个特定的目标市场，这种专一性使企业在促销组合确定和分销渠道筛选上别具一格，"酒香不怕巷子深"的天真想法，常会导致企业失败；⑤进行持续的可行性分析，在产品上市后，应持续地进行可行性分析和营销调研，测试产品反馈，及时对产品进行渐进性调整。

（二）产品或服务改进

企业可以通过对产品和服务进行一定的改进来增加收入，如质量的改进、特点的改进、式样的改进、营销组合的改进等。改进产品或服务意味着提高产品或服务的价值和价格潜力。与开发新产品或服务相比，改进已有产品或服务的成本要低很多。

1. 质量改进

质量改进的目标是注重增加产品的功能特性，如耐用性、可靠性、速度、口味等。一个制造商通过推出"新颖和改进的"汽车、电视机或洗涤剂，通常能压倒其竞争对手。

2. 特点改进

特点改进的目标是注重产品的新特点，如尺寸、重量、材料、添加物、附件等，扩大产品的多功能性、安全性或便利性。新特点为公司建立了进步和领先地位的形象，而且能够赢得某些细分市场的忠诚。

3. 式样改进

式样改进战略的目的是注重于增加对产品的美学诉求。例如，在包装食品和家庭用品上，可以通过颜色和结构的变化，以及对包装式样不断更新，把包装作为该产品的一种延伸来吸引顾客。式样改进的优点是每家厂商可以获得一个独特的市场个性，以召集忠诚的追随者。

4. 营销组合改进

通过削价以吸引新试用者和新用户，渗透到比较多的销售网点，使产品能够进入某些新类型的分销渠道，增加广告费，采用廉价销售、舍去零头、打折扣、担保、赠品和竞赛等销售促进策略，增加销售人员的数量和提高销售质量，加快交货工作，扩大对顾客的技术援助，以及提供更多信贷等。但是，需要谨记的一点是：营销组合改进的主要问题是它们很容易被竞争者模仿，尤其是减价、附加服务和大量分销渗透等方法。因此，公司不大可能获得预期的利润，事实上在互相的逐步加紧的营销进攻中，所有的公司可能都经历过利润受侵蚀的过程。

（三）市场渗透

市场渗透是通过更多的营销活动或不断提高的生产能力和生产效率来增加产品或服务的新客户，从而开拓新市场的一种战略。

1. 提高市场渗透率

在市场渗透战略的前提下，预期目标的产品（服务）与当时市场可能拥有的产品（服务）的比例，称为市场渗透率。计算公式为预期市场需求与潜在的市场需求之比。市场渗透率一方面决定了商家的利润，另一方面还会影响到消费者的收益，进而对消费者是否愿意购置产品及服务产生影响。

一般而言，市场渗透率的提高是通过增加广告支出、开展促销活动、降价或扩大销售队伍的规模来实现。但当企业提高产能或效率时，市场渗透率可能提高，因为企业必然会销售更多产品或服务。对制造企业而言，它可以通过扩充厂房和设备或外包部分生产过程来增加产能。提高市场渗透率的最终目标是增加整体收入和净利润，如果发起成本高于其产生的净收益，那么这种战略就明显失效。

2. 产品线扩展

产品线是指同一产品种类中密切相关的一组产品。这种密切相关表现在它们功能相似，而且通过相同的渠道和在一定价格范围内卖给相同的顾客群体。一种产品组合由多种产品线组成，每个公司的产品线只是该行业整个范围的一部分。例如，宝马汽车公司的汽车在整个汽车市场上的定价属于中高档范围。如果公司超出现有的范围来增加它的产品线长度，这就叫产品线扩展。产品线扩展是公司在同样的品牌名称下面，在相同的产品种类中引进增加的项目内容，如新口味、形式、颜色、增加成分、包装规格等。公司可以向下或向上来扩展其产品线，或同时朝两个方向扩展。

向下扩展。向下扩展是指一家公司最初位于市场的中端，随后引进低价产品线，其原因为：其一，公司可能注意到在低档市场有巨大的成长机会；其二，公司可能希望拖住在低档产品市场的竞争者，使它不进入高档市场，如果公司在低档市场进攻竞争者，竞争者经常会决定在低档市场进行反击；其三，公司可能会发现中档市场处于停滞或衰退状态。一家公司在决定向低档市场扩展时面临着许多品牌选择。

向上扩展。公司可能会打算进入高档产品市场，它们也许被高档产品较高的增长率和较高的利润幅度所吸引，或是为了能有机会把自己定位于完整产品线的制造商上。

双向扩展。双向扩展是指定位于市场中端的公司可能会决定朝向上向下两个方向扩展其产品线。

产品线扩展是机遇与风险并存。机遇是:企业可以采用产品扩张战略将核心竞争力运用到相关领域,生产单一产品的企业无须额外开发费用就能扩张产品种类。利用消费者对现有品牌的认知度,在相关领域推出副品牌,通过较短的时间、较低的风险快速盈利,赢得竞争优势。风险体现为:产品线扩展可能使品牌名称丧失其特定的意义,且当产品线扩展的销售良好时,会吸引其他项目加入这条产品线。研究认为,成功的品牌往往是强势品牌的产品线拓展,有标志性的品牌,投入广告和促销多,进入市场较早。公司的规模和它的营销竞争也起重要作用。

产品扩张战略的盈利是需要时间和耐心的,企业必须清楚地理解品牌的核心资产要素,保证每次产品线延伸都能增强品牌的资产。

(四)跨国经营

跨国经营是创业企业成长的另一种常见形式。跨国经营是指企业为了在全球范围内获取竞争优势,通过对外投资,在国外设立分支机构或子公司等方式从事跨国经营。其特征是具有全球性的战略动机,目标是与竞争对手在全球市场上争夺客户,它要求企业在全世界范围内调配各种战略资源。

1. 跨国经营战略选择

创业企业进入国外市场的方式主要有出口、许可证经营、合资企业、特许经营及全资子公司。这些战略具有不同的优势及劣势,如表11-1所示。

表 11-1 不同的国外市场进入战略的主要优势和劣势

国外市场进入战略	优势	劣势
出口:在国内生产产品,将产品运送到国外市场。这是国际经营活动的初级方式	资金投入程度低,风险低	回报低,运输成本较高
全资子公司:一般在国外建立了全资子公司的企业已作出了在国外制造并长久待下去的决策	企业拥有对国外经营的全部控制权,回报较高	资金投入程度高,风险高
合资企业:母公司在东道国的企业中拥有非全部股份的子公司,合资双方按股权比例共负盈亏,共担风险	可以获得国外合作伙伴有关当地的顾客偏好和市场经验。资金投入程度适中,风险适中,回报适中	企业失去了对企业经营的部分控制
许可证经营:又称技术授权,是指用签订合同的方式,向技术购买方提供生产该出口产品所必需的技术和专利,然后由出让企业向使用方收取相应的费用和报酬。技术授权主要包括专利技术、专有技术以及授权方的商标使用权	许可证接受商支付海外经营所需的大部分资本。资金投入程度、风险低	回报低,国外企业可能会"脱离",并独自生产产品
特许经营:特许经营是指被特许经营者有偿地使用特许经营者的名称、商标、商誉、专有技术、产品及管理方式的权利	特许经营人支付海外经营所需的大部分资本。资金投入程度较低,风险适中,回报适中	失去对质量的控制

资料来源:高湘一. 跨国公司经营与管理 [M]. 北京:中国对外经济贸易出版社,2009:84-90.

2. 评估通过国际市场成长的可持续性

Bruce R.Barringer 和 R.Duane Ireland（2010）研究认为，创业企业在考虑通过跨国经营实现成长时要从管理或组织、产品和分销以及财务和风险管理等方面评估其国际市场成长的可持续性问题。如果能够成功解决上述问题，通过跨国经营实现成长，是创业企业的一个很好选择。

（1）管理或组织问题。管理层的承诺程度。企业首先应该测试管理层对进入国际市场的承诺程度，即测量管理层对国际化的投入和认同程度，它会影响管理层下达的政策和行为，进而影响国际化战略。一个得到恰当资助和实施的国际化战略需要高层管理者的支持。

国际经验的水平。企业应该评估国际市场经验的水平。很多创业企业在这个领域没有经验，如果创业企业缺乏国际经验，为成功实施国际化战略，必须雇佣出口管理公司来帮其熟悉出口的法律法规以及出口过程的其他细节。很多创业企业因认为海外销售同国内销售相差无几而犯了错误。

干预公司其他活动。学习国外的市场销售技巧会消耗创业者和管理层的大量时间。海外考察是必要的，把产品卖给其他不同文化、不同信仰的顾客，需要对市场的相关背景资料有详细的了解。企业应该权衡参与国际市场的优势和所需的时间成本以及对公司其他活动的干扰。

（2）产品和分销问题。产品问题。企业必须确定产品（服务）是否满足海外市场的需求。作出这个决策需要思考很多问题。例如，产品受当地文化氛围与传统信仰的干扰吗？产品的售后服务需要当地分销商来提供吗？产品需要重新设计以满足海外市场的顾客需求吗？在进入海外市场之前，所有这些问题都必须有合适的答案。企业不能简单假定产品在国外是可以畅销的。

分销问题。产品如何从中国运到国外？运输可靠吗？运费合适吗？产品是从中国出口还是必须在销售国制造呢？

（3）财务和风险管理问题。为出口经营融资，内部的经营融资能够资助国外事业吗？需要国外资本的资助吗？国外消费者如何付账？企业如何在国外收坏账？这些问题必须在开展海外销售之前得到合适的答复。

外币风险。如何管理汇率波动？如果创业企业位于中国并向日本的购买者销售产品，购买者应该支付人民币还是日元呢？

综上，尽管内部成长战略在成长期对企业发展有促进作用，但也存在制约因素。当企业到达成熟阶段后，很难通过内部方式维持成长。内部成长战略有其独特的优劣势。

内部成长战略的优势体现为：第一，内部成长战略是渐进的、平稳的成长，其风险相对较小。企业通过持续微调战略，进而适应不断变化的环境条件；第二，它在战略实施过程中能够控制企业走向和经营活动，尤其是对产品和服务质量的控制；第三，保护组织文化，企业无需将其组织文化与其他企业的组织文化相融合，企业可以在清晰易懂、一致的公司文化的支持下成长；第四，鼓励内部企业家精神，企业通过内部革新而不是在外部利害关系或兼并目标那里寻找创意,这能鼓励内部创业家精神和创新的组织氛围;第五,内部提拔员工,企业能够从组织内部提拔员工,提供一种强有力的激励员工的工具。

内部成长战略的劣势是:第一,成长缓慢,在企业缺乏内部发展所需要的资源时,内部发展是一个很缓慢的过程,在这个过程中,可能会错过市场机会,此外,在某些产业,企业无法获取充足资源实现自行开发,必须采取联盟或兼并的方式进行;第二,投资回收难度高,内部成长战略,如新产品开发,会有新产品或服务销售不出去的风险,开发成本可能很难回收;第三,行业利润水平下降,一些内部成长战略增加了产能,造成整个行业供过于求,最终导致行业整体盈利水平下降。

二、外部成长战略

随着信息技术的进步和经济全球化,企业间的联系越来越紧密,仅仅依靠企业自身的资源和能力难以实现企业成长。由此,通过控制或与第三方进行联合,分享所需外部资源使企业从外部获得扩张的战略引起了企业家的重视。因此,并购和战略联盟既被用来进入国外市场,也被看作实现外部成长的途径。

与缓慢的内部战略相比,追求外部成长的战略是一种更快速的合作方法。战略联盟将小企业和大公司放在同等的位置上,能够迅速获得专业指导、技术知识和销售渠道。同样,兼并其他企业可以得到专利和专有技术,而这些专利和专有技术需要企业花费很多时间和物质成本才能独立研制出来。

(一)兼并

兼并是企业扩张和成长的一种方式,而且也是通过有机的资本投入实现增长的一种可供选择的方法。在兼并过程中,企业组合起来,为了共同的目标而共享其资源,组合起来的公司中的各股东,通常仍然是这一联合实体的共同所有者。在一项兼并中,继续存在的企业称作兼并方,被兼并方称为目标企业。

兼并其他企业的一个重要的原因就是要增加市场支配力和行业巩固力。除此之外,兼并还能够满足扩张产品线、扩大销售渠道、取得竞争性规模经济或扩张企业的市场区域等需求。而且,兼并使企业拥有控制另一企业的权限,包括它的资产、知识、策略方向,从而降低了那些在战略联盟中出现的风险。但与战略联盟相比,并购承担了更高昂的投资风险。很多企业发现将其他企业吸收到自己目前经营中的过程是很难的,并且会导致财务紧张。

一般来说,企业兼并都要经过前期准备、方案设计、谈判签约和接管整合四个阶段。

1. 前期准备阶段

这一阶段最重要的是勾勒出拟兼并目标企业的轮廓,如所属行业、资产规模、生产能力、技术水平、市场占有率等。首先,调研市场,把潜在的目标企业列一个清单;然后,对可供选择的目标企业进行比较,决定其是否适合兼并。

2. 方案设计阶段

方案设计阶段就是根据筛选结果、限定条件（最高支付成本和支付方式等）及目标企业意图，对各项资料深入分析，设计出多种兼并方案，包括兼并范围（资产、债务和客户等）、兼并程序、支付成本、融资方式和税务安排等。

3. 谈判签约阶段

通过分析、甄选、修改兼并方案，最后确定具体可行的方案。兼并方案确定后并以此为核心内容制成收购建议书或意向书，作为与对方谈判的基础；若兼并方案符合双方利益要求，则双方进入谈判签约阶段；反之，则会被拒绝，兼并活动又重回起点。

4. 接管与整合阶段

双方签约后进行接管，同时在业务、人员、技术和文化等方面对目标企业进行整合。兼并后的整合是兼并程序的最后环节，也是决定兼并是否成功的重要环节。

（二）战略联盟

战略联盟是为了实现特定目标而采取的在两个或多个企业之间建立共担风险、共享资源的合作行动。战略联盟使企业专利、产品创新和市场范围增多。联盟一般是非正式的，并不需要创造一个新的实体。技术联盟和营销联盟是两种最常见的联盟形式。

1. 技术联盟

技术联盟主要体现在研发、工艺和制造的合作上。联盟通常将拥有特定技能的创业企业和拥有开发和营销经验的大型成熟企业联合到一起。通过互补性资产组合，它们往往能生产出产品，并迅速推向市场，这要比任何一个企业单干的速度更快，价格也更便宜。

2. 营销联盟

市场营销联盟多流行于生产制造业和服务业等，一般形式是将拥有分销系统的企业和拥有产品的企业匹配起来，重在利用各自价值体系中的营销网络来促进产品或服务的销售。营销联盟对合作双方而言逻辑比较简单。通过市场营销联盟能够提高市场营销的效率和市场控制的能力，更好地适应市场发展。

技术联盟和市场营销联盟允许企业专注于它们特定的专业知识领域，并与其他企业合作来弥补专业知识上的缺陷。这种方法对创业企业特别有吸引力，因为单个创业企业没有财务资源或时间来开发能将最终产品迅速带到市场上所需的所有竞争力。

战略联盟的优势：第一，提升核心竞争力，企业战略联盟之间可以共享资源，如知识、资本、掌握特殊技能的员工或先进的生产设备，而且，通过合作可以加快进入市场的速度，从而获得先行者优势，如开拓海外市场，战略联盟是性价比较高的可行方式；第二，压制竞争对手，通过战略联盟，企业能够获得竞争力和市场力量，可以用来压制或阻碍竞争对手的行动；第三，风险和成本分担，战略联盟和合资企业允许两个或多个企业分担某项特定商业活动的成本和风险，例如，产品研发环境，是一个高成本而又漫长的过程，而战略联盟可以通过加快信息传递速度和知识转移来规避风险；第四，规模经济，在很多产业，高固定成本要求企业必须建立合作关系，从而扩大生产规模，这是建立规模经济的一种有效方式。

战略联盟的劣势：第一，文化冲突，企业文化是一个企业的核心价值观，它一方面可以指导员工的工作，另一方面也影响公司的经营效率，战略联盟间企业文化存在差异，文化冲突会使联盟的实施和管理变得困难；第二，技术和信息外泄，合作伙伴可能会获取企业的专有的信息和技术，而合作伙伴可能会变为竞争对手；第三，管理难度加大，战略联盟是两个或多个企业的共同努力，经营活动经常会发生代价极高的延迟，同时，合作进行计划和决策可能会导致决策自主的丧失，这将提升管理难度；第四，依赖合作伙伴的风险，如果一个合作过分依赖另一个合作伙伴，就会出现权力不平衡，这种情况会加大强有力的一方投机的可能，从而利用了合作伙伴，最后导致联盟失败。战略联盟的失败率很高，联盟失败会对企业的财务和组织产生影响。

综上可知，外部成长战略是优势和劣势并存。优势主要有：第一，减少竞争对手，当企业兼并了竞争对手，自然减少了竞争，同时可以将潜在竞争对手变成合作伙伴，通过战略联盟的形式也能减少竞争数量；第二，得到有形和无形资产，包括专有产品和服务、新产品和新市场、技术和专业知识以及品牌和商誉，兼并和联盟通常是因其中一方想要合法获取另一方的资源才产生的；第三，规模经济，不管是通过兼并还是合作，两个或多个独立企业的组合一般会提升组合企业的规模经济；第四，分散企业风险，无论是兼并还是战略联盟，其中一个主要驱动力是分散企业风险。外部成长战略的劣势主要有：第一，组合带来冲突，参与兼并和战略联盟的企业会发生企业文化、高层管理者以及管理方式方面的冲突，而这些冲突会使经营活动难以开展、员工精神沮丧、成长绩效也不尽如人意；第二，增加企业复杂性，兼并和联盟通常发生在同一或密切相关的产业内，但不能排除一些创业企业会与无关产业的组织合作，这种方法会大大增加组合企业的复杂性，同时兼并和联盟会导致对合作企业品牌、技术、知识的依赖性，减少了企业在市场上建立和维持独特身份的能力；第三，丧失组织灵活性，兼并一个企业或与之合作将使企业不能兼并另一个企业或与之合作。

本章小结

企业是一个有机的复杂系统，在成长过程中需要将各项互动的要素调配得合理而有效，使企业源源不断地从环境中获得成长所需的各种资源和机会，并通过对资源的增值处理而得到发展。尽管大多数企业都致力于成长，但成长是把双刃剑。企业发展通常经历引入阶段、早期成长、持续成长、成熟、衰退，企业所处的发展阶段不同，把企业做大、做强、做长寿的思路也就不一样，一名创业者必须熟悉这些阶段的特点。企业成长阶段也面临着许多挑战，有不确定性带来的挑战，在日常管理中也存在包括现金流管理、价格稳定性、质量控制和资本约束等挑战。创业者从企业生命周期角度来理解企业成长。爱迪思认为企业生命周期包括三阶段（成长阶段、成熟阶段和老化阶段）十个时期。葛雷纳以销售收入和雇员人数为指标，提出一个五阶段成长模型（创立阶段、指导阶段、分权阶段、协调阶段和合作阶段）。掌握了企业成长模式的特点之后，创业者需要熟知企业在成长期的管理重点，即建立适宜的企业文化，做好战略规划、组织结构调整、人力资源管理、市场营销策略以及财务和资金控制。推动创业企业成长需要采取合适的战略，通常分为内部成长战略和外部成长战略。内部成长战略包括新产品开发，产品或服务改进，市场渗透和跨国经营，外部成长战略包括兼并和战略联盟。

思 考 题

1. 企业成长要面临哪些挑战和障碍？
2. 企业成长一般要经过哪些阶段？
3. 请阐释爱迪思的企业生命周期模型。
4. 请阐释葛雷纳企业成长模型。
5. 企业持续成长的管理重点是什么？
6. 企业成长战略有哪些？企业应如何选择成长战略？

第十二章
公司内创业

本章学习目的

了解公司内创业的概念和特点；
熟悉公司内创业和独立创业的异同；
了解公司内创业的过程；
掌握公司内创业的模式选择；
熟悉公司内创业可能遇到的障碍。

引导案例　　　　3M公司的内创业

扫描此码　案例学习

第一节　公司内创业的内涵

一、公司内创业定义

公司内创业（corporate entrepreneurship）又叫企业内创业或公司创业，该概念最初由 Miller（1983）提出，Miller 将人们对创业研究的焦点从个人创业者转移到了企业的层面。公司内创业是在原有企业的基础上通过局部变革使企业向更高的层次发展。Dollinger（2006）认为，公司内创业是指在大型企业里，建立起内部市场和规模相对较小的自主或者半自主的经营部门，以一种独特的方式利用企业的资源来生产产品，提供服务或技术。

公司创业作为企业增强实力获得超额利润的重要手段，被许多国内外大型企业所采纳。学者们关于公司创业的研究呈现出多层次、多方位的特征，并一致认为公司创业是重新利用公司资源的一个有效手段。创业不单单是指创办一个新组织或者开展某项新业务,就其实质而言,创业是一个创新的过程,通过创新获得新的产品或服务,创造出更大的价值。创新意味着变革、寻求新机会和承担风险,创新意味着创造新顾客以及改变人们的生活方式(张玉利,2004)。在原有企业中实现新的业态创新,也就是公司内创业。

公司内创业可以看作是公司在发展到一定程度后,通过重新整合资源,进行的内部创业行为,以获得更多价值创造,进而实现企业新成长。公司内创业可以是一个新业务开发,也可以是一个新产品开发,或者是已有组织结构重新变革。

公司内创业的方式有多种多样,或者通过技术革新改变产品的生产方式,或者通过管理理念的升级更新管理方式和组织的管理模式,或者通过新的市场营销策略开创顾客群,或者通过资本运作使企业改变经营方式,在研发、生产、销售、财务、服务等环节开展新的活动。

我们应该从广义的角度认识公司内创业,因此,结合以上学者的观点,本书认为,公司内创业是企业为了适应外部环境以及自身发展需要,通过开发新产品、改变生产经营方式等路径,获得更高的市场份额,或者追求更多的利润空间、开发更多顾客群的过程。

二、公司内创业的特点

公司内创业是创业的一种形式,因此同样具有创业的一些特征。创业是通过对信息、技能或资源创造性地改进,得到更有价值的产品或服务的过程。公司内创业有以下特点。

(一)组织依附性

与个体的创业活动不同,公司内创业是一个组织发展到一定程度后进行的创业活动,具有组织依附性。公司创业研究的是企业战略层面的创业活动,对象是已建企业。在公司内创业中,创业活动的实施体现了组织的想法和意志,是在获得组织许可和组织资源支持下的组织活动。这表明,公司内创业的发起不论是因为组织中的个人还是团队,其启动和实施公司内创业时的初始资源都来自于公司内部。因此,组织没有发展到一定的程度,是不可能存在公司内创业活动的。

(二)价值创造性

作为一种创业活动,公司内创业最根本的特点同样是追求价值创造。公司创业不仅仅局限于大公司,它强调的是在大、中、小各种规模企业中的创业动机和行为。公司内创业实际上是企业不断创造价值,履行推动社会发展的使命的过程。Stopford et al.(1994)普遍认为,创新是创业的核心,无论是运用现有的资源还是开发新的资源,重要的是创造出新的事物,创造出更具价值的产品或服务,创造出的事物更能为市场所接受。与创业不同的是,公司内创业不要求对所有的事物都进行改变,可以在原有的基础上改变其中的某一个环节以达到更新的效果。

公司内创业不但可以通过提供新的产品和服务为社会和消费者带来财富，同时还能够为企业带来财富。公司之所以出现创业行为，是为了通过不断地价值创造，保持自身的竞争力和发展前景。尤其是当公司发展到了"瓶颈"时期，再以原有的方式经营企业不会带来大的财富增值，因而，为了更加适应环境的变化，开创新的业务将为企业创新注入活力，以增加企业的生命周期。本质上，公司内创业应该被看作是基于行动或者是行动导向的概念，它在组织边界中运作，并把当前组织的产品、服务、技术、规范、结构和操作往新的方向延伸。

（三）风险承担性

公司内创业活动同样面临着风险。公司内创业具有打破常规追寻机会的特点，由于创业是在做前人所没有涉及的工作，在探索新道路时就可能遇到风险，风险的存在使创业活动只有在有准备的情况下才可实施。创业活动有成有败，在耗费大量的人力物力之后一无所获的创业活动也不计其数。然而公司内创业的风险相对比较小，因为公司内创业是公司在一定的发展规模下做出的决定，无论是人力、财力、物力都可以承担一定的风险，在面对风险的情况下可以使得企业保存部分实力。

（四）环境适应性

一些成功的企业将企业战略看作是企业发展的一项重要工作，正确把握企业的发展动态，制定符合企业发展的战略将使企业在很长的一段时间内保持持续快速发展。公司内创业不仅仅指新事业单位的创立，也包括其他相关的创新活动，如新产品、新服务、新的商业模式，以及新战略和新竞争态势的形成。公司内创业可以看作是原有企业对自身的调整，在不改变企业的使命和愿景的前提下，为了更加适应环境的要求，对企业的某一个或者多个业务环节进行创新，主动应对市场的变化，积极有效地防御外界带来的威胁和压力。

公司内创业是在内部创业者的努力下，通过组织的支持，进行价值创造活动，以达成多元化发展的方式，是把个人构想转化成集体行动的组织过程。同时，公司内创业也是在已有业务中诞生新的业务或转型现有的业务，实现组织转型，并通过资源重新组合，加上创新、风险、环境等要素来开发新产品、更新生产流程和创新组织系统，最终改变业务范围、竞争方式，从而激活企业的经营，并重新定义业务领域。

三、公司内创业者的特征

鼓励内部创业的企业氛围，有利于内部创业者更好地发挥自身才能，展开创业活动。内部创业者的特征体现为了解环境、有愿景与灵活性、具有团队精神、坦诚公开、建立支持者同盟、持之以恒等。

（一）了解环境

一个成功企业家应十分了解企业所处的环境。这种能力部分地反映在个人的创造力上。

对大多数人而言，创造力一般随着年龄的增加和教育程度的提高而逐渐下降。为创建一个成功的内部创业企业，个人必须具有创造力，并对公司内外部环境有着深刻的了解。

（二）愿景和灵活性

成功的内部创业者还必须是一个有愿景的领导者，并具备灵活性。尽管领导的定义很多，但是能最好地描述内部创业所需的领导定义是："一个领导者如同一位园丁：如果你想要西红柿，你就拿来种子，把它种在肥沃的土壤里，然后仔细浇灌、精心护理。你不是去制造西红柿，而是去培育它。"为创建一个成功的新企业，内部创业型领导必须要有梦想，并通过向其他人传递梦想而克服一切障碍，使之得以实现。同时，内部企业家必须具备灵活性，并能创造出各种管理方法。一个内部企业家并非"精心打理店铺"，而是要欢迎，甚至鼓励变革。通过对公司的信仰和假设的挑战，内部企业家就会有对组织结构进行创新的机会。

（三）团队精神

公司内创业者还必须积极鼓励团队精神。任何新公司的形成都需要大量的商业技能，如工程、生产、营销和财务。在创建新企业时，从组织内部招聘这些人员，常常需要跨越已有的部门结构和报告系统。为使这种破坏所造成的负面影响最小化，内部企业家必须是个优秀的外交官，使公司的团结精神不但不被打破，反而更强。

（四）坦诚公开

许多公司管理人员容易忘记，坦诚、公开的讨论和反对也是他们所受教育的一部分。相反，他们甚至会花费时间去建立各种保护壁垒，将自己隔离于公司。只有当相关的团队都感到在努力获得最佳的方案的过程中，其拥有反对或批评一项创意的自由时，一个成功的内部创业企业才能建立。团队之间的公开程度取决于内部企业家的开放程度。

（五）建立支持者同盟

开放也会促使支持者和鼓励者之间建立紧密的联盟。内部企业家必须鼓励和凝聚每个团队成员，尤其是在困难时期。这种鼓励非常重要，因为通常的职业生涯和工作安全激励在新建内部创业企业时并不能发挥作用。一个优秀的内部企业家应使每个人都成为英雄。

（六）持之以恒

在创建任何内部创业型新企业过程中，总会遇到挫折和阻力。只有通过内部企业家持之以恒的努力，才能使新企业得以创立，并使之成功地商业化。

四、公司内创业的必要性

创业是伴随一个企业成长的管理概念。在企业逐渐成长壮大后，实施公司内创业是保持自身发展的重要手段。随着经济全球化的发展，一个企业不仅要面临充满活力的小公司和小企业的竞争，同时也要面对世界上其他企业的强力竞争。现有大公司越来越感到环境中的竞争压力，从而不得不开始应对小型企业组织的灵活性和活力。另外，现有大公司自身也存在寻求创业、增强竞争能力的内在需要。所以，从其自身稳定发展的角度来讲，一个已创建公司要进行公司内创业。下面将分别从公司的角度和公司内创业家的角度来具体分析公司内创业的必要性。

（一）增强公司核心竞争力

处于成熟期的大型企业，更需要时刻注意市场动态，避免进入衰退期，警惕企业核心竞争力刚性陷阱。目前，公司大型化、集团化是全球化竞争条件下的一种趋势，而在这个趋势下，公司既要保持组织的动态灵活性，快速响应市场的需求，又要克服庞大组织所固有的低效率。进行公司内创业，既可以充分调动内部人员独立自主的积极性，增强公司的创业精神，又能够全面提升公司的核心竞争能力。

公司内创业是公司谋求长足发展的捷径之一；公司内创业是组织内部员工自身的需求，也是公司防止人才流失、留住优秀人才的"撒手锏"；公司内创业有助于在公司内部形成向心力和凝聚力；公司内创业能够为公司带来巨大的经济利益和长足的发展潜力；公司内创业有利于在公司内部形成一种新的、更具有竞争力的公司文化；公司员工在其工作过程中，往往能够有一些颇具创意的新发现。所以，公司内创业能够增强公司的核心竞争能力，是公司获得长足发展的重要途径，是公司组织的战略选择。

3M 公司为了企业的长足发展，在已有的成就上不断创新，开发更多的相关产品，使员工保持持续的工作动力。当然，公司要支持公司内创业，还需要根据自身的具体情况从不同的角度实施。比如公司可以从公司组织战略、组织和领导模式、业务流程以及网络协作等角度开展公司内创业。

（二）满足组织内部员工创新创业的需求

企业可以通过在组织内部培养一种创新创业精神，来克服对灵活性、成长性和多样化的阻力。20 世纪 50 年代末，美国行为科学家弗雷德里克·赫茨伯格在美国匹兹堡地区对两百名工程师和会计师所做的工作满意程度调查发现，职工在工作过程中的满意和不满意因素主要来自两个方面：属于工作本身或工作内容方面；属于工作环境或工作关系方面。他把前者称之为激励因素，后者称之为保健因素。据此，他提出了著名的激励因素—保健因素理论。类似于工资、福利、良好的工作条件之类的保健因素是必不可缺的，它们是员工安心工作的必要条件。然而，当传统的保健因素达到一定的程度之后，如工作待遇、福利等环境因素对员工的吸引力已经不再起决定性的激励作用时，能够对员工产生更积极效果的只有"激励因素"，也就是那些能够满足自我实现需要的因素，包括成就、赏识、更加富有挑战性和成长发展机会的新工作等。诚然，对于一个优秀的公司员工来说，他们不会甘于在为公司创造大量利润和业绩的同时却无法满足自身创业欲望的现状。此时，公司的成长往往落后于这些精英分子的成长速度。长此以往，这种状况将导致的后果只有两个：员工自我消沉或者跳槽离职。而这两个结果都是公司所有者所不愿意看到的。因此，公司内创业也是满足组织内部员工创新创业需求的一个重要途径。内部企业家精神最强烈地体现在组织的创业活动和高层管理的导向上。这些创业活动包括开发新业务、创新、自我更新和积极响应。

五、公司内创业与独立创业的异同

显然，无论是公司内创业还是独立创业，其本质都是一种创业活动。因此，公司内创业和独立创业的概念和内涵都存在许多相似性，在理论的研究和实践的应用中经常会引起混淆。为了更好地把握公司内创业的本质和特点，对独立创业和企业内创业的相似点和区别的研究非常重要。

（一）公司内创业和独立创业的相似点

不论是内部创业者还是独立的创业者，他们都寻求独立自主和自由发展，具备相当长期的洞察力；都轻视短期内的社会地位象征，而更为看重创业企业的启动等。两种创业形式其本质都是一个发现和捕获机会，通过对资源的独特整合，并利用机会创造价值的过程。陈龙（2007）等学者们总结出企业内创业和独立创企业之间的基本相似点，如表12-1所示。

表12-1 公司内创业与独立创业之间的相似点

都涉及对机会的审视和确定；
都需要有关于产品、服务或过程性质的独特商业概念；
都是受为团队工作的个人支持者的推动，使概念走向成果；
都需要创业者有能力平衡愿景与管理技巧、激情与实用主义以及进取与耐心之间的关系；
都涉及概念，在形成阶段非常脆弱，需要随时间适应；
都需要有能够成功融资的机会，对顾客来说价值创造和责任都是可预测的；
都会发现创业者碰到的抵触和障碍，需要毅力和形成创新解决方案的能力；
都需要承担风险，需要风险管理战略；
都需要创业者开发创新战略，平衡资源；
都有很强的不确定性

（二）公司内创业和独立创业的不同点

与独立创业相比，公司内创业有其独特性，例如公司内创业者在制定决策时可能受到更多的束缚，但是他们在筹集具有风险的财务资源时，需要付出的成本比普通创业者要低。具体来讲两者有以下区别。

首先，风险和报酬不同。对于公司内创业和独立创建一个企业来说，两者面临的风险类型都是相似的，例如，财务、市场、供应商、竞争等方面的风险，问题在于哪方真正承担了风险。在独立创业的环境下，所有的风险都在创业者身上。虽然，成功的创业者通常都善于分享或分摊风险，但是他们对于最后的风险是要负责的。他们的财务、专业以及个人都处于相当大的风险当中。同时他们获得的报酬也相当的丰厚。而对于公司内创业者来说，公司承担了大多数的风险。事实上，创业者承担的主要风险是职业。创业可能会危及未来的工资增长、职业进步，甚至是事业的成败。相应地，创业者常常发现在概念成功实施时获得的回报可能有限，大多数的利润都流向了公司。

在创业活动的特点方面，独立创业往往关注不确定性程度高，但投资需求少的市场机会，而公司内创业关注少量的、经过认真评估的、有丰厚利润的市场机会，回避不确定性程度高的市场机遇。

其次，两者的脆弱性不同。外部环境因素的变化，会给独立创业带来显著的影响。并且，无论新创业者取得了多么大的成功，一步严重的错误（如资金链的断裂、产品创新的失败等）就可能导致创业的失败。对公司内创业者来说，企业的良好平台与基础，减少了公司内创业的脆弱性。外部力量对于新创业者来说可能成为突出的问题，而企业内创业者则需要处理许多独特的内部挑战。在已建企业中，公司内创业者并不能享受新创企业者拥有的相对独立性，要受到企业文化、制度和各种规定的影响与制约。

最后，在资源获取和利用的方式上，两者有所不同。创业者需要从现有的市场上寻求开发创业机会所需的资源。内部创业者通常从组织内部寻求资源，这些资源目前往往未能得以利用或未能有效利用。独立创业者在严重的资源限制下运作，这些限制通常会导致核心概念和业务方向的重要修改。而公司内创业者则处于不同的情况，他们通常并不控制所需的资源，有用的资源在组织内是充足的，一些资源在企业内已预先存在，如著名的商标、已建立的客户基础、市场研究能力、分销渠道等。成功的公司内创业者以创造性的方式组合这些资源。根据Morris和Kuratko（2002）的总结，公司内创业和独立创业具体有以下不同，如表12-2所示。

表12-2 公司内创业与独立创业之间的不同点

公司内创业	独立创业
公司承担风险，创业者承担与职业相关风险；	创业者自己承担风险；
公司拥有概念，特别是围绕概念的知识产权；	创业者有自己的创意和业务；
创业者在公司内可能没有资产或很小的比例；	创业者拥有企业的全部或大部分；
创业者可以得到的回报有清楚的界定；	创业者的潜在回报是无限的；
对错误有宽容性，公司能承担失败；	走错一步将意味着可能失败；
不受外部影响；	易受外部影响；
有许多支持者，也能与许多人分享利益；	创业者有独立性；
规章、程序以及官僚主义阻碍公司的控制能力；	在变革过程、实验或尝试新方向时，具有弹性；
决策周期很长；	快速决策；
工作安全；	缺少安全感；
可靠的福利；	匮乏网络资源；
有一个很大网络，可以互相启发；	没有几个人可以沟通；
潜在的大规模和范围，并能快速实现；	规模和范围有限；
试验时可以得到财务、研发和生产设备的支持，可以得到已有的销售力量、品牌、分销渠道、数据库和市场研究资源以及顾客等资源的共享	严重的资源限制

资料来源：迈克尔·H.莫理斯，唐纳德·F.库拉特科，莫理斯，等.公司创业：组织内创业发展[M].杨燕绥等，译.北京：清华大学出版社，2005.

第二节 公司内创业的过程

公司内创业过程是已创建公司搜索创业机会，开发创业机会，进行价值创造并获得利润的过程。学者们从不同的角度对公司创业过程的阶段模型进行了探索，本节将进行介绍。

一、三阶段模型

Dougherty 和 Heller（1994）应用三阶段模型检验组织成员在产品创新过程中的认知能力与应对机制。他们根据公司内创业过程中的不同阶段需要解决的问题及应对策略，将公司内创业过程分为寻找新的市场机会、开发新产品或服务、将新业务融合到公司战略中三个阶段。

与个体创业相同，开始公司内创业首先要解决的是要有新的市场机会，在找到市场机会之后面临着产品或服务的开发问题，随后关键的一步是将新业务融合到企业战略中去。通过解决以上三个问题，将企业的创新创业活动串联起来，图 12-1 为公司内创业的三阶段模型。

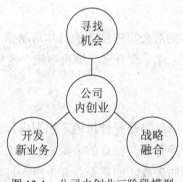

图 12-1　公司内创业三阶段模型

（一）寻找机会

公司内创业主要是开发新产品或者新战略的实施，首先应该寻找机会，在寻找机会中企业应该选择适合自己企业资源的项目，而且要本着企业的长期发展战略选择适合自身发展的项目。寻找适合的机会是项目成功的关键，要综合考虑企业自身能力和各种资源能力，进行慎重的项目评估、预测和规划。

（二）开发新业务

在选择好项目之后就要为项目开发进行资源整合。新项目的开发是一件很复杂的事，除了项目的日常管理，还要对项目进行风险控制，时刻关注市场变化，在不断的改进中逐渐实施新项目。需要注意的是，公司在开发新业务时，或多或少的会对公司的目前业务构成威胁，或者说，目前的业务也有可能对新业务产生障碍，这是公司需要努力协调的一个方面。

（三）战略融合

公司在进行创业时，要考虑公司整体的发展战略问题。公司的任何一次创业活动都应该能促进公司的长期发展，而且要和公司的总体战略相结合。战略融合阶段要使新项目充分和公司目前的人力资源、物力资源、财务资源相结合，而且要使新项目之间相互促进，在公司的总体战略指导下统一分配项目所需资源，使新项目逐渐成为公司的一部分，从而实现企业持续发展，增强企业竞争力。

Dougherty 和 Heller（1994）认为，在新业务开拓的不同阶段，组织成员要针对产生的不同认知问题采用相应的解决方法，以保证创业活动顺利地展开。任何一个公司创业都需要经历这三个阶段，但是，不同类型的创业活动在每个阶段需要解决的具体问题是不相同的，需要企业结合自身情况来开展。可以看到，三阶段模型没有强调公司内创业活动的具体流程，也没有指出创业结束之后的后续管理，而是指出了在开发的不同阶段企业应该解决的问题，通过问题的逐步解决最终实现公司内创业。

二、五阶段模型

Marc J. Dollinger（2006）则对公司内创业的具体活动作了介绍，他认为公司内创业由以下五个阶段构成：确定问题、建立联合体、调遣资源、实施项目、完成创业。

（一）确定问题

公司中存在的问题，也可以认为是一种机遇。识别内部创业问题或机遇的关键在于对变化的敏感性，对意外情况保持开明。创意的来源之一是出现了出人意料的事情，不论是出人意料的成功还是出人意料的失败。如果企业并未投入过多的精力，或者并未过于关注某项产品或服务，而消费者对该产品或服务需求旺盛，一旦投入了充足的资源，这种成功便可以成为新企业的来源。同样，如果某种产品失败，弄清楚为什么，并且确定消费者真正想要的是什么，也可以创办起内部创业企业。另外，如果产业或者企业的假设与经济现实之间的不一致也会引发内部创业的创意。

（二）建立联合体

内部创业者必须在公司内的组织架构中建立其广泛的联系，这有助于让这些机构支持创新性项目的早期开发。这类似于创业者寻求正规合作伙伴和支持者，也体现了组织各层级的相互协调能力。对于一个能得到支持的创意，它必须与公司的整体战略保持一定程度的协调，必须与公司的目标一致。但是，如果这项创新过于遵从公司的传统，那么它就无所谓创新，因此，这是一个两难的选择。但是为了推销自己的创意，内部创业者必须恰当处理。除了个人说服之外,争取支持和建立联合体的最好方式是撰写创业计划书。我们在第七章阐述了创业者如何撰写创业经营计划。内部创业计划与一般创业计划的主要区别如下:一是,内部创业计划不包含所有权环节,不用详细说明持股情况和出售股份的要求,公司"拥有"创业企业;二是,内部创业计划不用寻求外部融资,但其必须符合公司内部融资和资金预算标准所提出的要求;三是,内部创业计划需要对公司和内部创业企业之间的关系进行阐述。创业计划有助于内部创业者找到某个或一组保证人,为下一步获取资源奠定基础。

(三)调遣资源

公司内创业的第三阶段要求调遣资源。内部创业者与创业者寻求同种类型的资源:物质、技术、财务、组织、人力和声誉。为了使内部创业企业获得成功,这些资源必须稀缺、有价值、无法完全复制、没有更好的替代品。在获取资源的早期阶段,内部创业者可能要"借用"资源,而这些资源原本应该是分配给公司内的其他部门的。随着项目启动,资源需求增加,这时需要公司对内部公司创业给予官方和正式的认可。当内部公司创业通过公司内部资本市场的检验并且接受正式预算时,就算是得到了公司的认可。

(四)实施项目

该阶段类似于创业者公开创办自己的创业企业,只不过这里有多个层级的管理人员,这些管理者有不同程度的经验。另外,内部创业战略实施中也有类似的环境条件。内部创业者必须对产业环境进行评估,制定出恰当的决策。在这一过程,要对外部资源的流入保持开放,从外部招聘员工、引进技术也很有必要。最后,创业企业必须采取某种战略姿态,并且制定出相应的评估业绩和战略的标准。

(五)完成创业

如果公司内创业并不是很成功,则很有可能遭到分解,其资源由公司重新吸收。如果取得成功,则会继续坚持下去,公司一般会对其追加投资,这时候公司内创业的组织结构中的永久地位已经得以建立。如果因为某些原因(如不确定性、激励分配、机会主义)致使委托代理问题难以克服,那么它有可能从公司中剥离出去——成为一家完全独立的公司。在这种情况下,内部创业者可以从公司那里购买资源,然后将股份出售给投资公司或者让公司公开上市。

三、六阶段模型

Block 和 Millan(1993)认为,成功的公司内创业需要两种不同的领导和管理角色进行巧妙地合作,即公司高层和新业务管理层。他们将公司内创业过程分为六个阶段:构想新业务、选择新业务、启动新业务、监控新业务、推进新业务、总结提升新业务,如图 12-2 所示。

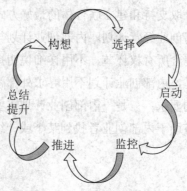

图 12-2　公司内创业六阶段模型

（一）构想

在六阶段模型中，构想新业务是公司内创业的前提阶段。公司通过分析市场机遇和自身能力得出创业的方向，构想可能来自市场的机会，也可能来自企业内部的发展需求。在一段时期内的构想可能会有很多，各个部门都会根据本部门的发展情况做出创新构想。此时公司应该积极响应，集思广益产生新构想，使构想的数量和质量能够符合公司的要求。公司高层需要决定公司创业举措在战略上是否必要，为激发创新和创业的思想与行动创造有利的组织条件，设计并构造管理创业活动的过程。

（二）选择

选择将要实施的构想是关键的一步。该阶段，公司高层要选择、评估新业务以及管理层，并建立激励补偿机制。公司要在诸多创业方向中进行精确的选择以确定具体的业务，因为企业的能力是有限的，在一定时期内不可能发展很多项目。因此，企业应该根据项目的实施难度和企业的资源情况，以及项目的紧急程度进行审慎选择。在选择项目时，企业应该要做到"三大问"。

首先，要问自己：是否有理由怀疑构想的提出动机？建议者是否感情用事夸大构想的效果？提案团队内部是否经过了充分讨论？新业务管理层要鉴别、评估和筛选市场机会，提出商业计划。

其次，需要提案团队考虑以下的问题：是否经过充分的市场调查并分析了部门内部实际需求？除了构想之外的其他方案考虑过了吗？是否知道团队提案的数据来源？

最后，要问构想本身：对基本情况的估计是否乐观？假设出现最糟糕的结局公司是否能够承受？

（三）启动

该阶段高层要决定各项新业务在企业内部如何定位，以及如何协调每项新业务之间的联系。任何一个新业务无论计划得多么好，不实施就永远不会有任何有益的效果。项目的启动阶段主要是收集大量有关新构想的信息，并且对项目实施配备人力、物力、财力、设定专门的管理团队。在启动阶段要做好企业内部员工的积极动员和新项目培训，使员工认识到新项目的实施会对企业和自身的长期发展起到积极的推动作用，这样才能避免项目实施过程中员工产生抵制心理。总之，新业务的管理层要在公司高层的支持下完善商业计划，并按计划着手进行组织和启动新业务。

（四）监控

新业务的实施过程中要对业务的执行进行实时监控。该阶段的主要目标是对新业务进行调控，防范风险。由于新创项目同企业的日常管理不同，在之后的实施过程中要进行实时监控，在项目进行过程中及时发现问题，因为新项目对于企业和员工来说都是陌生的东西，需要在实践的过程中不断纠错和完善，对于组织结构、资源利用情况和项目本身要边干边审查。

（五）推进

在新业务的执行过程中遇到的问题要进行及时改进，不断推进新业务的发展。对于有严重问题的构想应该考虑重新设定构想，以免进行下去给企业带来负担；对实施过程中产生的管理方面的问题应该及时向专业人员请教，改进管理方式，更好地配置资源；对人员方面出现的问题，如员工积极性不高，员工无法掌握核心技术等，企业高层应该加强员工培训，或引进更合适的员工。总之，在实施过程中应该对出现的问题进行及时改进。管理层要在不断地推进新业务的同时，提升新业务的生存能力，学会如何积极应对新业务与公司内部政策的冲突。

（六）总结与提升

新业务完成之后要及时总结经验，从而提升新业务的质量。新业务完成之后要对项目进行经验总结，以便在以后的新项目实施过程中加以利用，对于失败的项目更应该总结失败的原因，并且在之后的管理实践中吸取教训。高层和新业务管理层要学会运用系统的信息收集和分析方法促进公司创业过程的有效运作和管理。

在公司内创业的六阶段模型中，新业务的构想、选择、启动、监控、推进、总结提升活动之间相互制约、相互推进，形成一个封闭的循环。公司每进行一次新创项目，都要进行一次自我能力的审视，通过不断地反思和改进，使公司在成功创业的同时，不断提升企业自身的综合实力。

第三节 公司内创业的模式选择

新创建企业的形式往往比较单一，而公司内创业的模式要复杂得多。按照公司对创业活动介入程度由高到低，公司内创业模式主要有项目小组、内部创业、创业孵化器、创业并购、战略联盟、风险投资、新创事业衍生、创业扶持、创业基金。其中创业内容包括产品创新、市场创新、组织创新、战略创新和使命创新等。根据姜彦福和张帏（2005）的研究，比较常见的公司内创业模式为项目小组、内部创业、创业孵化器和公司风险投资。

一、项目小组

很多公司在创业的时候会筹备一个项目小组来更好地开展新业务。项目小组是所有模式中，公司介入程度最高的形式。在项目小组模式下，企业会将创新业务按照专业性质将其进行分解，并在公司的战略部署下，按照小组的形式进行，以任务为导向，从技术和理念等方面对公司现有业务进行创新和改进。

以项目小组形式开展创新业务的特点如下：新业务要服从公司的整体战略，并且与现有的业务有一定的联系，而且新业务有一个明确的目标，并将这个目标准确定位到某一个产品或某项成果。在新业务的开展过程中，所需要的资源资金全部由母公司来承担，母公司对新业务的开展制定详细的时间规划和成本规划，全力协助新业务的顺利开展。

然而，需要注意的是，公司内创业的模式容易导致"软预算约束"问题。软预算约束是指公司内部的新事业开启，资金需求往往会突破最开始的预算，而公司又无力对项目进程进行调整，使项目费用保持在预算之内。项目一旦启动便具有一定的刚性，同时由于新业务前景的不确定性，即使项目进行中费用超支，公司决策层也很难"忍痛割爱"，去终止项目，因为这意味着彻底放弃了成功的希望，会使前期投入变成沉没成本。

二、内部创业

公司内创业的另一种形式是内部创业，内部创业一般有两种方式，分别是自上而下的诱导性创业和自下而上的自发性创业。由企业内有创业意愿的员工发起的创新创业活动就是一种自下而上的内部创业形式。当内部创业家发现了新的、有发展潜力的创意时，就可以向上级管理层推荐，由他们决定是否支持这项创业。从长远的发展角度来看，公司应当鼓励员工进行与公司战略目标相同的创业活动，并为他们提供政策和资源上的支持；自上而下的创业是指高层领导者在企业战略指导下通过分析市场机会找出有利于公司发展的创业活动，高层领导者将这一创业活动分解到下级的工作中去。

内部创业的顺利进行需要公司为内部创业人员提供包括资金、设备、人力等各种资源。同时，进行内部创业要求组织结构能灵活转变，要想使新创业务得到快速发展，公司要具备灵活的组织机制、快速决策能力、信息畅通等柔性，而对于有一定发展规模的企业，这些却是很大的挑战。同时，新业务的发展壮大，将会对公司原有工作和业务产生影响，这也需要公司积极合理地调配相关资源，及时地做出应对。

三、创业孵化器

当新业务有了完善的规划和实质性的突破时,就需要为其提供资源支持,进行人力资源配备和组织结构的建立,此时新创业务应该进入企业孵化器中进行孵化。

创业孵化器是企业通过提供一系列新创企业发展所需要的管理和技术支持,帮助新创业务成功运作。企业通过建立孵化器,为新创业务提供硬件和软件支持,在资金、管理、人才和市场等方面提供咨询和支持,能够有效降低创业风险,提高成功率。公司将新创业务放入孵化器中,新业务以独立于公司的形式存在,其财务、营销和人事与母公司保持独立。公司通过孵化器对新业务进行资源提供,帮助新业务进行。母公司可通过孵化器的形式对拟进入的市场和拟采用的技术进行尝试性开发。在孵化器内的企业具有灵活性,可不断地在市场中寻求高盈利的可行机会,对其开发时即使发现不可行也可及时退出市场,不会造成过大损失。母公司可以利用孵化器进行多次创业尝试,在众多的尝试中发现最有利于企业的项目进行扩大开展。这样,公司通过多次试探可找出更佳的创业机遇,不但降低了失败概率,也能够为将来企业自身业务整合打下基础。

公司的资源是有限的,因此在进行孵化器探索时应该对新创项目的选择有一定的限制,使孵化器内的企业集中于某一个领域或相关行业,不断地积累公司在某一项目上的能力以抓住核心竞争优势。随着创业企业的不断壮大,其进一步地发展需要更大量的资金注入,这时可以考虑用公司风险投资的模式对新创企业进行投资。

四、公司风险投资

如果公司对新创项目评价较高,认为新创项目能够为公司带来竞争优势,就应该对新创业务进行风险投资来为创业项目聚集资金。公司风险投资是指有明确的业务的非金融公司在内部或外部进行的风险投资活动。

风险投资活动有两种方式:一种是把用于风险投资的资金委托给专业的投资机构,投资机构根据委托公司的战略进行投资目标的选择以及监控;另一种是公司直接成立风险投资集团或在企业内部建立风险投资部门,根据组织的需要为企业进行投资。然而无论是哪种方式的风险投资都有很大的风险,委托给专业的投资机构就会产生委托代理之间的信息不对称,而且会增大投资成本;若是公司自己建立投资部门则必须建立相应的管理机制和人员机制,而且对公司的能力和资源有很高的要求。

拓展案例

尽管有人认为2016年是资本寒冬,但苏宁控股集团董事长张近东表示,"无论资本的环境有多冷暖变幻,苏宁都将成为创业者们的坚强后盾,从资金、渠道、营销、平台等提供一揽子的全方位服务,真正为创业者们提供春意盎然的创业环境"。张近东认为,创业与球赛一样变幻莫测,但都需全力以赴。"我们常用'足球是圆的'来形容比赛的变幻莫测,不到最后一刻,什么情况都有可能发生。所以,球员在赛场上要时刻全神贯注、全力以赴。同样,对于创业者来说,创业路上的艰难困苦也阻挠不了我们始终保持激昂的斗志,我们把苏宁这种精神概括成'执着拼搏,永不言败',这也是我们创业成功的法宝。"

将创业作为终身职业的张近东,从自身"三次"创业经历出发分析了现在的创业形势。他指出,市场从来不缺机遇,从来不缺风口,现在是创业最好的时代。张近东分享了未来创业"三大风口":前沿技术带动的高科技、智能化产品将成为未来创业的一大热点;消费对中国经济贡献率达到了66.4%,已成为拉动经济增长的第一动力,大消费、大服务一旦与互联网结合会蕴藏着大量的创业机会;同时,传统产业正经历从"+互联网"到"互联网+",这将拉开中国新一轮的创新创业机遇。

"创新创业绝对不是三天打鱼、两天晒网的事情,不仅需要创意,还需要资金、技术、人才等大量的资源整合,以及时间的积累",张近东认为,只有坚持到最后的创新才具有价值,这就是"剩者为王"。

为了让更多的创新企业能够坚持走到成功,而不是倒在黎明前,苏宁在上海正式成立了苏宁投资集团,就是要围绕大消费、大服务,通过设立金石基金、鼎元基金、青创基金、文化基金和消费基金,3～5年内投资300～500亿元,重点扶持那些与技术进步和消费升级相关的创新企业。

苏宁面向大学生及青年创业群体,整合资源设立的"创业营",将提供包括资金、场地、培训、营销推广、产品销售等在内的全方位创业孵化服务,并主导成立了一期3亿元规模的青创基金,主要投向智能制造,文化娱乐,电竞及周边、二次元等新奇创意的创新。从传统零售到互联网零售,从单一产业到零售、地产、文创、投资、金融的多元产业布局,成功转型的苏宁自身就是创业创新的践行者。苏宁以强者的姿态进入创业营、创业投资领域,利用自身经验和资源优势,将企业资源与全社会共享,肩负起营造创业生态圈的重任,提供创业孵化服务,支持年轻人创业。

资料来源:http://www.iceo.com.cn/中国企业家网。

第四节　公司内创业的障碍及其克服

成功地开展公司内创业并不容易,要面临着一系列的挑战和障碍。Morris(1998)总结了影响公司内创业的组织因素,将障碍分为五种类型:体系、结构、文化、战略方向和人员。障碍的产生是因为矛盾的存在,企业进行内部创业是为了通过不确定性获得更大的收益,然而组织的存在是为了减少不确定性而获得稳定,组织中的人的存在也是为了减少不确定性而获得稳定薪水的工作。因此,相对于初创企业而言,公司内创业的矛盾较多,障碍较多（马一德，2007）。本书对企业内创业的障碍及解决方式进行如下总结。

一、组织结构

组织结构展现了工作任务如何进行分工和协作，是企业管理系统的框架。组织结构要适应组织的战略，组织战略决定组织结构的形式，如果组织结构不能很好地服务于组织的战略，将会使组织的发展受到阻碍。企业进行变革创新之后，组织的战略往往会发生或多或少的变化，如果不对组织结构进行及时的调整，就会影响创业的效果，甚至使创业活动功亏一篑。

一般而言，企业发展到一定规模后，组织结构上的官僚性和机械性特征突出，体现为：其一，创新精神消退，从高层管理到基层都不同程度地安于现状，墨守成规，思想僵化；其二，企业组织机构复杂、管理层次增多，当存在很多等级时，企业寻找市场机会的能力，重新分配资源、承担风险和有效实施市场转移的能力都会出现问题，此外，等级制度还会带来由上至下的管理和沟通渠道的限制性，造成组织中各个层次无法相互协调，无法让创新和变革活动顺利进行；其三，企业规章制度林立，程序复杂，过分依赖于已确定的或靠经验确定的方法，审批项目时复杂的审批周期和过于详细的文件要求，会造成企业对市场和产业变化反应迟钝，决策缓慢；其四，多重领导，从高层管理到基层员工之间，致使政出多门，责任不清，严重影响管理效率。

总体上说，组织结构的官僚性和机械性特征会影响企业的机会发现能力、管理能力、风险承担能力、资源整合和分配等能力。因此，在公司内创业的初期，应该对创业的整体流程做一个规划，将人力资源进行重新调整，对组织做出相应的变动。如果创业是为了建立一个鼓励创新、鼓励员工自我实现的环境，就应该将组织结构调整成扁平式，扩大管理幅度，增加员工授权及组织学习建设。将组织结构调整成与公司内创业战略相适应的状态，可以减少因组织结构而产生的对创业活动的影响，并增加公司内创业成功的可能性。

二、企业文化

企业文化是一个组织由其价值观、信念、仪式、处事方式等组成的企业独特的文化形象，它体现在企业日常运行中的方方面面。企业文化虽然是无形的，但是能够将全体员工凝聚到一起，使员工在企业目标的推动下充分发挥自身的能力，企业文化一旦形成就很难改变。对组织进行创新变革会改变以往的工作方式，甚至改变企业的发展文化，这对企业员工来讲是一个很大的冲击，在习惯了一种工作方式之后，员工很难在短时间内改变原有的工作方式和工作态度。因此，在进行公司内创业时要克服企业文化对创业的冲击。在内部创业中，创业者需要允许失败、善待失败的宽松进取的文化氛围，需要鼓励创新和创业的企业机制，而这些在传统企业文化背景下是不可能产生的。

为了更好地开展公司内创业，应当仔细审视当前的企业文化是否有利于创业氛围的形成和发展。对陈旧、落后以及不良的企业文化应当及时地修正，并努力塑造内部创业文化。企业文化也不是一成不变的，企业应该不断向员工解释企业文化，向员工说明企业进行内部创业并不有违企业发展，用发展的眼光看待企业的短期行为，用长远的视角关注企业文化的动态发展。

三、员工

公司内的员工也有可能会对新事业发展产生阻碍。进行公司内部创业往往伴随着巨大的变革和不确定性。由此，也难免会影响部分员工的利益，对组织结构的调整可能会使一部分员工的利益受损，此时就会有员工对公司的创业活动产生抵制情绪，这将不利于创业活动的进行。对于基层员工而言，裁员和减薪是对其最大的冲击，对于中高层领导者而言，职位的变迁或业务的改变都是影响其工作积极性的做法，如果员工对企业创业活动的抵制力量足够大，就会影响企业的正常发展。在新事业的发展开发过程中，企业员工的态度和对创业活动的支持对创业的成败有直接影响。为了减少来自员工的阻碍，企业应该对员工进行良好的培训。在创业之前，创造一种良好的创业气氛，引导员工积极地投身于企业创业过程中去；在创业过程中，要培训员工新的工作技能，使员工感到自己被公司重视，这样也为企业创业之后的人才需求做好准备，同时创业过程中由于资金比较紧张，适当减薪是必要的，公司可以用"带薪培训"来解决员工的这一顾虑；在创业活动完成之后，不能急于丢掉旧的工作方式，应该让员工逐渐从原来的工作方式过渡到创业之后的方式，这样员工更容易接受变革的成果。

四、原有业务

与新创企业不同，企业内创业是在已有企业的基础上进行创业。因此，在创业过程中就不可能忽视新事业对原有业务的影响。公司内创业过程中不能追求过大的风险，因为这样可能会影响到公司的原有业务。但是，若为了保持原有业务的正常发展而不敢冒险，就会失去一些机会。原有业务障碍对于每一个进行公司内创业的企业来说都各不一样，但是若把握不好程度就会对企业造成损失。

为了最大程度上减少原有业务的障碍，企业在创业过程中要做到步步为营。对创业过程的任何一个步骤，在做了详细地规划之后尽量减少长远计划的设定，因为环境处于不断的变化之中，过于长远的计划不仅不会对当前的新事业产生指导作用，反而会降低组织决策的灵活性，束缚新事业的发展。

五、创业资金

即使是企业内创业，也要重视资金的问题。企业在创业过程中的每一步都需要创业资金的投入,因此,资金充足是新事业发展的条件和保障。资金链的断裂导致了很多公司创业失败甚至影响企业本身发展。

一个完整的创业过程要经过技术观念创新、新技术内容的形成与完善、成功的实际应用与扩散三个基本阶段。在技术观念创新阶段,创业资金主要应用于创新概念的发展与市场潜力大小的分析,将要开发的产品或服务的技术、商业可行性及创新风险性的评价,创新收益评价以及制定创新规划;在新技术内容的形成与完善阶段,创新资金涉及实施设想所必需的研究开发资金,包括调研费、研究设备费、人工费、测试费、试制费等;在成功的实际应用与扩散阶段,企业需要的是创新成果应用所需的应用费或相应设备、基本生产条件的建设改造费以及支持增加销售额和市场研究的资金,还包括为形成批量生产所需的生产技术、设备工艺调整费,降低生产成本所需的投资费,市场促销费和其他管理费用。国外企业经验表明,企业的研究开发经费只有达到其销售收入的 7.8% 以上,才具有较强的竞争能力,5% 只能维持企业的生存,小于 3% 的企业则极易陷入破产消亡的境地。据统计,目前中国绝大多数企业的研究开发投资仅占其销售收入的 0.5% 左右,只有极少数先进企业才能达到 5%～7%。中国企业创业水平偏低是与创业资金不足状况直接相关的,并由此形成企业缺乏资金—企业研究开发资金投入不足—企业创业能力不强—产品无竞争力—企业缺乏资金的恶性循环。

企业要想获得创业活动的成功,需要以各种形式投入充分的创业资金,在公司内创业之初就应该进行资金的预算,并且在创业过程中的每一步都合理控制资金。创业资金的来源主要是公司内的其他产品的利润。因此,在企业创业过程中高层管理者要保持头脑清醒,保障充足的资金,避免因资金链的断裂而使得新事业失败,甚至影响其他业务的正常发展。

六、公司内创业者

除了上述在创业活动中会遇到的障碍,公司内创业者也会遇到很多挑战。与普通创业一样,公司内创业活动的成功需要人作为重要的推动要素,在这一过程中需要公司内创业者发挥主观能动性克服各项挑战。公司内创业者面临的困难包括时间和精力方面的约束、创业活动回报的约束、知识和素质方面的约束、政治手段方面的约束等。

------------ **本 章 小 结** ------------

公司内创业是企业为了适应外部环境以及自身发展需要,通过开发新产品、改变生产经营方式等路径,获得更高的市场份额,或者追求更多的利润空间、开发更多顾客群的过程。公司内创业具有组织依附性、价值创造性、风险承担性、环境适应性特征,内部创业者的特征体现为:了解环境、有愿景与灵活性、具有团队精神、坦诚公开、建立支持者同盟、持之以恒等。公司内创业有助于增强公司核心竞争力,满足组织内部员工创新创业的需求。关于公司内创业的过程,学者从不同的角度对公司创业过程的阶段模型进行了探索,主要

包括Dougherty和Heller（1994）的三阶段模型，Dollinger（2006）的五阶段模型及Block和Millan（1993）的公司内创业六阶段模型。公司内创业有不同的模式，主要有项目小组、内部创业、创业孵化器、公司风险投资等，公司可以根据自身情况进行选择。成功地开展公司内创业并不容易，在组织结构、企业文化、员工、原有业务、创业资金、公司内创业者等方面面临着一系列的挑战和障碍，值得创业者注意，要找到克服这些障碍的方法。

案例分析　　小米生态链：不协同效应正在出现

扫描此码　案例学习

思考题

1. 公司内创业有何特点？
2. 公司内创业和独立创业有何异同？
3. 公司内创业的过程如何？
4. 公司内创业有哪些可供选择的模式？
5. 公司内创业可能遇到哪些障碍？

参考文献

[1] Alvarez S A, Barney J B. Discovery and Creation: Alternative Theories of Entrepreneurial Action [J]. Strategic Entrepreneurship Journal.2007, 1(1-2): 11-26.

[2] Ardichvili A, Cardozo R, Ray S. A Theory of Entrepreneurial Development[J]. Journal of Business Venturing. 2003, 18: 105-123.

[3] B. Barringer,J. Harrison. Walking a Tightrope: Creating Value through Interorganirational Relationships [J]. Journal of Management.2000,26(3):367-403.

[4] Baumol, W.J.Formal Entrepreneurship Theory in Economics: Existence and Bounds[J]. Journal of Business Venturing.1993,8(3):197-210.

[5] Beibin. Team Roles at Work [M].Oxford: Uterworth. Heinemann，1996.

[6] Block Z, Macmillan I C.. Corporate Venturing: Creating New Businesses within the Firm [M]. Boston, MA: Harvard Business School Press, 1993.

[7] Carroll，A B. A Three-Dimensional Conceptual Model of Corporate Performance [J]. The Academy of Management Review.1979 (4): 497-505.

[8] Christos Pitelis. The Growth of the Firm: The Legacy of Edith Penrose[M]. Oxford University Press, 2002.

[9] Cole，A.H. Definition of Entrepreneurship. In:J.L.Komives(Eds.), Karl A.Bostrom Seminar in the Study of Enterprise. Milwaukee: Center for Venture Management, 1969: 10-22.

[10] Dougherty D, Heller T. The Illegitimacy of Successful Product Innovation in Established Firms [J]. Organization Science, 1994, 5(2): 200-218.

[11] Eckhardt H T, Shane S A. Opportunities and Entrepreneurship[J]. Journal of Management. 2003, (29): 333-349.

[12] Gartner，W.B. "Who Is an Entrepreneur?" is the Wrong Question[J]. American Journal of Small Business. 1988, 12(4): 22.

[13] Gumpert D E, Stevenson H H. The heart of Entrepreneurship[J]. Harvard Business Review, 1985, 63(2):85-94.

[14] Harvey Leibenstein. Entrepreneurship and Development[J]. The American Economic Review. 1968, 58(2): 72-83.

[15] Kirzner，I.M. Entrepreneurial Discovery and the Competitive Market Process: An Austrian Approach[J]. Journal of Economic Literature. 1997 (3): 60-85.

[16] L. E. Greiner.Evolution and Revolution as Organization Grow[J]. Harvard Business Review. 1972(7-8).

[17] Langeler G H. The Vision Trap [J]. Harvard Business Review.1992 (3-4).

[18] Lumpkin G T, Dess G. Clarifying the Entrepreneurial Orientation Construct and Linking It to Performance[J].The Academy of Management Review. 1996, 21(1): 135-172.

[19] Michael E.Porter. Competitive Advantage: Cresting and Sustaining Performance [M]. A Division of Simon & Schuster Adult Publishing Group press, 1985, 1988.

[20] Michael E.Porter. Competitive Advantage:Creating and Sustaining Superior Performance[M]. New York：Simon and Schuster, 1985.

[21] Morris M H, Kuratko D F. Corporate Entrepreneurship: Entrepreneurial Development within Organizations [M]. South-Western Pub, 2002.

[22] Morris M, Kuratko D. Corporate Entrepreneurship [M].Harcourt College Publishers, 2002.

[23] Morris M, Lewis P, and Sexton D. Reconceptualizing Entrepreneurship: An Input-Output Perspective [J]. Advanced Management Journal. 1994, 59(1): 21-31.

[24] Osterwalder A, Pigneur Y, Tucci C L. Clarifying Business Models: Origins, Present, and Future of the Concept [J]. Communications of the Association for Information Systems. 2005, 16(16): 751-755.

[25] Porter M E. On Competition [M]. New York: Free Press,1998.

[26] Rainer Alt, H D Zimmermann. Preface: Introduction to Special Section-Business Models [J]. Electronic Markets. 2001, 11(1): 3-9.

[27] Rita McGratn, Ian MacMillan, the Entrepreneurial Mindset[M]. Boston, MA: Harvard Business School Press, 2000.

[28] Schumpeter J. The Theory of Economic Development[M]. Cambridge: University of Harvard, 1934.

[29] Zahra. S. A. Predictors and Financial Outcomes of Corporate Entrepreneurship: An Exploratory Study[J]. Journal of Business Venturing. 1991, (6): 259-285.

[30] 彼得·德鲁克. 创新与企业家精神 [M]. 蔡文燕，译. 北京：机械工业出版社，2007.

[31] 布鲁斯·R. 巴林格, R. 杜安·爱尔兰. 创业管理：成功创建新企业 [M]. 杨俊，薛红志，等译. 张玉利，审校. 北京：机械工业出版社，2010.

[32] 丁栋虹. 创业管理 [M]. 北京：清华大学出版社，2006.

[33] 范建，王建文. 公司法 [M]. 北京：法律出版社，2015.

[34] 菲利普·科特勒, 凯文·莱恩·凯勒. 营销管理 [M]. 何佳讯，于洪彦，牛永革，徐岚，

董伊人，金钰，译. 上海：格致出版社，2016.

[35] 高建，姜彦福，李习保，程源. 全球创业观察中国报告（2007）[M]. 北京：清华大学出版社，2008.

[36] 林汉川，邱红，方巍. 中小企业管理3版. [M]. 北京：高等教育出版社，2016.

[37] 林嵩，谢作渺. 创业学：原理与实践[M]. 北京：清华大学出版社，2008.

[38] 刘延东. 深入推进创新创业教育改革 培养大众创业万众创新生力军[N]. 中国教育报，2015-10-26（1）.

[39] 罗伯特·A. 巴隆，斯科特·A. 谢恩. 创业管理：基于过程的观点[M]. 张玉利，谭新生，陈立新，译. 北京：机械工业出版社，2005.

[40] 罗伯特·赫里斯，迈克尔·彼得斯. 创业学[M]. 5版. 王玉等，译. 北京：清华大学出版社，2004.

[41] 马克·J. 多林格. 创业学：战略与资源[M]. 王任飞，译. 北京：中国人民大学出版社，2006.

[42] 马歇尔. 经济学原理[M]. 上卷. 朱志泰，译. 北京：商务印书馆，1965.

[43] 裴吉·A. 兰姆英，查尔斯·R. 库尔. 创业学[M]. 胡英坤，孙宁，译. 大连：东北财经大学出版社，2009.

[44] 彭罗斯. 企业成长理论[M]. 赵晓，译. 上海：上海三联书店，2007.

[45] 斯晓夫，吴晓波，陈凌，邬爱其. 创业管理：理论与实践[M]. 杭州：浙江大学出版社，2016.

[46] 王玮，梁新弘. 网络营销[M]. 北京：中国人民大学出版社，2016.

[47] 约翰·贝赞特，乔·蒂德. 创新与创业管理[M]. 牛芳，池军，田新，译. 北京：机械工业出版社，2013.

[48] 张秀娥，马天女. 国外促进大学生创新创业的做法及启示[J]. 经济纵横，2016（10）：98-101.

[49] 张秀娥，祁伟宏，方卓. 美国硅谷创业生态系统环境研究[J]. 科技进步与对策，2016（18）：59-64.

[50] 张秀娥，祁伟宏. 创业信息生态系统模型的构建及运行机制研究[J]. 科技管理研究，2016（18）：165-170.

[51] 张秀娥，孙中博. 创业机会识别机制解析[J]. 云南社会科学，2012（4）：94-97.

[52] 张秀娥，张坤. 创业教育对创业意愿作用机制研究回顾与展望[J]. 外国经济与管理，2016（4）：104-113.

[53] 张玉利，薛红志，陈寒松. 创业管理[M]. 北京：机械工业出版社，2013.

教学支持说明

任课教师扫描二维码
可获取配套教学课件

尊敬的老师:

您好!为方便教学,我们为采用本书作为教材的老师提供教学辅助资源。鉴于部分资源仅提供给授课教师使用,请您填写如下信息,发电子邮件给我们,或直接手机扫描上方二维码实时申请教学资源。

(本表电子版下载地址: http://www.tup.com.cn/subpress/3/jsfk.doc)

课程信息

书　　名			
作　　者		书号(ISBN)	
开设课程1		开设课程2	
学生类型	□本科　□研究生　□MBA/EMBA　□在职培训		
本书作为	□主要教材　□参考教材	学生人数	
对本教材建议			
有何出版计划			

您的信息

学　　校			
学　　院		系/专业	
姓　　名		职称/职务	
电　　话		电子邮件	
通信地址			

清华大学出版社教师客户服务:

电子邮件: tupfuwu@163.com
电话: 010-62770175-4506/4903
地址: 北京市海淀区双清路学研大厦 B 座 509 室
邮编: 100084

清华大学出版社投稿服务:

投稿邮箱: tsinghuapress@126.com
投稿咨询电话: 010-62770175-4339

教师服务

感谢您选用清华大学出版社的教材！为了更好地服务教学，我们为授课教师提供本书的教学辅助资源，以及本学科重点教材信息。请您扫码获取。

» 教辅获取

本书教辅资源，授课教师扫码获取

» 样书赠送

创业与创新类重点教材，教师扫码获取样书

 清华大学出版社

E-mail：tupfuwu@163.com
电话：010-83470332 / 83470142
地址：北京市海淀区双清路学研大厦 B 座 509

网址：http://www.tup.com.cn/
传真：8610-83470107
邮编：100084